2025
고시넷

경상북도교육청
교육공무직원 직무능력검사
최신 기출유형 모의고사 9회

교육공무직원 직무능력검사

PREFACE

정오표 및 학습 질의 안내

정오표 확인 방법

고시넷은 오류 없는 책을 만들기 위해 최선을 다합니다. 그러나 편집 과정에서 미처 잡지 못한 실수가 뒤늦게 나오는 경우가 있습니다. 고시넷은 이런 잘못을 바로잡기 위해 정오표를 실시간으로 제공합니다. 감사하는 마음으로 끝까지 책임을 다하겠습니다.

고시넷 홈페이지 접속 > 고시넷 출판-커뮤니티 > 정오표

www.gosinet.co.kr

모바일폰에서 QR코드로 실시간 정오표를 확인할 수 있습니다.

학습 질의 안내

학습과 교재선택 관련 문의를 받습니다. 적절한 교재선택에 관한 조언이나 고시넷 교재 학습 중 의문 사항은 아래 주소로 메일을 주시면 성실히 답변드리겠습니다.

이메일주소 **qna@gosinet.co.kr**

contents | 차례

파트 3 인성검사

파트 4 면접가이드

책 속의 책 정답과 해설

파트 1 경상북도교육청 교육공무직원 소양평가 기출문제복원

파트 2 경상북도교육청 교육공무직원 소양평가 기출예상문제

EXAMINATION GUIDE

구성과 활용

1

채용안내 & 채용직렬 소개

경상북도교육청 교육공무직원의 채용 절차 및 최근 채용직렬 등을 쉽고 빠르게 확인할 수 있도록 구성하였습니다.

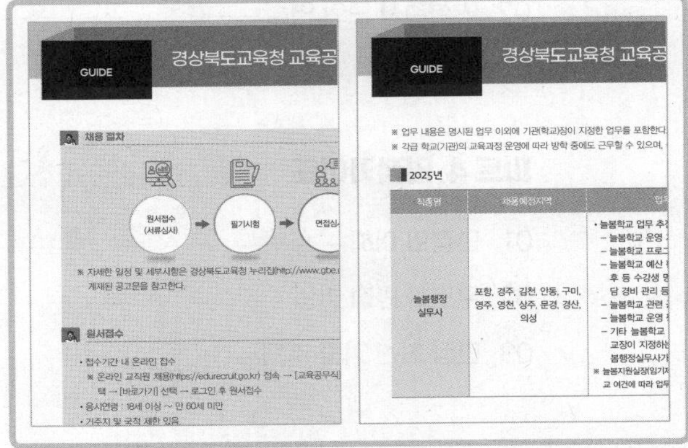

2

경상북도교육청 교육공무직원 소양평가 기출 유형분석

경상북도교육청 교육공무직원 소양평가의 최근 기출문제 유형을 분석하여 최신 출제 경향을 한눈에 파악할 수 있도록 하였습니다.

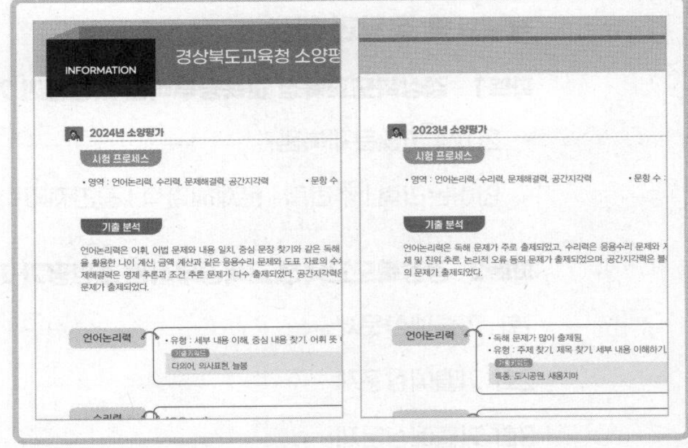

3

경상북도교육청 소양평가 기출문제복원 수록

경상북도교육청 교육공무직원 소양평가의 최신기출 45문항을 복원하고 1회분으로 수록하여 최신 출제의 경향성을 문제풀이 경험을 통해 자연스레 익힐 수 있도록 구성하였습니다.

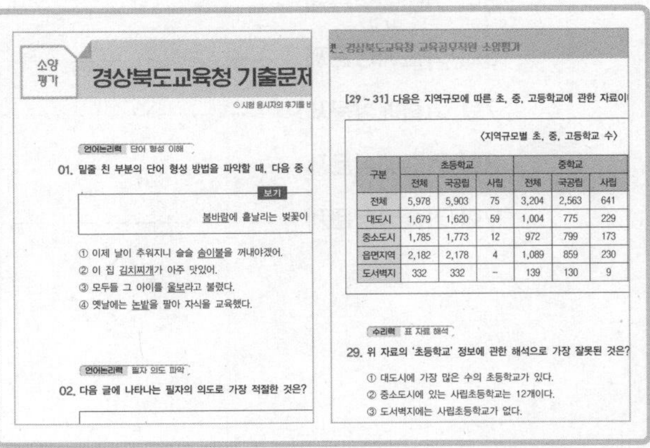

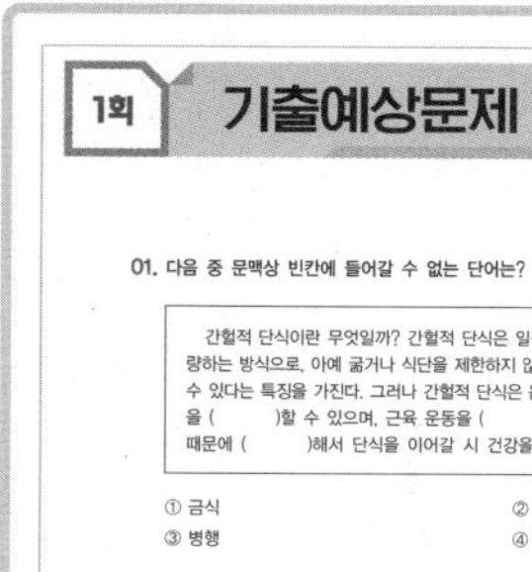

4

기출예상문제로 실전 연습

총 9회의 기출예상문제로 자신의 실력을 점검하고 완벽한 실전 준비가 가능하도록 구성하였습니다.

5

인성검사 & 면접가이드

최근 채용 시험에서 점점 중시되고 있는 인성검사와 면접 질문들을 수록하여 마무리까지 완벽하게 대비할 수 있도록 하였습니다.

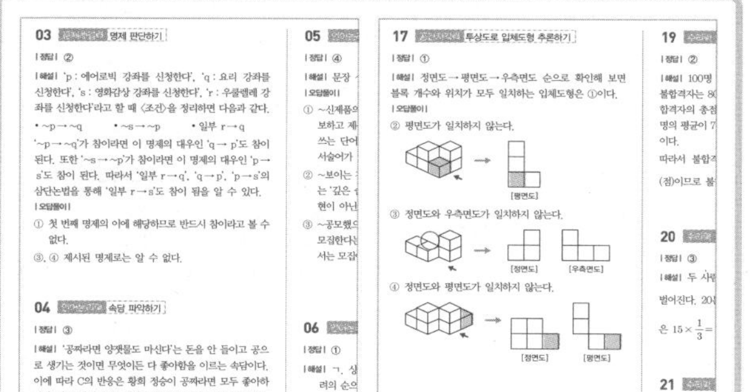

6

상세한 해설과 오답풀이가 수록된 정답과 해설

기출문제복원과 기출예상문제의 상세한 해설을 수록하였고 오답풀이 및 보충 사항들을 수록하여 문제풀이 과정에서의 학습 효과가 극대화될 수 있도록 구성하였습니다.

GUIDE

경상북도교육청 교육공무직원 채용안내

채용 절차

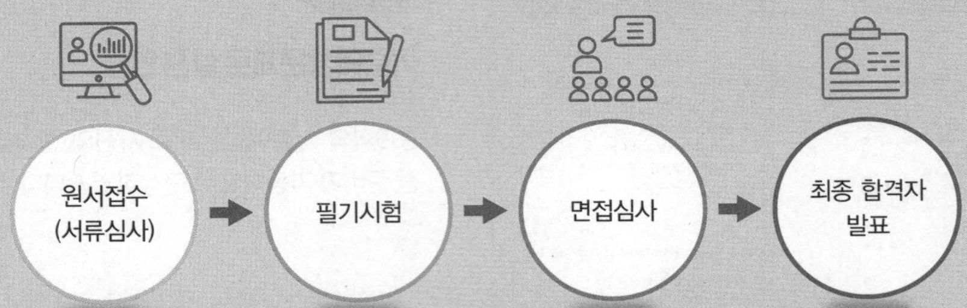

※ 자세한 일정 및 세부사항은 경상북도교육청 누리집(http://www.gbe.go.kr) 또는 각 시 · 군 교육지원청 홈페이지에 게재된 공고문을 참고한다.

원서접수

- 접수기간 내 온라인 접수
  ※ 온라인 교직원 채용(https://edurecruit.go.kr) 접속 → [교육공무직] 선택 → 지도에서 [경북(경상북도교육청)] 선택 → [바로가기] 선택 → 로그인 후 원서접수
- 응시연령 : 18세 이상 ~ 만 60세 미만
- 거주지 및 국적 제한 있음.
- 응시자는 지역 · 직종을 중복하여 응시원서를 제출할 수 없고, 지역 · 직종에 중복하여 응시원서를 제출할 경우 모두 무효 처리됨.
- 응시원서 접수 기간 후에는 응시 직종 변경 및 기재사항 수정이 불가하며, 원서접수를 취소할 수 없음.

- 단, 늘봄행정실무사의 경우 방문 또는 등기 우편 접수
  – 접수처 : 응시 희망 지역 교육지원청 늘봄지원센터(늘봄 업무 담당자)

시험 방법

시험방법	응시직종
서류심사 + 필기시험(인성검사 60% + 직무능력검사 40%) + 면접심사	늘봄행정실무원
서류심사 + 면접심사	조리원
필기시험(인성검사 60% + 직무능력검사 40%) + 면접심사	특수교육실무사

필기시험

인성검사(200문항, 40분)

- 응시자가 응답한 결과에 따라 성실성, 대인관계성, 이타성, 심리적 안정성으로 구분하여 점수를 산출하여 산출된 점수를 집단 평균을 중심으로 표준편차 단위로 표준점수화하여 최종점수를 산정한다.

직무능력검사(45문항, 50분)

- 4개 영역(언어논리력, 수리력, 문제해결력, 공간지각력)의 45개 문항에 대한 평가 결과를 채점하여 점수를 산정한다.

면접심사

- 필기 전형 합격자에 한하여 면접심사에 응시할 수 있으며, 면접심사는 해당 직무수행에 필요한 능력 및 적격성을 검증한다.

신분 및 처우

신분	무기계약직
정년	만 60세
수습기간	근로개시일로부터 3개월
근무처	응시 지역 교육지원청교육장이 지정하는 학교
근무처 발령	채용후보자명부에 따라 근로계약 체결 및 발령
보수 등 처우	매년 교육공무직원 임금 지급 및 복무 기준에 따름.

합격자 결정

※ 단, 공고별, 채용직종별로 상이할 수 있음.

서류심사	• 총점 100점 중에 고득점자 순으로 채용 예정 인원의 2배수로 결정(소수점 이하 절상)하되, 동점자가 있을 경우 모두 합격자로 결정 • 합격자 공고 후 응시 결격사유에 해당되는 것으로 판명되거나 자격 요건, 가산 특전 관련 사항 등 확인 결과 허위로 판명될 경우 합격 취소 처리
필기시험	• 100점 만점 기준 총점 40점 이상인 사람 중에 고득점자 순으로 채용예정 인원의 1.5배수로 결정(소수점 이하 절상)하되, 동점자가 있을 경우 모두 합격자로 결정 • 합격자 공고 후 응시결격사유에 해당되는 것으로 판명되거나 자격 요건, 가산 특전 관련 사항 등 확인 결과 허위로 판명될 경우 합격 취소 처리
면접심사	• 총점이 높은 사람 순으로 최종 합격자로 결정하되, 동점자가 있을 경우 지정된 순위에 따라 합격 처리 • 동점자 처리는 채용직렬별로 상이함.

• 추가 합격자 결정 : 최종 합격자의 채용 포기, 응시결격사유에 의한 합격 취소가 발생할 경우 최종 합격 차순위자를 합격자로 결정함.

GUIDE

경상북도교육청 교육공무직원 채용직렬

※ 업무 내용은 명시된 업무 이외에 기관(학교)장이 지정한 업무를 포함한다.
※ 각급 학교(기관)의 교육과정 운영에 따라 방학 중에도 근무할 수 있으며, 근로 시작시간 및 종료시간이 다를 수 있다.

2025년

직종명	채용예정지역	업무내용	자격요건
늘봄행정 실무사	포항, 경주, 김천, 안동, 구미, 영주, 영천, 상주, 문경, 경산, 의성	• 늘봄학교 업무 추진 – 늘봄학교 운영 계획 수립 – 늘봄학교 프로그램 운영 및 관리 – 늘봄학교 예산 편성 및 운영(기존 방과후 등 수강생 명단 관리 및 수익자 부담 경비 관리 등) – 늘봄학교 관련 공문 처리 – 늘봄학교 운영 평가 및 환류 – 기타 늘봄학교 관련 제반 업무 및 학교장이 지정하는 업무(분교는 본교 늘봄행정실무사가 함께 담당) ※ 늘봄지원실장(임기제 교육연구사) 배치 및 학교 여건에 따라 업무 조정 가능	고등학교 졸업 이상 학력 소지자

2024년

직종명	채용예정지역	업무내용	자격요건
조리원	포항, 경주, 김천, 안동, 구미, 영천, 상주, 문경, 경산, 의성, 청송, 영양, 영덕, 성주, 칠곡, 예천, 울진, 울릉	• 급식품의 위생적인 조리 및 배식 활동 • 급식소 내 · 외부의 청소, 소독 • 급식시설 · 설비 및 기구의 세척 · 소독 • 기타 기관장(교장) 및 영양(교)사의 지도 사항 이행과 조리사의 업무 지원	없음.
특수교육 실무사	포항, 경주, 김천, 안동, 구미, 영주, 상주, 문경, 경산, 의성, 영양, 성주, 칠곡, 봉화	담당교사의 지시에 따라 특수교육대상학생의 교수 · 학습활동, 신변처리, 급식, 교내외 활동, 방과후 활동(방과후학교, 돌봄교실), 등하교지도 등에 대하여 보조 역할을 담당	고등학교 졸업 이상 학력 소지자

INFORMATION

경상북도교육청 교육공무직원 채용직렬

2023년

직종명	채용예정지역	업무내용	자격요건
조리원	포항, 경주, 김천, 안동, 구미, 영주, 영천, 상주, 문경, 경산, 의성, 청송, 영양, 영덕, 청도, 성주, 칠곡, 예천, 봉화, 울진, 울릉	• 급식품의 위생적인 조리 및 배식활동 • 급식소 내 · 외부의 청소, 소독 • 급식시설 · 설비 및 기구의 세척 · 소독 • 기타 교장 및 영양(교)사의 지도사항 이행과 조리사의 업무 지원	없음.
특수교육 실무사	포항, 경주, 김천, 안동, 구미, 문경, 경산, 영양, 칠곡	담당교사의 지시에 따라 특수교육대상학생의 교수 · 학습활동, 신변처리, 급식, 교내외 활동, 방과후 활동(방과후학교, 돌봄교실), 등하교 지도 등에 대하여 보조 역할을 담당	고등학교 졸업 이상 학력 소지

2022년

직종명	채용예정지역	업무내용	자격요건
조리원	포항, 경주, 김천, 안동, 구미, 영주, 영천, 상주, 문경, 경산, 군위, 의성, 청송, 영양, 영덕, 청도, 고령, 성주, 칠곡, 예천, 봉화, 울진, 울릉	• 급식품의 위생적인 조리 및 배식활동 • 급식소 내 · 외부의 청소, 소독 • 급식시설 · 설비 및 기구의 세척 · 소독 • 기타 교장 및 영양(교)사의 지도사항 이행과 조리사의 업무 지원	없음.
특수교육 실무사	포항, 경주, 김천, 구미, 영천, 상주, 문경, 경산, 군위, 의성, 영양, 성주, 칠곡, 예천	담당교사의 지시에 따라 특수교육대상학생의 교수 · 학습활동, 신변처리, 급식, 교내외 활동, 방과후 활동(방과후학교, 돌봄교실), 등하교 지도 등에 대하여 보조 역할을 담당	고등학교 졸업 이상 학력 소지

2021년

직종명	채용예정지역	업무내용	자격요건
조리원	포항, 경주, 김천, 안동, 구미, 영주, 영천, 상주, 문경, 경산, 의성, 청송, 영양, 영덕, 청도, 고령, 성주, 칠곡, 예천, 봉화, 울진, 울릉	• 급식품의 위생적인 조리 및 배식활동 • 급식소 내 · 외부의 청소, 소독 • 급식시설 · 설비 및 기구의 세척 · 소독 • 기타 교장 및 영양(교)사의 지도사항 이행과 조리사의 업무 지원	없음.
특수교육 실무사	포항, 안동, 구미, 경산	• 담당교사의 지시에 따른 특수교육 대상자의 전반적인 보조역할 • 교수 · 학습 활동 지원 및 이동보조 • 신변처리(대 · 소변 처리) • 급식보조 • 방과 후 활동 및 교내외 활동 보조 • 등하교 지도 및 안전 관리 보조 • 특수교육대상자의 장애특성에 따른 다양한 보조	고등학교 졸업 이상 학력 소지

2020년

직종명	채용예정지역	업무내용	자격요건
조리원	포항, 경주, 김천, 안동, 구미, 영주, 영천, 상주, 문경, 경산, 의성, 영덕, 청도, 고령, 성주, 칠곡, 예천, 봉화, 울진, 울릉	• 급식품의 위생적인 조리 및 배식활동 • 급식소 내 · 외부의 청소, 소독 • 급식시설 · 설비 및 기구의 세척 · 소독 • 기타 교장 및 영양(교)사의 지도사항 이행과 조리사의 업무 지원	없음.
특수교육 실무사	포항, 경주, 구미, 영천, 경산, 영양, 칠곡	• 담당교사의 지시에 따른 특수교육 대상자의 전반적인 보조역할 • 교수 · 학습 활동 지원 및 이동보조 • 신변처리(대 · 소변 처리) • 급식보조 • 방과 후 활동 및 교내외 활동 보조 • 등하교 지도 및 안전 관리 보조 • 특수교육대상자의 장애특성에 따른 다양한 보조	고등학교 졸업 이상 학력 소지

INFORMATION

경상북도교육청 소양평가 시험분석

2024년 소양평가

시험 프로세스

• 영역 : 언어논리력, 수리력, 문제해결력, 공간지각력 • 문항 수 : 45문항 • 시간 : 50분

기출 분석

언어논리력은 어휘, 어법 문제와 내용 일치, 중심 문장 찾기와 같은 독해 문제가 출제되었다. 수리력은 일의 양, 방정식을 활용한 나이 계산, 금액 계산과 같은 응용수리 문제와 도표 자료의 수치를 분석하는 자료해석 문제가 출제되었다. 문제해결력은 명제 추론과 조건 추론 문제가 다수 출제되었다. 공간지각력은 도형 모양 추리, 블록 개수 파악과 같은 도형 문제가 출제되었다.

언어논리력

• 유형 : 세부 내용 이해, 중심 내용 찾기, 어휘 뜻 이해

기출키워드

다의어, 의사표현, 늘봄

수리력

[응용수리]

• 유형 : 방정식, 일의 양

기출키워드

금액 계산, 나이 계산

[자료해석]

• 유형 : 표 빈칸 채우기, 표 수치 분석, 그래프 분석

문제해결력

• 유형 : 명제 추론, 진위추론, 조건 추론

기출키워드

삼단논법, 범인 파악, 참 · 거짓, 조건 분석

공간지각력

• 유형 : 도형 변화 규칙 파악하기, 블록

기출키워드

블록 개수, 도형 변환

2023년 소양평가

시험 프로세스

• 영역 : 언어논리력, 수리력, 문제해결력, 공간지각력 • 문항 수 : 45문항 • 시간 : 50분

기출 분석

언어논리력은 독해 문제가 주로 출제되었고, 수리력은 응용수리 문제와 자료해석 문제가 출제되었다. 문제해결력은 명제 및 진위 추론, 논리적 오류 등의 문제가 출제되었으며, 공간지각력은 블록 개수, 도형 규칙 추론, 펀칭 후 도형 추론 등의 문제가 출제되었다.

언어논리력

• 독해 문제가 많이 출제됨.
• 유형 : 주제 찾기, 제목 찾기, 세부 내용 이해하기, 한자성어 고르기

기출키워드

특종, 도시공원, 새옹지마

수리력

[응용수리]
• 유형 : 방정식, 농도, 거리 · 속력 · 시간

기출키워드

금액, 소금물, 속력

[자료해석]
• 유형 : 자료이해, 자료변환(표를 그래프로 변환하는 문제)

문제해결력

• 기존에 출제되던 일반적인 문제해결력 유형으로 출제됨.
• 유형 : 참 · 거짓 구분하기, 조건 추론하기, 명제 추론하기, 논리적 오류

기출키워드

범인 추론, 자리 추론, 흑백논리의 오류

공간지각력

• 유형 : 도형 회전하기, 도형 변화 규칙 파악하기, 종이접기, 전개도

기출키워드

블록 개수, 전개도 고르기, 같은 도형 찾기

고시넷 경상북도교육청 교육공무직원

영역별 기출 키워드

언어논리력 어휘, 내용 이해, 중심 내용, 의사표현법

수리력 일의 양, 나이 계산, 금액 계산, 도표 분석

문제해결력 명제 추론, 조건 추론, 자료 분석

공간지각력 도형 회전, 블록 개수, 도형 결합, 종이 접기

파트 1

2024 경상북도 교육청 기출문제복원

- 언어논리력
- 수리력
- 문제해결력
- 공간지각력

소양 평가

2024

경상북도교육청 기출문제복원

문항수	45문항
시험시간	50분

정답과 해설 2쪽

⦸ 시험 응시자의 후기를 바탕으로 복원한 문제입니다.

언어논리력 | 단어 형성 이해

01. 밑줄 친 부분의 단어 형성 방법을 파악할 때, 다음 중 〈보기〉와 그 방법이 다른 것은?

보기

봄바람에 흩날리는 벚꽃이 예쁘다.

① 이제 날이 추워지니 슬슬 솜이불을 꺼내야겠어.
② 이 집 김치찌개가 아주 맛있어.
③ 모두들 그 아이를 울보라고 불렀다.
④ 옛날에는 논밭을 팔아 자식을 교육했다.

언어논리력 | 필자 의도 파악

02. 다음 글에 나타나는 필자의 의도로 가장 적절한 것은?

그동안의 검색엔진들이 우리에게 결과를 검색할 기회를 제공했다면, ○○은 곧바로 결과를 가져다줬습니다. 더군다나 질문자의 의도를 파악해 답을 내놓았는데요. 우리에게 익숙한 판별형 AI가 아니라 기존의 내용을 학습하고 새로운 결과를 만들어내는 생성형 AI였기 때문입니다.

그러나 문제가 있습니다. 오답을 그럴싸한 정답처럼 내놓는 경우가 있다는 것이죠. 일명, 환각 현상인데요. 이건 ○○의 문제만이 아닙니다. 생성형 AI의 한계로 꼽히죠. 정답을 모르는 상황이라면 ○○이 준 정보가 잘못된 것이라고 판별할 수 없을 수도 있습니다. 그런데 사실 더 중요한 것은 처음부터 오답을 피하기 위해서는 좋은 질문을 해야 한다는 겁니다. 생성형 AI는 질문자의 지식과 의도에 따라 답변이 달라집니다. 따라서 어떻게 질문할 것인지가 우리에게 중요한 능력이 됩니다. 결국 우리는 원점으로 돌아가야 합니다. 기술의 발전은 기술의 진입 장벽을 없애고 있습니다. 그러면서 인문학과 창의력의 확장이 요구되고 있습니다. 우리가 책을 읽고 신문을 보며 생각에 빠져야 할 시대가 다시 온 겁니다.

① 질문자는 정답과 오답을 구별할 수 있는 스킬이 필요하다.
② AI의 거짓된 정보 판별을 위해서는 생성형 AI보다 더 많은 공부가 필요하다.
③ 질문자가 생성형 AI에게 질문을 잘할 수 있도록 인문학을 통한 정교한 언어 능력과 창의성이 요구되고 있다.
④ 기술의 발전으로 기술의 진입 장벽이 낮아질수록 전통적인 공부 방식이 중요해진다.

문제해결력 | 명제 추론

03. 다음은 승진 대상자 A～D 4명의 승진 결과를 A～C가 예측한 내용이다. 결과적으로 3명의 말이 모두 참이었고 4명 중 2명만 승진했다면, 승진한 사람은 누구인가?

A : 내가 승진한다면 B도 승진한다.
B : 내가 승진한다면 C도 승진한다.
C : 내가 승진한다면 D도 승진한다.

① A, B
② A, C
③ B, C
④ C, D

공간지각력 | 종이접기 모양 추론

04. 다음 정사각형 종이를 내부에 표시된 점선을 따라 접어 만들 수 없는 도형은?

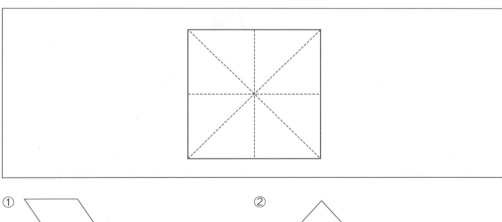

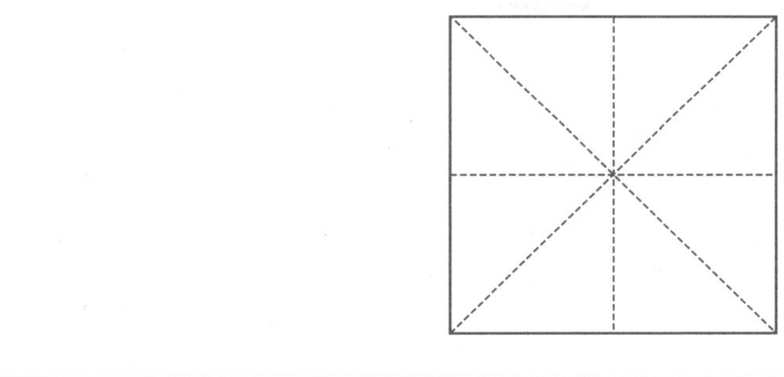

①
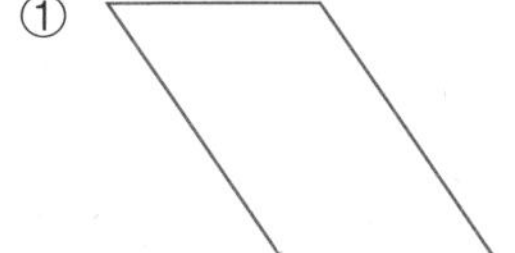

②
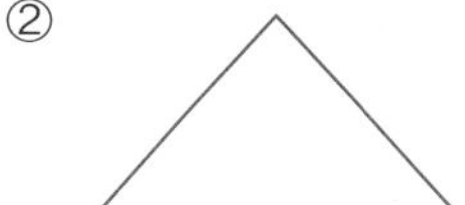

③
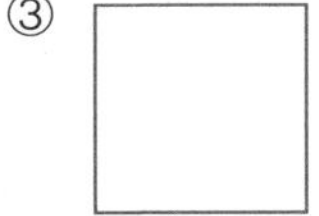

④
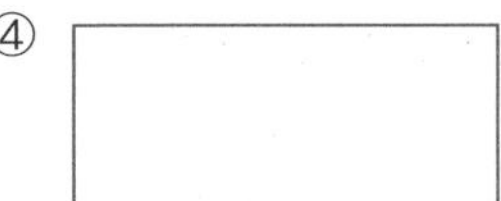

언어논리력 | 세부 내용 이해

05. 다음 글의 이상적인 놀이터의 모습으로 적절한 것을 〈보기〉에서 모두 고르면?

> 놀이는 도전을 의미한다. 다시 말해서 하지 않던 것을 해 보거나 할 수 없었던 것을 날마다 조금씩 도전해 가는 과정 자체가 놀이인 것이다. 물론 놀이터에서 자주 다쳐서는 결코 안 된다. 하지만 도전하는 과정에서 아이들이 겪는 회복 가능한 수준의 작은 부상은 무엇이 위험한 것이고, 그러한 일을 겪지 않으려면 어떻게 조심해야 하는지를 아이들 스스로 깨닫게 하는 데 도움이 된다. 초등학생들을 대상으로 하는 놀이터를 유아 수준의 놀이터로 만들어 놓고 안전한 놀이터를 만들었다고 자만하는 것은 오히려 아이들에게 스스로 안전한 방법을 찾을 기회를 주지 않는 것이다.
>
> 이제 놀이터는 아이들의 진취적인 행동과 긍정적인 사고를 키워갈 수 있도록 도전하고 모험할 수 있는 공간으로서의 역할을 다해야 한다. 그러기 위해서 우리는 이제 '안전'이라는 기둥 옆에 '도전'과 '모험'이라는 기둥도 함께 세워야 한다. 즉, 안전과 도전, 모험이라는 요소가 유기적으로 결합되도록 놀이터를 설계해야 한다. 그러기 위해서는 우리가 진정으로 강조해야 하는 안전의 관점에서, 흔히 위험이라고 말하는 요소들에 대해 좀 더 깊게 생각해 볼 필요가 있다.

보기

ㄱ. 안전하지만 도전과 모험이 가능한 공간
ㄴ. 유지관리가 수월하고 안전이 보장되는 공간
ㄷ. 아이들 스스로 놀이를 즐기고 안전을 배워나갈 수 있는 공간
ㄹ. 진취적인 행동과 긍정적인 사고를 키워 나갈 수 있는 공간

① ㄱ, ㄷ　　② ㄱ, ㄹ
③ ㄱ, ㄷ, ㄹ　　④ ㄱ, ㄴ, ㄷ, ㄹ

언어논리력 | 경청 방법 이해

06. 신입사원을 대상으로 하는 교육 연수 중 동료들 간의 의사소통에 보다 많은 주의를 기울여야 한다는 점에 대해 토의를 하게 되었다. 원활한 의사소통을 위해서 가장 중요한 것은 경청임을 확인하고 경청의 4가지 방법을 다음과 같이 정리하였을 때, 각 설명에 해당하는 경청 방법과 A ~ D를 바르게 연결한 것은?

〈경청의 방법 토의 내용〉

- A : 상대방이 말을 계속 하도록 함.
- B : 당신이 경청하고 있고 상대방의 말을 사실대로 이해했음을 나타냄.
- C : 상대방이 전달하고자 하는 감정을 이해했음을 나타냄.
- D : 대화한 사항에 대해 정리를 함.

	A	B	C	D
①	확인	반응	격려	요약
②	요약	격려	확인	반응
③	격려	반응	확인	요약
④	격려	확인	반응	요약

공간지각력 | 전개도 추론

07. 다음 전개도를 접었을 때 완성되는 입체도형이 나머지와 다른 하나는?

①
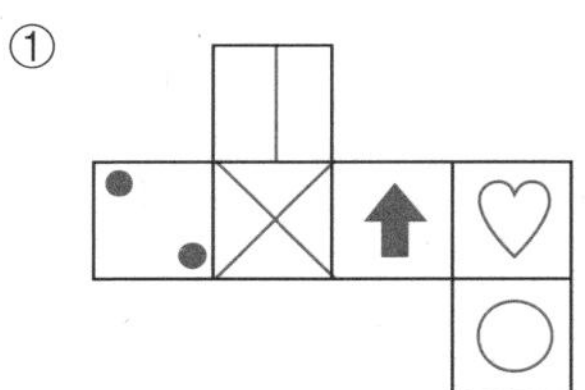

②
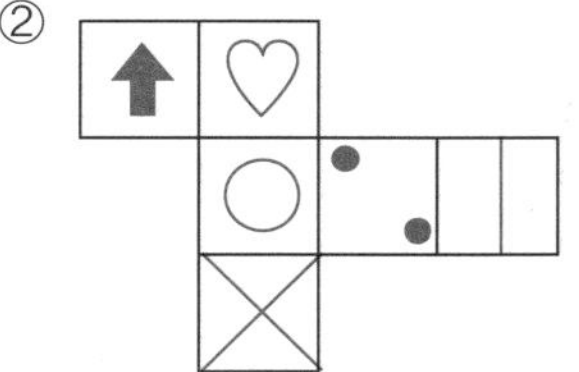

③
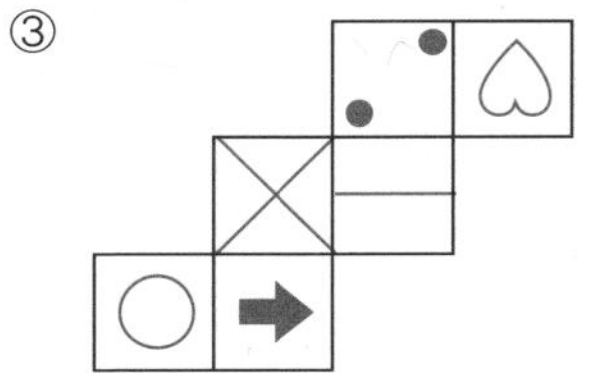

④
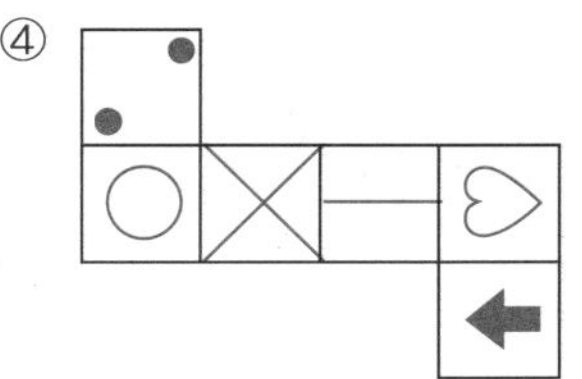

언어논리력 | 중심 내용 파악

08. 다음 글의 중심 내용으로 적절한 것은?

새로 산 옷과 신발, 책가방과 신발주머니, 초등학교 입학생의 구색을 갖추었지만 정작 어린 학생은 엄마 품을 떠나 학교에 가기 싫다며 필사적으로 버티고 있다. 말로 어르고 달래다 실패한 엄마는 단단히 마음을 먹은 모양이다. 한 손에 신발주머니를 들고 한 손으로는 아들의 손목을 꽉 잡아끈다.

행여 지각이라도 할까, 애가 타서 마음이 급한 엄마와 어리광을 받아주지 않는 엄마가 야속한 아들, 두 사람의 갈등 사이에서 '나 몰라라' 하는 무심한 동생. 엄마의 발걸음은 바쁘게 앞을 향하지만 아들의 뒷걸음질이 맞물리면서 긴장 속에서 웃음을 자아냈다.

새로운 세상으로 나아가는 데에는 용기가 필요하다. 엄마 품에서 어리광을 부리며 동생과 티격태격 철없이 놀다가 어느 날 갑자기 낯선 학교에 간다는 것이 일곱 살 아이에겐 두려운 일이었을 것이다.

어쩐지 오늘은 학교에 가기 싫고, 어쩐지 오늘 하루는 회사에 가기 싫고, 어쩐지 오늘은… 살면서 마음이 움츠러드는 그런 날이면 손목을 꽉 잡아 이끌어주던 엄마가 사무치게 그리워진다.

① 어린 아들을 끌고 꼭 학교를 가야 하는 엄마의 마음을 느낄 수 있다.
② 학교를 가기 싫을 때 이끌어 주신 엄마가 그립다.
③ 오래된 사진 속 아이가 학교를 가기 싫어하는 심정을 말하고자 한다.
④ 학교나 직장을 가기 싫어하는 현대인의 심정을 대변하고 있다.

문제해결력 | 명제 판단

09. 다음 명제가 모두 참일 때, 반드시 참인 것은?

- 바다를 좋아하면 산을 좋아하지 않는다.
- 들판을 좋아하면 산을 좋아한다.
- 산을 좋아하면 물고기를 좋아하지 않는다.
- 명상을 좋아하지 않으면 산을 좋아하지 않는다.

① 들판을 좋아하면 명상을 좋아한다.
② 산을 좋아하면 들판을 좋아한다.
③ 바다를 좋아하지 않으면 산을 좋아한다.
④ 물고기를 좋아하면 들판을 좋아한다.

공간지각력 | 도형 규칙 파악

10. 다음 규칙을 참고할 때 '?'에 들어갈 그림으로 옳은 것은?

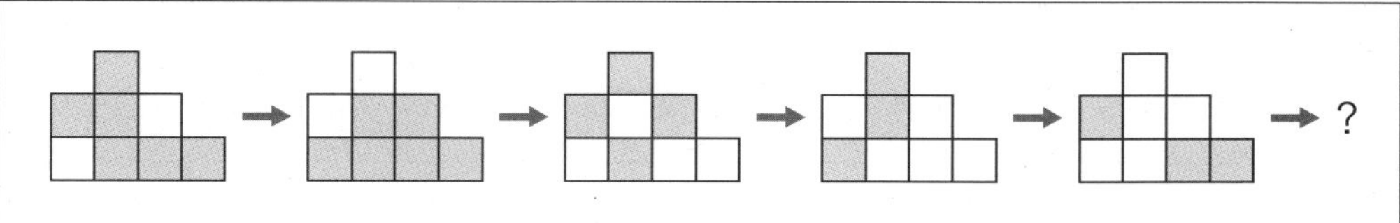

①
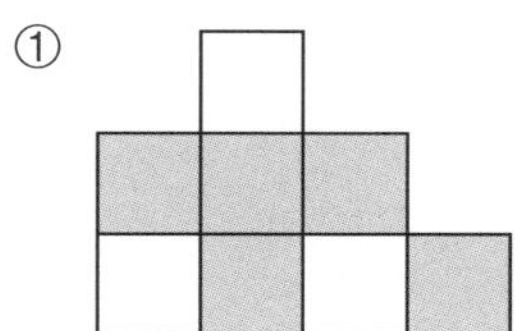

②
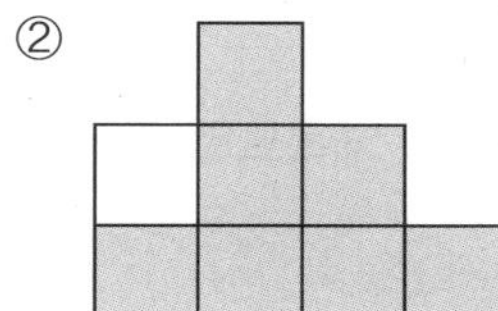

③
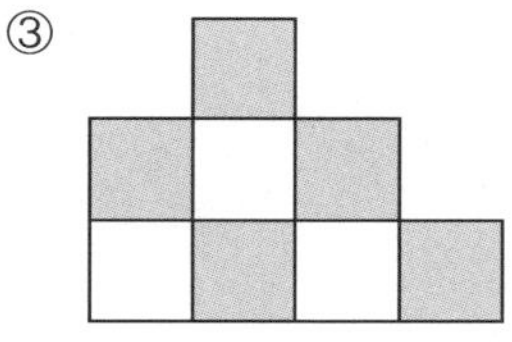

④
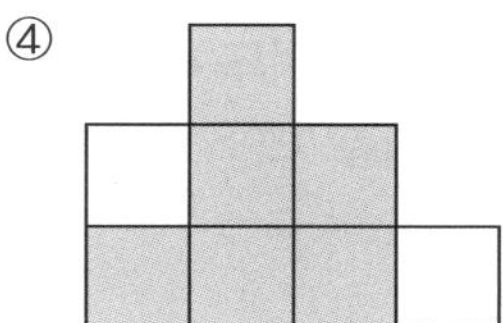

[11 ~ 12] 다음 신간을 소개하는 글을 읽고 이어지는 질문에 답하시오.

인생의 멘토가 있다는 것은 참 행복한 일이다. 특히 현명하고 신뢰할 수 있는 멘토는 인생을 설계하는 청소년들에게 꿈을 찾을 수 있는 동기를 부여해 주는 동시에 롤모델 역할을 하기에 더욱 큰 의미를 지닌다. 하지만 청소년이 현실에서 훌륭한 멘토를 찾고, 직접 만나기란 쉽지 않다.

'(㉠)'은(는) 그런 청소년을 위한 도서다. 이 책은 어른들의 시각으로 유망한 직종을 제안해 만든 기존의 진로 관련 도서들과 달리, 기획 단계부터 리서치, 섭외, 인터뷰, 자료조사 등 도서 제작의 모든 과정에 학생들이 직접 참여해 만든 특별한 진로 가이드북이다.

프로야구 선수 이승엽, 힙합 뮤지션 타이거 JK 등 책에 등장하는 15인의 멘토들은 진로에 한창 고민이 많은 중 · 고등학교 학생 대상 1,000명의 설문조사를 거쳐 선정된 쟁쟁한 인물들이다.

저자 ○○○군과 기자단으로 구성된 학생들이 이 멘토들에 대해 공부한 뒤 질문지를 작성하고 직접 만나 인터뷰를 했다. 멘토들의 학창 시절 이야기로 청소년 독자들에게 충분한 공감을 불러일으키며 시작하는 인터뷰는 꿈을 향한 열정과 도전, 힘찬 용기를 선사하며, 자기 직업의 매력과 현실적으로 겪게 되는 어려움까지 깊이 있게 취재해 10대의 눈높이로 생생하게 전달한다.

15명의 롤모델에 대한 인터뷰마다 진로 전문가 ○○○ 선생(한국고용정보원 연구원)이 각 직업에 대한 세세한 정보를 조목조목 짚어준다. 직업에 대한 다양한 항목의 전문적인 정보뿐 아니라 대학의 관련 학과, 그 직업에 대해 꼭 알아둬야 할 내용을 꼼꼼히 안내하는 것은 물론, 미래 직업으로서의 가능성까지 (㉡)함으로써 꿈이 없어 마음이 답답한 청소년들에게 명쾌한 미래 비전을 제시한다.

나는 누구인지, 정말 하고 싶은 일은 무엇인지, 진짜로 원하는 게 무엇인지 찾고 있는 청소년들의 진로 고민을 덜어줄 신간 '(㉠)'을(를) 통해 청소년 누구나 꿈을 찾고자 하는 열정을 발견함과 동시에 도전을 향한 용기와 따뜻한 위로까지 얻을 수 있을 것이다.

언어논리력 | 제목 추론

11. 윗글에서 소개하는 책의 제목으로 ㉠에 가장 적절한 것은?

① 미래의 별 나를 만나다

② 어른들이 말하는 미래의 직업은?

③ 전문가가 말하는 진로 가이드북

④ 미래사회의 유망한 직종 제안 보고서

언어논리력 | 빈칸에 적절한 어휘 파악

12. 윗글의 ㉡에 들어갈 수 있는 단어로 적절한 것은?

① 개진(開陳)　　② 소진(消盡)
③ 추진(推進)　　④ 타진(打診)

공간지각력 | 블록 결합

13. 다음은 주어진 ㄱ ~ ㅁ 5개 블록 중 4개를 사용하여 완성한 도형이다. 사용하지 않은 블록은 무엇인가? (단, 블록은 자유롭게 회전할 수 있다)

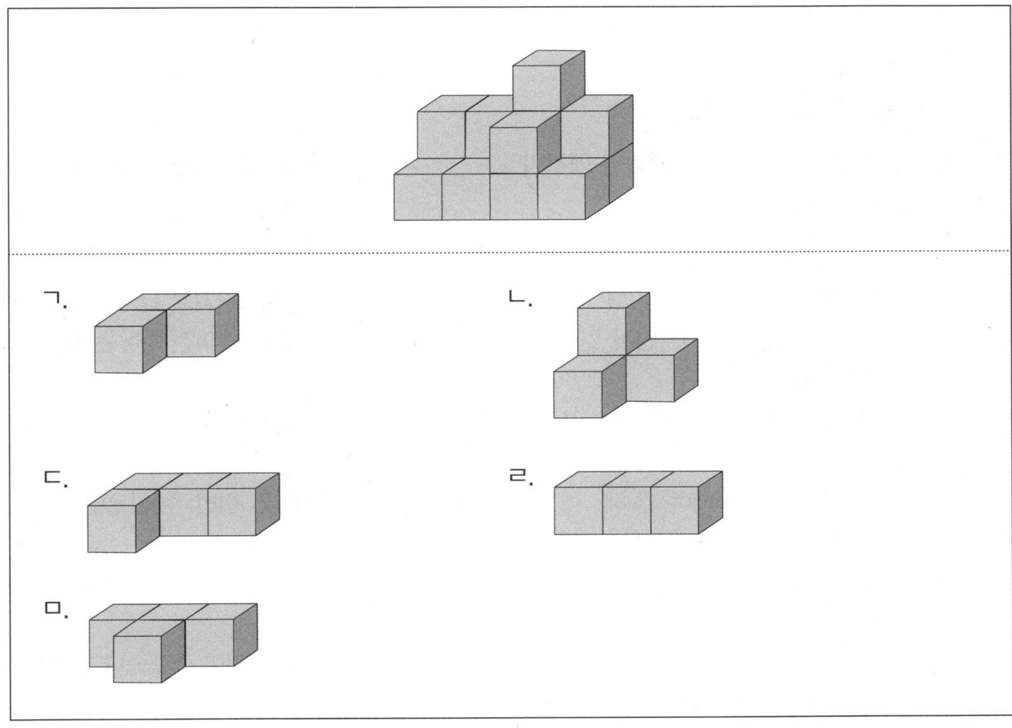

① ㄱ　　② ㄷ
③ ㄹ　　④ ㅁ

문제해결력 | 명제 추론

14. 다음에 제시된 [결론]이 반드시 참이 되기 위해 빈칸에 들어갈 명제로 적절한 것은?

> [전제 1] 보라는 벼락치기로 공부했다.
> [전제 2] (   )
> [결론] 보라는 성적이 나빴다.

① 벼락치기로 공부한 어떤 사람은 성적이 나빴다.
② 모든 사람이 벼락치기로 공부했다.
③ 어떤 사람은 벼락치기로 공부하지 않았다.
④ 벼락치기로 공부한 사람은 모두 성적이 나빴다.

언어논리력 | 상황별 의사표현법 이해

15. 다음은 상황에 따른 의사표현법의 예시이다. ㄱ ~ ㅁ 중 효과적인 의사표현의 예시로 적절한 것을 모두 고르면?

> ㄱ. 상대방의 잘못을 지적할 때 : 이번 프로젝트에서 열심히 노력해주셔서 감사합니다. 다만, 보고서 제출이 늦어지면서 일정에 차질이 생겼습니다. 제출이 늦어진 사유는 왜 말하지 않은 거죠?
> ㄴ. 상대방을 칭찬할 때 : 이번 발표에서 상대방의 입장을 잘 반영해 주셔서 대단히 인상 깊었습니다.
> ㄷ. 상대방에게 요구해야 할 때 : 바쁘신 줄 알지만, 가능하시다면 이번 주 금요일까지 자료를 보내주실 수 있을까요? 도와주시면 큰 도움이 되겠습니다.
> ㄹ. 상대방의 요구를 거절해야 할 때 : 죄송하지만, 이번 건은 회사 방침상 진행할 수 없게 되었습니다.
> ㅁ. 상대방에게 명령해야 할 때 : 이 일은 제안하신 대로 진행하는 것이 좋겠습니다. 다만, 다음에는 내 지시를 먼저 따르세요.

① ㄴ, ㄷ, ㄹ　　② ㄱ, ㄷ, ㅁ
③ ㄱ, ㄴ, ㄷ, ㅁ　　④ ㄴ, ㄷ, ㄹ, ㅁ

언어논리력 | 글의 교훈 파악

16. 다음 글이 주는 교훈을 업무에 접목할 때, ㄱ ~ ㄹ 중 적절한 내용을 모두 고른 것은?

> 옛사람들이 말을 함부로 하지 않은 것은 자기 자신의 실천이 그에 미치지 못함을 부끄러워했기 때문이다. 그동안 친구들과 학문을 논하느라 편지를 서로 나누면서 한 말은 부득이한 것이었지만, 스스로 그 부끄러움을 이기지 못하겠다.
>
> 더군다나 이미 말한 뒤에 저쪽 사람은 잊지 않았는데 내가 잊은 것이 있는가 하면 저쪽과 내가 다 잊어버린 것이 있으니, 이것은 부끄러울 뿐 아니라 거리낌 없는 무례 같아서 두렵기 그지없다.
>
> 그동안 옛 책장을 뒤져 보존되어 있는 편지 원고들을 다시 베껴서 책상에 두고, 때때로 펼쳐 보면서 자주 반성하기를 그치지 않았었다. 이 중에는 원고가 없어져 기록하지 못한 것도 더러 있을 것이다. 하지만 잃어버리지 않은 모든 편지를 다 모아서 큰 책을 만들었다 한들 무슨 유익함이 있으리오.

> ㄱ. 편지와 같은 사소한 글과 자료라도 잘 읽어보고 자신을 성찰하라.
> ㄴ. 상급자가 작성한 보고서 중 중요한 문서들을 선별하여 간직하라.
> ㄷ. 문서 작성 업무를 하며 실수했던 일은 잊어버려라.
> ㄹ. 보고서를 작성할 때는 다른 사람의 말이나 글을 인용하라.

① ㄱ
② ㄷ
③ ㄱ, ㄴ
④ ㄷ, ㄹ

문제해결력 | 조건 기반 추론

17. 진택, 현철, 수연의 성은 각각 최 씨, 장 씨, 고 씨 중 하나이고, 그들이 일하고 있는 부서는 영업팀, 회계팀, 인사팀 중 하나이다. 다음 조건을 참고할 때, 각자의 성과 부서를 바르게 연결한 것은? (단, 세 명의 성과 업무부서는 서로 겹치지 않는다)

- 고 씨 성을 가진 사람은 인사팀에 배치된다.
- 현철은 장 씨 성을 가진 사람이 자신과 같은 회계팀에 배치될 줄 알았지만 그렇지 않았다.
- 수연은 자신의 성이 장 씨였으면 이름이 더 멋있었을 거라고 생각한다.

① 장수연 영업팀, 최현철 회계팀, 고진택 인사팀
② 장진택 영업팀, 최현철 회계팀, 고수연 인사팀
③ 고진택 영업팀, 장수연 회계팀, 최현철 인사팀
④ 최진택 영업팀, 장수연 회계팀, 고현철 인사팀

문제해결력 | 올바른 좌석 배치 이해

18. 다음은 ○○기업에 근무하는 A 사원이 이사회 회의 장소에 테이블을 설치하라는 팀장의 업무 지시에 따라 설치한 테이블의 모습이다. 그림과 같은 테이블 형태에 대한 설명으로 가장 적절하지 않은 것은?

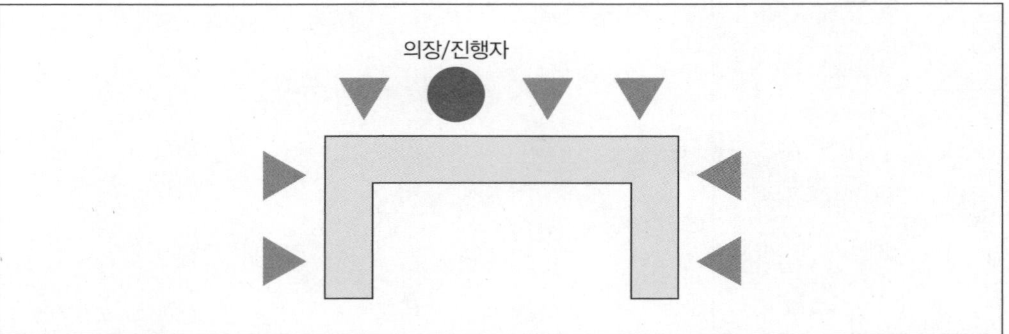

① 발표자가 발표하는 데 적합하다.
② 회의 진행과 관련하여 공식적인 공간 배치 규칙이다.
③ 서열에 따라 좌석을 배열하며 주로 비공식적 회의에 쓰인다.
④ 의장이나 진행자가 참석자들의 눈을 바라볼 수 있어 통제가 가능하며 상호작용이 잘 이루어진다.

공간지각력 | 투상도 추론

19. 다음 평면도에 적힌 숫자는 각 부분에 쌓여 있는 블록의 개수이다. 이 평면도에 해당하는 도형은? (단, 각 블록의 모양과 크기는 모두 동일하고, 보이지 않는 뒷면의 블록은 없다)

2	3	2
1	2	1

①

②
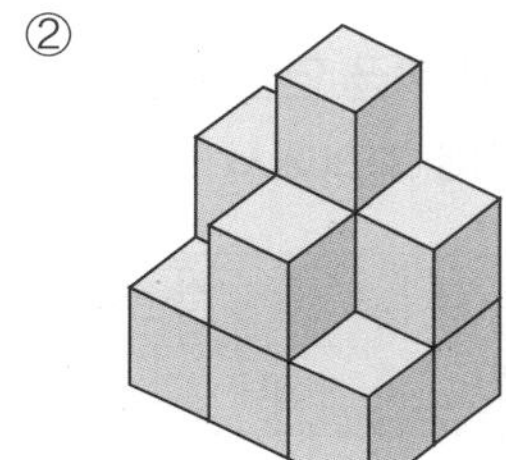

③
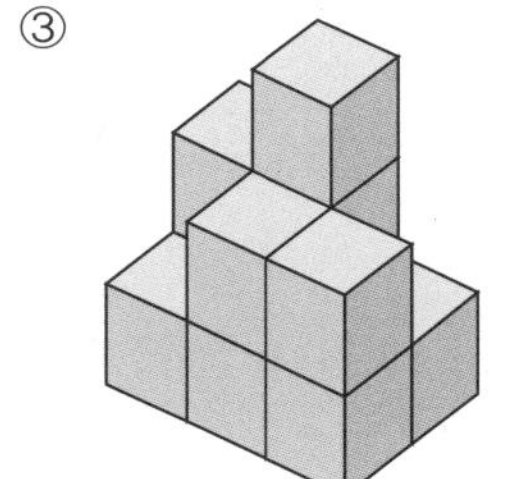

④
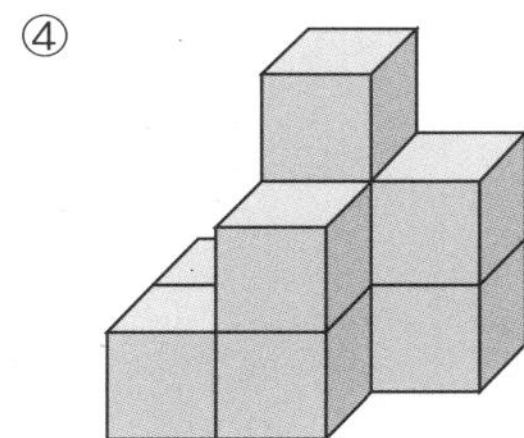

수리력 | 금액 계산

20. ○○사에 근무하며 올해 좋은 업무 성과를 거둔 박 사원은 연말에 연봉의 20%에 해당하는 성과급을 받기로 하였으나, 인사팀 급여담당자의 실수로 인해 연봉의 6%를 받았다. 박 사원이 받은 성과급의 금액이 240만 원이라고 할 때, 추가로 받아야 하는 금액은 얼마인가?

① 360만 원
② 480만 원
③ 560만 원
④ 600만 원

수리력 | 나이 계산

21. 최 대리는 두 살 연하인 아내와 슬하에 두 자녀가 있다. 두 자녀는 각각 4살, 2살이다. 10년 후 가족의 나이의 합이 100살이 된다면, 현재 최 대리의 나이는 몇 살인가?

① 27살
② 28살
③ 29살
④ 30살

수리력 | 평균 계산

22. K 중학교의 학급 수와 학급 인원 현황이 다음과 같을 때, 교사 1인당 평균 학생 수는 몇 명인가? (단, 소수점 이하 둘째 자리에서 반올림한다)

구분	전체 교사 수(명)	학년당 학급 수(개)			학급당 인원 수(명)		
		1학년	2학년	3학년	1학년	2학년	3학년
인원 수 및 학급 수	42	8	7	9	17	19	20

① 10.2명
② 10.5명
③ 10.7명
④ 10.9명

수리력 | 확률 계산

23. ○○교육청 전체 직원의 60%는 여성이고 남성 직원 중에서는 65%가, 여성 직원 중에서는 40%가 30대 이상이다. 30대 이상 남성 직원의 10% 그리고 30대 이상 여성 직원의 30%가 육아휴직을 사용하였다. ○○교육청의 30대 이상 직원 중 한 명을 선택했을 때, 이 직원이 육아휴직을 사용한 여성일 확률은?

① $\frac{3}{10}$
② $\frac{9}{40}$
③ $\frac{18}{125}$
④ $\frac{39}{265}$

수리력 | 저축액 계산

24. S 씨의 전년도 월 급여는 300만 원이었으며 올해 월 급여는 전년도 대비 10% 인상되었다. 이번 달부터 매월 월급의 20%에 해당하는 금액을 저축하기로 했다면, 처음으로 저축통장 잔고가 1,000만 원 이상이 되는 때는 몇 번째 저축을 끝낸 이후인가? (단, 현재 저축통장 잔고는 0원이다)

① 14번째　　② 15번째
③ 16번째　　④ 17번째

수리력 | 일의 양 활용

25. ○○컨설팅기업의 직원 A와 B가 프로젝트를 진행하고 있다. A가 혼자 6일 동안 프로젝트를 진행하다가 7일 차부터는 B와 함께 프로젝트를 진행하여 완료하는 데 총 14일이 걸렸다고 한다. 동일한 시간 동안 A의 작업량이 B의 1.5배라고 할 때, B 혼자 프로젝트를 진행한다면 완료하는 데 총 며칠이 걸리는가?

① 17일　　② 19일
③ 21일　　④ 29일

언어논리력 | 의사표현법 이해

26. 다음 글을 바탕으로 할 때, 금기어 대신 완곡어를 썼을 때의 효과로 옳지 않은 것은?

> 어떤 말이나 행동을 하면 좋지 않다고 하여 금하거나 꺼리는 것을 금기 또는 터부(taboo)라고 한다. 사람이 죽었을 때 '죽었다'라고 말하지 않고 '돌아가셨다'라고 말한다든지, 용변을 보는 곳을 가리켜 '변소'라고 하지 않고 '화장실(화장을 하거나 맵시를 내는 설비를 갖춘 방)'이라고 하는 경우가 전부 완곡어를 쓴 것이다.

① 격식 있는 자리에서 품위를 지킬 수 있다.
② 금기어를 썼을 때의 불쾌감을 피할 수 있다.
③ 판에 박은 듯한 표현에 신선미를 더할 수 있다.
④ 종교적 · 도덕적으로 꺼리는 표현을 간접적으로 나타낼 수 있다.

문제해결력 | 자료 기반 추론

27. 다음 자료를 참고하여 제시한 의견으로 적절한 것은?

〈지역별 미세먼지 · 초미세먼지 예보등급〉

(단위 : $\mu g/m^3$)

지역	미세먼지(PM10)		초미세먼지(PM2.5)	
	측정값	농도범위	측정값	농도범위
서울	18	좋음	32	보통
부산	11	좋음	18	보통
대구	9	좋음	15	좋음
인천	21	좋음	37	나쁨

※ 20X1. 11. 20. 07:00 기준

※ 미세먼지 : 30 이하－좋음 / 80 이하－보통 / 150 이하－나쁨 / 151 이상－매우 나쁨

※ 초미세먼지 : 15 이하－좋음 / 35 이하－보통 / 75 이하－나쁨 / 76 이상－매우 나쁨

① 미세먼지는 대기환경 기준과 건강에 대한 영향을 고려하여 일일 평균치를 기준으로 예보 등급을 '좋음, 보통, 나쁨, 매우 나쁨'의 4단계로 나눈다.

② 미세먼지와 초미세먼지는 공기질의 기준이 되는 등급 구간이 서로 다르다.

③ 미세먼지 농도가 '나쁨'인 날에는 야외 모임, 캠프, 스포츠 등 실외활동은 최소화하는 것이 필요하다.

④ 성장기의 아이들은 성인에 비해 몸의 신진대사가 원활하기 때문에 미세먼지와 같은 유해물질 노출에 상대적으로 덜 취약한 편이다.

언어논리력 | 안내 자료 내용 파악

28. 다음은 ○○기관의 부모 교육 프로그램 신청안내 자료이다. 이를 통해 알 수 있는 사항이 아닌 것은?

<table>
<tr><td rowspan="2">프로그램 내용</td><td>디지털 세대인 청소년들은 극장, 스마트폰, IPTV, OTT 등 다양한 플랫폼을 통해 수많은 영상물에 노출되어 있습니다. 그러므로 급속도로 발전하는 디지털 미디어의 시대에서 영상물에 대한 부모의 올바른 이해와 자녀 교육이 중요합니다.</td></tr>
<tr><td>• 1단계 : 부모와 함께하는 영상물 바로 보기
• 2단계 : 영상물 등급 분류 이해하기
• 3단계 : 디지털 미디어 시대에 현명한 부모 되기</td></tr>
<tr><td>프로그램 진행 방법</td><td>• 참여대상 : 학부모 15명 이상 권장
• 교육시간 : 해당 학교의 운영시간에 맞춰 진행(초등학교 80분, 중학교 90분, 고등학교 100분)
• 선정절차
(1) 신청기간 중 온라인 접수
– 신청기간은 신청 현황 및 선정 인원 등에 따라 조기에 마감하거나 연장될 수 있습니다.
(2) 담당 강사 확정 등 교육 일정 정리
(3) 선정 여부 확인
– 선정된 학교는 홈페이지의 [기관소식 – 공지] 게시판에 공고됩니다.</td></tr>
<tr><td>신청 시 유의사항</td><td>• 한 학교당 1명의 강사가 1일(최대 4시간까지) 출강 가능합니다.
• 학교별 신청 순서 및 지역, 교육 예정 총인원 등을 고려하여 교육 일정을 반영, 통보할 예정입니다.
• 학교별 신청이 아닌 경우(민간단체 등)에도 교육 희망 인원이 20명 이상이라면, 교육장소가 준비된 대상에 한하여 출강 가능합니다(○○기관에 사전 문의 요망).</td></tr>
</table>

① 학교별 프로그램 진행 시간
② 프로그램 운영 담당자 연락처
③ 프로그램 신청 시 유의사항
④ 단계별 프로그램 내용

[29 ~ 31] 다음은 지역규모에 따른 초, 중, 고등학교에 관한 자료이다. 이어지는 질문에 답하시오.

〈지역규모별 초, 중, 고등학교 수〉

(단위 : 개)

구분	초등학교			중학교			고등학교		
	전체	국공립	사립	전체	국공립	사립	전체	국공립	사립
전체	5,978	5,903	75	3,204	2,563	641	2,344	1,394	950
대도시	1,679	1,620	59	1,004	775	229	823	393	430
중소도시	1,785	1,773	12	972	799	173	835	529	306
읍면지역	2,182	2,178	4	1,089	859	230	623	415	208
도서벽지	332	332	–	139	130	9	63	57	6

수리력 | 표 자료 해석

29. 위 자료의 '초등학교' 정보에 관한 해석으로 가장 잘못된 것은?

① 대도시에 가장 많은 수의 초등학교가 있다.

② 중소도시에 있는 사립초등학교는 12개이다.

③ 도서벽지에는 사립초등학교가 없다.

④ 전체적으로 국공립학교가 대부분을 차지한다.

수리력 | 표 자료 해석

30. 위 자료의 '중학교' 정보에 관한 해석으로 가장 잘못된 것은?

① 전국에 약 3,200여 개 중학교가 있다.

② 전국적으로 국공립학교는 사립학교의 약 4배이다.

③ 전국적으로 사립학교는 700개 이상이 있다.

④ 대도시, 중소도시, 읍면지역의 중학교 수는 거의 비슷하다고 볼 수 있다.

수리력 | 표 자료 해석

31. 위 자료의 '고등학교' 정보에 관한 해석으로 가장 잘못된 것은?

① 전국에 있는 모든 국공립학교는 1,394개이다.
② 사립학교 가운데 약 45%가 대도시에 있다.
③ 대도시와 중소도시에 있는 고등학교 수의 차이는 12개이다.
④ 도서벽지에는 사립학교가 없다.

공간지각력 | 도형 회전

32. 다음 그림을 시계 방향으로 90° 회전한 뒤 거울에 비추었을 때 나타날 수 있는 모습으로 알맞은 것은?

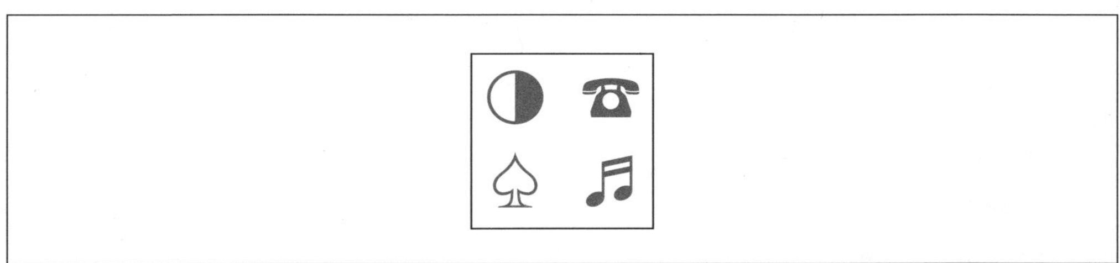

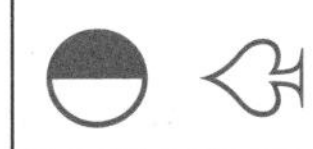

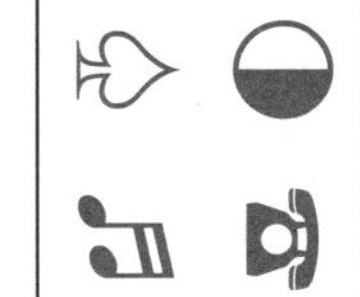

언어논리력 | 글의 내용 기반 추론

33. 다음과 같은 현상으로 인해 나타날 수 있는 영향으로 가장 적절한 것은?

> 한류라는 이름의 문화산업은 음악, 영화, 드라마, 음식 등 다양한 경로를 통해 세계 각국의 팬들에게 각인되었다. 근래에는 우리나라의 가수 "싸이"가 부른 '강남스타일', "방탄소년단"이 부른 'FIRE(불타오르네)' 등의 노래가 세계적으로 인기를 끌면서 한국에 대한 외국인의 관심이 크게 늘었다. 한류 현상은 이제 아시아를 넘어 아메리카, 유럽, 아프리카 등 세계 각국으로 확산되고 있다.

① 우리나라 인구가 급격히 늘어난다.

② 우리나라를 방문하는 외국인 관광객이 늘어난다.

③ 한류로 인해 우리나라 고유의 문화가 점차 사라진다.

④ 지역 간의 교류가 활발해지면서 다국적 기업에 대한 의존이 감소한다.

문제해결력 | 사고 능력 개발 이해

34. 다음 글에서 설명하고 있는 사고의 능력을 개발하기 위해 필요한 태도가 아닌 것은?

> • 어떤 논증, 추론, 증거, 가치를 표현한 사례를 타당한 것으로 수용할 것인가 아니면 불합리한 것으로 거절할 것인가에 대한 결정을 내릴 때 요구되는 사고 능력이다.
> • 어떤 주제나 주장 등에 대해서 적극적으로 분석하고 종합하여 평가하는 능동적인 사고이다.
> • 시시콜콜한 문제가 아닌 문제의 핵심을 중요한 대상으로 한다.

① 고정성　　② 객관성

③ 지적 회의성　　④ 지적 정직성

공간지각력 | 조각 결합

35. 다음 A ~ D 도형을 한 번씩 모두 이용하여 만들 수 없는 것은? (단, A ~ D는 회전할 수 있다)

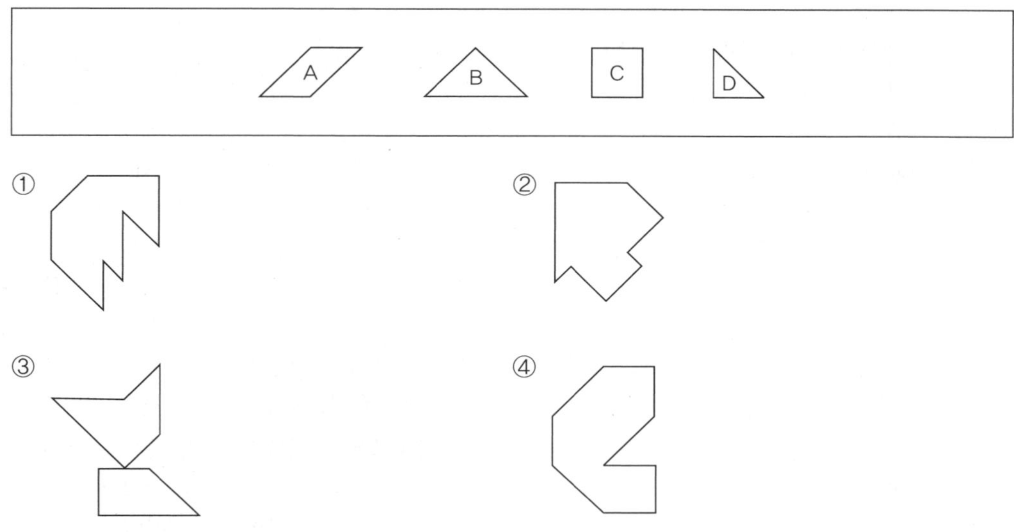

언어논리력 | 서술 방식 파악

36. 다음과 같은 상황에서 글을 작성할 때 적절하게 사용할 설명 방법은?

> 최미경은 ○○기업의 대리이다. 최 대리는 새로 출시할 상품을 설명하는 보고서를 작성해야 한다. 최 대리는 보고서를 작성하기 전에 설명해야 할 상품에 대해 살펴보았다. 그 결과 새로운 상품은 이전의 비슷한 상품과 다른 점이 많다는 것을 알게 되었다. 최 대리는 새 상품이 이전의 상품과 어떻게 다른지 설명하는 데 초점을 맞추기로 하고 새 상품의 자료를 꼼꼼히 파악하기 시작하였다.

① 비유
② 대조
③ 서사
④ 분류

문제해결력 | 문제해결 사례 분석

37. 다음 글에서 언급하고 있지 않은 것은?

> 대한민국 대표 관광도시 ○○군이 관내 관광 전문 조직인 ○○관광공사, ○○군 관광협의회와 지역관광 발전을 위해 머리를 맞댔다. ○○군은 도담삼봉 유원지 내 ○○관광공사 회의실에서 ○○군 관광정책 추진 실무회의를 진행했다고 지난 9일 밝혔다. 이날 실무회의는 군 관광과장을 비롯해 공사 본부장, 군관광협의회 사무국장 등이 참석한 가운데 진행됐다.
>
> ○○군 관광정책 추진 실무회의는 관내 관광 조직 간 유기적인 협력체제를 구축하고 코로나19 시국에 관광 침체를 타개하고자 군과 공사, 협의회가 의견을 모아 2022년 조직됐다. 이번 실무회의는 이달 21일부터 23일까지 진행되는 제17회 ○○마늘축제의 성공개최에 초점이 맞춰졌다.
>
> 먼저 군은 철도마케팅 사업을 통해 축제 기간 500여 명의 철도관광객을 모으며, 주요 관광자원 홍보, 디지털관광주민증 추가 발급을 위한 관광홍보부스를 운영하기로 했다.
>
> ○○관광공사는 ○○마늘축제를 맞아 행사장에서 마늘을 구매한 이가 공사 운영 시설을 방문할 경우 ○○사랑상품권과 시설지 무료입장 혜택을 제공하기로 했다. 대상 시설은 만천하스카이워크(1접당 1명 무료입장), 소백산 · 소선암자연휴양림(1객실당 ○○사랑상품권 5,000원 1장), 다리안 · 천동 · 소선암 · 대강 캠핑장(1사이트당 ○○사랑상품권 3,000원 1장)이다.
>
> 군 관광협의회는 ○○군 시티투어 프로그램에 행사 기간 동안 ○○마늘축제장을 코스로 지정운영해 최일선에서 축제 흥행을 견인할 예정이다. 이외에도 관광 1번지 ○○의 관광슬로건 공모, ○○군 마케팅 공모전, 디지털 뉴딜 기반 관광플랫폼 조성 등 시책 홍보를 위해 회의체는 다방면으로 협조 체계를 구축하기로 했다.
>
> 한편, 인구소멸 위기를 타개하는 방안으로 11개 지자체가 참여하는 디지털관광주민증 사업에서 ○○군은 지난 6일까지 시행 1개월 만에 6,090명의 디지털 군민을 확보하며, 1위를 차지해 눈길을 끌었다.

① 문제인식　　② 해결주체
③ 해결방안　　④ 방안검토

공간지각력 | 입체도형 단면 추론

38. 다음 제시된 도형을 그림과 같이 잘랐을 때 나올 수 있는 단면의 형태는?

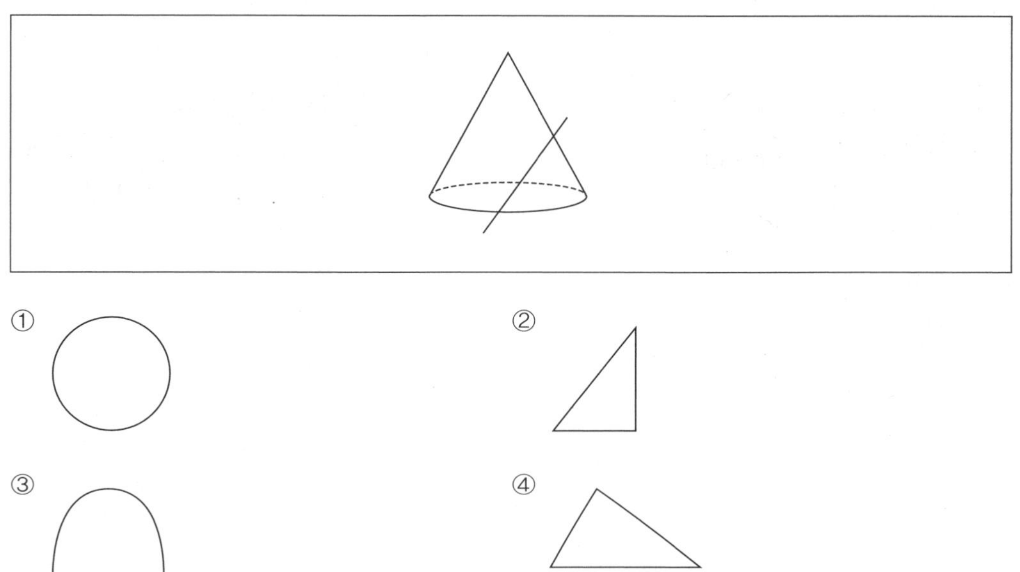

문제해결력 | 문제 유형 파악

39. 다음은 ○○기관에서 발생한 문제를 조사한 내용이다. 이들은 〈5가지 문제유형〉에 따라 구분할 때, 제시된 문제사항과 관련이 없는 문제유형은?

문제사항	구분
상반기 매출이 부진하여 신상품 개발 투자가 부족함.	
외부 소음이 심해 업무에 방해가 됨.	
직원들이 업무 프로세스에 익숙하지 못함.	
업무가 바쁜 시간대에는 인력이 충분하지 않음.	
냉난방 시설이 가동 중 꺼지는 고장이 계속 발생함.	

〈5가지 문제유형〉

1. 재정문제　　2. 규정문제　　3. 인력문제
4. 업무환경문제　　5. 시설 · 장비문제

① 재정문제　　② 규정문제　　③ 인력문제　　④ 업무환경문제

[40 ~ 41] 다음은 20X3 ~ 20X4년 대도시의 인구와 1,000명당 의사 수에 관한 자료이다. 이어지는 질문에 답하시오.

〈20X3 ~ 20X4년 대도시 인구수 및 인구 1,000명당 의사 수〉

구분	20X3년		20X4년	
	인구수(만 명)	인구 1,000명당 의사 수(명)	인구수(만 명)	인구 1,000명당 의사 수(명)
서울	1,002	3.3	1,000	3.4
부산	353	2.5	352	2.6
대구	250	2.7	250	2.7
인천	284	1.8	288	1.7
광주	147	2.8	147	2.8
대전	152	2.8	150	2.8
울산	114	1.9	110	1.8

※ 인구 1,000명당 의사 수 $= \frac{\text{의사 수}}{\text{총인구}} \times 1{,}000$

수리력 | 표 자료 해석

40. 위 자료에 대한 설명으로 옳은 것은?

① 전년 대비 20X4년의 의사 수 증가율이 가장 큰 도시는 부산이다.
② 전년 대비 20X4년의 의사의 비율이 감소한 도시는 인구도 감소했다.
③ 전년 대비 20X4년의 인구가 증가한 도시는 의사의 비율도 증가했다.
④ 20X4년 인구 1,000명당 의사 수가 가장 적은 도시는 의사의 수가 가장 적다.

수리력 | 표 자료 수치 계산

41. 20X3년부터 1년간 증가한 서울의 의사 수는 정확히 몇 명인가?

① 580명　　② 934명
③ 1,000명　　④ 1,530명

문제해결력 | 자료를 바탕으로 계산하기

42. 다음 자료를 근거로 판단할 때, S 병원의 A ~ D 부서 중 1인당 성과급이 가장 높은 부서는?

S 병원은 1년 동안의 부서별 총영업이익을 아래의 표와 같이 산출하였으며, 총 3가지 항목을 지표로 하여 정해진 기준에 따라 각 부서에 성과급을 지급하기로 하였다. 성과급 지급 기준은 다음과 같다.

기준 1) 1인당 영업이익이 높은 부서 순으로 500만 원, 400만 원, 300만 원, 200만 원의 부서 전체 성과급을 지급한다.

기준 2) 전년 대비 증가율에 따라 부서원 한 명당 '부서의 전년 대비 증가율(%)×10만 원'을 지급한다.

기준 3) 전년 대비 업무의 효율성 평가가 향상된 부서에는 부서 전체 성과급(기준 1, 2에 따른 성과급의 합)의 20%를 추가 지급하고, 효율성 평가가 하락한 부서에는 부서 전체 성과급의 10%를 삭감 지급한다(단, 효율성 평가가 변함없는 부서에는 부서 전체 성과급을 그대로 지급하고 전년과 올해 모두 효율성 평가에서 '상'을 받은 부서는 부서 전체 성과급의 20%를 추가 지급한다).

〈S 병원의 총영업이익〉

부서	부서원 수(명)	1인당 영업이익(백만 원)	전년 대비 증가율(%)	업무 효율성 평가	
				전년	올해
A	8	360	10	상	상
B	10	310	13	중	하
C	12	320	12	상	중
D	15	300	8	하	중

① A ② B
③ C ④ D

문제해결력 | 조건 기반 추론

43. 다음은 ○○대학교에 재학 중인 A, B, C, D 4명의 OX시험 답안지이다. OX시험에서 A는 15점, B는 20점, C는 10점을 받았다고 할 때, D의 점수는 몇 점인가? (단, 각 문제의 배점은 5점이고 D는 A보다 낮거나 같은 점수이다.)

구분	1번	2번	3번	4번	5번	총점(25점 만점)
A	○	×	×	○	×	15점
B	×	×	○	○	○	20점
C	○	×	×	×	×	10점
D	○	×	○	×	○	?

① 5점 ② 10점
③ 15점 ④ 20점

언어논리력 | 글의 사례 파악

44. 다음 설명을 참고할 때 '신호탐지이론'이 적용되는 사례로 적절하지 않은 것은?

> 신호탐지이론은 신호의 탐지가 신호에 대한 관찰자의 민감도와 관찰자의 반응 기준에 달려 있다는 이론이다. 즉 신호 대 소음 비는 여전히 동일하지만 우리의 기대는 상황마다 크게 다르게 나타난다는 것이다. 신호탐지이론에서 신호를 탐지하는 관찰자는 수동적으로 정보를 받는 것이 아니라 불분명한 상황 아래에서 어려운 지각 결정을 해내는 능동적인 역할을 한다.

① 배가 고플 때에는 밥 짓는 소리가 더 잘 들리게 된다.
② 중요한 약속 때문에 일찍 일어나야 하는 날에는 조그만 소리에도 잠이 깬다.
③ 평소에는 잘 느끼지 못했던 전화 진동이 놓쳐서는 안 되는 상황에서는 더 잘 탐지된다.
④ 주위의 소리가 너무 커 무대에서 노래하는 자신이 좋아하는 가수의 목소리가 들리지 않았다.

문제해결력 | 자료 분석

45. 다음 영화 등급분류 기준을 고려할 때, 표에 제시된 영화의 기본정보를 통해 알 수 있는 내용으로 적절하지 않은 것은?

제2장 영화 등급분류 기준

제6조(관람등급)

① 영화의 상영등급은 다음 각 호와 같이 분류한다.

1. 전체관람가 : 모든 연령에 해당하는 자가 관람할 수 있는 영화
2. 12세 이상 관람가 : 12세 이상의 자가 관람할 수 있는 영화(다만, 당해 영화를 관람할 수 있는 연령에 도달하지 아니한 자가 부모 등 보호자를 동반하여 관람하는 경우 관람가능)
3. 15세 이상 관람가 : 15세 이상의 자가 관람할 수 있는 영화(다만, 당해 영화를 관람할 수 있는 연령에 도달하지 아니한 자가 부모 등 보호자를 동반하여 관람하는 경우 관람가능)
4. 청소년 관람불가 : 청소년은 관람할 수 없는 영화(단, 「초 · 중등교육법」 제2조의 규정에 따른 고등학교에 재학 중인 학생은 관람불가)
5. 제한상영가 : 선정성 · 폭력성 · 사회적 행위 등의 표현이 과도하여 인간의 보편적 존엄, 사회적 가치, 선량한 풍속 또는 국민정서를 현저하게 해할 우려가 있어 상영 및 광고 · 선전에 있어 일정한 제한이 필요한 영화(단, 「초 · 중등교육법」 제2조의 규정에 따른 고등학교에 재학 중인 학생은 관람불가)

구분	A 영화	B 영화	C 영화
개봉	2022.03.15.	2023.11.17.	2021.05.08.
등급	15세 이상 관람가	청소년 관람불가	15세 이상 관람가
장르	액션, 드라마	로맨스, 판타지	액션, 드라마
국가	대한민국	미국	대한민국
러닝타임	115분	150분	123분

① A 영화와 C 영화는 모두 15세 이상 관람이 가능한 액션영화이다.
② A 영화는 2022년 개봉한 국내영화로, 18세인 윤 씨가 관람할 수 있는 영화이다.
③ C 영화는 2021년 개봉한 국내영화로, 상영시간이 2시간이 넘는다.
④ B 영화는 2023년 개봉한 외국영화로, 15세인 박 씨가 보호자를 동반할 경우에는 관람이 가능한 영화이다.

고시넷 **경상북도교육청 교육공무직원**

영역별 출제비중

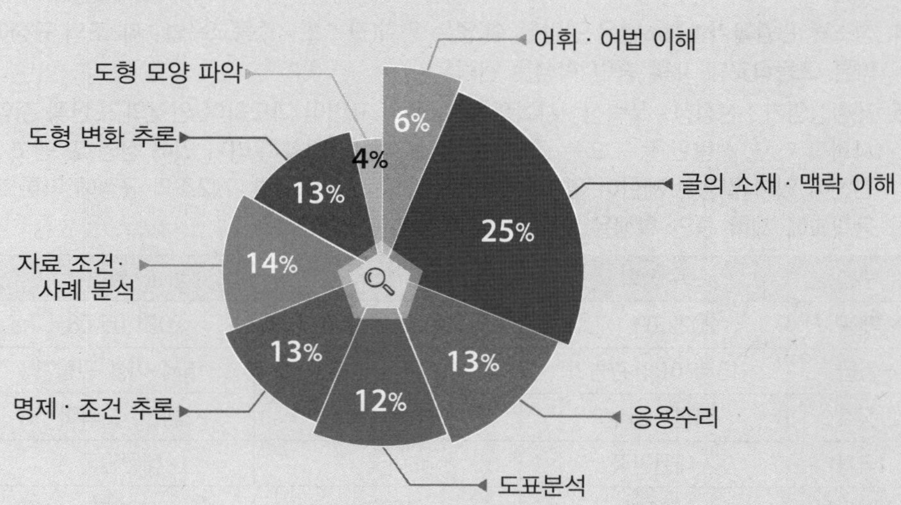

출제분석

경상북도교육청 교육공무직원 소양평가는 1. 언어논리력 2. 수리력 3. 문제해결력 4. 공간지각력 네 가지 영역으로 출제되었다. 언어논리력에서는 어휘의 의미 또는 올바른 어법을 파악하는 문제와 글의 세부 내용이나 소재, 맥락을 파악하는 문제가 출제되었고, 올바른 경청이나 의사소통 방법에 관한 문제도 출제되었다. 수리력에서는 방정식, 부등식 등을 활용하는 응용수리 문제와 제시된 도표 자료의 수치를 분석하는 자료해석 문제가 출제되었다. 문제해결력에서는 삼단논법을 이용한 명제 추론 문제와 자료의 조건이나 사례를 바탕으로 결과를 추론하거나 선택하는 문제가 출제되었다. 공간지각력에서는 블록, 전개도, 평면도 등의 다양한 도형의 모양을 파악하거나 도형이 변화하는 모양을 추론하는 문제가 출제되었다.

경상북도교육청 소양평가

파트 2

기출예상문제

1회 기출예상문제

소양평가

문항수	45문항
시험시간	50분

정답과 해설 12쪽

01. 다음 중 문맥상 빈칸에 들어갈 수 없는 단어는?

> 간헐적 단식이란 무엇일까? 간헐적 단식은 일정 시간 동안 공복을 유지하면서 체중을 감량하는 방식으로, 아예 굶거나 식단을 제한하지 않아 일정 시간이 지나면 원하는 음식을 먹을 수 있다는 특징을 가진다. 그러나 간헐적 단식은 음식을 많이 섭취하지 않으므로 영양 불균형을 (　　　)할 수 있으며, 근육 운동을 (　　　)하지 않으면 지방과 함께 근육이 빠지기 때문에 (　　　)해서 단식을 이어갈 시 건강을 해칠 수 있다.

① 금식　　② 지속
③ 병행　　④ 초래

02. 다음 〈보기〉의 명제가 모두 참일 때 옳은 것은?

보기

- 껌을 좋아하는 아이는 사탕도 좋아한다.
- 초콜릿을 좋아하지 않는 아이는 사탕도 좋아하지 않는다.
- 감자칩을 좋아하는 아이는 사탕도 좋아한다.

① 감자칩을 좋아하는 아이는 초콜릿도 좋아한다.
② 감자칩을 좋아하는 아이는 껌을 좋아하지 않는다.
③ 초콜릿을 좋아하는 아이는 감자칩도 좋아한다.
④ 껌을 좋아하는 아이는 초콜릿은 좋아하지 않는다.

03. 다음 그림 안에서 만들 수 있는 크고 작은 사각형은 모두 몇 개인가?

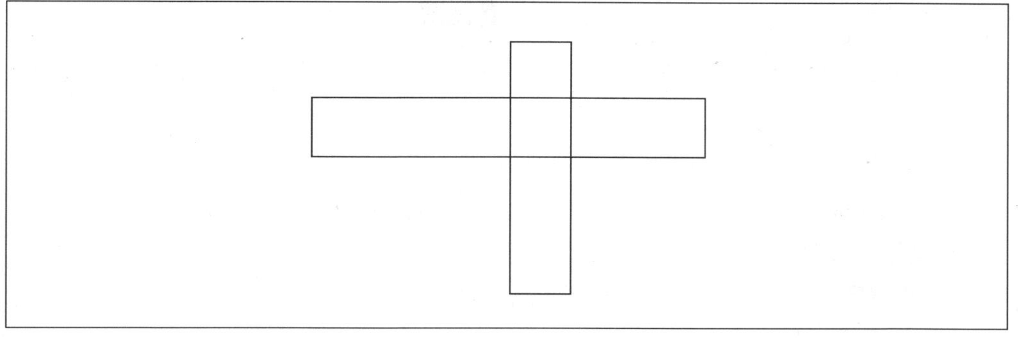

① 8개　　② 9개

③ 10개　　④ 11개

04. 다음 글의 중심 내용으로 적절한 것은?

> 문학 작품은 실로 일국(一國)의 언어 운명을 좌우하는 힘을 가지고 있다. 왜냐하면 문학 작품은 그 예술적 매력으로 하여 대중에게 다가가고 지상(紙上)에 고착됨으로써 큰 전파력을 발휘하기 때문이다. 이렇게 볼 때 문학 작품을 산출하는 작가야말로 매우 존귀한 위치에 있으며, 동시에 국가나 민족에 대하여 스스로 준엄하게 책임을 물어야 하는 존재라고 할 수 있다. 사실, 수백 번의 논의를 하고 수백 가지의 방책을 세우는 것보다 한 사람의 위대한 문학가가 그 언어를 더 훌륭하게 만든다고 할 수 있다. 괴테의 경우가 그 좋은 예이다. 그의 문학이 독일어를 통일하고 보다 훌륭하게 만드는 데 결정적인 역할을 했다는 것은 이미 주지의 사실이기도 하다.

① 작가는 언어에 대하여 막중한 책임을 지고 있다.

② 문학 작품은 국어에 큰 영향력을 미친다.

③ 작가는 문학 작품을 씀으로써 사회에 기여한다.

④ 언어는 문학 작품에 영향을 끼친다.

05. 다음 중 밑줄 친 부분의 품사가 〈보기〉와 다른 것은?

> **보기**
>
> 이번 계약을 성사시키기 위해 온갖 수단을 다 써 보았지만, 결국 경쟁에서 밀렸다.

① 우리는 어느 것이 맞는 답인지 모르겠다.
② 이제 새해가 시작됐으니 새 기분으로 일을 시작해야지!
③ 높은 습도로 사람들의 불쾌지수가 높아졌다.
④ 이 귤은 너무 달아서 먹고 싶지 않아.

06. 다음 그림에 나타나 있지 않은 조각은?

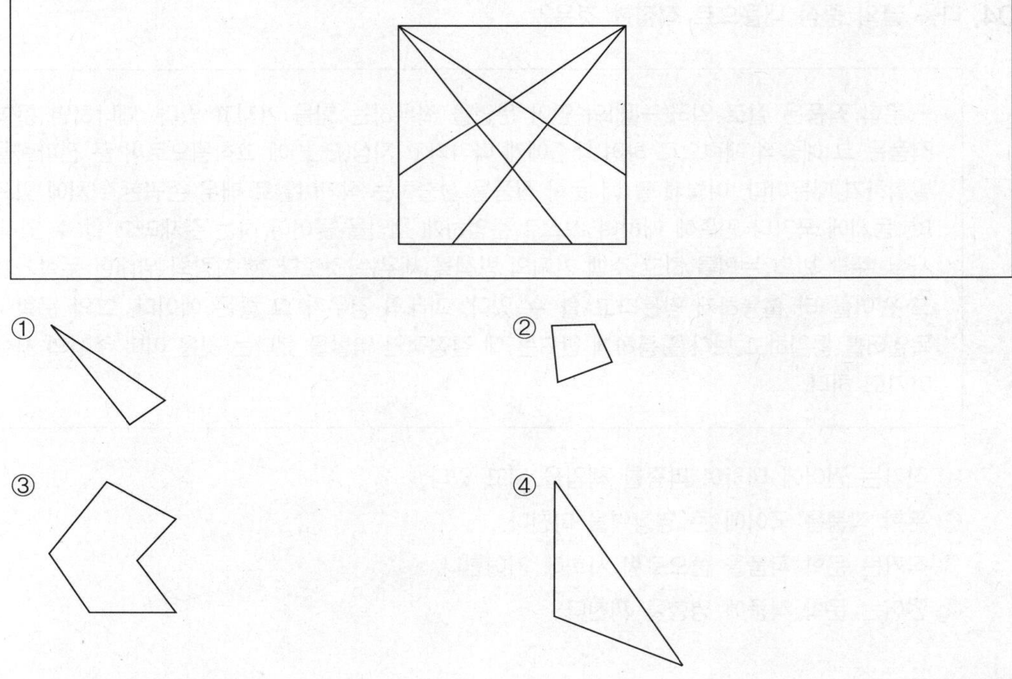

07. 자격증을 취득하는 것에는 다음과 같은 조건이 있다. 선이가 C 자격증을 가지고 있다고 할 때, 선이가 취득한 자격증은 모두 몇 개인가?

> • A 자격증을 취득하려면 B 자격증이 있어야 한다.
> • C 자격증 시험을 응시하기 위해서는 D, E 자격증이 있어야 한다.
> • B 자격증을 취득한 사람은 E 자격증 시험에 응시할 수 없다.

① 1개　② 2개
③ 3개　④ 4개

08. 다음 글의 내용과 일치하지 않는 것은?

> 우리가 흔히 영화를 사실적이라고 할 때, 그것은 영화의 재현 방식에 반응해서 영화 속 내용을 현실처럼 보는 데에 동의함을 뜻한다. 영화 속 내용은 실제 현실과 같지 않다. 우리는 영화가 현실의 복잡성을 똑같이 모방하기를 원하지 않으며, 영화 역시 굳이 그러기 위해 노력하지 않는다. 이렇게 관객과 감독 사이에 맺어진 암묵적 합의를 '영화적 관습'이라고 한다. 영화적 관습은 영화사 초기부터 확립돼 온 산물로, 관객과 감독의 소통을 돕는다. 반복적인 영화 관람 행위를 통해 관객은 영화적 관습을 익히고, 감독은 그것을 활용하여 관객에게 친숙함을 제공한다.
>
> 확립된 관습을 무시하거나 그것에 도전하는 것은 쉬운 일이 아니다. 그런데 프랑스의 누벨바그 감독들은 고전적인 영화 관습을 파괴하며 영화의 현대성을 주도하였다. 이들은 불필요한 사건을 개입시켜 극의 전개를 느슨하게 만들거나 단서나 예고 없이 시간적 순서를 뒤섞어 사건의 인과 관계를 교란하기도 했다. 이들은 자기만족적이고 독창적인 미학적 성취를 위해 영화의 고전적인 관습을 파괴하였다.

① 관객은 반복적인 영화관람을 통해 암묵적으로 합의된 영화적 관습을 익힐 수 있다.
② 자기만족을 위해 영화적 관습에 도전하는 행위는 영화의 현대성을 주도한다.
③ 현실의 복잡성을 그대로 모방한 영화는 사실적이라는 평가를 받는다.
④ 영화 속 내용이 시간적 순서에 따라 재현되는 방식은 영화적 관습의 예가 될 수 있다.

09. 다음 밑줄 친 단어 중 표기가 옳은 것을 모두 고르면?

> 퇴근 후 집에 도착하자마자, 웬지 불길한 생각이 들어서 컴퓨터를 확인했다. 안 좋은 예감은 틀리지 않는다고 했던가? 며칠 동안 고생해서 작성한 보고서 파일이 훼손된 것이다. 내일까지 과장님께 보고해야 하는데, 어떡게 해야 할지 막막하기만 하다. 지금이라도 다시 작성하든지, 과장님께 사실대로 말씀드리던지 해야 하는데, 어떤 방법이 좋을지 판단이 서질 않는다. 그저 지금 나의 바램은 훼손된 파일이 잘 복구되었으면 좋겠다는 것이다.

① 며칠, 훼손, 말씀드리던지
② 웬지, 며칠, 작성하든지
③ 며칠, 훼손, 작성하든지
④ 웬지, 바램, 말씀드리던지

10. 하경, 진경, 미영, 미란이의 고향과 현재 사는 곳은 서울, 고양, 청주, 목포 중 하나이다. 각 지역별로 고향인 사람과 현재 사는 사람이 1명씩이라고 할 때, 다음 조건을 바탕으로 미영이와 미란의 고향을 바르게 연결한 것은?

> • 하경이의 고향은 목포이고 현재 서울에 살고 있다.
> • 진경이가 현재 사는 곳은 청주이다.
> • 미영이는 고향과 현재 사는 곳이 같다.
> • 미란이는 다른 세 사람 중 고향이 청주인 사람에게 선물을 받았다.

	미영	미란
①	서울	고양
②	고양	서울
③	고양	청주
④	청주	서울

11. 다음은 같은 모양과 크기의 블록을 쌓아 올린 그림이다. 블록에서 밑면을 제외한 모든 면에 페인트를 칠할 때 2개의 면이 칠해지는 블록은 몇 개인가? (단, 보이지 않는 뒷면에 쌓인 블록은 없다)

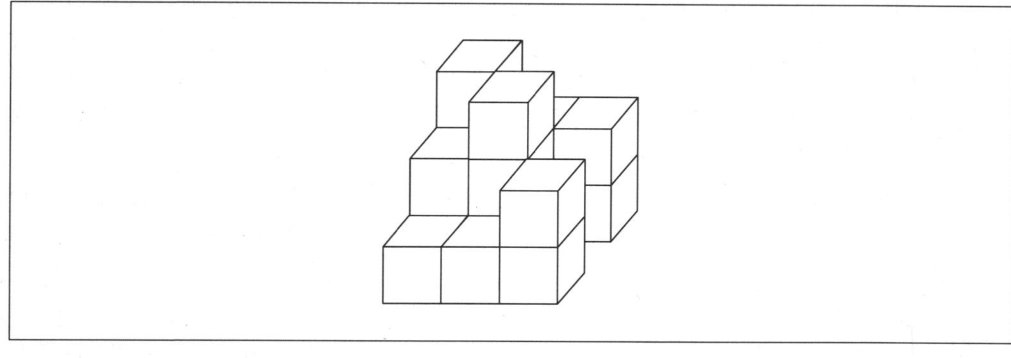

① 4개　　② 5개
③ 6개　　④ 7개

12. 다음 글의 빈칸 ㉠에 들어갈 문장으로 가장 알맞은 것은?

> 과거를 향유했던 사람들은 비교적 사람의 내면세계를 중요시했다. 겉으로 드러나는 모습은 허울에 불과하다고 믿었기 때문이다. 그러나 현 시대를 살아가는 사람들의 모습을 보면 인간관계에 있어, 그 누구도 타인의 내면세계를 깊이 알려고 하지 않을 뿐만 아니라 사실 그럴 만한 시간적 여유도 없다. 그런 이유로 '느낌'으로 와닿는 무언가만을 중시하며 살아간다. 그 '느낌'이란 것은 꼭 말로 설명할 수는 없다 하더라도 (㉠) 따라서 옷차림새나 말투 하나만 보고도 금방 어떤 '느낌'이 형성될 수도 있는 것이다.

① 사람과 사람 사이를 보이지 않게 연결해 주는 구실을 한다.
② 내면에서 우러나오는 것이기 때문이다.
③ 겉으로 드러난 모습에 의해 영향을 받기 마련이다.
④ 현 시대를 살아가는 사람에게는 매우 중요한 요소이다.

[13 ~ 14] 다음 글을 읽고 이어지는 질문에 답하시오.

한국어 사용자들은 사람을 만날 때 대화에 앞서 상대를 높여야 하는지, 낮춰도 되는지를 먼저 고민한다. 언어가 그걸 요구하기 때문이다. 한 문장을 말할 때마다 그렇게 상대와 자신의 지위를 확인한다. 상대방은 나에게 반말과 존댓말을 마음대로 쓸 수 있지만 나는 상대방에게 존댓말밖에 쓰지 못할 때 나는 금방 무력해지고 순종적인 자세가 되고 만다. 이때 존댓말은 어떤 내용을 제대로 실어 나르지 못한다. 세상을 바꿀 수도 있을 도전적인 아이디어들이 그렇게 한 사람의 머리 안에 갇혀 사라진다.

이 언어의 문제를 해결하지 못하면 상호 존중 문화를 만들 수 없고, 그 문화가 없으면 시민사회도, 민주주의도 이룰 수 없다. 이 적폐가 끊이지 않고 유전병처럼 후대로 이어질 것 같아 두렵다.

내가 제안하는 해결책은 가족이나 친구가 아닌 모든 성인, 예를 들면 점원, 후배, 부하 직원에게 존댓말을 쓰자는 것이다. 언어가 바뀌면 몸가짐도 바뀐다. 사회적 약자는 존댓말을 듣는 동안에는 자기 앞에 최소한의 존엄을 지키는 방어선이 있다고 느낀다. 그 선을 넘는 폭력의 언어를 공적인 장소에서 몰아내자는 것이다. 즉, 고객이 반말을 하는 순간 콜센터 상담사들이 바로 전화를 끊을 수 있게 하자는 것이다.

그리고 반말은 가족과 친구끼리, 쌍방향으로 쓰는 언어로 그 영역을 축소하자는 것이다. '직장 후배지만 가족이나 친구처럼 정말 친한 관계'라면 상대가 나에게 반말을 쓰는 것도 괜찮은지 스스로 물어보자. 상대가 입원했을 때 병원비를 내줄 수 있는지도 따져보자. 그럴 수 없다면 존댓말을 쓰자.

나는 몇 년 전부터 새로 알게 되는 사람에게는 무조건 존댓말을 쓰려 한다. 그럼에도 불구하고 앞서 말했듯이 여전히 상대의 나이를 살피게 된다. 반말을 쓰던 지인에게 갑자기 존댓말을 쓰는 것도 영 쑥스러워 하지 못한다. 존댓말과 반말이라는 감옥의 죄수라서 그렇다. 그러나 다음 세대를 위해 창살 몇 개 정도는 부러뜨리고 싶다. 다음 세대는 벽을 부수고, 다음다음 세대는 문을 열고, 그렇게 ㉠새 시대를 꿈꾸고 싶다.

13. 다음 중 윗글의 내용 및 글쓴이의 의도를 바르게 이해하지 못한 사람은?

① 아름 : 한국어는 상대와 자신의 지위를 확인할 수 있는 언어이군.

② 다운 : 상대에게 반말을 하면 그 사람이 입원했을 때 병원비를 내줘야 한다는 말이네.

③ 우리 : 상호 간의 존댓말은 서로 존중받는다는 느낌을 줄 수 있군.

④ 나라 : 일부 고객에게 반말을 듣는 콜센터 상담사들은 무력감을 느낄 수 있겠어.

14. 윗글의 밑줄 친 ㉠의 의미로 적절한 것을 모두 고르면?

> (가) 자신의 생각을 제대로 말하는 시대
> (나) 도전적인 아이디어를 창출하는 시대
> (다) 상호 존중하는 시대
> (라) 직장 동료를 가족처럼 친근하게 대하는 시대

① (라)
② (가), (다)
③ (가), (나), (다)
④ (가), (나), (라)

15. 다음의 [사실]을 참고할 때 [결론]에 대한 설명으로 옳은 것은?

> [사실] • 떡볶이를 좋아하는 사람은 화통하다.
> • 화통한 사람은 닭강정을 좋아하지 않는다.
> • 떡볶이를 좋아하는 사람은 닭강정을 좋아하지 않는다.
> [결론] A. 닭강정을 좋아하는 사람은 떡볶이를 좋아하지 않는다.
> B. 닭강정을 좋아하지 않는 사람은 화통하다.

① A만 항상 옳다.
② B만 항상 옳다.
③ A, B 모두 항상 옳다.
④ A, B 모두 항상 그르다.

16. 다음에 제시된 도형 3개를 합쳤을 때 나오는 모양으로 적절하지 않은 것은?

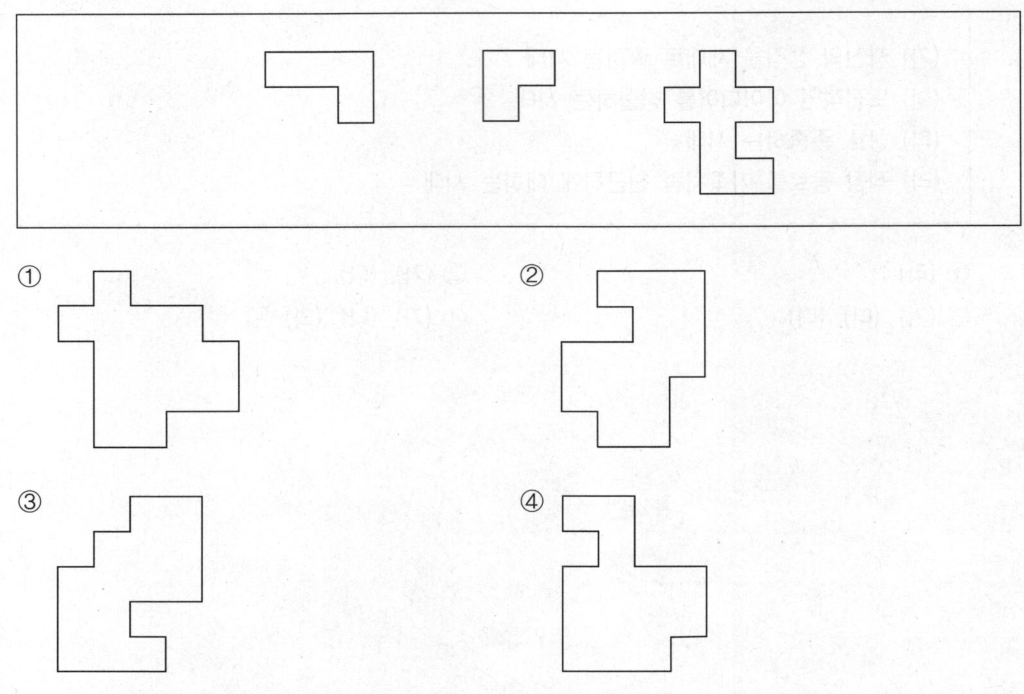

17. 다음 명제가 모두 참일 때 옳지 않은 것은?

- A 거래처에 발주했다면, B 거래처에는 발주하지 않았다.
- C 거래처에 발주하지 않았다면, D 거래처에 발주했다.
- D 거래처에 발주했다면, B 거래처에도 발주했다.

① A 거래처에 발주했다면, C 거래처에도 발주했다.
② B 거래처에 발주하지 않았다면, C 거래처에도 발주하지 않았다.
③ C 거래처에 발주하지 않았다면, A 거래처에도 발주하지 않았다.
④ D 거래처에 발주했다면, A 거래처에는 발주하지 않았다.

18. 다음 글을 통해 추론할 수 있는 내용으로 가장 적절하지 않은 것은?

> 우리가 기억하는 것들은 크게 서술 정보와 비서술 정보로 나뉜다. 서술 정보란 학교 공부, 영화 줄거리, 장소나 위치, 사람 얼굴처럼 말로 표현할 수 있는 정보이다. 반면, 비서술 정보는 몸으로 습득하는 운동 기술, 습관, 버릇, 반사적 행동 등과 같이 말로 표현할 수 없는 정보이다. 이 중에서 서술 정보를 처리하는 중요한 기능을 담당하는 것은 뇌의 내측두엽에 있는 해마로 알려져 있다. 교통사고를 당해 해마 부위가 손상된 이후 서술 기억 능력이 손상된 사람의 예가 그 사실을 뒷받침한다. 그렇지만 그는 교통사고 이전의 오래된 기억은 모두 떠올렸다. 해마가 장기 기억을 저장하는 장소가 아니라는 증거다. 많은 학자들은 서술 정보가 오랫동안 저장되는 곳으로 대뇌피질을 들고 있다.
>
> 그렇다면 비서술 정보는 어디에 저장될까? 운동 기술은 대뇌의 선조체나 소뇌에 저장되며, 계속적인 자극에 둔감해지는 '습관화'나 한번 자극을 받은 뒤 그와 비슷한 자극에 계속 반응하는 '민감화' 기억은 감각이나 운동 체계를 관장하는 신경망에 저장된다고 알려져 있다. 감정이나 공포와 관련된 기억은 편도체에 저장된다.

① 서술 정보와 비서술 정보는 말로 표현할 수 있느냐의 여부에 따라 구분된다.

② 장기 기억되는 서술 정보는 대뇌피질에 분산되어 저장된다.

③ 뇌가 받아들인 기억 정보는 유형에 따라 각각 다른 장소에 저장된다.

④ 비서술 정보의 경우 자극의 횟수에 의해 기억 여부가 결정된다.

19. A 사원은 주주총회 참석자들을 위한 다과를 준비하였다. A 사원이 준비한 내용이 다음과 같을 때, 과자는 한 상자에 얼마인가?

> • 총회에 참석하는 인원은 총 15명이다.
> • 다과는 1인당 물 1병과 음료 1병, 과자 2개, 약간의 과일을 준비한다.
> • 물은 1병에 600원, 음료는 1병에 1,400원이고, 과자는 한 상자에 10개가 들어 있다.
> • 여분으로 5명의 분량을 추가로 준비하였다.
> • 과일을 준비하는 데 17,000원을 지출하였고, 다과 비용으로 총 75,000원을 지출하였다.

① 450원　　② 700원

③ 4,500원　　④ 9,000원

20. 어떤 프로젝트를 수행하는 데 A가 혼자 하면 10일, B가 혼자 하면 15일이 걸린다. 이 프로젝트를 A, B가 함께 수행한다면 며칠 만에 완료할 수 있는가?

① 3일 ② 4일
③ 5일 ④ 6일

21. A 회사의 직원은 총 80명으로 연구직 30명, 생산직 50명으로 구성되어 있다. 연구직 직원 중 40%는 여성이고, 전체 남성 중 60%는 생산직이라고 할 때, 연구직 남성 직원 수와 생산직 여성 직원 수의 합은?

① 39명 ② 40명
③ 41명 ④ 42명

22. 다음 제시된 도형과 동일한 것은?

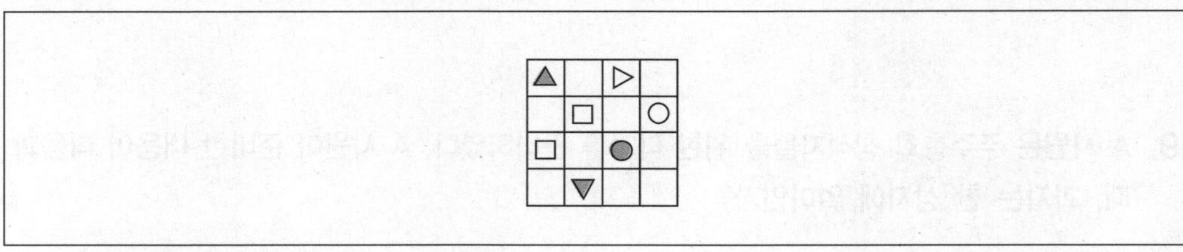

① 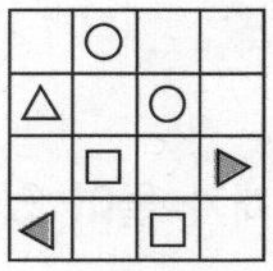 ②

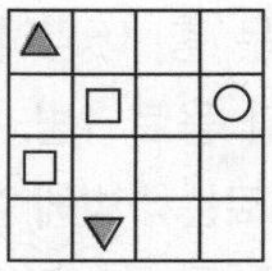

③ 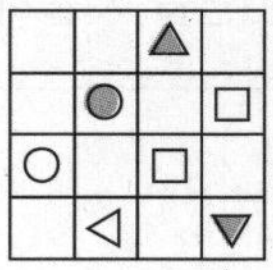 ④

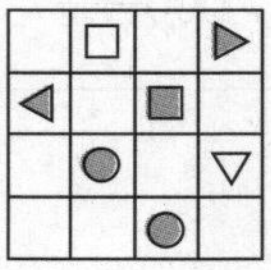

23. 다음 자료에 대한 분석으로 적절하지 않은 것은?

〈우리나라 주요 도시의 도로면 주거지역 소음 크기〉

(단위 : dB)

구분		20X3년	20X4년	20X5년	20X6년	20X7년	20X8년	20X9년
서울	낮	69	69	68	68	68	68	68
	밤	66	65	65	64	65	65	65
부산	낮	68	68	68	67	67	67	67
	밤	63	63	63	63	63	62	62
대구	낮	68	68	69	68	67	67	68
	밤	62	63	64	64	63	62	63
광주	낮	65	66	63	63	64	64	63
	밤	60	60	59	58	59	59	58
대전	낮	62	62	63	62	62	61	61
	밤	56	56	56	56	56	55	55

※ 소음환경기준은 낮 65dB, 밤 55dB이다.

① 조사기간 동안 밤 시간대 소음측정치가 가장 높은 도시는 서울이다.

② 조사기간 동안 낮 시간대의 소음환경기준을 충족시키고 있는 도시는 대전뿐이다.

③ 조사기간 동안 부산의 낮 평균 소음측정치는 약 67.43dB이다.

④ 조사기간 동안 대구의 밤 평균 소음측정치는 대전의 낮 평균 소음측정치보다 낮다.

24. 철수가 시속 6km로 운동장을 달리고 있다. 30분 동안 같은 속력으로 달리기를 했다면 철수가 이동한 거리는 얼마인가?

① 2.8km ② 3km
③ 3.5km ④ 3.8km

25. 가로의 길이가 세로의 길이보다 2m 짧은 직사각형 모양의 회의실이 있다. 이 회의실 둘레의 길이가 32m일 때, 세로의 길이는?

① 6m ② 7m
③ 8m ④ 9m

26. 갑은 중간고사에서 네 과목의 평균을 구하니 89.5점이 나왔다. 마지막 영어시험까지 합하여 다섯 과목의 총평균이 90점 이상 나오려면, 영어는 최소한 몇 점을 받아야 하는가?

① 88점 ② 90점
③ 92점 ④ 93점

27. 갑 ~ 정 4명 중 2명은 학생, 2명은 회사원이다. 이 4명은 〈보기〉와 같이 말했으며, 그중 회사원 2명은 모두 거짓말을 하고 학생 2명은 모두 사실을 말하였다. 다음 중 사실을 말하는 학생 2명은 누구인가?

보기

- 갑 : 저와 정은 학생입니다.
- 을 : 저는 회사를 다니지 않습니다.
- 병 : 갑은 회사를 다니지 않습니다.
- 정 : 병은 회사를 다닙니다.

① 을, 정 ② 갑, 정
③ 갑, 병 ④ 갑, 을

28. 다음 (가)～(마)를 문맥의 순서에 따라 적절하게 배열한 것은?

> (가) 자신의 이름을 따 상트페테르부르크로 도시명을 정한 그는 1712년 이곳으로 수도를 옮길 정도로 애착과 기대가 컸다.
> (나) 그는 발트해 연안의 이곳을 '유럽으로 향하는 항'으로 삼기로 하고 새로운 도시건설에 착수하였다.
> (다) 지금도 학술, 문화, 예술 분야를 선도하며 그러한 위상에는 변함이 없다.
> (라) 제정 러시아의 표트르 1세는 스웨덴이 강점하고 있던 네바 강 하구의 습지대를 탈환하였다.
> (마) 이렇게 시작된 이 도시는 이후 발전에 발전을 거듭하여 러시아 제2의 대도시가 되었다.

① (다)－(가)－(라)－(나)－(마)
② (다)－(나)－(가)－(라)－(마)
③ (라)－(나)－(가)－(마)－(다)
④ (라)－(나)－(다)－(가)－(마)

29. 다음 마름모의 종이를 그림의 점선 1에서 아래로 접은 후, 점선 2를 따라 겹쳐진 부분도 함께 위로 접었다. 이것을 다시 좌우대칭이 되는 선에 따라 접었을 때의 모양으로 옳은 것은? (단, 종이는 모두 안으로 접는다)

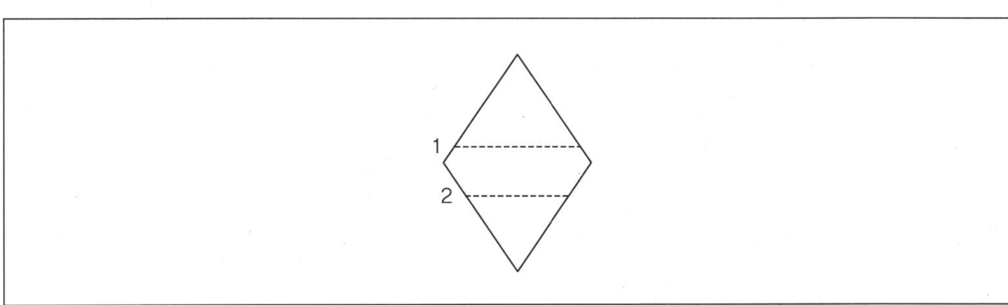

①

②
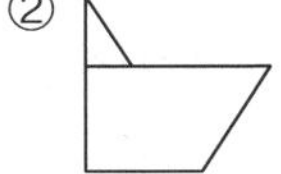

③

④
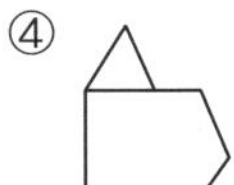

[30 ~ 31] 다음은 직장인 1,000명을 대상으로 저축 여부를 설문조사한 결과이다. 이어지는 질문에 답하시오.

(단위 : 명)

연령	저축을 하고 있는가?		계
	저축을 하고 있다.	저축을 하지 않는다.	
20대	178	72	250
30대	175	25	200
40대	201	99	300
50대	136	64	200
60대	21	29	50

30. 다음 중 저축자의 비율이 가장 높은 연령대는?

① 20대　② 30대
③ 40대　④ 50대

31. 위의 자료에 대한 설명으로 옳지 않은 것은?

① 60대의 50% 이상이 저축을 하지 않는다.
② 전체 조사자 중 저축자의 수는 700명 이상이다.
③ 저축을 하지 않는 50대의 수는 저축을 하지 않는 30대 수의 2배 이상이다.
④ 30대부터 연령대가 높아질수록 저축자의 비율이 계속 낮아지고 있다.

32. ○○기업의 영업부 사원들은 다음 주 화요일부터 금요일까지 매일 한 명씩 돌아가면서 판매 교육을 받아야 한다. A ~ D 4명의 사원이 다음과 같은 조건에서 교육을 받는다면 교육을 받는 순서로 알맞은 것은?

- 3년 차 이상 근무한 직원끼리는 연속해서 교육받지 않는다.
- 여성 직원이 연속으로 교육받지 않는다.
- 신입사원 중 한 명이 가장 먼저 교육을 받는다.

직원	A	B	C	D
연차	신입	3년 차	신입	5년 차
성별	남	여	여	남

① A – D – B – C ② A – B – D – C

③ C – A – B – D ④ C – D – A – B

33. 다음 〈교훈 작성 원칙〉을 토대로 작성한 교훈으로 가장 적절하지 않은 것은?

〈교훈 작성 원칙〉

- 지적인 성장과 더불어 도덕성을 강조할 것
- 짧고 명확하게 표현할 것
- 미래를 향한 긍정적인 비전을 제시할 것
- 학생 개개인의 잠재력을 존중할 것

① 지식을 쌓고 도덕을 실천함으로 잠재된 미래를 열어가자.

② 지혜와 도덕으로 학생들의 꿈을 현실로 만들어가는 힘

③ 최고의 지성인, 최고의 결과를 목표로 하는 학교

④ 미래를 향한 지혜와 도덕의 발현

34. 다음 글을 통해 알 수 있는 것은?

> 이미 1990년대부터 대부분의 선진국에서는 저숙련 서비스 일자리가 증가하였다. 기술혁신은 일자리를 대체하지만 새로운 상품을 창출한다. 기술혁신이 일반화되어 혁신상품이 흔해지고 가격이 하락함에 따라 보완재 관계에 있는 음식, 레저, 운송 등에서 서비스 수요와 일자리가 증가한다.
>
> 이러한 일자리 창출 메커니즘에서 핵심은 기술혁신의 성과가 재화가격 하락으로 연결되어야 한다는 점이다. 혁명적인 정보통신 발전이 있더라도 낮은 가격으로 일반화되지 않으면 서비스 일자리는 증가하지 않는다. 그러므로 서비스 일자리가 창출되려면 규제를 완화하고 경쟁을 촉진하여 가격 인하를 유도하는 것이 중요하다.
>
> 고졸임금 상승에 대한 최저임금의 영향을 검토하기 위하여 2010년과 2016년을 비교하면, 임금 상승은 최저임금 인상을 수반하였다. 그러나 최저임금이 임금 상승의 주요인이라고 볼 수는 없다. 왜냐하면 해외에서도 저숙련직 임금은 상승하였기 때문이다. 과거에는 생산직과 사무직이 주된 일자리이며, 이 직업에서는 노동조합이 근로조건 보호의 기제였다. 반면 새로운 서비스 일자리에서는 노조가 없으며 정부역할이 요구된다. 각국 정부가 최저임금을 인상하는 이유가 여기에 있다.
>
> 청년실업률은 4년제 대졸에서 상승하였다. 직업 분포에서는 전문 · 준 전문직이 감소하였으며, 주로 기술직, 교육, 경영금융 분야의 준 전문직이 감소하였다. 또한 대졸 고용률은 계속 하락하고 있으며, 고등학교 졸업생의 상급학교 진학률 역시 2008년을 정점으로 최근에는 약 70%로 하락하였다. 이러한 변화들은 숙련인력에 대한 수요의 감소를 시사한다.

① 대부분의 선진국에서는 저숙련 서비스 일자리가 증가하는 추세이다.

② 서비스 일자리가 증가하기 위해서는 규제완화와 경쟁촉진이 필요하다.

③ 임금 상승은 최저임금 상승을 수반하며 최저임금이 고졸임금 상승의 주요인이다.

④ 청년실업률 상승은 고졸의 실업률 상승에 기인하며 구체적으로 서비스 일자리 감소에 기인한다.

35. 다음을 보고 그 규칙을 찾아 '?'에 들어갈 알맞은 것을 고르면?

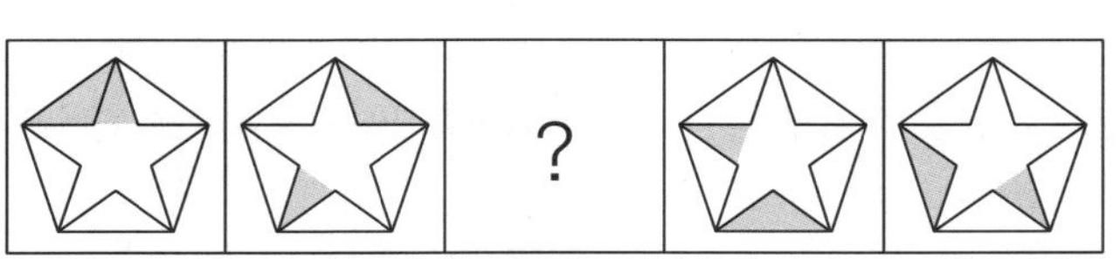

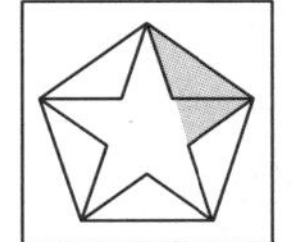

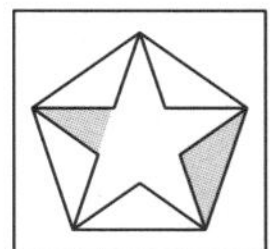

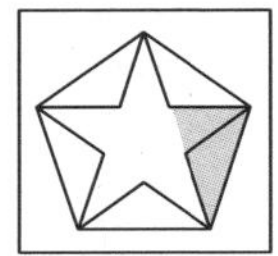

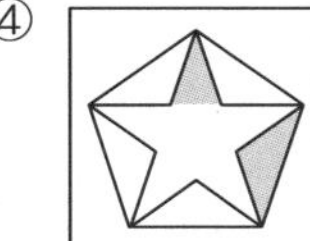

36. 다음 글을 참고할 때, 올바른 거절 방법으로 적절하지 않은 것은?

> 전국 직장인 2천 명을 대상으로 착한 아이 콤플렉스에 대한 설문조사를 실시한 결과 응답자의 약 83.9%가 착한 아이 콤플렉스로 인해 거절이 어렵다고 밝혔다. 이들 중 약 84.2%는 직장에서 착한 아이 콤플렉스를 경험했다고 답했는데, 그 상황으로는 '동료의 부탁을 거절하지 못할 때', '상사의 무리한 주문에 싫은 티를 내지 못할 때' 등이 언급되었다. 직장인들은 착한 아이 콤플렉스에 대해 사회생활에서 피할 수 없다는 태도를 보였으며, 착한 아이 콤플렉스를 갖는 이유로는 '누구에게나 좋은 사람으로 기억되고 싶어서', '작은 것 하나로 평가되는 사회 분위기 때문', '소심한 성격 때문에 거절을 못해서', '나에 대한 사람들의 뒷담화가 두려워서'라고 응답하였다.

① 거절함으로써 발생될 문제들과 자신이 거절하지 못해서 그 일을 수락했을 때의 기회비용을 따져본다.

② 거절의 의사결정 전에 신중하게 고민하는 시간을 충분히 가진다.

③ 상대방이 부탁할 때에는 주의를 기울여 문제의 본질을 파악한다.

④ 무작정 거절 의사만 밝히기보다는 대안을 함께 제시한다.

37. ○○사 총무부 송 사원은 워크숍 장소를 정하라는 상사의 지시를 받았다. 다음 〈팀원 요구사항〉을 고려하여 정할 때, 최종적으로 선정되는 워크숍 장소는?

송 사원은 자신을 제외한 팀원 5명의 요구를 모두 충족하는 워크숍 장소를 정해야 한다.

〈팀원 요구사항〉

박 팀장	회사 기준 300km 내에 위치한 곳
정 차장	선호도가 낮은 곳은 제외할 것
백 과장	최종 참석자인 60명이 이용할 수 있는 곳
윤 대리	경영상태가 A 등급 이상인 곳
서 주임	예산인 30만 원을 초과하지 않는 곳

〈워크숍 장소 후보지〉

후보지	회사와의 거리	비용	선호도	최소 수용인원	경영상태
가	100km	350,000원	낮음	90명	B 등급
나	300km	220,000원	보통	60명	B 등급
다	250km	220,000원	보통	60명	S 등급
라	150km	370,000원	매우 높음	70명	A 등급

※ 단, 경영상태는 S>A>B 등급 순으로 높다.

① 가　　② 나
③ 다　　④ 라

38. 다음 대화를 읽고 두 사람 간에 발생한 문제의 원인으로 적절한 것은?

> L : 여기가 근처에서 유명한 한식당이라고? 별거 없는 것 같은데.
> O : 그래? 밑반찬이 다른 곳과 비교해서 조금 더 맛있는 것 같지 않아?
> L : 잘 모르겠어. 나 원래 한식 안 좋아하잖아.
> O : 그럼 왜 여기서 저녁 먹자고 했어. 이럴 줄 알았으면 다른 곳에서 보자고 했을 거야.
> L : 지금이라도 나갈까?
> O : 이미 메뉴가 다 나왔는데 어떻게 나가니?
> L : 그럼 너 많이 먹어. 나는 조금만 먹고 이따 집에 가서 치킨이나 시켜 먹을래.
> O : 어휴, 그래라.

① O가 L의 음식 취향을 충분히 고려하지 않았다.
② L은 O의 마음을 헤아리지 않고 부정적인 태도만 고집하였다.
③ O가 아직 식사를 마치지 않은 시점에서 식사를 다 마친 L이 일어날 것을 제안하였다.
④ O가 맛이 없는 음식을 맛이 있다고 거짓말을 하였다.

39. 다음과 같이 화살표 방향으로 종이를 접은 후, 색칠된 부분을 자르고 다시 펼쳤을 때의 모양으로 옳은 것은?

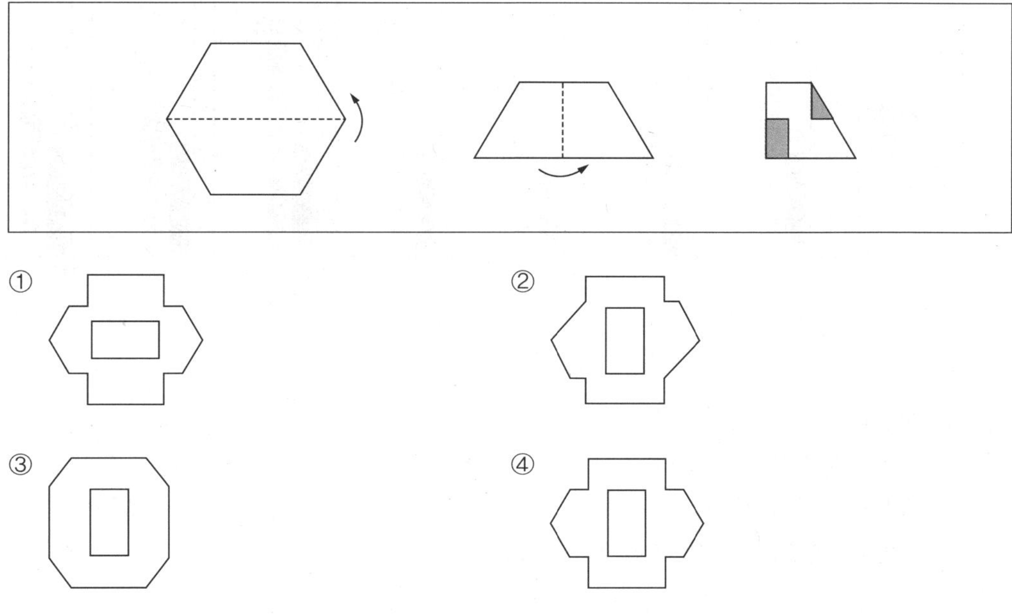

40. ○○교육청 체육대회에서 400m 달리기 시합을 진행하였다. 5개 과(학교혁신과, 안전총괄과, 노사협력과, 진로교육과, 초등교육과)에서 1명씩 선발된 직원 5명의 시합 결과가 다음과 같다면 안전총괄과 직원은 몇 등으로 들어왔는가?

- 학교혁신과 직원보다 뒤에 들어온 사람은 2명이다.
- 안전총괄과 직원의 바로 다음으로 들어온 사람은 진로교육과 직원이다.
- 초등교육과 직원보다 뒤에 들어온 사람은 2명 이상이다.
- 노사협력과 직원은 초등교육과 직원보다 먼저 들어왔다.

① 2등　　② 3등
③ 4등　　④ 5등

41. 다음 자료에 대한 설명으로 옳지 않은 것은?

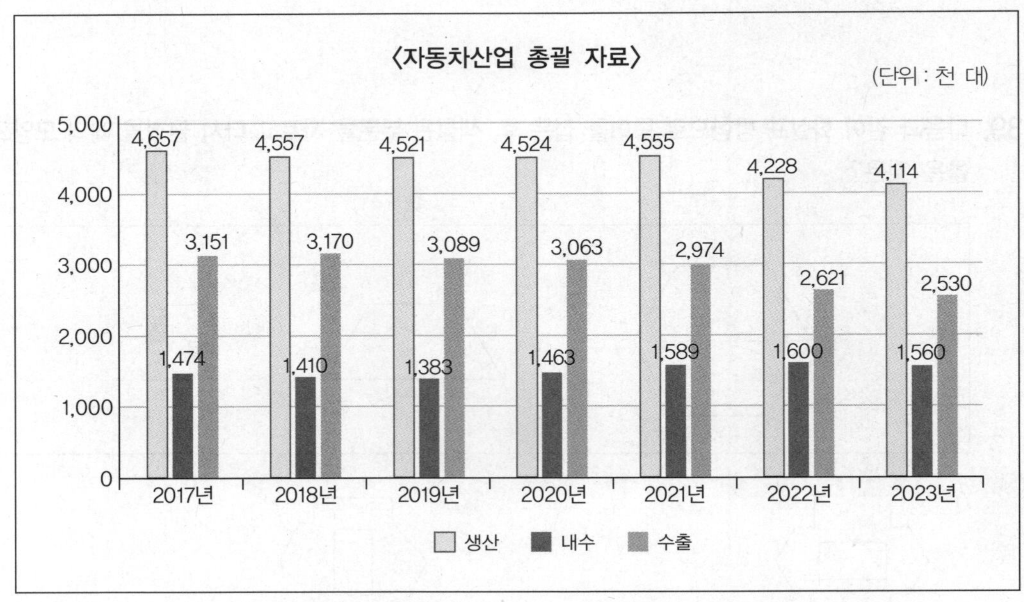

① 매년 내수량보다 수출량이 더 많다.
② 매년 자동차 생산량은 400만 대를 상회한다.
③ 2023년 자동차 생산량은 수출량의 1.7배 이상이다.
④ 자동차 수출량은 2018년부터 지속적으로 감소하고 있다.

42. 다음은 공인중개사 수험생의 성별, 연령대별 시험접수 시 전자금융서비스 인증수단 선호도에 관한 자료이다. 이에 대한 설명으로 옳지 않은 것은?

〈성별, 연령대별 전자금융서비스 인증수단 선호도 조사결과〉

(단위 : %)

구분		휴대폰 문자인증	공인 인증서	아이핀 (I-PIN)	이메일	전화인증	신용카드	바이오 인증
성별	남성	72.2	69.3	34.5	23.1	22.3	21.2	9.9
	여성	76.6	71.6	27.0	25.3	23.9	20.4	8.3
연령대	10대	82.2	40.1	38.1	54.6	19.1	12.0	11.9
	20대	73.7	67.4	36.0	24.1	25.6	16.9	9.4
	30대	71.6	76.2	29.8	15.7	28.0	22.3	7.8
	40대	75.0	77.7	26.7	17.8	20.6	23.3	8.6
	50대	71.9	79.4	25.7	21.1	21.2	26.0	9.4
전체		74.3	70.4	30.9	24.2	23.1	20.8	9.2

※ 응답자 1인당 최소 1개에서 최대 3개까지의 선호하는 인증수단을 선택했음.

※ 인증수단 선호도는 전체 응답자 중 해당 인증수단을 선호한다고 선택한 응답자의 비율임.

※ 전자금융서비스 인증수단은 제시된 7개로만 한정됨.

① 연령대별 인증수단 선호도를 살펴보면 30대와 40대 모두 아이핀이 3번째로 높다.

② 전체 응답자 중 선호 인증수단을 3개 선택한 응답자 수는 40% 이상이다.

③ 20대와 50대 간의 인증수단별 선호도 차이는 공인인증서가 가장 크다.

④ 선호하는 인증수단으로 이메일을 선택한 20대가 아이핀과 공인인증서를 동시에 선택했다면, 신용카드를 선택한 20대 모두가 아이핀을 동시에 선택한 것이 가능하다.

43. □□사 김 대리는 건강기능식품의 신제품 개발을 앞두고 제품에 들어갈 성분을 선택하려고 한다. 다음 자료를 바탕으로 〈조건〉을 만족시키는 성분의 종류를 모두 올바르게 짝지은 것은?

제품명	성분 종류	필요한 양	효과	임산부 복용	단가(원/1㎖)
비타민	A	5㎖	중	가능	1,000
	B	4㎖	상	불가능	2,000
	C	10㎖	상	불가능	500
	D	1㎖	상	가능	1,500
철분제	E	4㎖	중	가능	3,000
	F	2㎖	상	가능	4,000
오메가3	G	6㎖	상	불가능	1,000
	H	2㎖	중	가능	3,000

조건

- 비타민, 철분제, 오메가3 종류별로 각각 성분 한 가지씩 선택한다.
- 비타민은 임산부가 복용할 수 있는 것 중에서 효과가 가장 좋은 성분을 고른다.
- 철분제는 단가가 가장 저렴한 것을 고른다.
- 오메가3는 효과가 보통인 것으로 고른다.

	비타민	철분제	오메가3
①	A	F	G
②	A	F	H
③	D	F	G
④	D	E	H

44. 다음 글에 이어질 내용으로 적절한 것은?

> 나라를 위해 헌신한 이들에게 국가에서 적절한 보상과 지원제도를 마련하는 것은 당연하다. 따라서 관련법을 제정하고 이에 따라 최선의 지원이 될 수 있도록 나라에서 심혈을 기울이고 있다. 그런데 이를 실행에 옮기기 위해서는 적지 않은 국가 재정이 소요되므로 신중하고 합리적인 집행이 될 수 있도록 해야 한다. 나라를 위해 헌신한 이들에게 최대한 지원을 아끼지 않아야 하겠으나, 그렇다고 무한정 지원을 해 줄 수는 없다. 그렇기 때문에 한정된 재정을 활용하여 그 효과를 극대화하기 위한 고민을 해야 한다.
>
> 여기에서는 다른 측면의 고민 또한 포함되어 있다. 지원을 위한 재정이 국민들의 세금에 의해 마련된다는 점이다. 국민들의 세금이 어떤 의미를 담고 있으며 어떤 법적 근거에 의해 납부되는지를 생각한다면 결코 허투루 사용되어서는 안 된다.

① 세금이 국민의 의무사항이기는 하지만 나라는 이러한 예산을 신중하게 사용해야 한다.

② 나라를 위해 헌신한 이들도 국민의 한 사람으로서 세금을 납부해야 할 의무를 가지고 있다.

③ 세금으로 마련한 나라의 예산은 사용 목적에 따라 적절히 구분하여 집행되어야 한다.

④ 나라를 위해 헌신한 이들은 세금을 통해 마련한 지원을 받을 만한 자격이 충분히 있다.

45. 다음 [결론]이 성립하기 위해 빈칸에 들어갈 명제로 적절한 것은?

> [전제] • 건강하지 않은 사람은 슬로우 푸드를 좋아하지 않는다.
> • (   )
> • 표정이 어두우면 건강하지 않은 사람이다.
>
> [결론] 표정이 어두우면 운동을 열심히 하는 사람이다.

① 운동을 열심히 하는 사람은 슬로우 푸드를 좋아하지 않는다.

② 슬로우 푸드를 좋아하면 건강하지 않은 사람이다.

③ 운동을 열심히 하지 않는 사람은 슬로우 푸드를 좋아한다.

④ 표정이 어둡지 않으면 건강하지 않은 사람이다.

2회 기출예상문제

소양평가

문항수 | 45문항
시험시간 | 50분

정답과 해설 20쪽

01. 다음 밑줄 친 단어와 문맥적으로 그 의미가 유사한 것은?

> 정부는 사회간접자본 지출을 통한 경기 부양 효과를 지나치게 낙관적으로 <u>보고</u> 있다.

① 관찰하고 ② 소망하고
③ 간주하고 ④ 전망하고

02. 다음 도형이 시계 방향으로 90° 회전했을 때의 모양으로 옳은 것은?

①
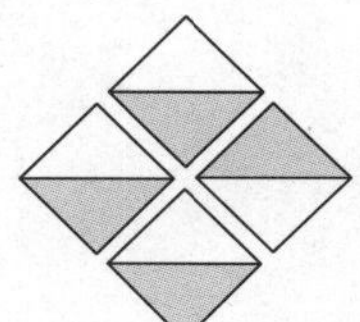

②

③
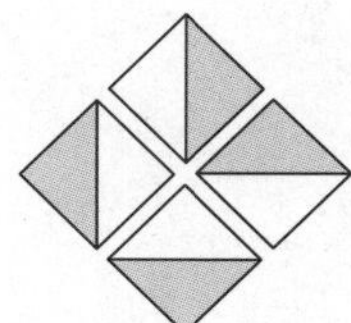

④
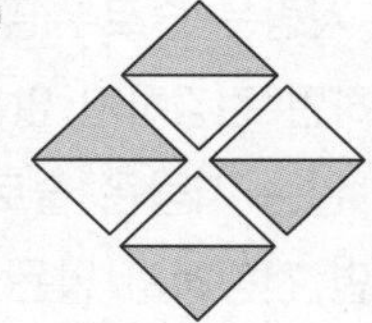

03. 다음 〈조건〉이 성립할 때, 반드시 참인 것은?

조건

- 에어로빅 강좌를 신청하지 않은 사람들은 모두 요리 강좌를 신청하지 않았다.
- 영화감상 강좌를 신청하지 않은 사람들은 모두 에어로빅 강좌를 신청하지 않았다.
- 우쿨렐레 강좌 신청자 중 일부는 요리 강좌를 신청하였다.

① 에어로빅 강좌를 신청한 사람은 모두 요리 강좌를 신청하였다.
② 우쿨렐레 강좌 신청자 중 일부는 영화감상 강좌를 신청하였다.
③ 에어로빅 강좌를 신청한 사람들은 모두 우쿨렐레 강좌를 신청하지 않았다.
④ 요리 강좌를 신청하지 않은 사람들 중 일부는 에어로빅 강좌를 신청하였다.

04. 다음 글의 내용을 이해한 반응이 적절하지 않은 사람은?

'계란유골'은 글자대로 풀면 '계란에도 뼈가 있다'는 뜻이다. 그러나 속뜻은 운이 나쁜 사람은 모처럼 좋은 기회를 만나도 일이 잘 풀리지 않음을 의미한다. 계란유골은 세종대왕 때 청렴한 충신으로 알려진 황희 정승의 일화에서 유래했다. 황희 정승은 지위가 높았지만 집이 가난해 먹을 것이 없었다. 이를 안타깝게 여긴 세종이 "오늘 하루 동안 남대문 안으로 들어오는 물건을 모두 황희 대감에게 하사하라."라고 명을 내렸다. 그러나 그날 하필이면 비가 내려 남대문으로 물건이 들어갈 수 없었다. 저녁 때 겨우 계란 한 꾸러미가 들어왔는데, 그마저도 모두 곯아서 먹을 수 없었다. 곯았다는 말은 상했다는 뜻인데, 한문에서는 같은 단어가 없어 뼈 골(骨) 자의 음만 차용해 '유골(有骨)'로 쓴 것으로 알려졌다. 이렇듯 계란유골은 '계란이 썩었다'라는 뜻으로 기회를 만나도 뜻대로 일이 잘 풀리지 않는다는 의미를 지니게 됐다.

① A : 가는 날이 장날이라더니, 비가 와서 남대문으로 물건이 못 들어간 게 안타깝네.
② B : 뒤로 넘어져도 코가 깨진다더니, 황희 정승은 정말 운이 없었구나.
③ C : 공짜라면 양잿물도 마신다더니, 그 행동의 결과가 결국 황희에게 되돌아간 거야.
④ D : 말 속에 뼈가 있다는 '언중유골'과 '계란유골'의 '골'은 그 의미가 사실상 다르겠구나.

05. 다음 중 문장 성분의 호응이 어색하지 않은 것은?

① 우리는 이번 국제 박람회에서 신제품의 기능과 판매를 할 예정이다.
② 깊은 슬픔에 빠진 사람은 그 어둠 속에서 보이는 것이 바늘 끝만한 한 줄기 희망뿐이라서 그것이라도 잡기 위해 고군분투할 수밖에 없었다.
③ 내 친구는 고등학생 때부터 신춘문예에 소설을 공모했으나 여전히 등단하지 못했다.
④ 중요한 것은 네가 지금까지의 잘못을 반성하고 앞으로 진실하게 살아가야 한다는 것이다.

06. 다음은 상황에 따른 의사표현법의 예시이다. ㄱ ~ ㅁ 중 효과적으로 의사를 표현한 예시를 모두 고른 것은?

ㄱ. 상대방의 잘못을 지적할 때 : 덕분에 프로젝트가 잘 진행되었습니다. 다만, 작성해 주신 보고서에 몇 가지 오류가 있어서 아쉬웠습니다. 다음번에는 조금 더 꼼꼼하게 검토해 주시면 더 완벽한 보고서를 작성하실 수 있을 겁니다. 앞으로도 좋은 성과를 내주시길 기대합니다.
ㄴ. 상대방에게 요구해야 할 때 : 당장 오늘 중으로 보고서를 제출해 주세요. 급하니까 최대한 빨리 부탁드립니다.
ㄷ. 상대방의 요구를 거절해야 할 때 : 그 요청을 들어드리기 아마 어려울 것 같습니다. 다른 분께 부탁하는 게 더 나을 것 같네요.
ㄹ. 충고해야 할 때 : 누구나 처음엔 실수할 수 있어요. 작은 나무도 처음엔 바람에 흔들리지만, 그 바람 덕분에 더 단단해지거든요. 이번 경험이 더 강해지게 할 거예요.
ㅁ. 설득해야 할 때 : 우리가 추가 인력을 지원할테니 프로젝트 마감 일정을 앞당기면 서로에게 더 이득이 될 것 같습니다.

① ㄱ, ㄹ, ㅁ　　② ㄴ, ㄷ, ㅁ
③ ㄱ, ㄴ, ㄹ, ㅁ　　④ ㄴ, ㄷ, ㄹ, ㅁ

07. 다음 그림에서 만들 수 있는 크고 작은 삼각형은 모두 몇 개인가?

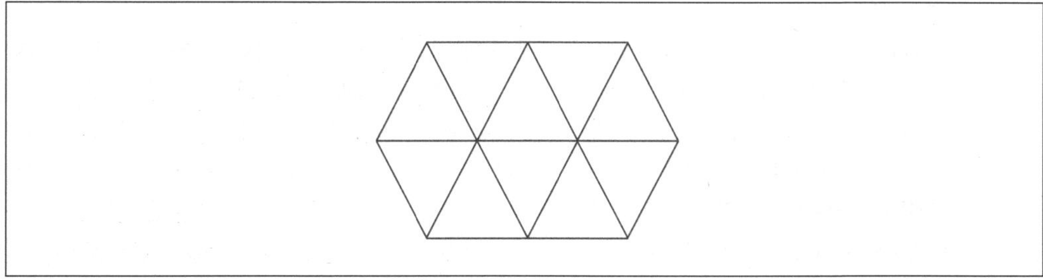

① 10개
② 11개
③ 12개
④ 13개

08. 고, 구, 마 세 명의 면접관이 앉아 있다. 이들 면접관의 넥타이 색깔은 물방울무늬, 줄무늬, 물결무늬이며 면접자가 바라본 면접관의 모습이 다음과 같을 때, 항상 참인 것은?

- 물결무늬 넥타이는 맨 오른쪽에 있는 면접관이 하고 있다.
- 구 면접관은 고 면접관 옆에 앉아 있다.
- 마 면접관 넥타이 무늬는 물방울무늬이다.

① 고 면접관 넥타이는 줄무늬이다.
② 고 면접관은 가운데 앉아 있다.
③ 마 면접관은 맨 왼쪽에 앉아 있다.
④ 구 면접관 넥타이는 물결무늬이다.

09. 다음 글의 빈칸에 들어갈 문장으로 적절한 것은?

> 평상시 우리는 대화할 때 "우리는 사회 속에서 살고 있다.", "사회의 벽은 높다.", "사회가 변했다.", "너도 이제부터는 사회라는 거친 파도를 극복해야 한다."라고 말한다. 그리고 이때 이러한 말을 하는 사람과 듣고 있는 사람 모두 마치 '사회'라는 실체가 우리 인간과는 별개인 존재인 듯이 생각하고 있을 뿐만 아니라, 사회가 실체로 존재한다는 사실을 특별히 신기하게 생각하지 않는다. 그리고 우리는 "젊은이들이 변한 것은 사회가 변했기 때문이야.", "이러한 사회에서는 인간은 살아갈 수 없어."라고 말하며, 그러므로 "빨리 사회를 변화시켜야 한다."라고도 말한다. 그렇게 말하고 나서 우리가 생각하는 것은 사회의 구조나 제도, 법률 등의 제도적인 내용이지, 인간 개개인에 대해서가 아니다.
>
> 하지만 조금 냉정하게 생각해 보면, 사회라는 실체가 (   )는 것을 금방 깨달을 수 있다. 사회가 실체로 존재한다고 했을 때, 사회의 실체인 것처럼 믿고 있는 조직이나 제도, 법률 등도 사실은 인간이 사회생활을 원활히 하기 위해 잠정적으로 꾸민 사물이거나 일이지, 인간과 떨어져 객관적으로 존재하고 있는 것이 아니다. 따라서 제도나 법률 등은 우리가 생활하는 데 있어서 불필요하다고 생각한다면 언제든지 없앨 수 있는 것이며, 상황이 안 좋으면 언제든지 상황이 좋아지게끔 변하게 할 수 있는 것이다. 사회에 대해서 생각할 경우 이를 확실히 염두에 두어야 한다.

① 인간의 생활에 영향을 끼치고 있다
② 인간과 떨어져서 존재하지 않는다
③ 논리적으로 설명되어 있지 않다
④ 놀라운 속도로 변화하고 있다

10. 같은 엘리베이터에 탄 사원 A ~ E 중 한 명은 거짓말을 하고 있다. 〈보기〉를 고려할 때, 다음 중 항상 참인 것은? (단, 같은 층에서 내린 사람은 없다)

보기

- A : B는 확실히 1층에서 내렸어.
- B : C는 1층에서 내렸어.
- C : 잘은 모르겠지만, D는 적어도 3층에서는 내리지 않았어.
- D : E는 4층에서 내렸어.
- E : 나는 4층에서 내렸고 A는 5층에서 내렸어.

① A는 4층에서 내렸다.
② B는 3층에서 내렸다.
③ C는 1층에서 내렸다.
④ D는 2층에서 내렸다.

[11 ~ 12] 다음 글을 읽고 이어지는 질문에 답하시오.

독일 심리학자 링겔만은 줄다리기 실험을 통해 집단 속 개인의 공헌도가 참가자 수가 늘어날수록 감소하는 현상을 발견했다. 참가자 1명이 100%의 힘을 낼 때 2명은 93%, 3명은 85%, 8명은 49%의 힘을 내는 것으로 나타났다. 참가하는 사람이 늘수록 1인당 공헌도가 오히려 떨어지는 이런 집단적 심리 현상을 '링겔만 효과'라고 부른다.

미국에서는 한 청년이 관광객들 옆에서 바닷물에 뛰어들기 전 자신의 물건을 지켜달라고 부탁했을 때와 그렇지 않을 때의 반응을 비교하는 실험이 진행되었다. 도둑 역할은 맡은 사람이 그 청년의 물건을 훔쳐갈 때 부탁하지 않은 경우 20회 중 4명만이 도둑을 잡으려 했으나, 부탁한 경우 19명이 도둑을 잡으려 했다. 미국 심리학자 로버트 치알디니 박사는 이것을 '일관성의 원칙'으로 해석했다. 지켜주겠다고 약속한 만큼 자신의 말에 일관성을 유지하기 위해 애쓰게 된 결과라는 것이다.

이 실험들은 집단 속에서 개인이 주목받지 않을 때 최선을 다하지 않지만, 개인적 책임이나 약속이 있을 경우 위험을 감수하게 된다는 것을 보여준다. 회사나 조직은 개인의 힘을 합쳐 더 큰 힘을 발휘하려 하지만, 실제로는 전체의 힘이 개인의 합보다 적어지는 경우가 많다.

11. 윗글의 내용을 조직에 적용하고자 할 때 내린 결론으로 적절한 것은?

① 사원들이 주인의식을 갖도록 한다.
② 사원들이 협력하고 배려하도록 한다.
③ 일관된 목표의 중요성을 인식하도록 한다.
④ 익명성에 대한 두려움을 갖지 않도록 한다.

12. 윗글을 이해한 내용으로 적절하지 않은 것은?

① 링겔만 효과에 따르면, 집단의 크기가 커질수록 각 개인의 공헌도는 감소한다.
② 로버트 치알디니 박사의 실험에서는 부탁을 받은 경우보다 부탁을 받지 않은 경우에 사람들이 더 적극적으로 도둑을 막으려 했다.
③ 링겔만 효과와 일관성의 원칙 모두 집단 속 개인의 행동 변화를 연구한 심리학적 현상이다.
④ 조직에서 개인의 힘을 합치는 것이 항상 더 큰 힘을 발휘하는 것은 아니다.

13. 다음 〈보기〉는 같은 모양과 크기의 블록을 쌓아 만든 입체도형을 앞에서 본 정면도, 위에서 본 평면도, 오른쪽에서 본 우측면도를 그린 것이다. 이에 해당하는 입체도형으로 알맞은 것은? (단, 화살표 방향은 정면을 의미한다)

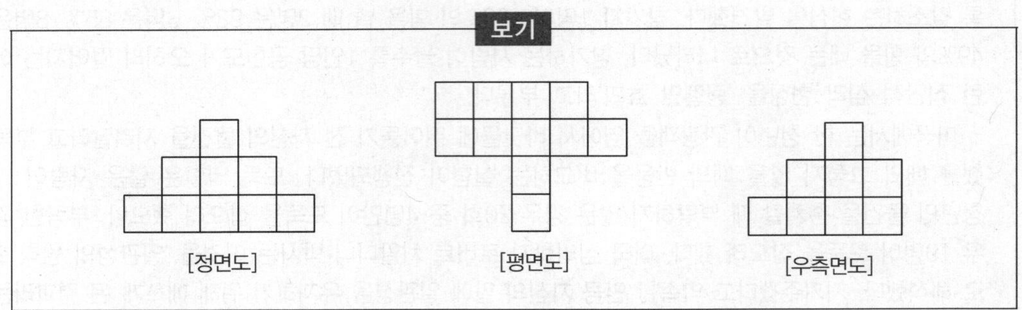

①
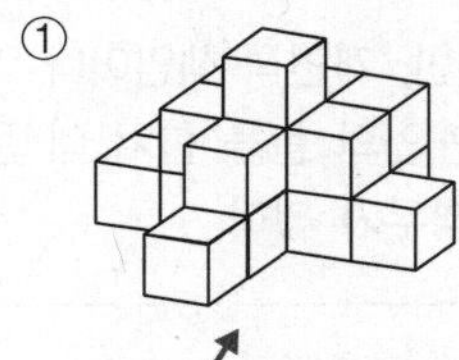

②
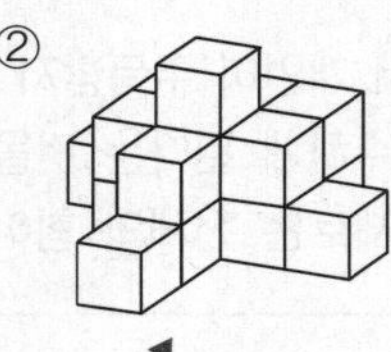

③
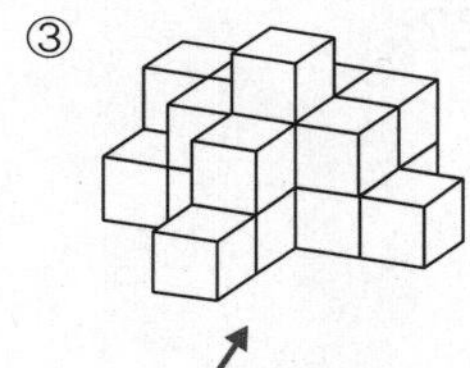

④
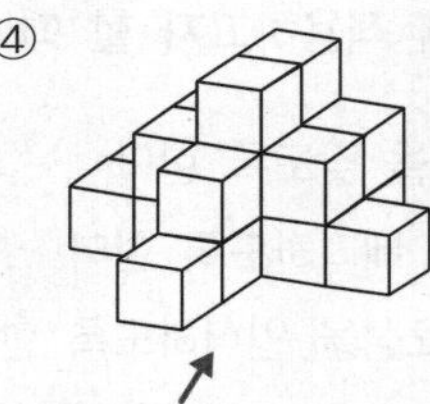

14. 다음 중 밑줄 친 부분의 단어 형성 방법을 고려할 때, 〈보기〉와 다른 것은?

> **보기**
>
> 출근할 때의 지하철은 생지옥이다.

① 나는 너무 더운 나머지 알몸으로 물속에 뛰어들었다.

② 지민이는 편식을 해서 양송이를 좋아하지 않는다.

③ 마음씨를 곱게 써야 한다.

④ 그 손수건에는 예쁜 자수가 놓여 있다.

15. 일 년 동안 개근한 사원에게 포상을 하기 위해 사내 설문조사를 실시하였다. 결과가 다음과 같을 때, 추론한 내용으로 적절한 것은?

> • 포상의 종류는 네 가지로 상여금, 진급, 유급 휴가, 연봉 인상이 있다.
> • 설문지에는 '선택함'과 '선택하지 않음'의 두 가지 선택지만 존재한다.
> • 진급을 선택한 사람은 상여금을 선택하지 않는다.
> • 유급 휴가를 선택하지 않은 사람은 상여금을 선택한다.
> • 유급 휴가를 선택한 사람은 연봉 인상을 선택하지 않는다.

① 상여금을 선택한 사람은 연봉 인상을 선택한다.

② 진급을 선택한 사람은 연봉 인상을 선택한다.

③ 유급 휴가를 선택한 사람은 진급을 선택하지 않았다.

④ 연봉 인상을 선택한 사람은 진급을 선택하지 않는다.

16. 다음 두 블록을 합쳤을 때 나올 수 없는 형태를 고르면? (단, 회전은 자유롭다)

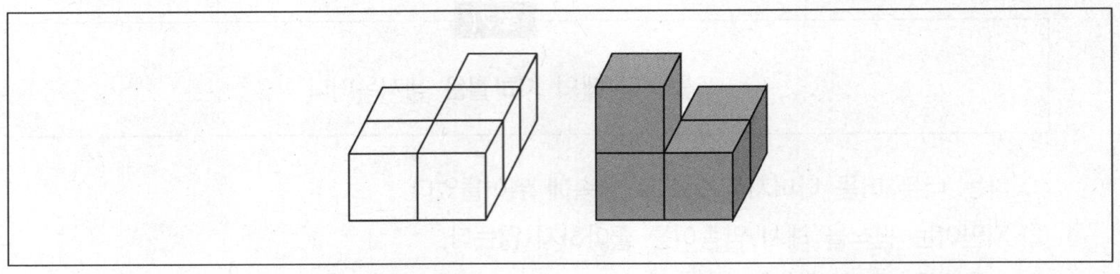

①

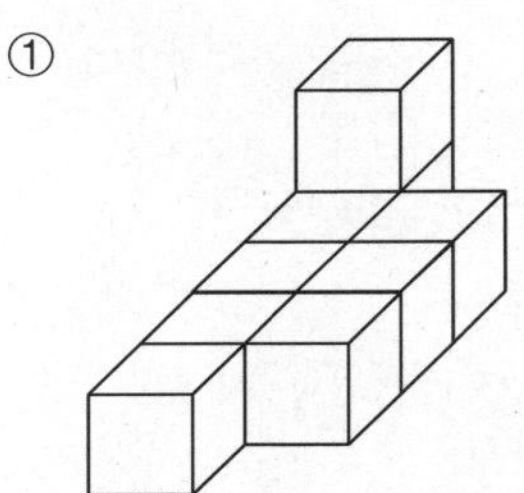

②

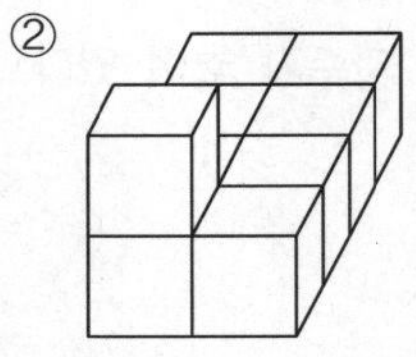

③

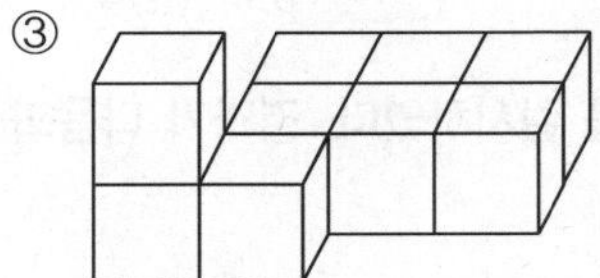

④

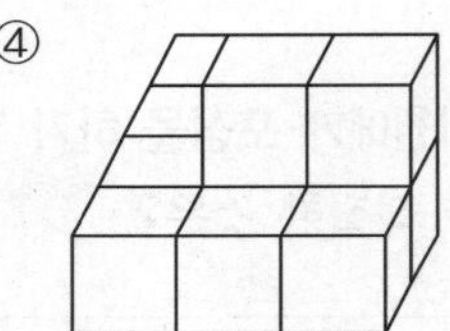

17. 다음은 A ~ C 반 학생들의 수행 평가 점수를 나열한 것이다. 이에 대한 설명으로 적절하지 않은 것은?

- A 반 : 12, 8, 5, 9, 9, 11, 3, 20, 18, 15
- B 반 : 10, 11, 8, 13, 10, 10, 9, 12, 7, 7
- C 반 : 4, 6, 6, 11, 19, 7, 10, 15, 17, 15

① B 반의 평균이 가장 낮다.
② B 반 점수의 최빈값은 10이다.
③ C 반 점수의 중앙값은 11.5이다.
④ A 반과 C 반의 수행 평가 점수의 평균은 같다.

18. 5%의 소금물 320g에 소금 80g을 넣어 섞으면 몇 %의 소금물이 되는가?

① 22%
② 24%
③ 26%
④ 28%

19. 정가가 30,000원인 신발은 30% 할인된 가격으로 구입하고, 정가가 x원인 옷은 20% 할인된 가격으로 구입해서 총 125,000원을 지불하였다. 할인 전 신발과 옷의 총금액은 얼마인가?

① 151,000원
② 160,000원
③ 170,000원
④ 180,000원

20. 다음 글의 제목으로 적절한 것은?

> 현대인의 삶의 질이 점차 향상됨에 따라 도시공원에 대한 관심도 함께 높아지고 있다. 도시공원은 자연 경관을 보호하고, 사람들의 건강과 휴양, 정서 생활을 위하여 도시나 근교에 만든 공원을 말한다. 또한 도시공원은 휴식을 취할 수 있는 공간인 동시에 여러 사람과 만날 수 있는 소통의 장이기도 하다.
>
> 도시공원은 사람들이 선호하는 도시 시설 가운데 하나이지만 노인, 어린이, 장애인, 임산부 등 사회적 약자들은 이용하기 어려운 경우가 많다. 사회적 약자들은 그들의 신체적 제약으로 인해 도시공원에 접근하거나 이용하기에 열악한 상황에 놓여 있기 때문이다.
>
> 우선, 도시공원은 대중교통을 이용해서 가기 어려운 위치에 있는 경우가 많다. 또한 공원에 간다 하더라도 사회적 약자를 미처 배려하지 못한 시설들이 대부분이다. 동선이 복잡하거나 안내 표시가 없어서 불편을 겪는 경우도 있다. 이런 물리적 · 사회적 문제점들로 인해 실제 공원을 찾는 사회적 약자는 처음 공원 설치 시 기대했던 인원보다 매우 적은 편이다. 도시공원은 일반인뿐 아니라 사회적 약자들도 동등하게 이용할 수 있는 공간이어야 한다. 그러기 위해서는 도시 공간 계획 및 기준 설정을 할 때 다른 시설들과 실질적으로 연계가 되도록 제도적 · 물리적으로 정비되어야 한다. 사회적 약자에게 필요한 것은 작더라도 편안하게 접근할 수 있고 사람들과 소통하며 쉴 수 있는 공간이다.

① 도시공원의 생태학적 특성
② 도시의 자연 경관을 보호하는 도시공원
③ 모두가 여유롭게 쉴 수 있는 도시공원
④ 도시공원, 사회적 약자만이 이용할 수 있는 쉼터

21. ○○사 영업팀은 이번 워크숍 장소 선정에 있어 회의공간과 편의시설의 점수 합계가 가장 높은 곳을 선정하기로 하였다. 다음 자료를 바탕으로 최종 선정될 워크숍 장소는? (단, 여러 장소의 조건이 같을 경우 이동거리가 가까운 곳으로 선정한다)

(단위 : 점)

구분	장소 A	장소 B	장소 C	장소 D
교통(이동거리)	3	3	3	5
주변 산책로	4	1	1	2
회의공간	4	4	4	5
숙소(방)	1	3	3	4
편의시설(노래방)	5	3	3	4

※ 점수 1점 미흡－5점 매우 우수

※ 교통은 거리가 가까울수록 점수가 높다.

① 장소 A　　② 장소 B

③ 장소 C　　④ 장소 D

22. ○○기업에서 근무하는 도현, 선미, 예솔, 소라 4명이 다음 〈조건〉에 따라 사내 체육대회에 참여한다고 할 때, 진위여부를 파악할 수 없는 것은?

조건

- 닭싸움에 참가하지 않은 사람은 단체줄넘기에 참가한다.
- 2인 3각에 참가한 사람은 닭싸움에 참가한다.
- 박 터트리기에 참가한 사람은 단체줄넘기에 참가하지 않는다.

① 도현이가 박 터트리기에 참가했다면 닭싸움에 참가한다.

② 예솔이가 단체줄넘기에 참가하지 않았다면 닭싸움에 참가한다.

③ 선미가 단체줄넘기에 참가했다면 박 터트리기에 참가하지 않았다.

④ 소라가 단체줄넘기에 참가했다면 2인 3각에 참가하지 않았다.

23. 다음과 같이 화살표 방향으로 종이를 접은 후, 색칠된 부분을 자르고 다시 펼쳤을 때의 모양으로 옳은 것은?

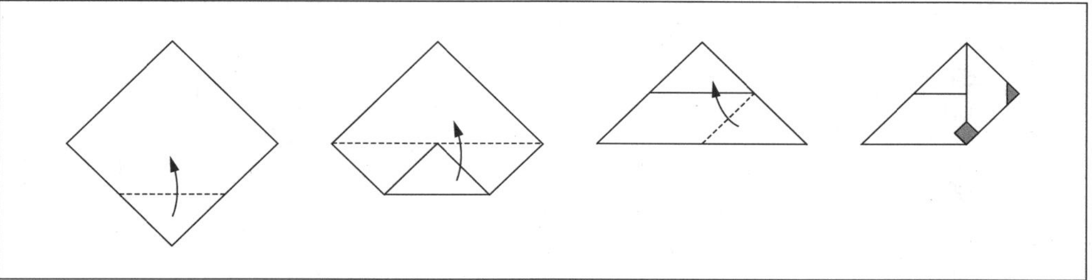

①
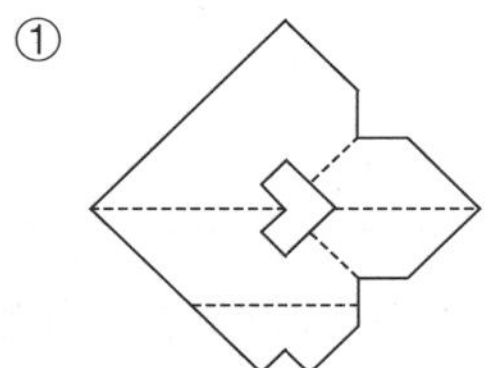

②
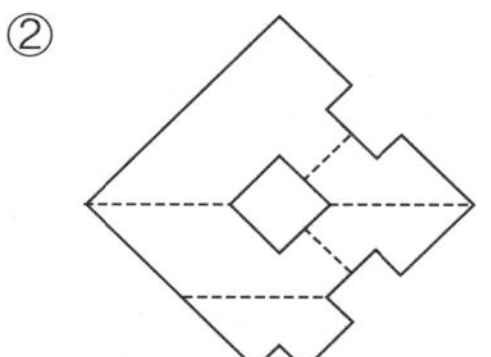

③
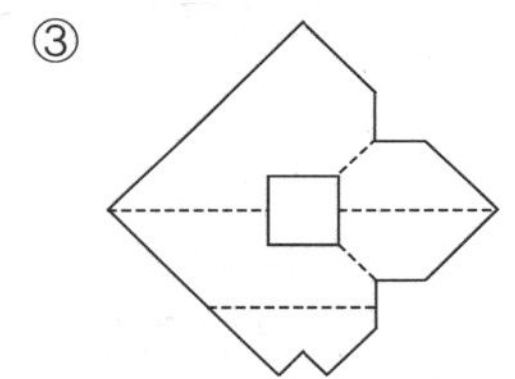

④
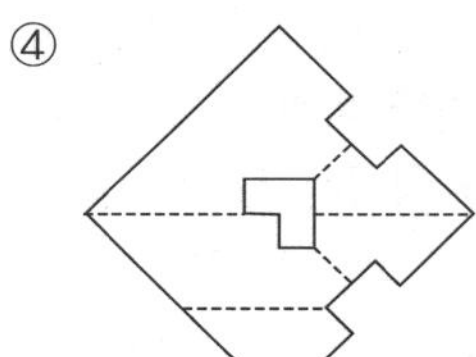

24. 가로가 15cm, 세로가 13cm인 직사각형 타일들을 붙여서 정사각형 모양을 만들려고 한다. 직사각형 타일의 개수를 최소로 사용하려면 모두 몇 개의 타일이 있어야 하는가?

① 175개　② 185개
③ 195개　④ 205개

25. 김 과장은 사내 퀴즈대회에서 60점을 획득했다. 전체 20문제를 풀 때 문제를 맞히면 5점씩 획득하고 틀리면 5점씩 감점된다면 김 과장이 맞힌 문제는 몇 개인가?

① 7개　② 12개
③ 15개　④ 16개

26. 출근 시간이 오전 8시까지인 ○○기업의 A 대리가 8시 정각에 출근할 확률은 $\frac{1}{4}$이고, 지각할 확률은 $\frac{2}{5}$이다. A 대리가 이틀 연속 정해진 시간보다 일찍 출근할 확률은?

① $\frac{49}{400}$
② $\frac{3}{16}$
③ $\frac{13}{200}$
④ $\frac{64}{225}$

27. 다음 (가)～(마)를 글의 맥락에 따라 순서대로 배열한 것은?

(가) 사유방식, 생활, 학습, 언어, 행위, 노동, 예절, 도덕 등에서 드러나는 개인의 습관은 한 사람의 소양을 드러내며 그가 세상을 살아가는 방식에 영향을 미친다. 또한 습관은 우리의 선택과 외부적 환경으로부터 영향을 받는 정도를 결정하며, 나아가 우리의 인생 그리고 타인과 사회를 바라보는 관점에도 영향을 미친다.

(나) 습관의 최상위 형식은 사고방식으로, 이것은 이성과 철학의 영향을 크게 받는다. 예를 들어 마르크스는 모든 문제를 두 가지의 대립된 모순으로 인식하는 경향이 있으며, 아인슈타인은 가장 간단한 사실에서 시작하여 엄밀한 추론을 통해 가장 심오한 결론에 도달한다.

(다) 습관의 힘은 실로 거대한 것으로 성공의 필수불가결한 요소이며, 가치를 따질 수 없이 귀중한 인생의 재화이자 자본이다. 좋은 습관을 기르는 것은 한 사람의 인생에 무한한 이익을 가져다주며 평범한 삶에서 특별한 삶으로 넘어가는 데에 가장 중요한 관건이 된다.

(라) 습관의 사전적 의미는 '장기간에 걸쳐 양성되어 단기에 고치기 어려운 행위, 경향 혹은 사회적 풍습'이다. 습관은 인간의 행위를 연구하는 많은 학자들이 오랫동안 관심을 가져온 분야로, 간단히 말해 일종의 안정적인 행위의 특징을 말한다.

(마) 습관의 형식에는 여러 가지가 있는데 '무조건적 반사'가 가장 기본적인 습관이라고 할 수 있다. 그보다 상위 단계의 습관으로는 언어와 동작의 습관을 들 수 있다. 일반적으로 우리가 '습관'이라고 부르는 것도 이러한 것들이다. 일부 학자들은 남녀 간에도 습관의 차이가 있다고 주장한다. 예를 들어 남자들은 집에 도착하기 전에 미리 호주머니에서 열쇠를 꺼내는 한편, 여자들은 문 앞에 도달한 다음에 가방에서 열쇠를 꺼낸다는 것이다.

① (다)－(가)－(나)－(마)－(라)
② (다)－(라)－(나)－(마)－(가)
③ (라)－(가)－(마)－(나)－(다)
④ (라)－(마)－(가)－(다)－(나)

28. 다음은 지역별 전통시장 형태에 관한 자료이다. 이에 대한 설명으로 가장 옳은 것은?

(단위 : 개, %)

구분	전체 수	상가건물형 시장 비율	노점형 시장 비율	장옥형 시장 비율	상가주택 복합형 시장 비율
서울	217	47.5	0.5	0.9	51.1
부산	154	52.6	0.6	0.6	46.2
대구	107	50.5	–	–	49.5
인천	51	51.0	–	–	49.0
광주	21	57.1	4.8	9.5	28.6
대전	30	50.0	–	–	50.0
울산	40	57.5	5.0	10.0	27.5
경기	144	39.6	14.6	2.1	43.7
강원	73	52.1	21.9	1.4	24.6
충북	65	38.5	3.1	3.1	55.3
충남	73	49.3	6.8	17.8	26.1
전북	67	34.3	–	28.4	37.3
전남	116	29.3	5.2	52.6	12.9
경북	171	42.7	3.5	26.3	27.5
경남	157	61.8	2.5	19.1	16.6
제주	25	32.0	–	44.0	24.0

① 전체 지역 중 전통시장 수가 가장 적은 곳은 제주 지역이다.

② 충남의 노점형 시장 수는 약 3개이다.

③ 경북의 전통시장은 상가건물형 시장이 가장 많다.

④ 인천과 전북의 전통시장 수의 합은 경기 지역의 전통시장 수보다 많다.

[29 ~ 30] 다음 자료를 보고 이어지는 질문에 답하시오.

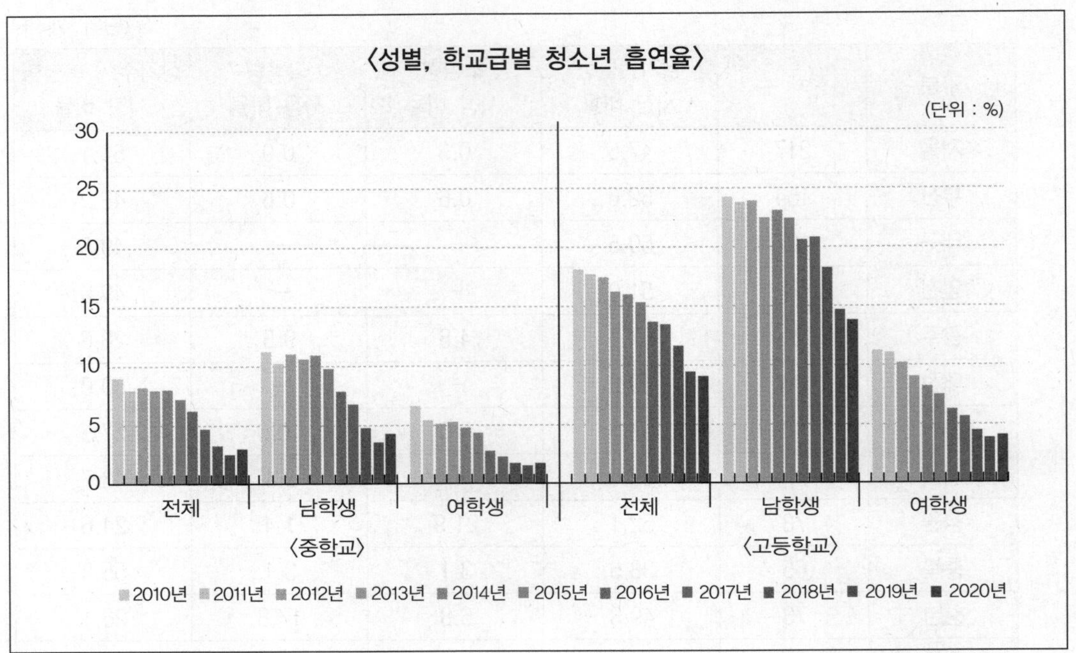

29. 다음 중 위에 제시된 막대그래프를 꺾은선 그래프로 바르게 나타내지 못한 것은?

① 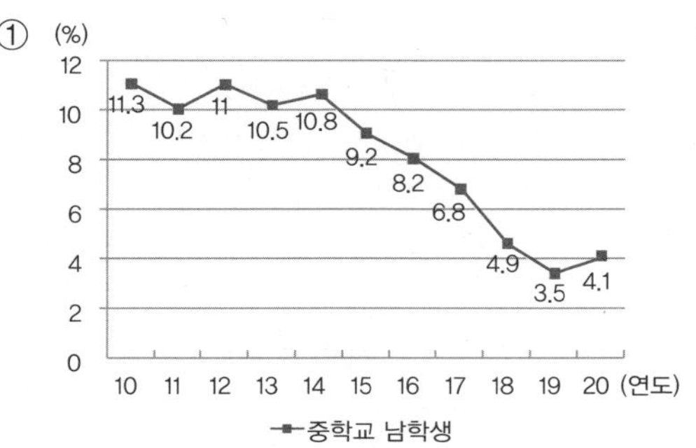

② 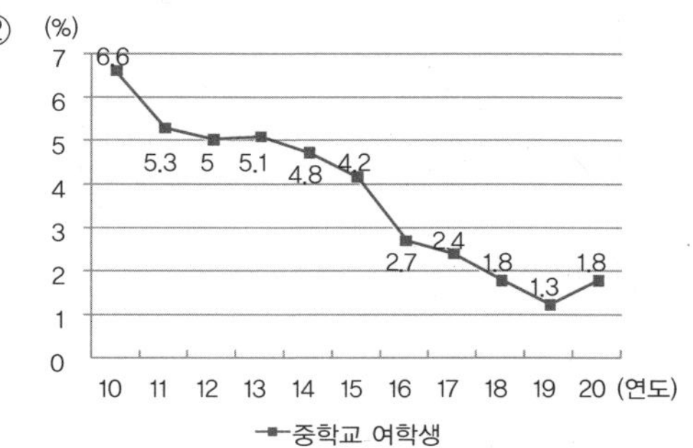

③ 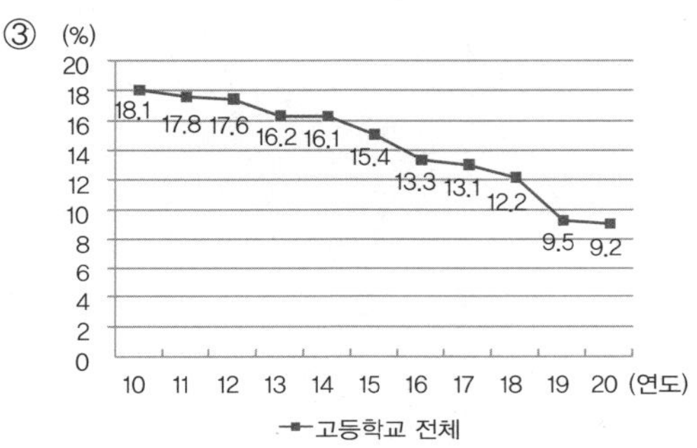

④ 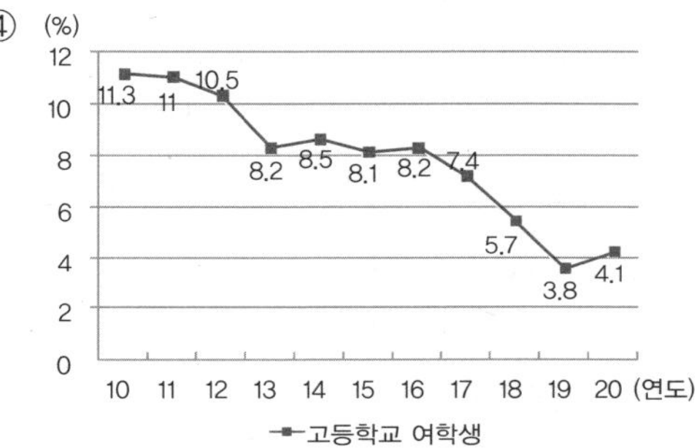

30. 29에 제시된 그래프에 근거한 중학교 남학생과 여학생의 2010년 대비 2020년의 흡연율 증감률은? (단, 소수점 아래 둘째 자리에서 반올림한다)

	남학생	여학생		남학생	여학생
①	−64.2%	−74.2%	②	−63.7%	−72.7%
③	−62.5%	−71.3%	④	−61.7%	−70.1%

경북기출복원
1회 기출예상
2회 기출예상
3회 기출예상
4회 기출예상
5회 기출예상
6회 기출예상
7회 기출예상
8회 기출예상
9회 기출예상
인성검사
면접가이드

31. 다음 제시된 도형들을 활용하여 평행사변형을 만들 때, 필요 없는 조각은?

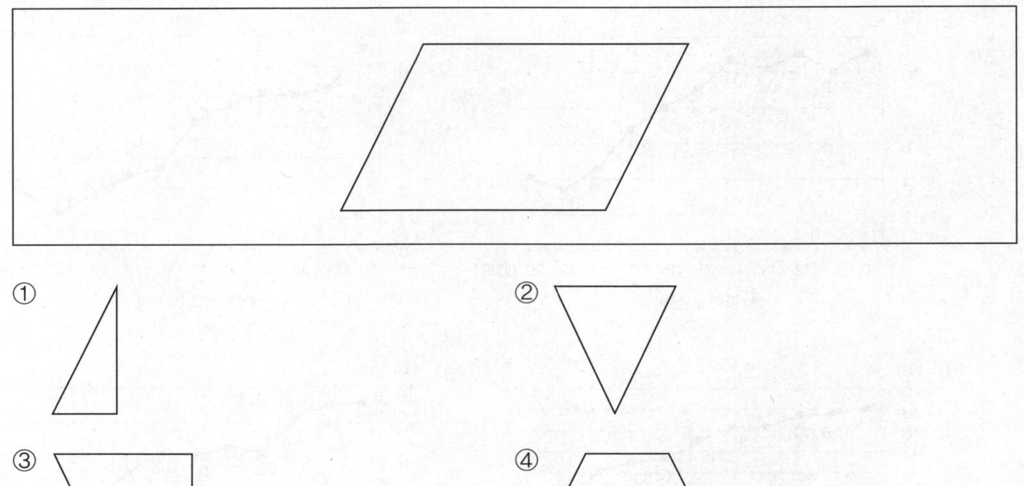

① ②

③ ④

32. A ~ E는 각각 독일어, 스페인어, 일본어, 중국어 중 1개 이상의 언어를 구사할 수 있다. 다음 진술들을 토대로 E가 구사할 수 있는 언어를 모두 고른 것은?

> A : 내가 구사할 수 있는 언어는 C와 겹치지 않아.
> B : 나는 D가 구사할 수 있는 언어와 독일어를 제외한 언어를 구사할 수 있어.
> C : 나는 스페인어를 제외한 나머지 언어를 구사할 수 있어.
> D : 3개 언어를 구사할 수 있는 C와 달리 내가 구사할 수 있는 언어는 A와 동일해.
> E : 나는 B와 C를 비교했을 때, C만 구사할 수 있는 언어만 구사할 수 있어.

① 독일어 ② 스페인어
③ 독일어, 스페인어 ④ 일본어, 중국어

33. 다음 중 띄어쓰기가 올바르지 않은 것은?

① 몇 번 정도 해보니까 알겠다.
② 과수원에는 사과, 귤, 배 들이 있다.
③ 나는 아무래도 포기하는 게 좋을거 같다.
④ 보란 듯이 성공해서 부모님의 은혜에 보답하겠다.

34. 다음 글에서 제시된 '깨진 유리창' 이론의 예로 알맞은 것은?

> 한 텔레비전 프로그램에서 실험을 하기 위해 치안이 비교적 허술한 골목에 중고 승용차 두 대를 밤새 세워 두었다. 그중 한 대는 트렁크를 조금 열어 놓았고, 다른 한 대는 앞 창문이 깨진 상태였다. 다음 날 실험 결과에는 확연한 차이가 있었다. 트렁크만 열어 둔 자동차는 특별히 그 어떤 변화도 일어나지 않았으나, 유리창을 깬 상태로 놓아둔 자동차는 안에 보관해 둔 지갑과 카메라 등 돈이 될 만한 것이 전부 없어진 것이다. 사소한 차이가 이처럼 다른 결과를 가져왔다.
>
> 이러한 실험 결과를 설명하고 있는 것이 1982년 범죄학자 제임스 윌슨과 조지 캘링이 발표한 '깨진 유리창'이라는 이론이다. 이 이론에 따르면 건물 주인이 건물의 깨진 유리창을 수리하지 않고 방치해 두면 이는 곧 건물관리가 소홀하다는 것을 뜻하므로 절도나 건물파괴 등 더 큰 범죄를 일으키는 원인이 될 수 있다. 즉, 우리의 일상생활에서 사소한 위반이나 침해 행위가 발생했을 때 이것들을 제때에 제대로 처리하지 않으면 결국에는 더 큰 위법행위로 발전한다는 것이다.

① 10명의 학생들에게 시계 없이 빨간 방과 파란 방에 들어가 20분 후에 나오라고 하자 빨간 방에 들어갔을 때는 평균 17분 만에, 파란 방에 들어갔을 때는 평균 24분 만에 방에서 나왔다.
② 모르는 남자에게 폭행을 당할 때 불특정 다수에게 도와달라고 외치기보다는 한 사람을 지목하 도와달라고 하면 도와줄 가능성이 더 높다.
③ 뉴욕 지하철 역사 내부의 낙서를 모두 지우고 낙서하는 사람이 없도록 철저히 감시했더니 도시의 범죄율이 낮아졌다.
④ 일반적으로 보험에 가입하는 사람들은 질병 및 사고의 확률이 높은 경우가 많다.

35. 다음 입체도형을 그림이 바깥쪽으로 나오도록 펼쳤을 때 나타날 수 있는 전개도는?

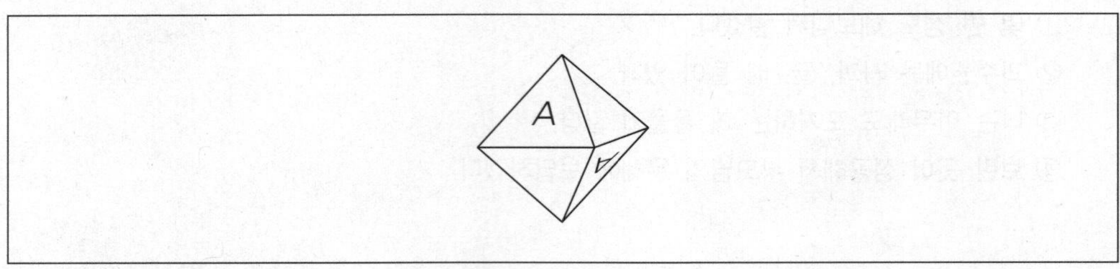

①

②
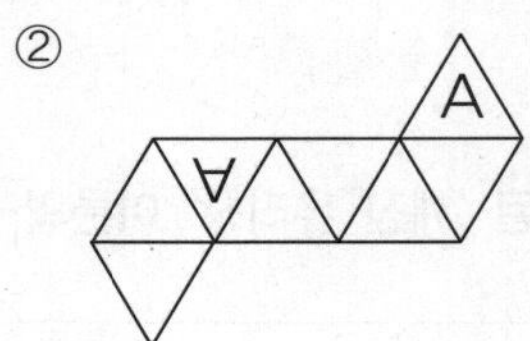

③
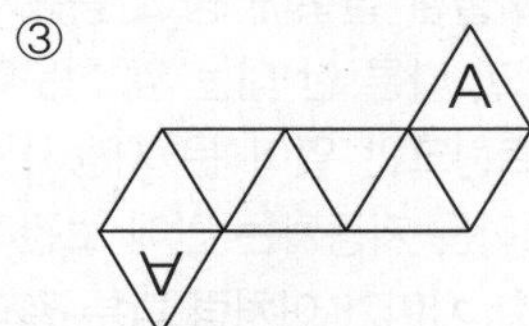

④
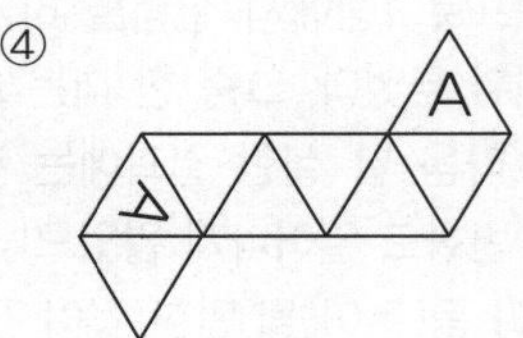

36. 다음 글에 나타난 논리적 오류와 동일한 오류를 범하고 있는 것은?

> 2009년 7월 미디어법 표결이 대리투표 논란에 휘말렸다. 야당 측은 여당 측에서 부정을 저질러 자리에 없던 위원들의 표가 대거 인정되었다며 강력하게 비판하였다. 그러자 여당 측은 야당 측도 마찬가지로 대리투표를 하였다며 불만을 표시했다.

① 수다 떠는 것을 좋아하는 사람은 커피를 좋아한다. 그러므로 커피를 좋아하는 사람은 수다 떠는 것을 좋아한다.

② 이 음식 재료들은 모두 1등급이기 때문에 이 음식 재료로 만든 요리도 분명 1등급일 거야.

③ 자꾸 공부하라고 하지 마. 형도 공부 안 하잖아.

④ 영양학계의 권위자인 김 박사님이 미역이 몸에 좋댔어. 오늘은 머리가 아프니 미역국을 먹어야겠다.

37. 다음 도서관 좌석 배정 안내문 및 학생별 상황을 참고할 때, A ~ E 중 세 번째로 좌석을 배정받을 수 있는 학생은? (단, 좌석 배정 시 A ~ E만 고려한다)

〈도서관 좌석 배정 안내문〉

○○대학교 도서관에서는 1 ~ 4학년을 대상으로 시험 기간 동안 좌석 부족 문제로 인한 혼잡을 줄이기 위하여 좌석 배정 우선순위를 안내드립니다. 다음 순위를 바탕으로 우선 배정하며, 1 ~ 3순위에 2개 이상 해당하는 경우 더 높은 순위를 적용합니다. 우선순위가 높은 학생부터 차례대로 자리가 배정되니 참고 부탁드립니다.

- 1순위 : 장애 학생 또는 임산부
- 2순위 : 학생회 임원
- 3순위 : 학년이 높은 학생

A : 2학년 임산부로, 학생회 임원이다.
B : 4학년 일반 학생이다.
C : 1학년 장애 학생이다.
D : 3학년 일반 학생으로, 학생회 임원이다.
E : 2학년 일반 학생이다.

① A ② B ③ D ④ E

38. 다음의 상황에 처한 최 사원의 대처 방법으로 올바른 것은?

최 사원은 여느 때와 같이 출근 후 민원 전화를 받으며 업무를 수행하고 있는데, 현재 출장 중인 직원이 많아 사무실에는 최 사원과 동기인 추 사원 두 명만 있어 전화 연결이 평소보다는 지연되고 있는 상황이다. 전화를 받아 본인이 맡고 있는 업무가 아닐 경우에는 고객 정보를 받아 두고 담당자가 순차적으로 연락하기로 했다. 그러자 한 민원인은 전화도 오래 기다려서 겨우 연결했는데 민원을 처리해 줄 때까지 전화를 끊지 않겠다며 거칠게 불만을 터뜨리고 있다.

① 처리할 수 있는 선까지 처리한 후 나머지 부분은 담당자가 해결하도록 한다.

② 이야기를 경청하고 맞장구치며 치켜세워서 민원인이 스스로 기분이 풀려 전화를 끊을 때까지 기다려 본다.

③ 바로 처리를 하지 못하는 업무라도 우선 처리해 줄 수 있을 것처럼 자신감 있게 말하여 기대감을 갖게 한다.

④ 최대한 심기를 건드리지 않기 위해 간접적으로 돌려 길게 말해 시간을 끌며 추 사원과 대책을 마련해 본다.

39. 다음은 경청을 실천하기 위한 다섯 가지 행동 가이드이다. 이에 따라 적절하게 경청하고 있는 경우는?

> 1. 공감을 준비하라.
> 나의 마음속에 있는 판단과 선입견, 충고하고 싶은 생각들을 비우고 그냥 들어준다.
> 2. 상대를 인정하라.
> 상대방 역시 나만큼 소중하고 독립적인 인격체임을 인정한다.
> 3. 말하기를 절제하라.
> 상대방을 이해하기 위해 말하기보다는 듣기를 우선한다.
> 4. 겸손하게 이해하라.
> 상대방의 말을 진정으로 들어 주고 그를 존중하고 이해하려고 노력한다.
> 5. 온몸으로 응답하라.
> 상대의 말에 귀 기울이고 있음을 몸짓과 눈빛으로 표현한다.

① 갑 : 출근하는데 길이 너무 많이 막혔어요. 평소보다 10분이나 일찍 출발했는데도 늦었네요. 죄송해요.
을 : 당신은 언제나 늦죠. 처음 있는 일도 아닌데요.

② 갑 : 오늘은 저녁식사를 같이 하고 싶어요. 드릴 말씀도 있고요. 제 상황에 대해 조언을 듣고 싶어요.
을 : (눈을 쳐다보지 않고 팔짱을 낀 자세로) 꼭 오늘이어야 하나요?

③ 갑 : 오늘 저녁은 회덮밥을 먹고 싶어요. 지금 장마기간이지만 제가 아는 곳 중에 위생상태가 좋은 식당이 있어요.
을 : 여름 장마인 이 상황에서 회를요? 어린애같이 너무 안일한 생각 같아요.

④ 갑 : 이번 여름은 힘들었어요. 날씨는 더운데 거기다 일은 너무 많았어요. 아, 회사에 대한 불만을 이야기하려던 것은 아니에요.
을 : (상대를 향해 몸을 돌리며) 괜찮습니다. 고민이 있으면 털어놓는 게 훨씬 좋죠.

40. 다음은 같은 모양과 크기의 블록을 쌓아올린 그림이다. 블록은 모두 몇 개인가?

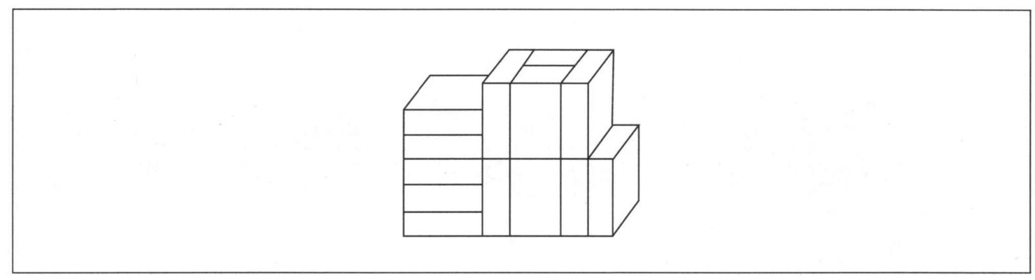

① 11개 ② 12개

③ 13개 ④ 14개

41. ○○기관의 인사팀 A 대리는 B 사원의 사내 설문조사 항목 중 팀워크 관련 응답을 검토하고 있다. 다음 중 A 대리가 B 사원을 평가한 항목으로 옳지 않은 것은?

〈B 사원의 설문조사 응답표〉

항목	1	2	3	4	5
동료에게 솔직하게 의견을 말하며 상대방의 입장을 이해하고자 노력하는 편이다.				●	
나는 주로 팀 내에서 동기를 부여하는 역할을 맡는다.		●			
처음 업무를 시작할 때 개인 업무를 파악하는 것이 조직 전반에 대해 파악하는 것보다 더 중요하다.				●	
동료가 나와 상반된 의견을 주장하면 한 귀로 듣고 한 귀로 흘린다.	●				
팀 성과를 내는 것이 나의 역량을 개발하는 것보다 중요하다.	●				

〈척도표〉

1	2	3	4	5
매우 그렇지 않다	그렇지 않다	보통이다	그렇다	매우 그렇다

① 전사적인 목표 달성보다 개인의 목표를 우선시하는 자기중심적인 면이 있다.

② 솔직한 대화를 통해 개인적인 의견을 피력함으로써 팀워크 유지에 도움이 된다.

③ 사고방식의 차이가 생기면 상대방을 무시하는 태도를 보여 공동의 목적 달성에 방해가 될 수 있다.

④ 조직에 대한 이해도를 높이려는 노력이 부족하여 팀 구성원 간 협력에 부정적인 영향을 미칠 수 있다.

[42 ~ 43] 다음 자료를 보고 이어지는 질문에 답하시오.

〈직종별 연금 가입 현황〉

(단위 : 백 명, %)

구분	20X4년		20X5년		20X6년		20X7년	
	가입인원	가입률	가입인원	가입률	가입인원	가입률	가입인원	가입률
전문직	245	81.6	260	85.6	295	88.3	270	90.0
정규직	295	98.3	298	99.3	296	95.6	298	90.4
계약직	145	48.3	148	49.3	190	63.8	193	72.5
노동자	85	28.3	75	25.0	94	27.1	92	28.2
사업자	188	62.6	225	75.0	249	82.4	265	89.2

42. 위 자료에 대한 설명으로 옳지 않은 것은?

① 20X4 ~ 20X7년 동안 연금 가입인원이 꾸준히 상승한 직종은 계약직과 사업자뿐이다.
② 20X4 ~ 20X7년 동안 연금 가입률이 매년 가장 높은 직종은 정규직이다.
③ 직종별 연금 가입률 순위는 20X4 ~ 20X7년까지 매년 동일하다.
④ 20X4년 대비 20X7년의 연간 연금 가입인원 수의 증감이 가장 큰 직종은 계약직이다.

43. 다음 중 20X4 ~ 20X7년 연금 가입률의 증감 추이가 정반대로 나타나고 있는 직종끼리 바르게 짝지은 것은?

① 계약직 – 노동자
② 전문직 – 노동자
③ 정규직 – 사업자
④ 정규직 – 노동자

44. 다음 글의 통일성을 고려할 때 ㉠ ~ ㉣ 중 삭제해야 할 문장은?

㉠ 글의 기본 단위가 문장이라면 구어를 통한 의사소통의 기본 단위는 발화이다. 담화에서 화자는 발화를 통해 '명령', '요청', '질문', '제안', '약속', '경고', '축하', '위로', '협박', '칭찬', '비난' 등의 의도를 전달한다. 이때 화자의 의도가 직접적으로 표현된 발화를 직접 발화, 암시적으로 혹은 간접적으로 표현된 발화를 간접 발화라고 한다. ㉡ 간접 발화는 직접 발화보다 화자의 의도를 더 잘 전달해 준다.

일상 대화에서도 간접 발화는 많이 사용되는데, 그 의미는 맥락에 의존하여 파악된다. '아, 덥다'라는 발화가 '창문을 열어라'라는 의미로 파악되는 것이 대표적인 예이다. ㉢ 방 안이 시원하지 않다는 상황을 고려하여 청자는 창문을 열게 되는 것이다. 이처럼 화자는 상대방이 충분히 그 의미를 파악할 수 있다고 판단될 때 간접 발화를 전략적으로 사용함으로써 의사소통을 원활하게 하기도 한다.

㉣ 공손하게 표현하고자 할 때도 간접 발화는 유용하다. 남에게 무언가를 요구하려는 경우 직접 발화보다 청유 형식이나 의문 형식의 간접 발화를 사용하면 공손함이 잘 드러나기도 한다.

① ㉠ ② ㉡

③ ㉢ ④ ㉣

45. 다음 사례에서 문제를 해결한 사고 방법으로 적절한 것은?

네덜란드의 △△도시의 L 교차로는 하루 수만 대의 자동차와 수천 명의 보행자, 자전거가 지나다니는 곳이다. 그러나 이곳은 교통 규제가 없는 도로를 시행하고 있어 교통 표지판과 신호등이 없고 인도와 차도도 구분되어 있지 않다. 하지만 교통 규제가 없는 도로를 시행하게 되면 교통사고가 빈번하게 발생할 것이라는 예상과 다르게 연평균 사고 건수가 20여 건에서 1건 정도로 줄었다. △△도시의 교통을 책임지고 있는 한스 씨는 "지나치게 많은 규제와 통제가 오히려 사람들을 타성에 젖게 하고 방심하게 만든다."라고 말하며, 도로를 사람과 자동차가 공유하는 공간이라는 개념을 가지면 스스로 주의하고 조심할 것이라는 생각으로 이 교통 규제 없는 도로를 만들었다고 말했다.

① 발상의 전환 ② 분석적 사고

③ 전략적 사고 ④ 자원의 활용

3회 기출예상문제

소양평가

문항수	45문항
시험시간	50분

정답과 해설 29쪽

01. 다음 밑줄 친 단어 중 품사가 나머지와 다른 하나는?

① 그 가족은 무척 가난했다.
② 장발장은 무슨 죄를 지어 수감된 거래?
③ 잘 익은 수박을 고르는 방법이 있다.
④ 모름지기 사람은 근면성실해야 한다.

02. 다음 글의 내용과 관련 있는 사자성어로 가장 적절한 것은?

> △△도시공사는 현장의 고충을 직접 느끼고 체험하며 이해하고 소통하는 경영을 위해 CEO △△동굴 현장체험을 진행했다고 23일 밝혔다. 서○○ 사장은 △△동굴을 방문해 매표소에서 입장권 발권을 직접 진행하며 동굴을 방문한 고객과 따스한 인사를 나눴다. 이어 동굴 입구에서 직원들과 함께 고객을 맞이하며 입장권을 검사하는 등 현장에서 직접 고객을 응대하며 고객 의견을 수렴하고 즉시 개선이 가능한 부분에 대해서는 빠른 조치를 하도록 지시하기도 했다.
>
> 현장체험이 끝난 후 사장은 직접 경험한 현장 근무에서 느낀 점을 공유하고 직원들의 의견을 경청하는 등 대화의 시간을 가지며 직원 동기부여와 내부소통 강화를 위해 노력했다. 서○○ 사장은 "직접 겪어보니 현장의 어려움과 개선해야 할 점이 더 잘 보인다."라며 "공사는 구성원들이 상호 이해하며 적극적으로 소통하는 조직문화를 만들기 위해 더욱 힘쓰겠다."라고 말했다.

① 권토중래(捲土重來)
② 살신성인(殺身成仁)
③ 역지사지(易地思之)
④ 고진감래(苦盡甘來)

03. 다음 글에서 설명하고 있는 고유어에 해당하지 않는 것은?

> 고유어는 우리 생활 속에서 알게 모르게 사용되고 있는 아주 예쁘고 정감 있는 순수 우리 말을 의미한다. 우리는 수천 년 전부터 한자 영향권에서 살아왔기 때문에, 한글을 사용하는 지금도 사용하는 단어로 순우리말보다 한자어가 더 많다.
>
> 매년 10월 9일은 한글날이다. 외국어와 한자어, 어원이 불분명한 신조어 등이 무분별하게 사용되는 요즘, 한글날을 맞이하여 아름다운 순우리말인 고유어에 관심을 가지고 생활 속 언어표현으로 적극 사용해 볼 것을 권장한다.

① 한울
② 인간
③ 기장
④ 시나브로

04. 다음 제시된 도형을 재배치하여 만들 수 있는 것은?

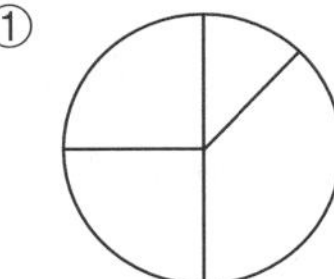

② 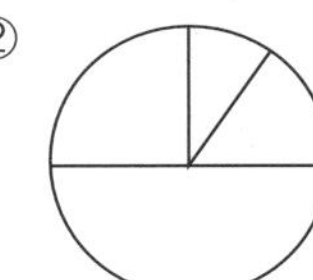

③ 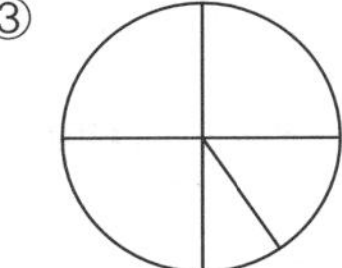

④ 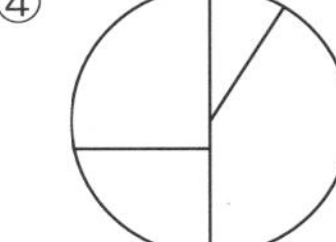

05. 다음 〈보기〉의 명제들이 모두 참일 때 옳은 것은?

보기

- 사과를 좋아하는 사람은 귤을 좋아한다.
- 딸기를 좋아하지 않는 사람은 귤을 좋아하지 않는다.
- 바나나를 좋아하는 사람은 딸기를 좋아한다.

① 귤을 좋아하는 사람은 사과를 좋아한다.

② 사과를 좋아하지 않는 사람은 딸기를 좋아한다.

③ 딸기를 좋아하는 사람은 바나나를 좋아하지 않는다.

④ 사과를 좋아하는 사람은 딸기를 좋아한다.

06. 다음 대화에서 알 수 있는 정 대표의 의사소통 방식의 문제점으로 적절한 것은?

최 부장 : 대표님, 부서 회의 중 제품 서비스 개편을 위해 사용자 만족도 테스트를 진행해 보자는 의견이 있었습니다. 이를 위해…….

정 대표 : 최 부장, 꼭 테스트를 해 봐야 사용자가 만족하는지 불만족하는지를 파악할 수 있습니까? 딱 보면 알 수 있지 않나요? 요새 바짝 인기를 끌고 있는 P 기업은 사은품 프로모션을 한다는데, 우리도 그런 프로모션을 해 보는 게 더 낫지 않겠어요? 의견을 좀 말해 봐요.

① 상대방의 말을 듣고 받아들이기보다 자신의 생각이 옳다는 것만 확인하려 한다.

② 상대방의 말에 관심을 보이고는 있지만 적극적으로 문제를 해결하려고 하지 않는다.

③ 상대방의 말을 듣고 곧 자신이 다음에 할 말을 생각하는 데 집중하여 상대방의 말에 제대로 반응하지 못한다.

④ 상대방에 대한 부정적인 선입견 때문에 상대방을 비판하기 위한 증거를 찾기 위해서만 귀를 기울인다.

07. 다음 전개도를 접었을 때 모양이 나머지와 다른 하나는?

①

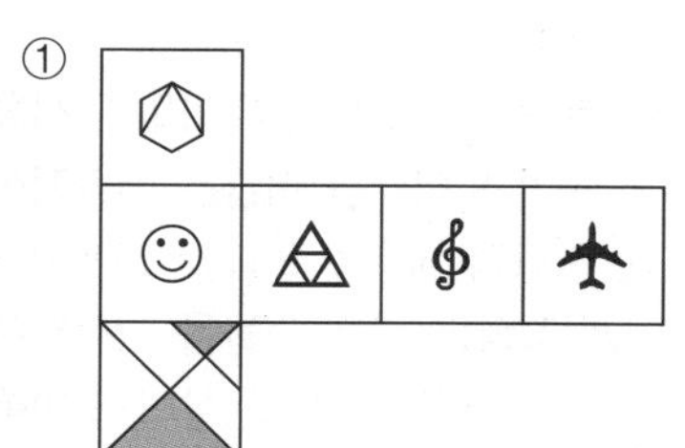

②

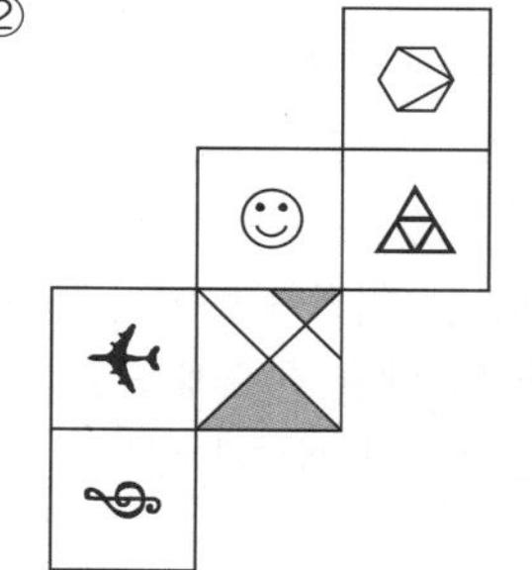

③

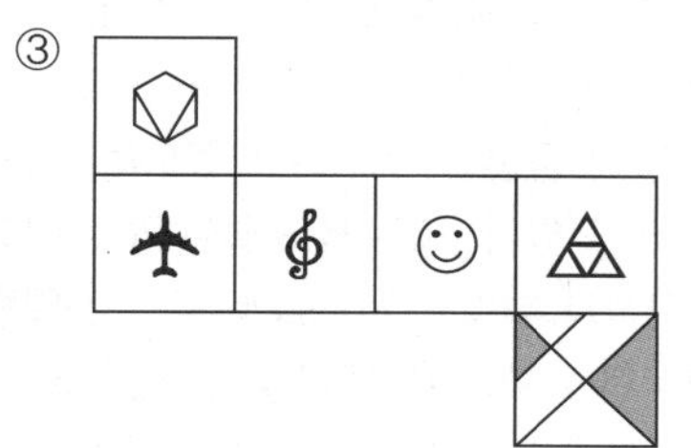

④

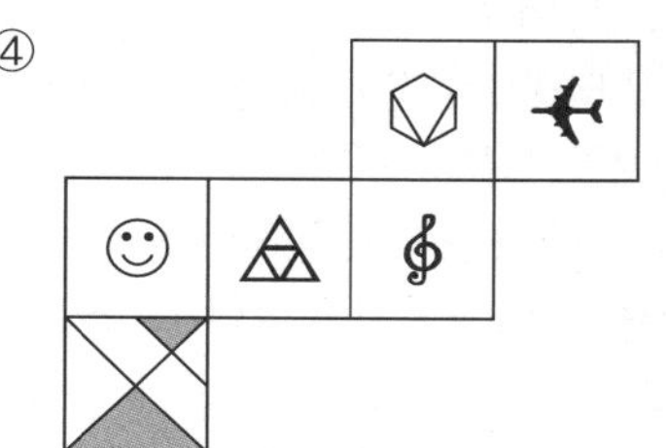

08. 사내 체육대회에서 각 부서별 대표 7명(A, B, C, D, E, F, G)이 달리기 시합을 하였다. 시합 결과가 다음과 같을 때, 첫 번째로 결승점에 들어온 사람은?

- 네 번째로 들어온 사람은 D이다.
- F보다 나중에 D가 들어왔다.
- G보다 나중에 F가 들어왔다.
- B보다 나중에 E가 들어왔다.
- D보다 나중에 E가 들어왔다.
- G보다 나중에 B가 들어왔다.
- A보다 나중에 F가 들어왔으나 A가 1등은 아니다.

① A　　② B

③ E　　④ G

[09 ~ 11] 다음 글을 읽고 이어지는 질문에 답하시오.

> 현대미술은 복잡다단하게 변해가는 이 시대의 모습을 동시적으로 반영함으로써 우리의 인식을 늘 새롭게 하며 과거의 고정된 틀에서 벗어날 수 있도록 해 준다. 과거 모더니즘 미술은 예술지상주의적 특성으로 인하여 시대의 담론을 반영하기보다는 미술사적, 미학적 테두리 안에서 전개되어 왔다. 그러나 현대미술은 이러한 틀에서 벗어나 우리가 실생활에서 접하는 모든 것들을 시각화하고 이러한 요소들이 타 예술 장르에 근본적인 영향을 줌으로써 정신의 풍요로움과 삶의 의미를 찾게 해준다. 예술은 개인의 생각과 감정을 바탕으로 창작되지만, 그 결과물은 시대와 역사의 한계를 넘어 객관적 형식으로서 존재할 수 있을 때 작품으로서의 완성에 이를 수 있으며, 결론적으로 시대와 양식을 넘어서 고유한 양식을 만들어 내는 예술가가 진정한 예술가라 할 수 있다.
>
> 21세기는 인터넷으로 인하여 전 세계의 변화를 실시간으로 접할 수 있는 시대이다. 그리하여 이 시대는 정보를 생산하는 자 혹은 인프라를 생산해 내는 자들이 담론을 주도하고 있으며, 이를 제대로 따라잡거나 수용하지 못하면 도태될 수밖에 없는 시대가 되었다. 따라서 오늘날의 현대미술과 미술가들은 현대문명의 다양한 흐름에 대한 인문학적인 지식과 철학적 사고를 바탕으로 일반 대중들이 인간의 보편적 감정인 희로애락애오욕을 시대적 감성과 시각으로 체험할 수 있도록 해 주고 있다. (   ) 과거의 전통과 이미 기성화되고 고정된 구시대적 가치에 대한 적극적 도전과 긍정적 파괴를 통하여 인간 정신의 무한한 가치를 드러냄으로써 혁신적이고 독립적인 인간 정신의 가치를 끊임없이 확대 재생산해 가고 있음을 볼 수 있다.

09. 다음 중 윗글의 주제로 가장 적절한 것은?

① 과거미술과 현대미술의 차이점
② 현대미술이 갖는 예술사적 의미
③ 현대미술의 역할
④ 현대미술의 탄생 배경

10. 다음 중 윗글의 내용과 일치하지 않는 것은?

① 과거의 예술은 시대적 담론보다 미학적인 면을 더 중요시하였다.
② 현대미술은 실생활의 시각화로 인하여 다른 예술 장르와 상호 영향을 주고받는 활동이 매우 축소되었다.
③ 현대미술에는 인문학적 지식과 철학적 사고와 관련된 요소가 가미되어 있다.
④ 현대미술은 인간 정신의 한계를 점점 넓혀가는 데 기여한다.

11. 다음 중 윗글의 빈칸에 들어갈 접속어로 알맞은 것은?

① 그러나　　② 예컨대
③ 그래서　　④ 또한

12. 다음 입체도형을 위에서 본 모양으로 알맞은 것은?

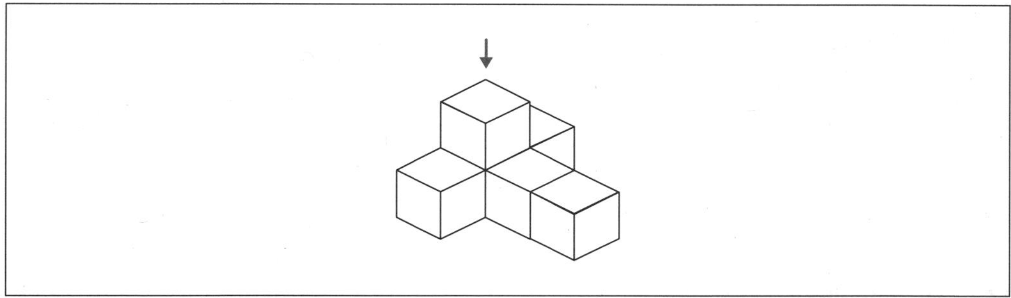

 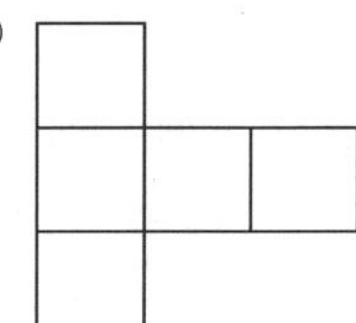

② 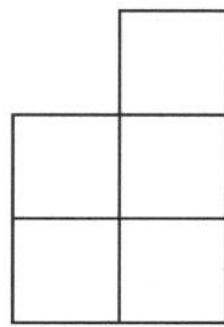

③ 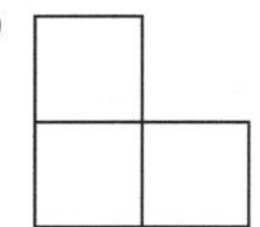

④

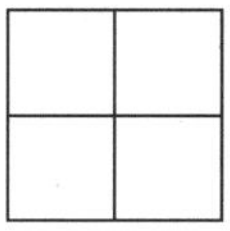

13. 다음 명제를 읽고 〈결론〉에서 옳은 설명을 모두 고른 것은?

- 드라마 셜록 홈즈를 좋아하는 사람은 영화 반지의 제왕을 좋아하지 않는다.
- 영화 반지의 제왕을 좋아하지 않는 사람은 영화 해리포터 시리즈를 좋아하지 않는다.
- 영화 반지의 제왕을 좋아하는 사람은 영화 스타트렉을 좋아한다.
- 지연이는 영화 해리포터 시리즈를 좋아한다.

결론

(가) 지연이는 영화 스타트렉을 좋아한다.
(나) 지연이는 드라마 셜록 홈즈를 좋아하지 않는다.
(다) 영화 스타트렉을 좋아하는 사람은 드라마 셜록 홈즈를 좋아하지 않는다.

① (가) ② (나)
③ (가), (나) ④ (가), (다)

14. 다음 글의 짜임으로 적절한 것은?

글의 구조적 특징(特徵)들은 이야기를 이해하고 기억하는 데에도 영향을 주게 된다. 이야기의 구조는 상위 구조와 하위 구조들로 이루어지는데, 상위 구조에 속한 요소들, 즉 주제, 배경, 인물 등의 중요한 골자는 더 잘 기억되고, 더 오래 기억된다. 우리가 옛날에 읽었거나 들은 심청전을 기억해 보면, 심청이 효녀라는 점이나 뺑덕어멈의 품성이 좋지 못하다는 점을 이를 뒷받침해주는 구체적인 하나하나의 행동보다 더 잘 기억하고 있음을 알게 된다.

① 전제－주지－예시 ② 주지－부연－예시
③ 전제－종합－첨가 ④ 주지－상술－첨가

15. 다음을 보고 그 규칙을 찾아 '?'에 들어갈 알맞은 것을 고르면?

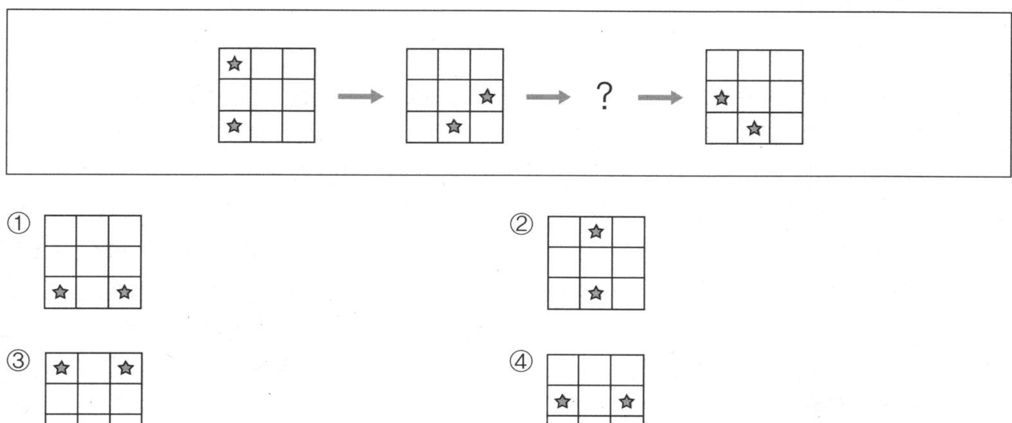

16. 다음 글의 주인공이 자신의 창의적인 재능을 발휘하기 위해 가장 필요한 제도는?

> 할아버지와 우유 배달을 하며 살아가던 네로는 병에 걸려 길에 버려진 개 파트라슈를 데려와 정성껏 간호한다. 네로의 간호로 다시 건강해진 파트라슈는 네로의 우유 배달용 수레를 끌며 함께 생활한다. 그들은 가난하지만 행복하게 살아간다. 그러나 할아버지가 병으로 몸져누우면서 네로에게 불행이 찾아온다. 네로는 파트라슈의 도움을 받아 우유 배달을 계속 하면서 병든 할아버지를 돌보지만, 가난 때문에 변변한 치료 한번 받아 보지 못한 채 할아버지는 끝내 돌아가시고 만다.
>
> 그 후 우유 배달 일거리가 점점 줄어들면서, 집세도 제때 못 낼 만큼 생활이 몹시 어려워진다. 그림을 잘 그리던 네로는 미술 대회에 참가하여 우승 상금을 받아 집세를 해결하려고 하지만, 정규 미술 교육을 받지 못했다는 사회적 편견과 차별로 우승을 놓치게 된다. 결국, 집세를 못 내 쫓겨난 네로는 추운 겨울날 사람들의 무관심 속에 파트라슈와 함께 짧은 생애를 마감한다.

① 주택을 지원하여 얼어 죽지 않도록 한다.
② 학교 교육을 통하여 미술 교육을 받도록 한다.
③ 쾌적한 환경에서 살 수 있는 공간을 지원한다.
④ 건강을 유지할 수 있도록 의료보장제도를 지원한다.

17. **모든 문서에는 그에 따른 문서 작성 원칙과 주의사항이 있다. 다음 글에 나타난 S 씨의 행동이 의미하는 것은?**

> 자동차회사에 근무하는 S 씨는 최근 당황스러울 만큼 서툰 기획안을 보게 되었다. 신입 사원 A 씨가 작성한 기획안이었는데, A 씨가 속한 팀의 팀장이 기획안을 한번 만들어 보라고 지시한 것이었다. 평소 글쓰기에 자신이 있는 편이 아니었던 A 씨는 겨우겨우 기획안을 작성하여 팀장님께 보여 드렸지만, 여러 번 퇴짜를 맞았다. 결국 팀장은 S 씨에게 연락하여 신입 사원이 기획서 작성에 어려움을 겪고 있으니 도와줄 수 없겠냐고 부탁해 왔다. 평소 글쓰기의 달인으로 불리던 S 씨는 A 씨가 작성한 기획안을 보게 되었다. S 씨는 어떻게 말을 해 줘야 할지 고민하다가 뜬금없이 노래를 부르기 시작했다. "'신데렐라는 어려서 부모님을 잃고요, 계모와 언니들에게 구박을 받았더래요…' 제가 이 노래를 왜 부른 것 같습니까?" A 씨는 S 씨가 자신을 놀리고 있다고 생각했지만, S 씨의 다음 말에 자신이 무슨 실수를 저질렀는지 곧바로 깨달았다. "만약에 이 노래를 이렇게 부르면 어떻게 될까요? '신데렐라는 언니들에게 구박을 받고요, 어려서 엄마 아빠를 모두 다 잃었더래요…' A 씨의 글이 지금 이런 식입니다."

① 형식에 충실한 문서의 작성
② 체계적인 문서의 작성
③ 객관적인 문서의 작성
④ 창의적인 문서의 작성

18. **다음의 단위로 계산했을 때, '?'에 들어갈 값은?**

> 20,000,000kg =(?)t

① 20
② 200
③ 2,000
④ 20,000

19. **하연이는 밸런타인데이를 맞아 친구들에게 초콜릿을 선물하려고 한다. 도보로 갈 수 있는 편의점에서는 초콜릿을 개당 1,700원에 판매하고, 버스를 타고 가야 하는 대형 마트에서는 초콜릿을 개당 1,300원에 판매한다. 이때 초콜릿을 최소 몇 개 이상 구매하여야 대형 마트에서 구매하는 것이 더 저렴한가? (단, 버스 요금은 편도 1,250원이며 초콜릿 구입 후 원래 위치로 돌아온다)**

① 5개
② 6개
③ 7개
④ 8개

20. A 상자에 진짜 보석 4개와 가짜 보석 5개가 들어 있고, B 상자에 진짜 보석 3개와 가짜 보석 5개가 들어 있다. A 상자에서 보석 한 개를 꺼내서 보지 않고 B 상자에 넣은 뒤 B 상자에서 다시 한 개를 꺼낼 때, 두 번 다 진짜 보석이 나올 확률은?

① $\frac{8}{81}$　② $\frac{5}{27}$

③ $\frac{16}{81}$　④ $\frac{32}{81}$

21. 12명의 학생 가운데 9명의 점수 총합은 630점이고 나머지 3명 중 두 명의 평균 점수는 84점이며 나머지 한 명의 점수는 12명의 평균 점수보다 16점이 높다. 학생 12명의 평균 점수는?

① 70점　② 74점

③ 86점　④ 90점

22. 다음의 명제를 토대로 얻을 수 있는 결론이 아닌 것은?

> • 갑 마을의 농민들은 모두 사과 또는 복숭아를 재배한다.
> • 트랙터를 가진 갑 마을 농민들은 2인 가구를 이루고 있다.
> • 사과를 재배하는 갑 마을 농민들은 2인 가구를 이루고 있지 않다.
> • 복숭아를 재배하는 갑 마을 농민들은 노인과 함께 산다.
> • 노인과 함께 살지 않는 갑 마을 농민들은 트랙터를 갖고 있지 않다.

① 노인과 함께 살지 않는 갑 마을 농민들은 사과를 재배한다.

② 2인 가구를 이루고 사는 갑 마을 농민들은 노인과 함께 산다.

③ 사과를 재배하는 갑 마을 농민들은 트랙터를 가지고 있지 않다.

④ 복숭아를 재배하는 갑 마을 농민들은 트랙터를 가지고 있다.

23. 다음은 같은 모양과 크기의 블록을 쌓아올린 그림이다. 블록을 더 쌓아 정육면체를 만들려면 최소 몇 개의 블록이 필요한가? (단, 보이지 않는 뒷부분의 블록은 없다)

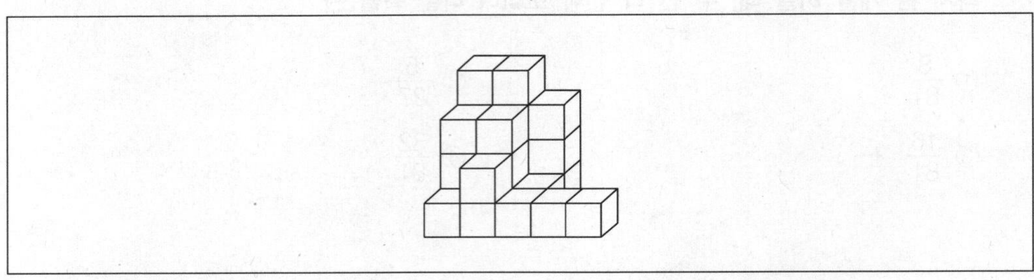

① 101개
② 103개
③ 105개
④ 107개

24. 해바라기 호와 장미 호는 항구에서 30km 떨어진 목적지까지 갈 때와 다시 돌아올 때의 속력을 각각 달리하여 운항한다. 해바라기 호는 갈 때는 2시간 반, 돌아올 때는 1시간 반이 걸리고, 장미 호는 갈 때는 3시간, 돌아올 때는 2시간이 걸린다. 해바라기 호와 장미 호의 평균 속력은 각각 몇 km/h인가?

① 15km/h, 11km/h
② 15km/h, 12km/h
③ 17km/h, 10.5km/h
④ 17km/h, 11km/h

25. 어떤 상품의 원가에 40%의 이익을 붙여 정가로 팔다가 세일 기간에 정가의 15%를 할인하여 팔았더니 2,660원의 이익을 보았다. 이 상품을 정가로 팔았을 때의 이익은?

① 5,000원
② 5,300원
③ 5,600원
④ 6,000원

26. 다음 글을 읽고 추론한 내용으로 적절한 것은?

> 우리 민족은 활에 대해 각별한 관심을 가지고 있었으며, 활을 중요한 무기로 여겼다. 이에 따라 활 제작 기술도 발달했는데, 특히 조선 시대의 활인 각궁(角弓)은 매우 뛰어난 성능과 품질을 지니고 있었다. 그렇다면 무엇이 각궁을 최고의 활로 만들었을까?
>
> 활은 복원력을 이용한 무기이다. 복원력은 탄성이 있는 물체가 힘을 받아 휘어졌을 때 원래대로 돌아가는 힘으로, 물체의 재질과 변형 정도에 따라 힘의 크기가 변한다. 이를 활에 적용해 보자. 활의 시위를 당기면 당기는 만큼의 복원력이 발생한다. 복원력은 물리학적인 에너지의 전환 과정이기도 하다. 사람이 시위를 당기면 원래의 시위 위치에서 시위를 당긴 거리만큼의 위치 에너지가 화살에 작용하게 된다. 따라서 시위를 활대에서 멀리 당기면 당길수록 더 큰 위치 에너지가 발생하게 된다. 이때 시위를 놓으면 화살은 날아가게 되는데, 바로 이 과정에서 위치 에너지가 운동 에너지로 전환된다. 즉, 시위를 당긴 거리만큼 발생한 위치 에너지가 운동 에너지로 바뀌어 화살을 날아가게 하는 것이다.
>
> 또한 복원력은 활대가 휘는 정도와 관련이 있다. 일반적으로 활대가 휘면 휠수록 복원력은 더 커지게 된다. 따라서 좋은 활이 되기 위해서는 더 큰 위치 에너지를 만들어 낼 수 있는 탄성이 좋은 활대가 필요하다. 각궁은 복원력이 뛰어난 활이다. 각궁이 동물의 뿔이나 뼈, 힘줄, 탄성 좋은 나무 등 다양한 재료를 조합해서 만든 합성궁이기 때문이다. 합성궁은 대나무와 같은 나무만을 재료로 만든 활보다 탄력이 좋아서 시위를 풀었을 때 활이 반대 방향으로 굽는 것이 특징이다. 바로 이러한 특성으로 인해 각궁은 뛰어난 사거리와 관통력을 갖게 되었다.

① 고려 시대 때의 활은 여러 재료의 조합이 아닌 한 가지 재료로만 만들어졌다.

② 위치 에너지가 운동 에너지로 전환되는 힘의 크기가 활의 사거리와 관통력을 결정한다.

③ 활대가 많이 휠수록 복원력은 더 커지므로, 활이 많이 휠수록 가격은 비싸진다.

④ 각궁의 탄력이 좋은 이유는 나무로만 만들어져 시위를 풀었을 때 활이 반대 방향으로 굽는 특징 덕분이다.

27. 다음 조건을 모두 고려했을 때 갑, 을, 병, 정 중 워크숍에 참석할 수 있는 인원은?

> • 워크숍에 참석할 때 대리급 이상, 근무평정 B 등급 이상, 3년차 이상 조건 중 2개 이상을 만족해야 한다.
> • 갑과 을은 세 가지 조건 중 적어도 한 가지는 만족한다.
> • 을과 정은 작년에 대리로 승진하였다.
> • 갑은 근무평정 B 등급을 받았다.
> • 을과 병은 3년 전에 입사했다.

① 1명　② 2명　③ 3명　④ 4명

[28 ~ 29] 다음 자료를 보고 이어지는 질문에 답하시오.

〈6대 광역시 경제활동참가율 및 고용률 현황〉

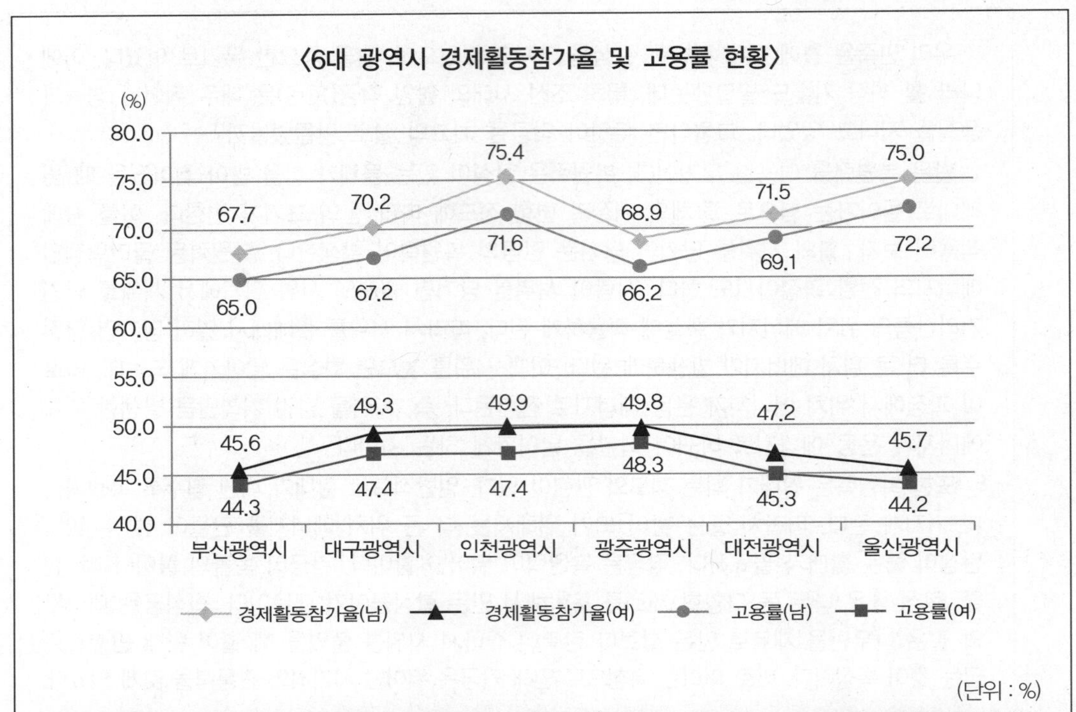

(단위 : %)

구분		경제활동참가율	고용률
전국	남성	73.0	70.1
	여성	49.4	47.8
서울특별시	남성	73.0	69.1
	여성	51.2	49.2

28. 다음 중 위 자료에 대한 설명으로 옳지 않은 것은?

① 인천의 고용률은 남녀 모두 서울보다 높다.

② 6대 광역시 중 여성의 고용률이 가장 낮은 도시는 울산이다.

③ 6대 광역시 중 여성 경제활동참가율이 50%를 넘는 도시는 없다.

④ 6대 광역시 중 남녀 간의 경제활동참가율의 차이가 가장 큰 도시는 울산이다.

29. 6대 광역시 중 여성 경제활동참가율이 전국보다는 높고 서울보다는 낮은 도시를 바르게 나열한 것은?

① 대구, 대전　　② 인천, 광주
③ 대구, 인천, 광주　　④ 인천, 광주, 대전

30. 다음은 우리나라의 막걸리 출하량 추이를 나타낸 자료이다. 이에 대한 설명으로 옳지 않은 것은?

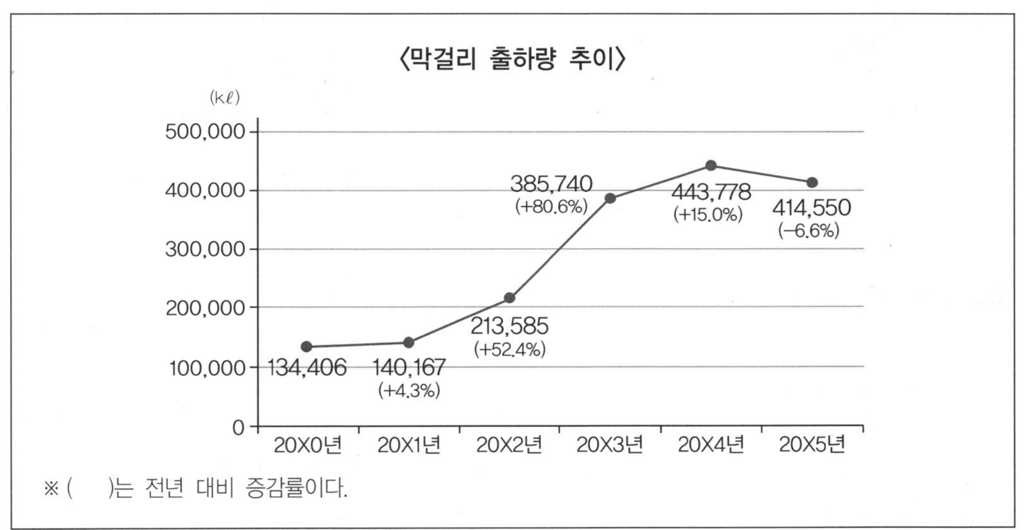

① 20X0년부터 20X3년까지 막걸리 출하량은 지속적으로 증가했다.
② 20X4년 막걸리 출하량은 20X1년 막걸리 출하량의 약 3.5배이다.
③ 20X1 ~ 20X4년 중 전년 대비 막걸리 출하량의 증감률이 가장 큰 해는 20X3년이다.
④ 20X0 ~ 20X5년 중 막걸리 출하량이 가장 많았던 해는 20X4년, 가장 적었던 해는 20X0년이다.

31. 다음에 제시된 도형과 동일한 것은?

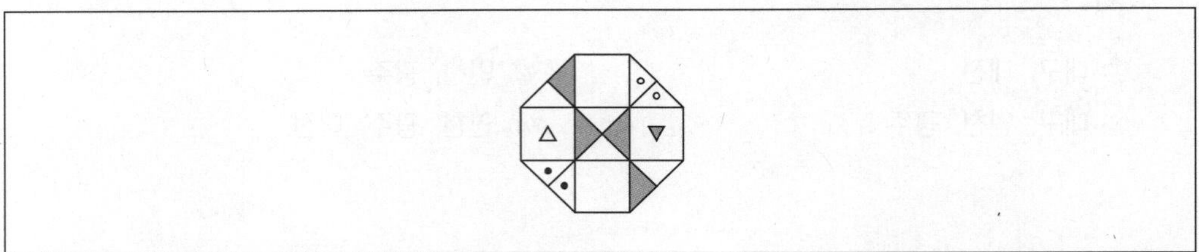

①
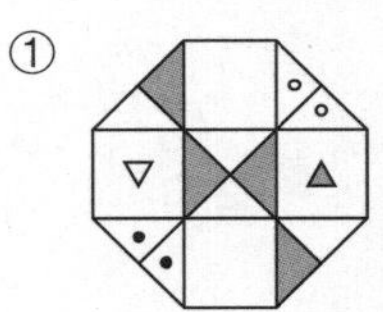

②
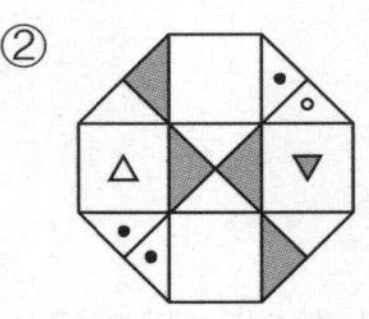

③
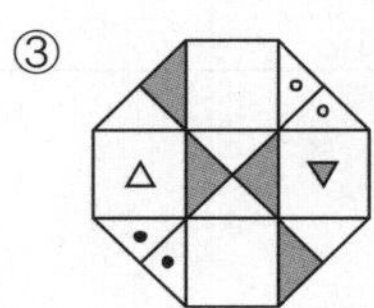

④
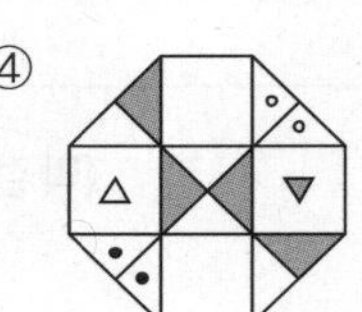

32. 다음 문장 뒤에 이어질 (가) ~ (마)를 문맥에 맞게 순서대로 나열한 것은?

미세플라스틱은 독성 화학물질을 해수로 방출하고 바닷속 화학물질을 표면으로 흡착하여 해양생물에 독성을 유발할 수 있다.

(가) 더불어 인간에게도 각종 암을 비롯하여 생식기 발달의 저하, 성장 지연 등을 유발한다.

(나) 특히 POPs, PBTs 같은 화학물질은 잔류성과 생물축적성이 높은 물질로서 체내에 축적되면 동물의 면역력이 감소하고 생식기능이 약화된다.

(다) 이처럼 미세플라스틱이 인체에 유해한 각종 물질을 전이 · 확산시킬 수 있는 가능성이 많아 이에 대한 다양한 연구가 진행되고 있다.

(라) 인간은 해산물과 소금 등을 섭취하는 생태계 먹이사슬의 최상위 포식자이므로 미세플라스틱에 노출되는 것은 불가피하다.

(마) 실제로 태평양 굴을 미세플라스틱에 노출하는 실험 결과, 난모세포 수 38% 감소, 지름 5% 감소, 정자 속도 23% 감소, 자손들의 성장 18 ~ 41% 감소를 보였다.

① (가)－(라)－(다)－(나)－(마)
② (가)－(마)－(다)－(나)－(라)
③ (나)－(라)－(마)－(가)－(다)
④ (나)－(마)－(가)－(라)－(다)

33. 다음 글의 '나'가 결론에 도달하기 위하여 암묵적으로 전제하고 있는 것은?

> 나는 티코의 관측 자료를 가지고 작업을 시작했다. 나는 다섯 행성의 위치를 나타내는 수만 개의 숫자로 표현된 그의 자료를 빠짐없이 반영하는 모형을 만들기 위해 나의 모든 수학적 능력을 동원했다. 하지만 이 작업은 결코 단순치 않았다. 거의 6년에 걸친 작업 끝에 마침내 화성의 위치를 설명하고 예측할 수 있도록 해 주는 화성 궤도의 수학적 모형을 완성하였다. 나는 이 모형의 정확성을 확신했다. 나는 이 모형을 토대로 하짓날 자정쯤 화성이 정확히 백조자리의 베타별과 중첩되어 보일 것으로 예측했다. 그러나 지난 하짓날 밤의 관측 결과는 실망스러웠다. 화성과 백조자리 베타별의 위치 사이엔 6분 정도의 차이가 나타났다. 더욱 중요한 것은 티코의 자료와 이 모형의 예측 값 사이에 종종 8분까지 오차가 벌어진다는 사실이었다. 나는 이 정도의 오차가 어디에서 비롯되었는가를 밝히는 데 몰두했다. 문제는 내 모형이 화성의 궤도를 완전한 원으로 가정하고 있다는 사실이었다. 실제로 화성의 궤도를 원이 아닌 타원이라 가정하고 원래 모형에 약간의 간단한 수정을 가하자마자 오차들은 마법처럼 사라져 버렸다. 이렇게 해서 나는 화성의 궤도가 타원이라는 확신을 가질 수 있었다.

① 행성의 공전 궤도는 타원형이어야 한다.
② 화성은 태양이 아닌 지구 주위를 회전하는 천체다.
③ 화성의 위치에 관한 티코의 자료는 신뢰할 만하다.
④ 백조자리 베타별은 행성의 위치를 가늠하는 주요 기준이다.

34. 다음 그림에서 만들 수 있는 크고 작은 사각형은 모두 몇 개인가?

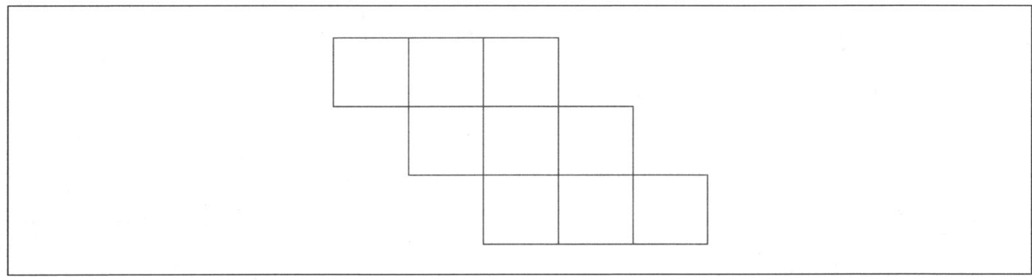

① 22개　　② 23개
③ 24개　　④ 25개

35. 방송부에서 근무하는 C 대리는 방송 프로그램 외부 모니터링 결과를 보고하기 위해 프로그램별 순위를 정리하고 있다. 다음과 같은 항목별 가중치와 만족도를 고려할 때 프로그램 만족도 순위에 관한 설명으로 옳은 것은?

가중치		프로그램별 만족도		
항목	가중치	꼬리공탕	다쓰배이더	투데이JOBS
기획	0.3	4	8	10
구성 및 내용	0.4	10	5	4
진행	0.2	9	7	5
기술 및 무대	0.1	7	6	9

※ 만족도 총점=항목별 값(가중치×만족도)의 합
※ 총점이 높은 순으로 1, 2, 3위를 정렬

① 기획 항목을 가장 높게 평가하고 있다.
② 꼬리공탕이 만족도 1위 프로그램으로 선정된다.
③ 다쓰배이더는 항목별로 고르게 평가받아 총점 2위로 나타났다.
④ 투데이JOBS는 구성 및 내용에 대한 만족도가 낮아 총점이 3위이다.

36. 다음은 '머리'가 나타내는 다양한 의미이다. 이를 다른 신체 부위를 지칭하는 단어에 적용했을 때 그 용례로 적절하지 않은 것은?

> ㉠ 신체의 일부 : 사람이나 동물의 목 위의 부분(눈 · 코 · 입 · 귀가 있는 얼굴, 머리카락이 있는 부위 포함)
> ㉡ 위치 : 해당 지역의 가장 위쪽
> ㉢ 물체의 부분 : 사물의 맨 앞이나 윗부분
> ㉣ 시간 : 어떤 때 · 시기가 시작될 즈음

① ㉠ : 그녀가 멀리서 손을 흔들었다.
② ㉡ : 분단선이 한반도의 허리를 관통했다.
③ ㉢ : 부러진 의자 다리를 고쳤다.
④ ㉣ : 그는 눈 깜짝할 새 지나갔다.

37. 다음은 모 기관의 맞춤형 복지제도 운영지침 중 복지카드 포인트로 구입할 수 있는 항목을 정리한 것이다. 복지카드 포인트로 구입할 수 없는 품목은?

분야		항목
기본항목	필수 기본항목	생명 · 상해보험
	선택 기본항목	의료비보장보험
자율항목	건강관리	병의원 외래진료, 약 구입, 안경 구입, 운동시설 이용 등 공무원 및 비공무원 계약직 근로자 본인과 가족의 건강진단, 질병예방, 건강증진 등을 위한 복지항목
	자기계발	학원수강, 도서구입, 세미나 연수비 등 공무원 및 비공무원 계약직 근로자 본인의 능력발전을 위한 복지항목
	여가활용	여행 시 숙박시설 이용, 레저시설 이용, 영화 · 연극 관람 등 공무원 및 비공무원 계약직 근로자 본인과 가족의 건전한 여가활동을 위한 복지항목
	가정친화	보육시설 · 노인복지시설 이용, 기념일 꽃 배달 등 일과 삶을 조화롭게 병행할 수 있도록 공무원 및 비공무원 계약직 근로자 본인과 가족을 지원하는 복지항목

※ 전통시장에서의 구매는 분야 제한 없이 자율항목으로 구성할 수 있음.

※ 산후조리원 이용 및 출산용품 구입 등을 자율항목으로 구성할 수 있음.

※ 자율항목으로 구성할 수 없는 항목

1. 보석, 복권, 경마장 마권, 유흥비 등 사행성이 있거나 불건전한 항목
2. 상품권, 주유권, 증권 등 현금과 유사한 유가증권의 구매
3. 성형, 치열교정 등 치료 목적이 아닌 미용 관련 의료행위
4. 단순 물품구입 등 증빙이 불가능한 항목

① 다이어트를 위한 헬스장 등록

② 자녀의 대학 입학을 위한 문제집 구입

③ 부부 결혼기념일을 위한 연극 관람권 2매

④ 전통시장에서 구입한 화장대

38. 다음과 같이 화살표 방향으로 종이를 접은 후, 마지막 그림과 같이 펀치로 구멍을 뚫고 다시 펼쳤을 때의 모양으로 옳은 것은?

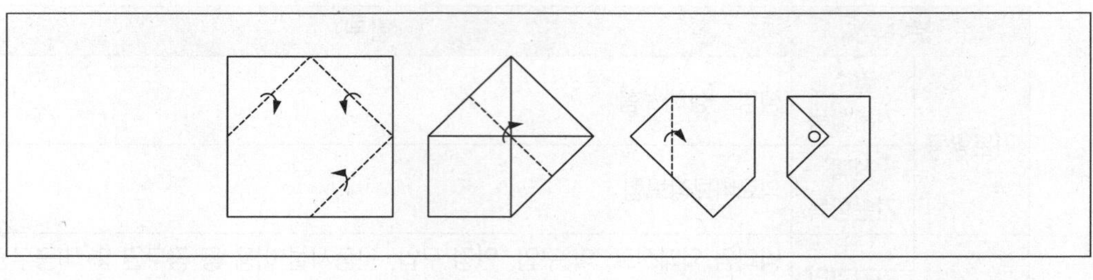

①
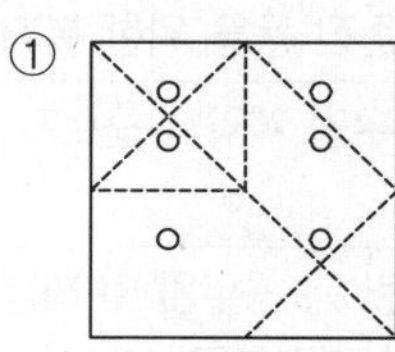

②
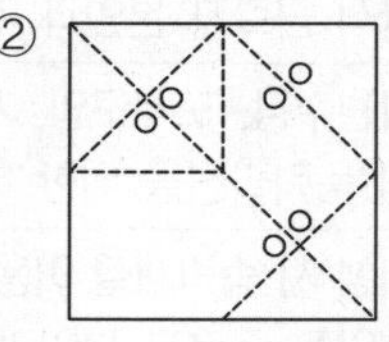

③
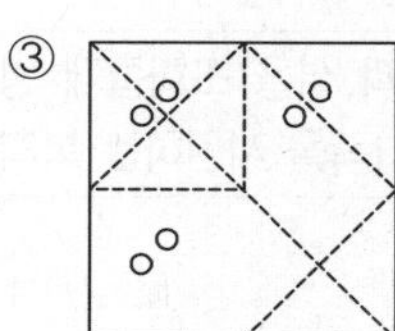

④
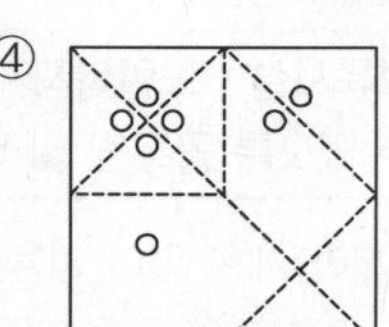

39. 다음은 A 씨의 자녀 a, b, c의 한 달 사교육비를 나타낸 자료이다. c의 사교육비가 전체 사교육비에서 차지하는 비중의 1월 대비 4월의 변동 폭으로 알맞은 것은?

(단위 : 만 원)

구분	계	a	b	c
1월	73.2	23.2	27.0	23.0
2월	74.2	23.1	27.5	23.6
3월	77.8	24.1	27.5	26.2
4월	82.8	25.3	29.1	28.4

① 약 3%p 증가하였다.
② 약 3%p 감소하였다.
③ 약 2.9%p 감소하였다.
④ 약 2.9%p 증가하였다.

40. 다음 월별 · 도시별 미세먼지(PM2.5) 대기오염도 자료에 대한 분석으로 옳은 것은?

〈미세먼지(PM2.5) 대기오염도〉

(단위 : $\mu g/m^3$)

구분	1월	2월	3월	4월	5월
서울	29	28	25	21	19
인천	27	23	21	16	15
부산	21	22	16	17	17
대구	26	26	20	18	20
광주	27	21	18	17	18

① 조사기간 동안 미세먼지(PM2.5) 대기오염도는 항상 부산이 가장 낮았다.
② 조사기간 동안 미세먼지(PM2.5) 대기오염도는 항상 서울이 가장 높았다.
③ 조사기간 동안 미세먼지(PM2.5) 대기오염도는 평균적으로 1월에 가장 높았다.
④ 조사기간 동안 5개 지역의 미세먼지(PM2.5) 대기오염도는 지속적으로 감소했다.

41. 총무과에서 등산, 봉사활동, 연극관람, 캠핑의 네 가지 행사를 기획한 후 A, B, C, D 네 팀에 행사 선호도에 대한 설문조사를 진행하여 다음 〈보기〉와 같은 결과를 얻었다. 선호도에 따라 각 팀에 각기 다른 하나의 행사를 정할 때, 바르게 연결한 것은?

보기

- A 팀은 등산과 봉사활동을 원하지 않는다.
- B 팀은 캠핑을 싫어한다.
- C 팀은 등산을 가고 싶어 한다.
- D 팀은 연극을 관람하고 싶어 한다.

① A－캠핑　　② B－등산
③ C－연극관람　　④ D－봉사활동

42. 다음과 같이 정사각형의 색종이를 점선에 따라 접어서 나올 수 있는 모양으로 적절한 것은?

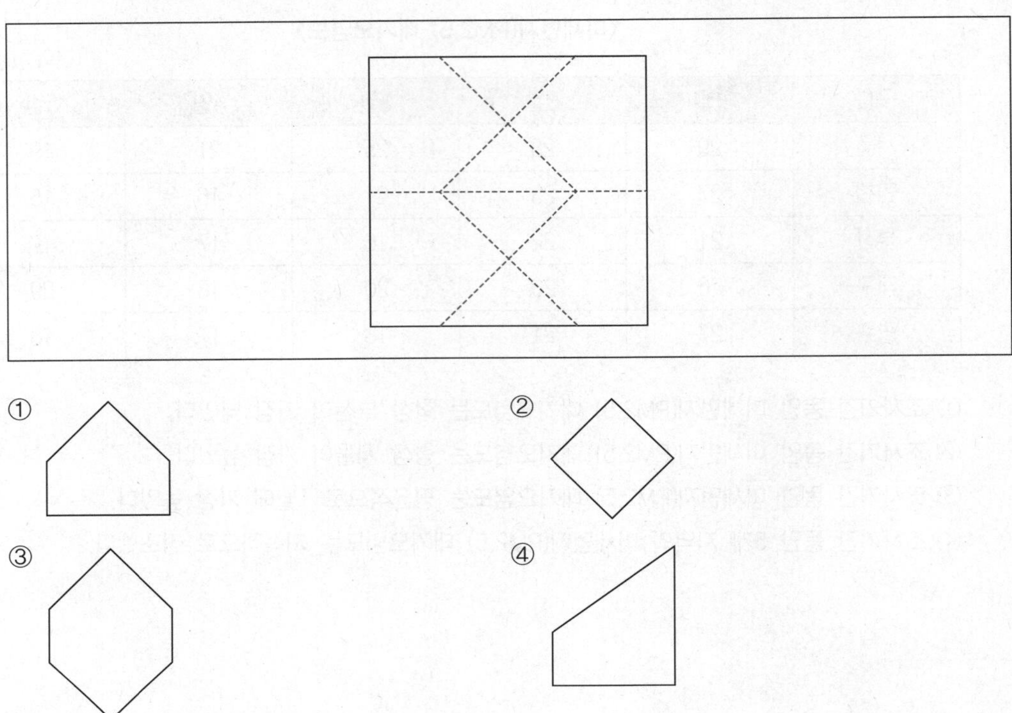

43. 정오각형의 테이블이 있는 회의실에서 사장이 참여하는 임원진 회의가 열렸다. 임원진은 직급 서열 순으로 A, B, C, D, E 5명이 모였다. 회의의 정원은 5명이고, 높은 직급부터 순차적으로 회의에 참여할 수 있다. 테이블의 한 면에는 한 명만 앉을 수 있고 비즈니스 예절에 따를 때, E의 자리는?

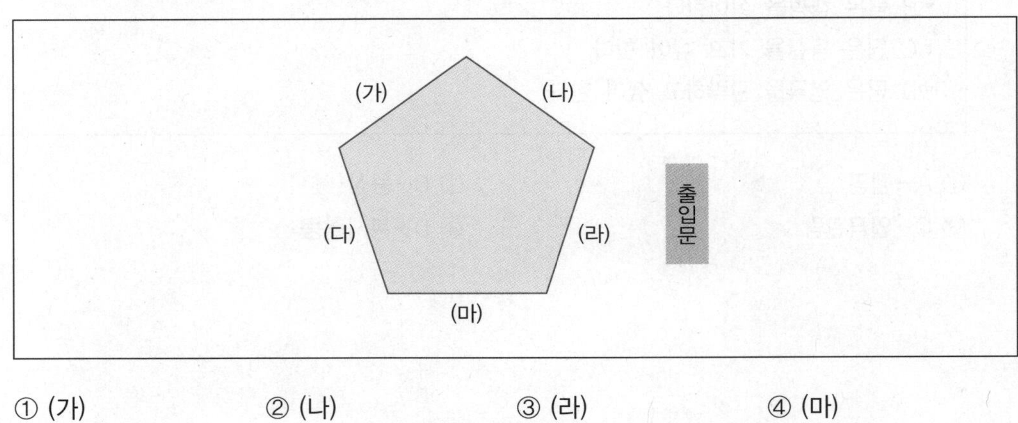

① (가)　　② (나)　　③ (라)　　④ (마)

44. 다음 글을 참고할 때, '사회적 증거의 법칙'에 해당하는 예를 ㉠ ~ ㉢에서 모두 고른 것은?

> 사회적 증거의 법칙이란 어떤 행동이나 판단을 할 때 다른 사람들의 행동과 판단을 따라 하게 되는 성향을 얘기한다. 이 법칙의 가장 좋은 예는 개그 프로그램이나 시트콤에서 볼 수 있는 '가짜 웃음소리'이다. 똑같이 웃어야 할 포인트이지만 가짜 웃음소리가 나오면 시청자들은 더 크게 웃음을 터뜨린다. 가짜 웃음소리가 없으면 웃어야 할 포인트에도 크게 웃고 싶은 감정이 나오지 않는다. 혼자 웃기 뻘쭘하기 때문이다. TV에서 웃음소리가 나오면 '아, 지금이 웃어야 할 때구나'라고 생각하고 마음껏 웃게 된다. 이와 같이 '남들이 하는 걸 보니까 나도 해야 되겠구나' 혹은 '해도 되는구나' 하는 느낌을 주게 하는 것이 사회적 증거의 법칙이다.
>
> ㉠ 맛집은 실제 음식의 맛보다 방문 후기와 리뷰의 별점에 의해 결정된다.
> ㉡ 개를 무서워하는 아이들에게 개랑 노는 20분짜리 영상을 반복적으로 보여주자 나흘 후에 67%의 아이가 강아지와 함께 놀았다.
> ㉢ 화재가 났는데 대피하는 사람이 없자 10분 뒤에는 모두 가만히 있었다.

① ㉠, ㉡　　② ㉠, ㉢
③ ㉡, ㉢　　④ ㉠, ㉡, ㉢

45. 다음은 3×3칸에 쌓인 블록의 개수를 적어 놓은 윗면의 모습이다. 이를 앞면에서 바라볼 때 보이는 블록의 개수는? (단, 화살표 방향이 앞면을 의미한다)

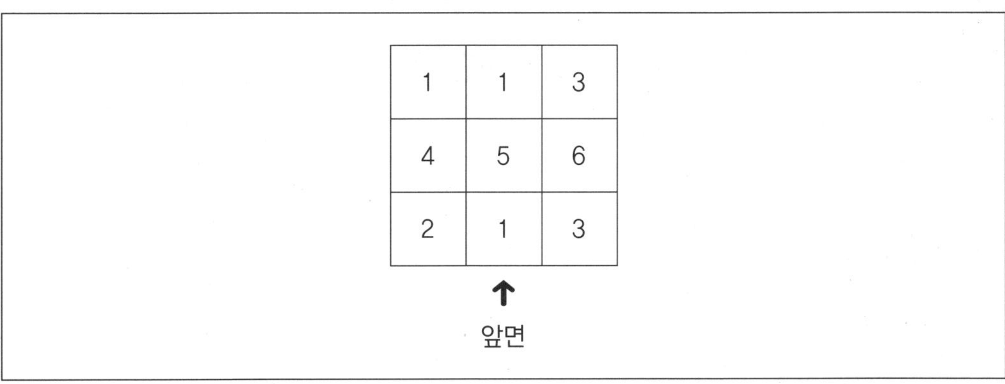

1	1	3
4	5	6
2	1	3

↑
앞면

① 13개　　② 14개
③ 15개　　④ 16개

4회 기출예상문제

정답과 해설 37쪽

01. 다음 밑줄 친 ㉠과 같은 의미로 단어가 사용된 것은?

> 과학사(科學史)를 살피면, 과학이 가치중립적이란 ㉠ 신화는 무너지고 만다. 어느 시대가 낳은 과학이론은 과학자의 인생관, 자연관은 물론 당대의 시대사조나 사회 · 경제 · 문화적 제반 요소들이 상당히 긴밀하게 상호작용한 총체적 산물로 드러나기 때문이다. 말하자면 어느 시대적 분위기가 무르익어 어떤 과학이론을 출현시키는가 하면, 그 배출된 이론이 다시 문화의 여러 영역에서 되먹임 되어 직접 또는 간접의 영향을 미친다는 얘기이다. 다윈의 진화론으로부터 사회적 다윈주의가 출현한 것이 가장 극적인 예이고, '엔트로피 법칙'이 현존 과학기술 문명에 깔린 발전 개념을 비판하고 새로운 세계관을 모색하는 틀이 되는 것도 그와 같은 맥락이다.

① 기상천외한 그들의 행적은 하나의 신화로 남았다.

② 아시아의 몇몇 국가들은 짧은 기간 동안 고도성장의 신화를 이룩하였다.

③ 월드컵 4강 신화를 떠올려 본다면 국민 소득 2만 달러 시대도 불가능한 것은 아니다.

④ 미식축구 선수 하인스 워드의 인간 승리를 보면서 단일민족이라는 신화가 얼마나 많은 혼혈 한국인들을 소외시켜 왔는지 절실히 깨달았다.

02. 다음 〈조건〉이 모두 성립할 때, 반드시 참인 명제는?

조건

- 모든 사람은 피자 또는 리소토를 먹었다.
- 피자를 먹은 사람은 샐러드를 먹었다.
- 리소토를 먹은 사람은 스파게티를 먹지 않았다.
- 피자를 먹은 사람은 김밥을 먹지 않았다.
- 리소토를 먹은 사람은 피자를 먹지 않았다.

① 샐러드를 먹은 사람은 피자를 먹었다.

② 스파게티를 먹지 않은 사람은 리소토를 먹은 사람이다.

③ 김밥을 먹지 않은 사람은 피자를 먹은 사람이다.

④ 샐러드를 먹지 않은 사람은 피자를 먹지 않은 사람이다.

03. 다음 중 모양이 나머지와 다른 하나는?

①
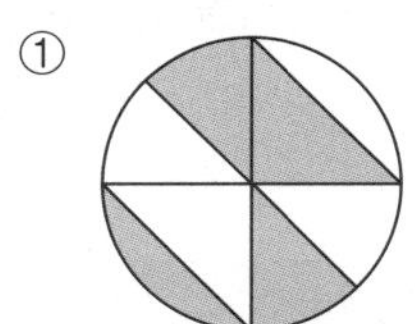

②
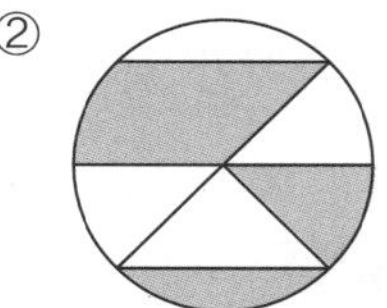

③
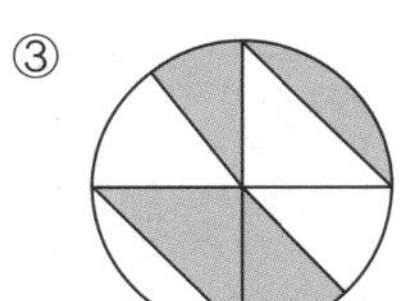

④
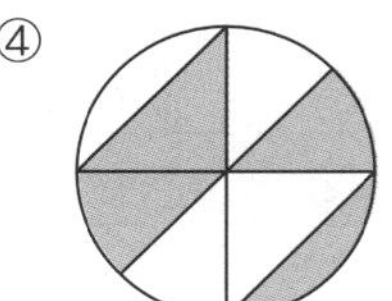

04. 올해 ○○사에 입사한 P는 신입사원을 대상으로 한 '올바른 맞춤법 사용하기' 교육을 수강하였다. P가 문장의 밑줄 친 단어를 수정한 내용으로 적절하지 않은 것은?

① 박 과장님, 계약이 잘 성사되야 할 텐데요. → '돼야'로 수정한다.
② 오 팀장님, 방금 들었는데 김 사원이 지난주에 결혼을 했대요. → '했데요'로 수정한다.
③ 이 대리님, 휴가 잘 다녀오시길 바래요. → '바라요'로 수정한다.
④ 최 대리님, 새로운 팀장님이 오신다는 소문이 금새 퍼졌나 봐요. → '금세'로 수정한다.

05. 다른 사람의 이야기를 잘 듣는 것은 인간관계에서 대단히 중요하다. 다음 중 경청을 실천하기 위한 행동 가이드로 적절하지 않은 것은?

① 말하기를 최대한 절제한다.
② 나 자신을 완전한 인격체로 인정한다.
③ 대화를 시작하기 전 자신의 마음속에 있는 판단과 선입견들을 모두 다 비워 낸다.
④ 상대가 내 생각과 다른 말을 해도 들어줄 줄 알아야 한다.

06. 다음은 ○○사 신입사원 채용의 각 전형별 점수 조정 방법과 신입사원 3명의 채점 결과를 정리한 표이다. 이를 바탕으로 서류, 필기, 면접 점수의 합이 100점 미만인 경우 최종 합격자가 될 수 없다고 할 때, 최종 합격자가 될 수 있는 지원자만 나열한 것은?

〈점수 조정 방법〉

구분	점수 반영 비율
서류전형	취득점수×0.2
필기전형	취득점수×0.4
면접전형	취득점수×0.6

〈신입사원 선발 채점표〉

구분	정철	석규	혜영
서류전형	78점	80점	80점
필기전형	88점	83점	90점
면접전형	85점	90점	79점

① 정철, 석규　② 정철, 혜영　③ 석규, 혜영　④ 정철, 석규, 혜영

07. 다음 중 전개도를 접었을 때 모양이 다른 하나는?

①
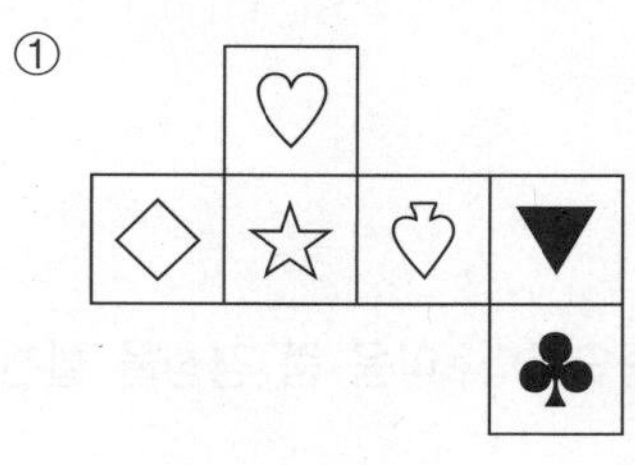

②
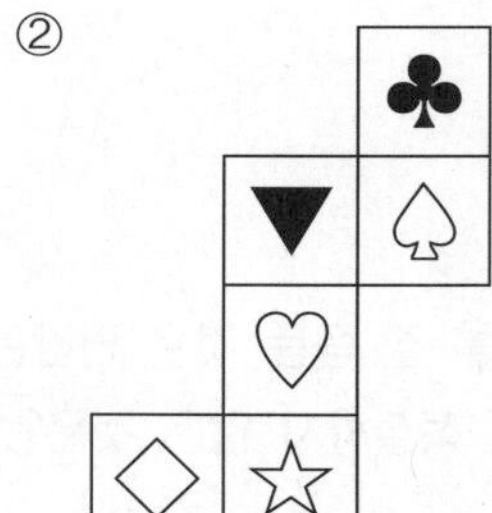

③
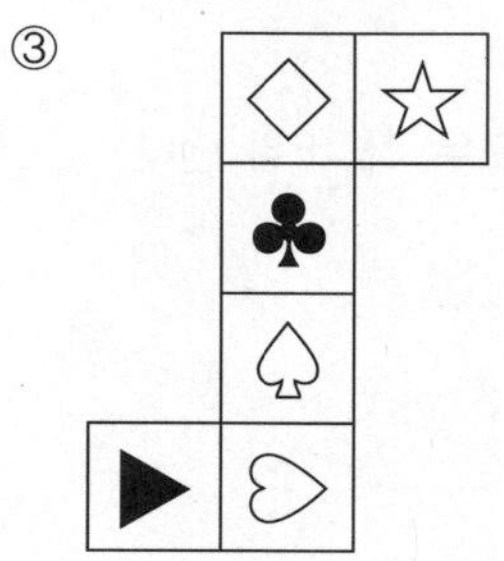

④
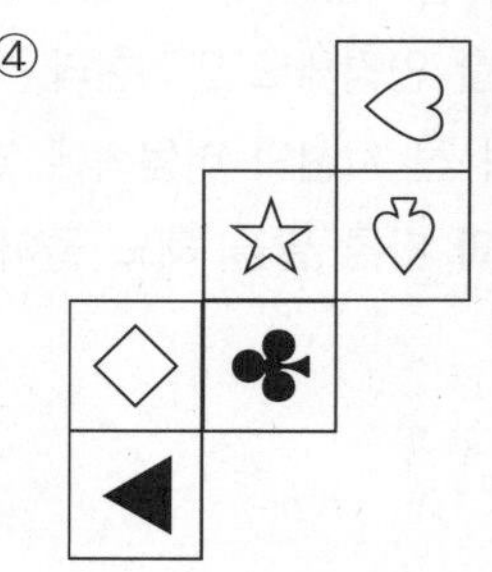

08. 다음 글에서 사용된 서술 방식에 대한 설명으로 적절한 것은?

> 가족은 성원들 간의 공유와 협동이 이루어지는 집단이다. 그러나 집단 안에서만 공유와 협동이 이루어지는 배타적 권리를 주장하고 사적 이익만을 추구한다면 이타성과 공공선을 추구하는 전 사회적 공동체의 원리와 대립하게 된다.
>
> 그동안 우리 사회는 경제적으로 급성장을 하였지만 불균등한 분배 구조로 계층 간의 차이가 지속적으로 확대되고, 그 차이는 다음 세대로 전승됨으로써 사회적 불평등 구조가 재생산되고 있다. 이러한 사회적 불평등 구조의 재생산 구조는 한국 특유의 배타적 가족주의와 결합하게 되면서 온갖 사회 모순을 확대시켜 왔다. 기업의 족벌 경영 체제, 부동산 투기, 사치성 소비 성향, 고액 과외 등의 부정적 현상들은 개개인들이 자기 가족의 안락과 번영을 위해 헌신한 행위로 정당화되어 결과적으로 가족 집단의 공동 이익이 다른 가족들의 경제적 빈곤을 악화시키는 반공동체적 행위를 강화시켜 온 것이다.
>
> 이와 같이 가족 내에서의 공동체적 삶의 원리가 전체 사회의 공동체적 언어를 파괴하고 가족생활 자체도 점차 공동체적 성격을 상실해 간다면 가족은 더 이상 전체 사회에 유익한 일차 집단이 될 수 없다. 그럼에도 불구하고 가족에 대한 비판을 금기시하고 신성화하는 이데올로기를 고집한다면 우리 사회가 당면한 문제들을 해결하기는 더욱 어려워질 것이다.

① 대상의 특성을 파악하며 비교 설명하고 있다.

② 개별적 사례에서 보편적 원리를 이끌어내고 있다.

③ 필자의 가설을 제시하고 사례를 통해 입증하고 있다.

④ 사회현상을 연속적인 흐름에 따라 설명하고 있다.

09. 다음의 선서와 같은 담화의 목적으로 옳은 것은?

> 본인은 공직자로서 긍지와 보람을 갖고 국가와 국민을 위하여 신명을 바칠 것을 다짐하면서 다음과 같이 선서합니다.
>
> 1. 본인은 법령을 준수하고 국민의 편에 서서 정직과 성실로 직무에 전념한다.
> 2. 본인은 창의적인 노력과 능동적인 자세로 소임을 완수한다.
> 3. 본인은 정의의 실천자로서 부정의 발본에 앞장선다.

① 약속　　② 사교

③ 호소　　④ 선언

[10 ~ 11] 다음 글을 읽고 이어지는 질문에 답하시오.

(가) 전문 세탁소의 세탁이 가정에서 하는 세탁과 가장 다른 점은 물빨래가 아니라 대개 드라이클리닝으로 세탁을 한다는 것이다. '드라이'는 물을 사용하지 않는다는 뜻으로 물빨래에 대비되는 말이다. 물빨래가 물과 세제를 사용한다면, 드라이클리닝은 드라이클리닝 용제와 드라이클리닝 세제를 사용하는 세탁 방식이다.

(나) 드라이클리닝은 물 대신 드라이클리닝 용제를, 일반 세제 대신 드라이클리닝 세제를 이용해서 세탁한다. 드라이클리닝 세제가 섞여 있는 드라이클리닝 용제가 세탁조 안에 들어가 의류와 함께 회전하면서 세탁이 이루어진다. 극성이 없는 드라이클리닝 용제를 사용함으로 기름 성분의 오염 물질을 녹여 없앨 수 있고, 물을 사용하지 않으므로 물로 세탁할 경우 쉽게 손상되는 모나 견섬유의 세탁에 유리하다. 또한 같은 부피의 물과 드라이클리닝 용제의 무게를 비교하면 물이 훨씬 무거우므로, 드라이클리닝 시 드럼이 돌 때 세탁물이 떨어지면서 가해지는 힘이 물에 비해 매우 작기 때문에 의류의 변형이 적다.

(다) 드라이클리닝은 19세기 중반에 한 프랑스인이 등유가 떨어진 테이블보가 깨끗하게 되는 현상을 발견한 것이 그 출발이 되었다. 초기에 드라이클리닝 용제로 사용한 것은 테레빈유, 벤젠, 나프타 등이었다. 이러한 용제는 인화성이 커 화재 또는 폭발의 위험성이 높아 사고가 빈번했기 때문에 1928년에 이보다 인화성과 악취가 적은 스토다드 용제가 개발되었다. 1930년대 중반에는 퍼크로라고 불리는 퍼클로로에틸렌을 드라이클리닝 용제로 사용하기 시작했다. 퍼크로는 안전하고 불에 타지 않으며 동시에 강한 세척력을 가지고 있어 뛰어난 용제로 인정받고 있다. 그러나 퍼크로는 국제암연구소(IARC)에 의해 인체 발암 추정물질로 구분되어 있고 퍼클로로에틸렌을 사용하는 작업장의 노동자가 증기에 노출되어 중독된 사례가 보고된 바 있다. 또한 드라이클리닝에 한번 사용한 용제는 비교적 고가이므로 용제가 오염되지 않도록 청결하게 관리하며 재사용해야 한다.

(라) 드라이클리닝 용제는 무극성이므로 땀이나 악취 등 물과 친화력이 높은 수용성 오염 물질과 친화력이 매우 낮아 이들을 쉽게 제거할 수 없다. 수용성 오염을 없애고 세탁 효율을 높이기 위해서 사용하는 첨가제는 '드라이소프'라고 하는 드라이클리닝 세제이다. 드라이클리닝 세제는 물에서 친수성 부분이 섬유와 오염 물질을 향하고 소수성 부분이 드라이클리닝 용제 방향으로 향하게 되어 용제와 오염 물질이 반응할 수 있도록 섞어 주는 역할을 함으로써 보다 효과적으로 오염 물질을 제거하게 해 준다. 물빨래에서 사용하는 비누와 역할이 같다. 드라이클리닝의 세척 후 탈용제 단계에서는 빠른 속도로 세탁조를 회전시켜 빨랫감에 남아있는 용제를 제거한 후 건조를 시킨다. 가끔 세탁소에서 세탁물을 받았을 때 특유의 냄새가 나는 경우가 있는데, 이는 미량의 드라이클리닝 용제가 섬유 내부에 남아서일 수 있으므로 며칠간 통풍이 잘되는 곳에 걸어 놓아 냄새가 없어진 후 입는 것이 좋다.

10. 다음 중 (가) ~ (라)의 중심 내용으로 적절하지 않은 것은?

① (가) 드라이클리닝의 정의
② (나) 드라이클리닝의 특징과 장점
③ (다) 드라이클리닝의 기원과 용제의 변천
④ (라) 드라이클리닝 세탁 시 유의사항과 한계

11. 윗글에 따라 드라이클리닝에 대해 이해한 내용으로 적절하지 않은 것은?

① 수용성 오염은 드라이클리닝만으로는 완전히 제거하기 어렵다.
② 드라이클리닝에 사용한 용제는 재사용을 위해 청결하게 관리해야 한다.
③ 기름 성분의 오염 물질을 녹여 없애는 것이 드라이클리닝의 원리이다.
④ 드라이클리닝은 물을 사용하지 않으므로 모나 견의 세탁에 유리하다.

12. 예지, 지수, 은주, 지유는 함께 카페에 들러 커피 2잔과 홍차 2잔을 주문하였고, 내용물을 보지 않은 채 무작위로 음료를 받았다. 〈보기〉를 참고할 때, 옳은 것은?

보기

- 예지는 자신이 주문한 음료를 받지 않았다.
- 지수는 자신이 주문한 음료를 받았다.
- 은주는 홍차를 주문했으나 커피를 받았다.
- 지유는 커피를 받았다.

① 지수는 커피를 받았다.
② 지유는 자신이 주문한 음료를 받지 않았다.
③ 지유는 홍차를 주문했다.
④ 예지는 커피를 주문했다.

13. 다음과 같이 화살표 방향으로 종이를 접은 후, 색칠된 부분을 자르고 다시 펼쳤을 때의 모양으로 옳은 것은?

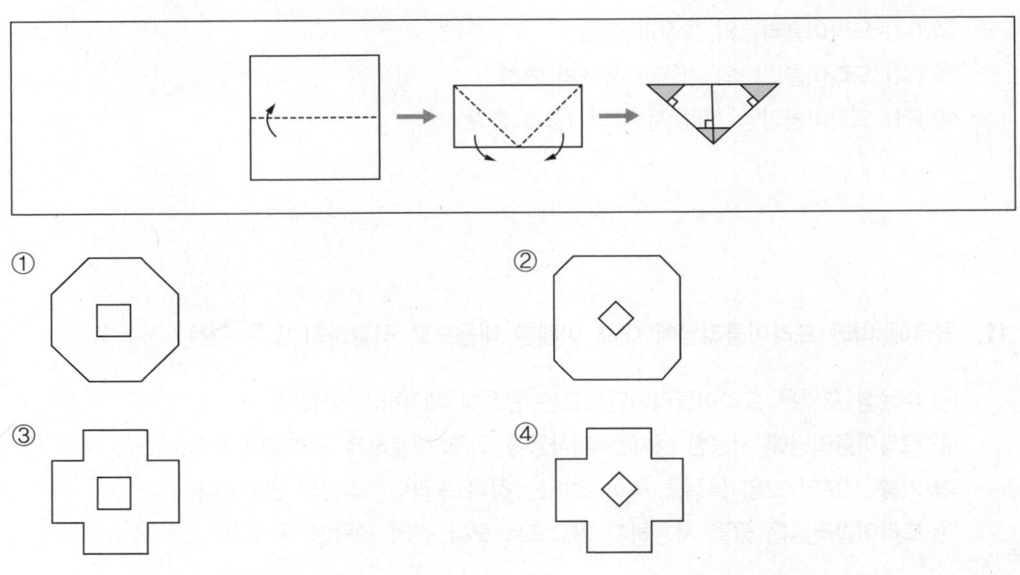

14. 다음 글의 흐름에 따라 빈칸 ㉠에 들어갈 문장으로 적절한 것은?

> (　　　　　　　　㉠　　　　　　　　) 도시의 과밀화는 상대적으로 거주공간이 부족하게 되는 결과를 낳았다. 따라서 최대한 많은 가구를 수용하기 위해 한정된 공간에 많은 집들이 근접하여 있고, 그것도 부족하여 상하 좌우로 이웃집이 위치해 있다. 그러나 이러한 물리적 이웃이 모두 마음을 줄 수 있는 이웃은 아니다. 전통적인 이웃 형태와 비교하면 더 가까운 위치에, 더 많은 이웃을 갖게 되었지만 사실상 도시의 거주자들은 이사를 자주 하기 때문에 이웃을 깊게 사귈 시간적 여유가 없다. 그뿐만 아니라 폐쇄적인 아파트의 형태와 바쁜 도시 생활로 한가로이 이웃과 대화할 시간을 만들기도 어렵다.

① 현대 도시 생활의 특징은 주거 공간의 밀집화 현상이다.
② 현대 도시 생활의 특징은 가구의 고립화 현상이다.
③ 현대 도시 생활의 특징은 도시화로 인한 활동의 분주함에 있다.
④ 현대 도시 생활의 특징은 개인주의적 경향이 두드러진 점이다.

15. 다음 대화의 내용이 모두 참일 때, 반드시 참인 것은?

- 갑 : 땅콩을 먹으면 아몬드를 먹지 않아.
- 을 : 밤을 먹으면 아몬드도 먹어.
- 병 : 호두를 먹지 않는 사람은 잣을 먹어.

① 밤을 먹으면 잣을 먹지 않는다.
② 아몬드를 먹지 않으면 밤을 먹는다.
③ 땅콩을 먹으면 호두를 먹는다.
④ 땅콩을 먹으면 밤을 먹지 않는다.

16. 다음 도형에서 찾을 수 있는 크고 작은 사각형은 모두 몇 개인가?

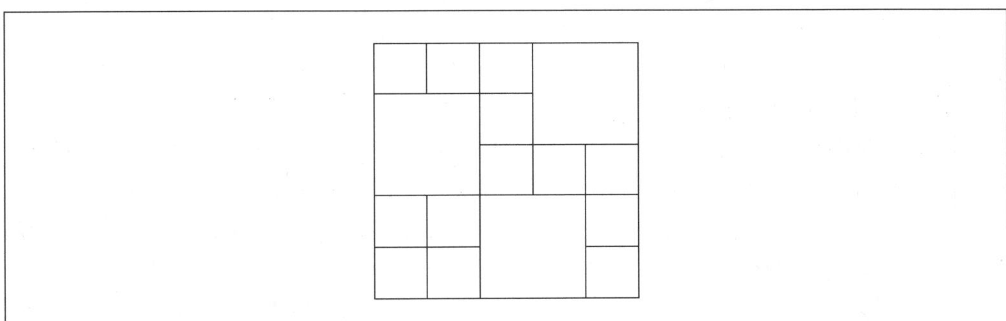

① 45
② 49
③ 50
④ 53

17. 6km/h의 속력으로 가는 A를 15분 늦게 출발한 B가 한 시간 만에 따라잡았다면, B의 속력은?

① 7.5km/h
② 8km/h
③ 9.5km/h
④ 10km/h

18. **△△안전처 A 부서에서는 얼마 전 승진 평가 시험이 있었다. 80명의 응시자 중에서 70%의 인원이 1차 시험을 통과하였고, 그중의 $\frac{3}{4}$이 2차 시험을 통과하였다. 마지막 3차 시험에서 18명을 제외한 인원이 최종 승진에 합격했다면, 승진한 사람은 처음 80명 중 몇 %인가?**

① 10%
② 20%
③ 30%
④ 40%

19. **다음 글에 대한 이해로 적절하지 않은 것은?**

> 최근 과도한 스트레스와 불규칙한 생활패턴, 잘못된 식습관으로 만성피로를 겪는 현대인이 늘고 있다. 일시적인 과로로 발생한 피로가 6개월 이상 지속되거나, 충분히 쉬어도 회복되지 않을 때를 만성피로로 진단한다. 보통 휴식을 취하면 만성피로가 나아질 것이라고 생각하지만, 만성피로를 개선하지 않고 내버려두면 집중력이 감소하고 근육통, 두통 등이 나타난다. 면역력이 떨어져 감염병에도 취약해질 수 있는 만큼 주의가 필요하다.
>
> **◇ 건강관리 힘든 일상, 활성비타민 인기**
>
> 만성피로를 개선하려면 규칙적인 운동과 영양소가 골고루 함유된 식단이 기본이다. 하지만 일상이 바쁘고 불규칙하게 살아야 하는 현대인에게는 어려운 이야기다. 대신 하루 한 알로 피로회복에 도움 되는 성분을 간편하게 먹을 수 있는 고함량 활성비타민이 인기를 끌고 있다.
>
> 비타민 B군으로 대표되는 활성비타민은 육체 피로부터 어깨 결림, 눈 피로 등의 증상 완화에 효과가 있다. 스트레스 완화, 면역력 강화, 뇌신경 기능 유지, 피부와 모발 건강 등에도 도움을 준다고 알려졌다.
>
> 활성비타민의 효과가 알려지며 관련 시장은 매년 30% 이상 폭발적으로 성장해 다양한 제품들이 출시되고 있다. 전문가들은 비타민 제품을 고를 때 자신에게 필요한 성분인지, 함량이 충분한지, 활성형 비타민이 맞는지 등을 충분히 살펴본 다음 선택하라고 권고한다.

① 과로로 인한 피로가 1년 이상 지속된 철수는 만성피로로 진단될 수 있다.
② 피로는 면역력을 감퇴시킬 수 있어 독감과 같은 전염병에 걸리기 쉽게 만든다.
③ 비타민 B군은 스트레스를 경감시키고, 모발 건강에 도움을 줄 수 있다.
④ 시중에 있는 다양한 비타민 제품은 모든 사람에게 동일한 효과를 낸다.

20. ○○공사 홍보팀 5명(김 부장, 이 과장, 박 대리, 최 대리, 황 사원)은 매일 아침 원형 테이블에 둘러앉아 팀 회의를 한다. 다음 〈조건〉에 따라 앉을 때, 황 사원이 앉을 수 있는 자리는?

조건

- 김 부장 옆에는 이 과장이 앉아야 한다.
- 박 대리와 최 대리는 바로 옆에 앉아야 한다.
- 황 사원은 이 과장 옆에 앉아야 한다.

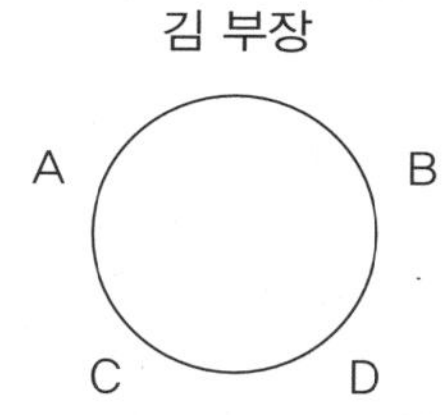

① A, B ② A, C

③ B, C ④ C, D

21. 다음은 같은 모양과 크기의 블록을 쌓아 만든 입체도형을 앞에서 본 정면도, 위에서 본 평면도, 오른쪽에서 본 우측면도를 그린 것이다. 이에 해당하는 입체도형의 총 블록 개수는?

보기

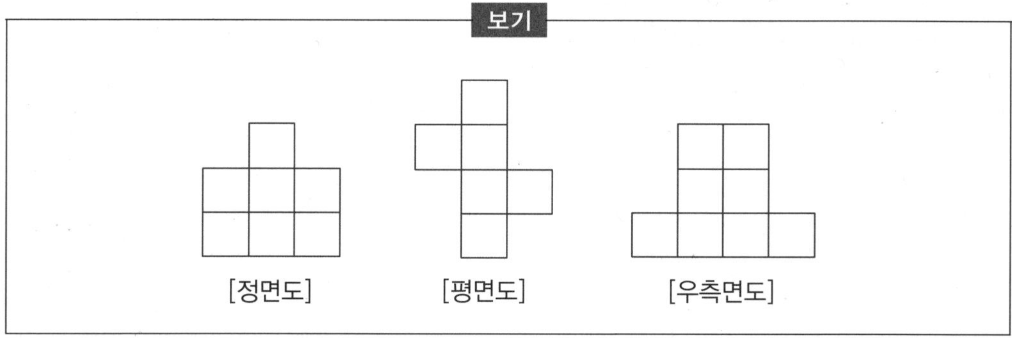

① 12개 ② 13개

③ 14개 ④ 15개

22. 연봉이 3,750만 원인 윤 사원은 매달 급여 실수령액의 10%를 적금으로 불입하려고 한다. 매달 세액 공제가 32만 원일 경우, 월 적금액은 얼마인가?

① 250,000원 ② 275,000원
③ 280,500원 ④ 312,500원

23. A ~ E 다섯 명의 영어시험 평균 점수는 72점이다. A, B의 점수가 65점, C, D의 점수가 75점이라고 할 때 E의 점수는 몇 점인가?

① 70점 ② 75점
③ 80점 ④ 85점

24. A 대학교 경제학과에서는 여름방학 동안 1학년 학생 41명을 대상으로 영어회화 수업과 중국어회화 수업을 개설한다. 영어회화 수업만 신청한 학생은 13명, 두 수업을 모두 신청한 학생은 11명일 때, 중국어회화 수업만 신청한 학생의 수는? (단, 모든 1학년 학생은 두 수업 중 반드시 하나 이상의 수업을 신청했다)

① 15명 ② 16명
③ 17명 ④ 18명

25. 사탕 10개를 형과 남동생이 나누어 가지기로 했다. 남동생과 형이 가지게 되는 사탕의 비가 3 : 2일 때, 형이 가지게 되는 사탕의 개수는?

① 1개 ② 2개
③ 3개 ④ 4개

26. A는 미술관에서 새로 시행하는 서비스에 대한 관람 안내 정보를 다음과 같이 작성하였다. 이를 본 팀장의 조언으로 적절하지 않은 것은?

> 국립△△미술관
> [여유롭게 즐기는 문화 산책]
>
> • 1시간 더 길어진 관람 시간으로 여유롭게 관람하세요.
> • 매주 금요일에는 특별 전시를 무료로 즐기세요.
> • 제휴로 관람료 30% 할인 혜택을 받으실 수 있습니다.
> • 한국어, 영어, 중국어, 일본어 등 네 가지 언어를 통해 폭넓은 오디오 가이드 서비스를 제공합니다.
>
> ※ S 클럽 제휴사 회원의 할인 및 무료 관람 혜택은 20XX. 9. 30.에 종료됩니다.
> ※ 사전 접수 후 전시 1일 전에 취소할 경우 위약금이 발생합니다.

① 변경된 관람 시각을 명확하게 명시하세요.
② 특별 전시에 대한 세부 정보를 추가해서 작성하세요.
③ 제휴사의 서비스 종료일과 관련된 안내 내용이 누락되었네요.
④ 취소로 인한 구체적인 위약금액이 누락되었네요.

27. 다음 명제들을 읽고 밑줄 친 부분에 들어갈 문장으로 적절한 것을 고르면?

> • 비행기 티켓을 예매하면 여행가방을 경품으로 받을 것이다.
> • 태국으로 여행을 가면 연예인을 만날 수 있을 것이다.
> • ______________________________
> • 그러므로 연예인을 만날 수 없다면 비행기 티켓을 예매하지 않을 것이다.

① 비행기 티켓을 예매하면 태국으로 여행을 가지 않을 것이다.
② 연예인을 만나면 여행가방을 경품으로 받지 않을 것이다.
③ 태국으로 여행을 가지 않는다면 여행가방을 경품으로 받지 않을 것이다.
④ 비행기 티켓을 예매하지 않으면 연예인을 만날 것이다.

[28 ~ 29] 다음 표를 보고 이어지는 질문에 답하시오.

〈20X9년 나라별 국토면적 및 인구밀도〉

(단위 : km^2, 명/km^2)

구분	국토면적	인구밀도
대한민국	99,000	485
일본	377,000	339
미국	9,629,000	31
프랑스	551,000	110
영국	242,000	246
호주	7,700,000	3

※ 인구밀도 = $\frac{\text{인구수}}{\text{국토면적}}$

28. 20X9년 호주의 인구수는 총 몇 명인가?

① 22,900,000명 ② 23,100,000명
③ 23,300,000명 ④ 23,500,000명

29. 다음 중 위 자료에 대한 설명으로 옳지 않은 것은?

① 제시된 6개 나라 중 국토면적이 가장 넓은 나라는 미국이다.
② 제시된 6개 나라 중 국토면적 $1km^2$당 인구수가 가장 적은 나라는 호주이다.
③ 일본은 영국보다 국토면적이 $137,000km^2$ 더 넓다.
④ 프랑스는 국토면적 $1km^2$당 110명이 산다.

30. 다음은 A 대학교 학생들을 장학금을 받는 학생과 장학금을 받지 못하는 학생으로 나누고 이들이 해당 학년 동안 참가한 1인당 평균 교내 특별활동 수를 조사한 자료이다. 이에 대한 설명 중 옳지 않은 것을 〈보기〉에서 모두 고르면?

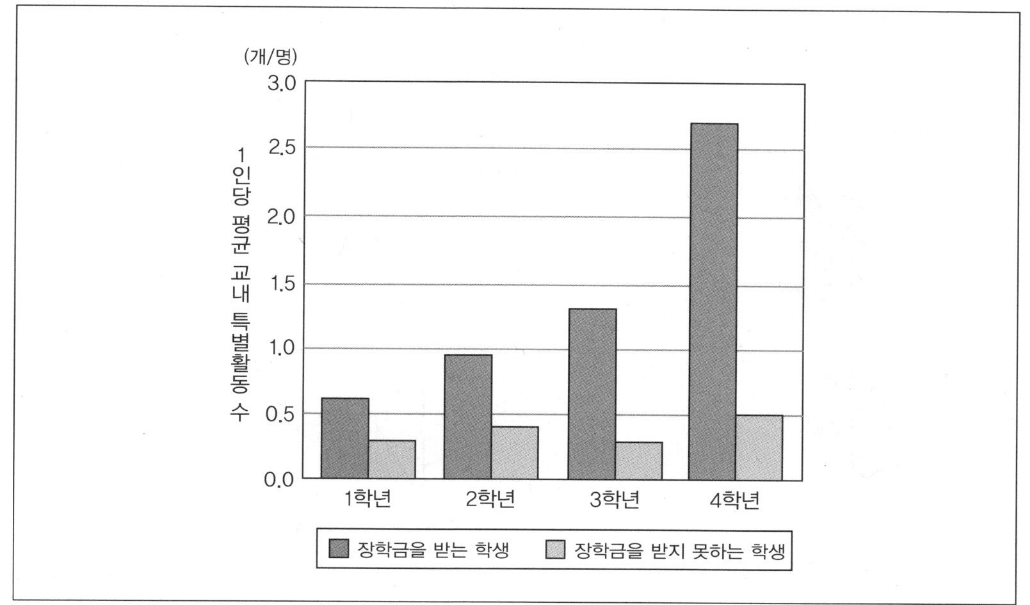

보기

㉠ 학년이 높아질수록 장학금을 받는 학생 수는 늘어났다.

㉡ 장학금을 받는 4학년생이 참가한 1인당 평균 교내 특별활동 수는 장학금을 받지 못하는 4학년생이 참가한 1인당 평균 교내 특별활동 수의 5배 이하이다.

㉢ 장학금을 받는 학생과 받지 못하는 학생 간의 1인당 평균 교내 특별활동 수의 차이는 4학년이 가장 크다.

㉣ 전체 2학년생이 참가한 1인당 평균 교내 특별활동 수보다 전체 3학년생이 참가한 1인당 평균 교내 특별활동 수가 많다.

① ㉠, ㉣ ② ㉡, ㉢

③ ㉠, ㉡, ㉣ ④ ㉠, ㉢, ㉣

31. 다음 제시된 도형과 동일한 것은?

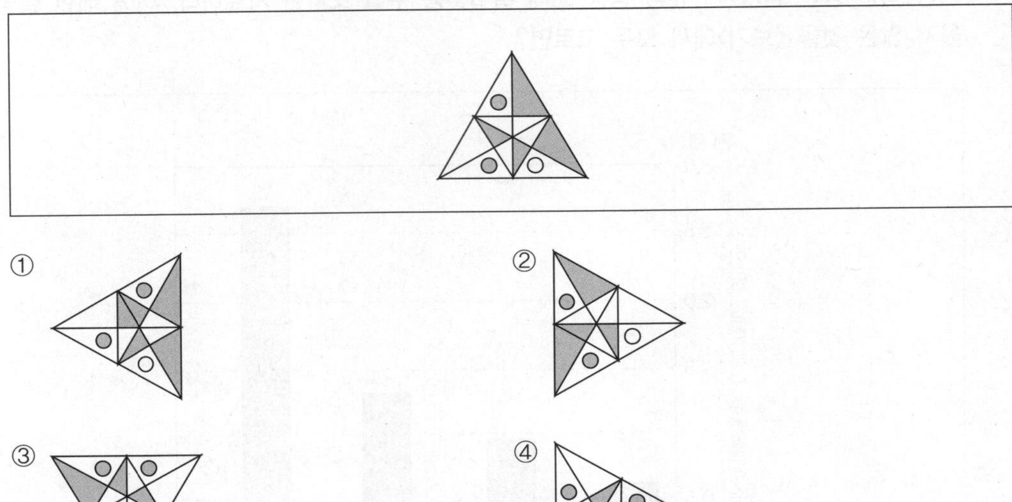

①

②

③

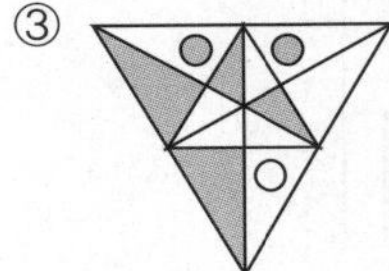

④

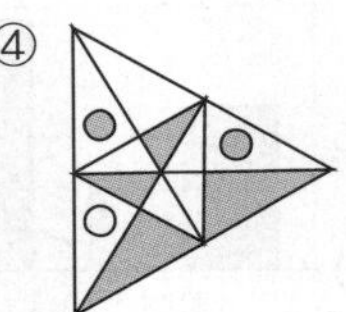

32. 다음은 A 도서관에서 운영하는 직장인 독서동아리 강의 계획서의 일부이다. 이를 보고 알 수 없는 것은?

<table>
<tr><td>강좌명</td><td colspan="3">직장인 독서동아리 '○○○ 작가의 독서와 글쓰기'</td></tr>
<tr><td>일정</td><td>202X. 6. 20. ~ 9. 12. (10회) 18:00 ~ 20:00</td><td>장소</td><td>A 도서관 3층</td></tr>
<tr><td>교육 내용</td><td colspan="3">독서와 글쓰기가 어렵게 느껴지는 직장인들이 쉽고 간단하게 독서와 글쓰기를 생활화하는 방법을 현직 작가와 함께 실습을 통해 알아봅니다. 어렵게만 느껴졌던 독서와 글쓰기를 생활 속에서 실천할 수 있는 기회를 제공합니다.</td></tr>
<tr><td>강사 소개</td><td colspan="3">• 15년차 방송작가, 콘텐츠 디렉터
• B 학교, C 기업 글쓰기 강의(201X ~ 202X년)
• 저서 : 『하루 10분 메모, 글쓰기의 시작』, 『어쩌면 쉽게 쓰게 될지도…』</td></tr>
<tr><td>비고</td><td colspan="3">• 준비물 : 필기도구, 강의 회차별 선정도서
• 모집 인원 : 25명</td></tr>
</table>

① 독서동아리 강의의 주요 내용 ② 강사의 경력 및 주요 저서

③ 직장인 독서동아리 모집 인원 ④ 강의 회차별 선정 도서 목록

33. 다음 글을 읽고 추론한 내용으로 가장 적절하지 않은 것은?

> 도금은 물질이 닳거나 부식되지 않도록 보호하기 위해 혹은 물질의 표면 상태를 개선하기 위해 금속 표면에 다른 물질로 얇은 층을 만들어 덮어씌우는 일을 말한다. 오늘날 도금은 일반적으로 전기 도금을 가리키는데, 전기 도금은 전기 분해의 원리를 이용하여 한 금속을 다른 금속 위에 덧씌우는 도금 방법을 의미한다. 일반적으로 금이나 은, 구리, 니켈 등을 사용하는데, 다른 도금 방법들에 비해 내구성이 뛰어나다는 장점이 있어서 다양한 분야에서 필수적으로 여겨지는 가공 기술이다.
>
> 전기 도금 중 구리 도금을 하는 방법은 우선 도금할 물체를 음극에 연결하고 양극에는 구리를 매단다. 그리고 전해액으로 구리의 이온이 포함된 용액을 사용한다. 두 전극을 전해질 용액에 담그고 전류를 흘려주면 양극에 있는 구리가 산화되어 이온이 발생하며, 음극에서는 이온이 구리로 환원되어 도금이 된다.
>
> 최근에는 플라스틱을 이용한 도금 기술이 많이 사용되고 있다. 분사 스프레이로 플라스틱을 분사해 금속 표면에 색을 입히는 것이다. 이 방법은 고가의 설비 없이 다양한 색상과 질감 효과를 줄 수 있어 경제적이지만, 공정 시 사용되는 재료가 인체에 상당히 해로운 영향을 미친다는 단점이 있다.

① 전기 도금을 하면 그 특성 덕분에 다른 도금 방법들보다 칠이 쉽게 벗겨지지 않는다.
② 숟가락을 은이나 니켈로 도금하기 위해서는 두 과정 모두 음극에 숟가락을 연결해야만 한다.
③ 금속으로 플라스틱을 도금하는 과정은 다른 도금 방법들과 비교하여 인체에 더 유해하다.
④ 플라스틱 도금을 통해 금속에 원하는 색을 입히는 것이 가능하다.

34. 다음 글에서 나타나는 논리적 오류는?

> 전주는 전국에서 가장 맛있는 비빔밥으로 유명한 비빔밥의 본고장이다. 그러므로 전주의 어떤 식당에서건 전국 최고의 비빔밥을 맛볼 수 있다.

① 분할의 오류　　② 동정에 호소하는 오류
③ 무지에 호소하는 오류　　④ 허수아비 공격의 오류

35. 다음은 신입사원 박○○ 씨가 김 대리에게 기획서 작성 방법을 묻는 내용이다. 이를 듣고 김 대리가 할 조언으로 적절하지 않은 것은?

> 박 사원 : 대리님 궁금한 부분이 있어 말씀 좀 여쭙겠습니다.
> 김 대리 : 오, 새로 입사한 박 사원이군. 무슨 일이든 물어보도록 해.
> 박 사원 : 신입사원의 입장에서 신규아이템 기획서를 작성해 보라는 과장님의 지시가 있었는데, 기획서를 어떻게 작성해야 하는지 모르겠습니다. 기획서 작성 시 어떤 점을 유의해서 작성해야 할까요? 조언 좀 부탁드립니다.
> 김 대리 : 음, 기획서는 박 사원이 생각한 신규아이템에 대한 내용을 설득력 있게 작성해야 하는데, 유의사항으로는 ＿＿＿＿＿＿＿＿＿＿＿＿＿＿＿

① 체계적으로 내용의 목차를 구성하여 작성해야 해.
② 효과적인 전달을 위해 표나 그래프를 적절하게 활용해 보도록 해.
③ 상급자에게 제출하는 문서이니 가급적 한자를 많이 사용하도록 해.
④ 관련 내용 중 무엇이 핵심인지 핵심 내용의 표현에 신경을 써야 해.

36. 다음은 같은 모양과 크기의 블록을 쌓아올린 그림이다. 색칠된 블록의 윗면과 밑면에 직접 접촉하고 있는 블록의 개수는?

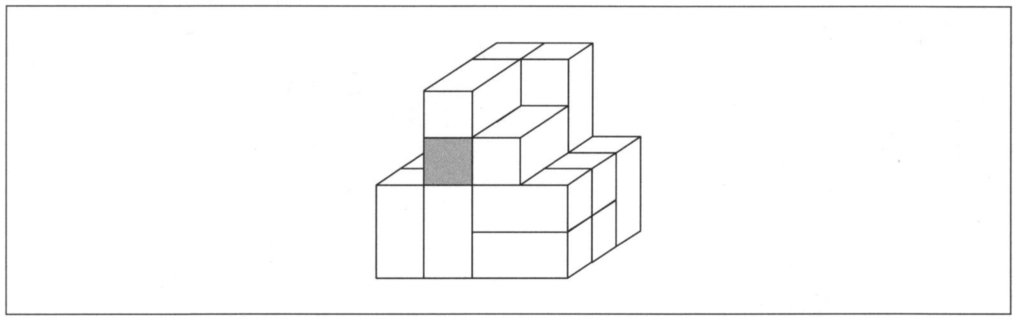

① 2개　　② 3개　　③ 4개　　④ 5개

37. 다음은 문제해결절차의 5단계에 대한 설명이다. 적절하지 않은 것은?

> 1단계 문제 인식 : "이건 아니야."
> 2단계 문제 도출 : "이것이 문제였어."
> 3단계 원인 분석 : "여기서 문제가 생겨났군."
> 4단계 해결안 개발 : "이렇게 하면 해결될 거야."
> 5단계 실행 및 평가 : "이제 같은 일이 발생하지 않아."

① 문제 인식은 여러 가지 문제 중 가장 우선시할 문제를 선정하는 일이다.
② 문제 도출은 해결과제가 무엇인지 도출하는 일이다.
③ 원인 분석은 문제발생의 근본원인을 분석하는 단계이다.
④ 해결안 개발은 이상적인 해결방안을 수립하는 단계이다.

38. 다음의 도형이 반시계 방향으로 90° 회전했을 때의 모양으로 옳은 것은?

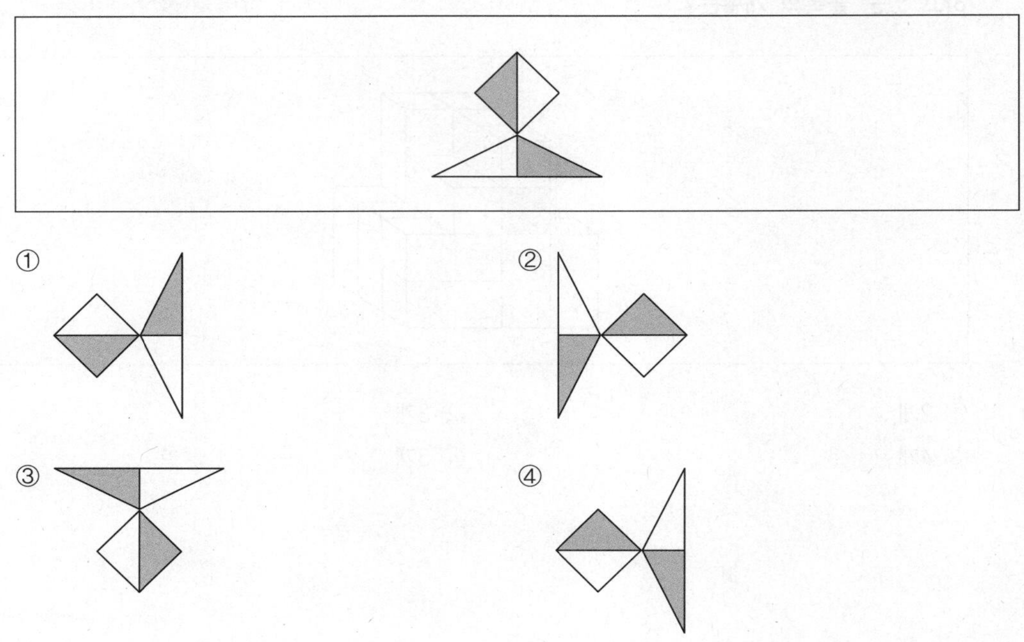

39. 다음 글에서 Y 차장이 교통사고를 낸 것이 문제라면, 이 문제의 원인으로 가장 적절한 것은?

> Y 차장은 퇴근 중 자동차전용도로에서 운전을 하고 있었다. 그런데 오늘 진행한 업무 중에 거래처 S 차장에게 전달해야 하는 사항이 있었다는 것을 깨닫고 운전을 하면서 한 손으로 스마트폰 메시지를 작성하였다.
>
> 스마트폰으로 메시지를 제대로 작성했나 보던 중 전방의 교통정체로 차량들이 서행하고 있음을 보지 못하여 앞 차량을 받았다. 더 이상의 추돌을 막고자 브레이크를 밟았지만 충돌로 인해 브레이크가 작동하지 않자 핸들을 옆으로 꺾었고, 옆 차량과도 충돌하였다. 이 상황에서 에어백이 터지면서 Y 차장은 기절하였다.

① 교통정체
② 충돌로 인한 브레이크 고장
③ 운전 중 스마트폰으로 메시지를 작성한 것
④ 에이백이 터져 Y 차장이 기절한 것

40. 다음은 소비자 피해 구제 접수 현황에 대한 자료이다. 이를 바탕으로 20X8년 각 유형별 소비자 피해 구제 접수율을 그래프로 바르게 나타낸 것은? (단, 소수점 아래 둘째 자리에서 반올림한다)

(단위 : 건)

구분	20X2년	20X3년	20X4년	20X5년	20X6년	20X7년	20X8년
방문 · 전화 권유 판매	111	184	181	220	144	115	91
다단계 판매	180	71	52	29	30	35	51
사업 권유 거래	123	69	40	33	35	24	18
전자상거래	27	61	34	37	45	79	140
기타	11	27	79	200	238	249	207

①
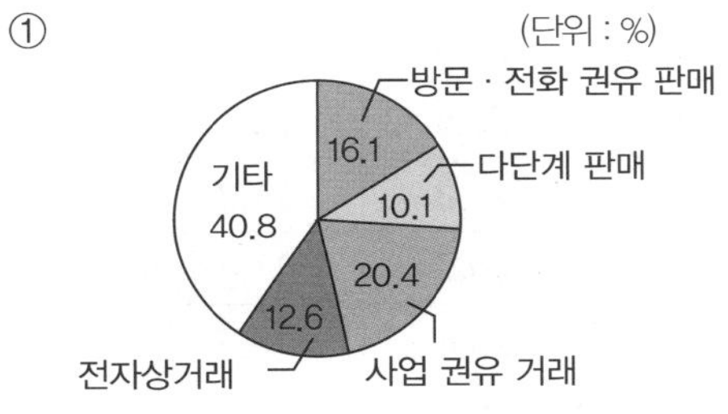

②
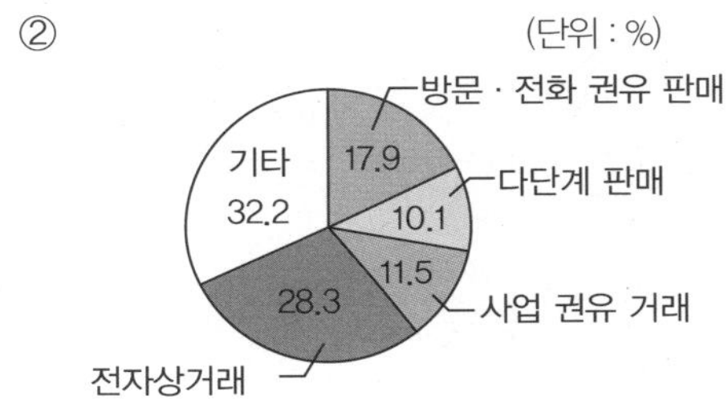

③
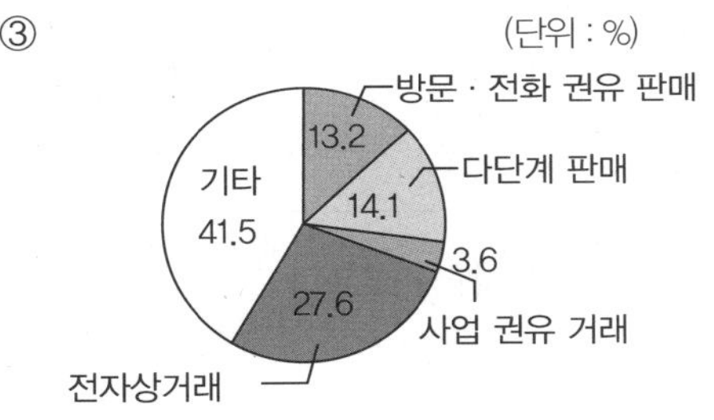

④
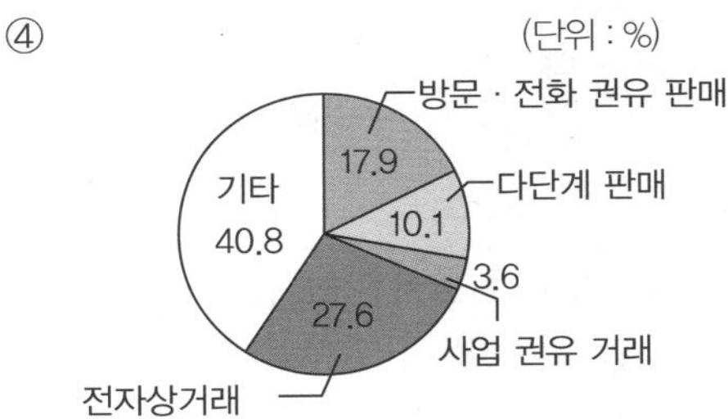

41. 다음은 월평균 사교육비의 계층별 특성 분포에 대한 통계 자료이다. 이에 대한 설명으로 옳은 것을 모두 고르면?

(단위 : %)

구분		사교육 받지 않음	10만 원 미만	10 ~ 30만 원 미만	30 ~ 50만 원 미만	50만 원 이상
대도시		29.5	7.5	24.9	19.7	18.4
대도시 이외		32.9	8.3	28.0	19.4	11.4
초등학교		18.9	12.7	37.8	20.3	10.3
중학교		30.8	5.1	22.0	24.6	17.5
고등학교		50.5	3.6	14.6	13.8	17.5
학교 성적	상위 10% 이내	21.6	6.6	28.0	22.3	21.5
	11 ~ 30%	23.3	6.6	28.5	23.4	18.2
	31 ~ 60%	28.4	7.8	27.2	21.3	15.3
	61 ~ 80%	35.5	8.3	26.7	17.4	12.1
	하위 20% 이내	45.4	10.0	23.6	13.5	7.5
부모님 평균 연령	20 ~ 30대	21.6	12.2	38.3	20.0	7.9
	40대	30.7	7.1	24.9	20.8	16.5
	50대 이상	45.9	4.6	17.6	15.2	16.7

㉠ 대도시 이외의 지역에서는 사교육을 아예 받지 않거나 사교육비로 30만 원 미만의 비용만 지출하는 비율이 대도시에 비해 더 많으며, 대도시 지역에서는 사교육비로 30만 원 이상을 지출하는 인원이 $\frac{1}{3}$ 이상을 차지한다.

㉡ 상급학교로 진학할수록, 부모님의 평균 연령대가 높아질수록 사교육을 받는 비율이 높아지고, 이들 모두에게서 사교육을 받지 않는 경우를 제외하고 가장 많은 지출 범위는 10 ~ 30만 원 미만이다.

㉢ 학교 성적이 상위 10% 이내인 학생이 사교육비로 10만 원 이상을 지출하는 비율이 성적 11 ~ 30%인 학생들에 비해 더 높다.

㉣ 학교 성적이 하위권으로 내려갈수록 사교육을 받지 않는 비율이 높고, 사교육 여부에 관계없이 이들 모두 10 ~ 30만 원 미만의 비용을 지출하는 경우가 가장 많다.

① ㉠, ㉡
② ㉠, ㉢
③ ㉡, ㉣
④ ㉢, ㉣

42. ○○기관은 송년회 때 직원들에게 휴대용 가습기, 머그컵, 디퓨저 중 하나를 선물하려 한다. 〈조건〉과 기획팀 직원들의 희망 선물 자료를 참고할 때, 각 직원들에게 지급될 선물을 바르게 연결한 것은?

조건

- 근무연수가 높은 순으로 선물 지급의 우선권이 있다.
- 근무연수가 같은 경우 직급이 높은 순(부장－과장－대리－사원)으로 선물 지급의 우선권이 있다.
- 각 팀에 최대 2개까지 동일한 품목이 지급될 수 있다.
- 우선권에 따라 선물을 지급할 때, 1순위 선물을 우선 지급하고 1순위 선물이 모두 지급된 경우에는 2순위 선물을 지급한다.
- 만약 희망하는 1, 2순위 선물이 이미 모두 지급되어 남지 않았다면 마지막에 남은 선물을 지급한다.

이름	박주영	김아영	백지원	한지민	배주현
직급	부장	과장	대리	사원	사원
근무연수	4년	5년	3년	3년	2년
희망 1순위	휴대용 가습기	머그컵	머그컵	머그컵	휴대용 가습기
희망 2순위	머그컵	디퓨저	디퓨저	휴대용 가습기	머그컵

	박주영	김아영	백지원	한지민	배주현
①	휴대용 가습기	머그컵	머그컵	휴대용 가습기	디퓨저
②	휴대용 가습기	디퓨저	머그컵	휴대용 가습기	머그컵
③	머그컵	디퓨저	휴대용 가습기	휴대용 가습기	디퓨저
④	머그컵	휴대용 가습기	디퓨저	머그컵	휴대용 가습기

43. S 기업의 야유회에서 10명의 사원들이 5명씩 두 팀으로 나누어 보물찾기를 하고 있다. 한 팀이 먼저 보물을 숨기고 다른 팀에게 다음과 같이 힌트를 주었는데 두 명은 거짓을 말하고 있을 때, 거짓을 말하는 사람은? (단, 보물은 한 개다)

> A : 보물은 풀숲 안에 숨겼습니다.
> B : 텐트 안에 보물이 있습니다.
> C : D는 진실만을 말하고 있습니다.
> D : 풀숲 안에 보물을 숨기는 것을 보았습니다.
> E : 저희는 나무 아래에 보물을 숨겼습니다.

① A, B　　② A, D
③ B, C　　④ B, E

44. 다음 사례를 통해 얻을 수 있는 교훈으로 가장 적절한 것은?

> 신입사원 H 씨는 자존심이 강해서 자신이 할 줄 모르는 일에 대해 인정하지 않으려고 한다. 상사 또는 선임에게 먼저 물어본다면 친절하게 가르쳐 줄 사람들은 많지만, H 씨는 자신이 누군가에게 배운다는 느낌을 받고 싶지 않아 자기 혼자 하고 싶은 대로 업무를 처리하였다. 업무를 처리하던 도중 무언가를 잘못 진행했다는 것을 알게 되었지만, 이에 대해 상사 또는 선임에게 물어본다면 '왜 제대로 하지 못했냐'는 소리를 듣게 될까 봐 결국 묵인한 채로 실수가 드러나지 않기만을 바라며 업무를 진행하였다. 하지만 얼마 지나지 않아 H 씨의 작은 실수는 큰 실수가 되어 버렸고, 결국 모든 팀원들이 알게 되었다.

① 부정적인 관행에 대해서는 그냥 인정하지 않고 고치려고 노력해야 한다.
② 자신이 맡은 일에 대해서는 책임감 있게 끝까지 손에 쥐고 포기하지 않아야 한다.
③ '남들도 하는 것이다'라는 이유로 부적절한 관행을 따르지 않아야 한다.
④ 자신이 실수를 저질렀거나 잘못을 했으면 인정해야 한다.

45. 다음 도형을 선에 따라 절단하였을 때 나타나는 도형이 아닌 것은?

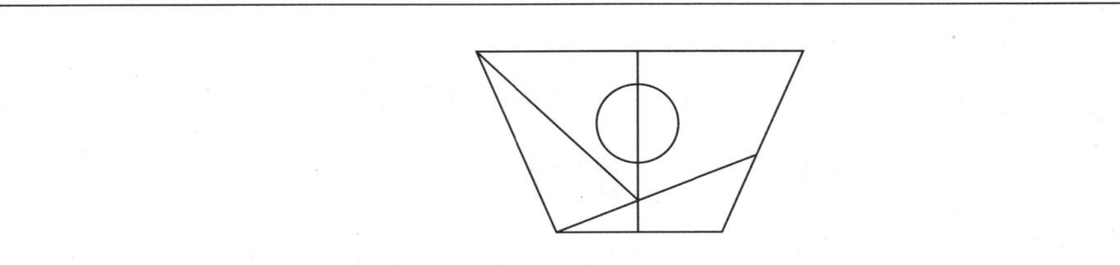

①
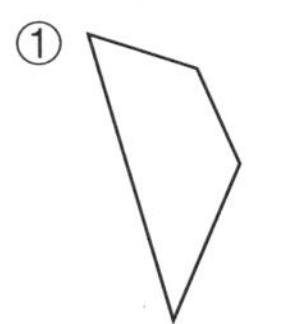

②
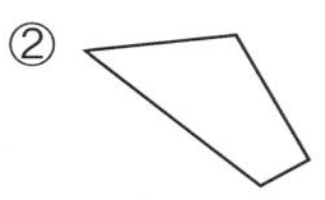

③
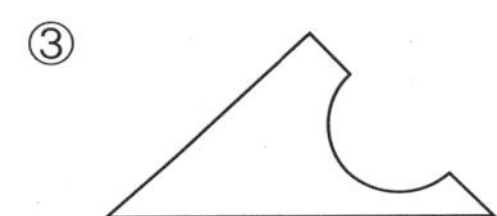

④
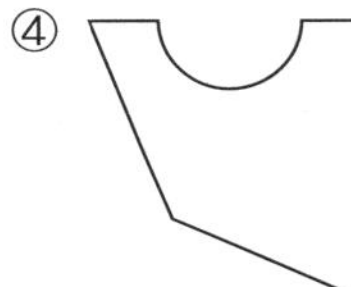

문항수	45문항
시험시간	50분

정답과 해설 45쪽

5회 기출예상문제

01. 다음 중 단어 형성 방법이 〈보기〉의 밑줄 친 부분과 다른 것은?

> 보기
>
> 서툰 <u>가위질</u>로 색종이를 오리는 아이가 대견하다.

① 노래방　　② 맨주먹
③ 날계란　　④ 나무꾼

02. 다음 밑줄 친 단어와 문맥적으로 바꾸어 쓸 수 없는 단어는?

> 부장 검사는 사건을 신임 검사에게 <u>맡겼다</u>.

① 일임하다　　② 내맡기다
③ 기탁하다　　④ 주선하다

03. 다음 (가) ~ (마)를 문맥에 따라 순서대로 배열한 것은?

> (가) 도자기 접시를 포크로 긁는 소리나 칠판에 분필이 잘못 긁히는 소리에 대해서는 대부분의 사람들이 혐오스럽다고 생각한다.
> (나) 고주파에 오래 노출될 경우 청각이 손상될 수 있어서 경계심이 발동되기 때문이다.
> (다) 세상에는 혐오스러운 소리가 수없이 많다.
> (라) 최근까지 혐오감을 일으키는 원인은 소리의 고주파라고 생각해 왔다.
> (마) 왜 이런 소리들이 혐오감을 유발할까?

① (가)－(마)－(라)－(나)－(다)　　② (라)－(가)－(나)－(다)－(마)
③ (다)－(가)－(마)－(나)－(라)　　④ (다)－(가)－(마)－(라)－(나)

04. 다음 〈보기〉에서 왼쪽 전개도를 접어 오른쪽 주사위 모형을 만들었을 때, 윗면 방향에서 바라본 면의 모습으로 올바른 것은?

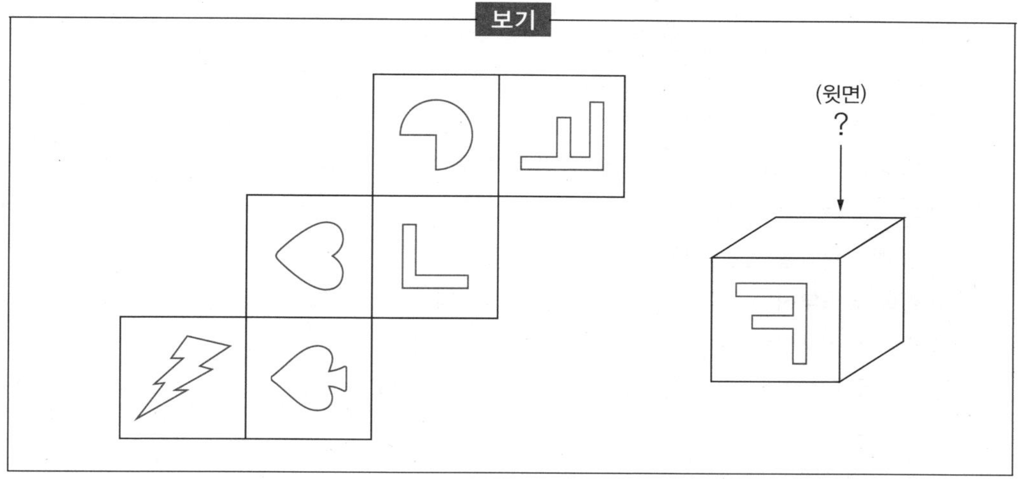

① 

② 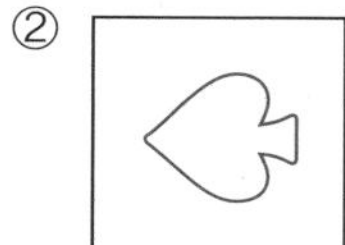

③ 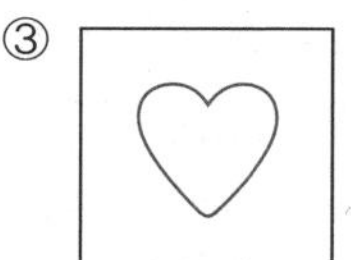

④ 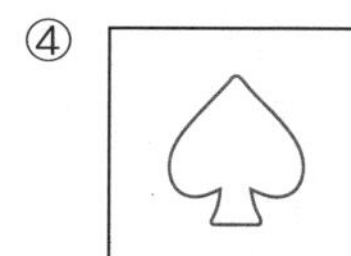

05. 다음 〈보기〉의 명제가 모두 참일 때 옳은 것은?

보기

- 법학을 공부하는 사람은 행정학 수업을 듣는다.
- 경제학 수업을 듣는 사람은 역사를 공부하지 않는다.
- 법학을 공부하는 사람은 철학을 공부한다.
- 경제학 수업을 듣지 않는 사람은 행정학 수업을 듣지 않는다.

① 경제학 수업을 듣는 사람은 법학을 공부한다.
② 철학을 공부하는 사람은 행정학 수업을 듣는다.
③ 역사를 공부하는 사람은 법학을 공부하지 않는다.
④ 법학을 공부하는 사람은 경제학 수업을 듣지 않는다.

06. 다음 글을 참고할 때 밑줄 친 부분이 어법상 옳은 문장은?

몇 해 전 유명 발레리나의 발 사진이 공개된 적이 있었다. 사진 속 그녀의 발은 굳은살로 울퉁불퉁해져 있었다. 굳은살은 그 사람이 얼마나 치열한 삶을 살았는지를 보여 주는 증표다.

흔히 손이나 발 등에 굳은살이 생긴 모습을 표현할 때 '굳은살이 배기다' 또는 '굳은살이 박히다'라고 한다. 이는 바른 표현일까? 둘 다 아니다. '굳은살이 박이다'로 써야 한다.

'박이다'를 쓸 자리에 '배기다'를 쓰는 경우를 종종 본다. '배기다'는 '바닥에 닿는 몸의 부분에 단단한 것이 받치는 힘을 느끼게 되다'라는 뜻으로 몸의 일부가 다른 부분과 접촉한 상태에서 힘을 느낄 때 사용하는 말이다. '하루 종일 방바닥에 누워 있었더니 등이 배긴다', '오래 앉아 있었더니 엉덩이가 배긴다' 따위로 쓰인다. '박이다'는 '버릇, 생각, 태도 따위가 깊이 배다', '손바닥, 발바닥 따위에 굳은살이 생기다'라는 뜻으로 반복적인 생활 습관으로 몸의 일부에 변화가 와 있는 상태를 이르는 말이다. 즉, 손이나 발바닥 따위를 오랫동안 반복적으로 사용해 살이 단단해진 상태를 이를 때는 '굳은살이 박이다'라고 쓴다.

'박이다'를 쓰면서 '박히다'와 혼동하는 사례도 많다. '박히다'는 '박다'의 피동사로 '의자에 박힌 못', '방구석에 박혀 나오질 않는다'처럼 쓰인다. '박히다'는 사람이 적극적으로 박는 경우에 사용되는 말로 의도적으로 그렇게 했다는 의미가 담겨 있다.

① 나는 자기 전에 물을 마시는 습관이 몸에 배겨 있다.
② 날씨가 좋은데 집에만 박여 있을 수 있나.
③ 주말마다 등산하는 버릇이 몸에 박혀 이제는 포기할 수 없다.
④ 선생티가 박인 삼촌은 언제나 훈계조로 말한다.

07. 다음은 어느 공공기관의 감사 후 지적사항을 요약해 놓은 자료이다. 이 지적사항을 시정하기 위하여 취할 조치로 가장 적절한 것은?

시행기관	감사원
감사명	공공기관 채용 등 조직 · 인력운영
시행기간	20X1. 03. 20. ~ 20X1. 04. 21.
지적사항	고졸채용제도 운영
세부사항	고졸수준(일반) 전형을 별도로 운영하면서도 지원자격을 '제한 없음'으로 하여 고졸자와 대졸자가 모두 응시할 수 있도록 함. 그 결과 사실상 대학졸업자의 하향지원을 유도함으로써 고졸자 채용 노력을 저해
시정 조치사항	고졸채용제도의 실효성을 확보할 수 있게 함.
시정 조치계획	( )

① 고졸채용전형에 고졸자만 지원이 가능하도록 고졸채용 공고의 지원 자격을 제한한다.

② 고졸자를 우선적으로 채용할 수 있도록 고졸자에게 가산점을 부여한다.

③ 지원자 중 상위학력자에게 감산점을 적용하여 고졸자가 유리해지도록 한다.

④ 고졸자 전형을 폐지하여 학력 지원 자격을 모두 없앤다.

08. 어떤 마을에 A, B, C, D, E 다섯 명이 살고 있다. 이들은 각각 빨간색, 노란색, 초록색, 파란색, 검은색 지붕의 집에서 살고 있으며, 이들의 직업은 각각 교사, 운동선수, 제빵사, 연구원 중에 있다. 다음의 〈조건〉을 통해 A, B, C, D, E의 지붕 색과 직업을 추론할 때, 항상 옳은 것은?

조건

- 교사는 파란 지붕 집에 산다.
- C는 운동선수이다.
- 연구원 집의 지붕 색은 빨간색도, 초록색도 아니다.
- A는 초록 지붕 집에 산다.
- 제빵사는 노란 지붕 집에 산다.
- D 집의 지붕 색은 파란색도, 검은색도 아니다.

① A－초록 지붕－연구원

② B－검은 지붕－운동선수

③ D－노란 지붕－제빵사

④ E－파란 지붕－교사

[09 ~ 10] 다음 글을 읽고 이어지는 질문에 답하시오.

1950년대 프랑스의 영화 비평계에는 작가주의라는 비평 이론이 새롭게 등장했다. 작가주의란 감독을 단순한 연출자가 아닌 '작가'로 간주하고, 작품과 감독을 동일시하는 관점을 말한다.

작가주의는 상투적인 영화가 아닌 감독 개인의 영화적 세계와 독창적인 스타일을 일관되게 투영하는 작품들을 옹호한다. 감독의 창의성과 ㉠ 개성은 작품 세계를 관통하는 감독의 세계관 혹은 주제 의식, 그것을 표출하는 나름의 이야기 방식, 고집스럽게 되풀이되는 특정한 상황이나 배경 혹은 표현 기법 같은 일관된 문체상의 ㉡ 특징으로 나타난다는 것이다.

한편, 작가주의적 비평은 할리우드 영화를 재발견하기도 했다. 작가주의적 비평가들에 의해 복권된 대표적인 할리우드 감독이 바로 스릴러 장르의 거장인 알프레드 히치콕이다. 히치콕은 제작 시스템과 장르의 제약 속에서도 일관된 주제 의식과 스타일을 관철한 감독으로 평가받았다. 그는 관객의 오인을 부추기는 '맥거핀' 기법을 자신만의 이야기 법칙을 만들어 가는 데 하나의 극적 장치로 종종 활용하였다. 즉, 특정 소품을 맥거핀으로 활용하여 확실한 단서처럼 보이게 한 다음 일순간 허망한 것으로 만들어 관객을 당혹스럽게 한 것이다.

09. 다음 중 윗글의 ㉠, ㉡의 관계와 같은 것은?

① 타격 : 피해
② 꽃 : 해바라기
③ 축구 : 공
④ 이기적 : 이타적

10. 다음 중 윗글의 내용과 일치하는 것은?

① 작가주의 비평 이론은 감독을 연출자로 고정시켜 버리는 관점을 말한다.
② 작가주의는 할리우드를 영화의 범주에 들이지 않으며 무시해 버렸다.
③ 맥거핀은 관객의 오인을 부추겨 당혹스럽게 만드는 영화적 장치이다.
④ 알프레드 히치콕은 할리우드 감독으로 작가주의와는 거리가 멀다.

11. 다음은 3×3 칸에 쌓인 블록의 개수를 적어 놓은 윗면의 모습이다. 이를 오른쪽 면에서 바라볼 때 보이는 블록의 개수는?

4	0	2
4	2	2
2	1	3

⇧
앞면

① 9개 ② 10개
③ 11개 ④ 12개

12. 다음 명제가 모두 참일 때, 항상 참이라고 볼 수 없는 것은?

- 책 읽기를 좋아하는 사람은 영화 감상을 좋아한다.
- 여행 가기를 좋아하지 않는 사람은 책 읽기를 좋아하지 않는다.
- 산책을 좋아하는 사람은 게임하기를 좋아하지 않는다.
- 영화 감상을 좋아하는 사람은 산책을 좋아한다.

① 책 읽기를 좋아하는 사람은 산책을 좋아한다.
② 책 읽기를 좋아하는 사람은 게임하기를 좋아하지 않는다.
③ 게임하기를 좋아하는 사람은 영화 감상을 좋아하지 않는다.
④ 여행 가기를 좋아하는 사람은 책 읽기를 좋아한다.

13. 다음 글에 나타나는 글쓴이의 견해와 일치하지 않는 것은?

어떤 연구자는 리더십을 '목표 달성을 위해 행사되는 영향력'이라 정의 내리고, 리더의 공통된 자질로 지력, 교양, 전문지식, 정력, 용기, 정직, 상식, 판단력, 건강을 꼽았다. 그러나 실제로 리더가 갖추어야 할 조건이란 이론적인 것이며, 상황에 따라 달라지는 것이다.

정치세계에 있어서의 리더십의 요건이 경제계, 군대 또는 교육계에 있어서의 요건과 같을 이유는 없다. 정계만을 생각할 때, 그 나라가 어떠한 상황에 놓여 있는가에 따라 필요한 리더십도 달라진다. 즉, 어디에서나 기능하는 유일하고 절대적인 리더십이 존재한다는 주장은 수긍하기 어렵다. 리더십을 강력한 통솔력인 것처럼 해석하는 사람도 있으나, 자유방임형이나 상담형의 리더십이란 것도 존재할 수 있으며, 상황에 따라서는 후자의 유형이 유효하게 기능하는 경우도 있다. 물론 마찬가지로 어떤 조직에서 다른 유형의 리더십이 제대로 기능하는 경우 또한 있을 수 있다.

리더십이란 특정인만이 갖고 있는 특수한 자질이 아니다. 리더가 될 수 있는 잠재적 능력은 선천적, 생득적(生得的)인 것이 아니라 오히려 후천적인 것이며, 거의 대부분의 사람은 인위적 훈련에 따라 어떤 형태의 리더십을 몸에 익히는 것이 가능하다. 그러나 모든 조직, 집단, 국가는 광의로서의 환경 속에 존재하며, 이와 어떠한 리더십의 적합성은 항상 의문시된다. 어려운 것은 리더십을 몸에 익히는 것보다도 어떠한 리더십을 몸에 익히고, 발휘하면 되는지를 아는 것이다. 통솔력이 뛰어나고 강력한 리더가 되는 것보다 그 조직 또는 환경에 있어서 바람직한 리더상이 무엇인가를 간파하는 것은 본질적으로 중요하면서도 어려운 문제이다.

① 조직별로 리더에게 요구되는 자질은 다르므로 뛰어난 장군이 뛰어난 정치가가 될 수 있다고 단정지을 수 없다.

② 독재형 리더십이 제대로 기능할 수 없었던 조직이나 국가에서 상담형 리더가 정점에 서면 제대로 기능할 가능성이 있다.

③ 지금까지의 리더와 전혀 다른 자질 · 사고방식의 소유주가 리더가 되더라도 종래와 마찬가지로 통치나 관리를 잘 수행할 수도 있다.

④ 정치세계에서는 강력한 통솔력보다 자유방임형이나 상담형의 리더십이 더 효과적이다.

14. 다음 중 전개도를 접었을 때 완성되는 입체도형이 아래 그림과 다른 것은?

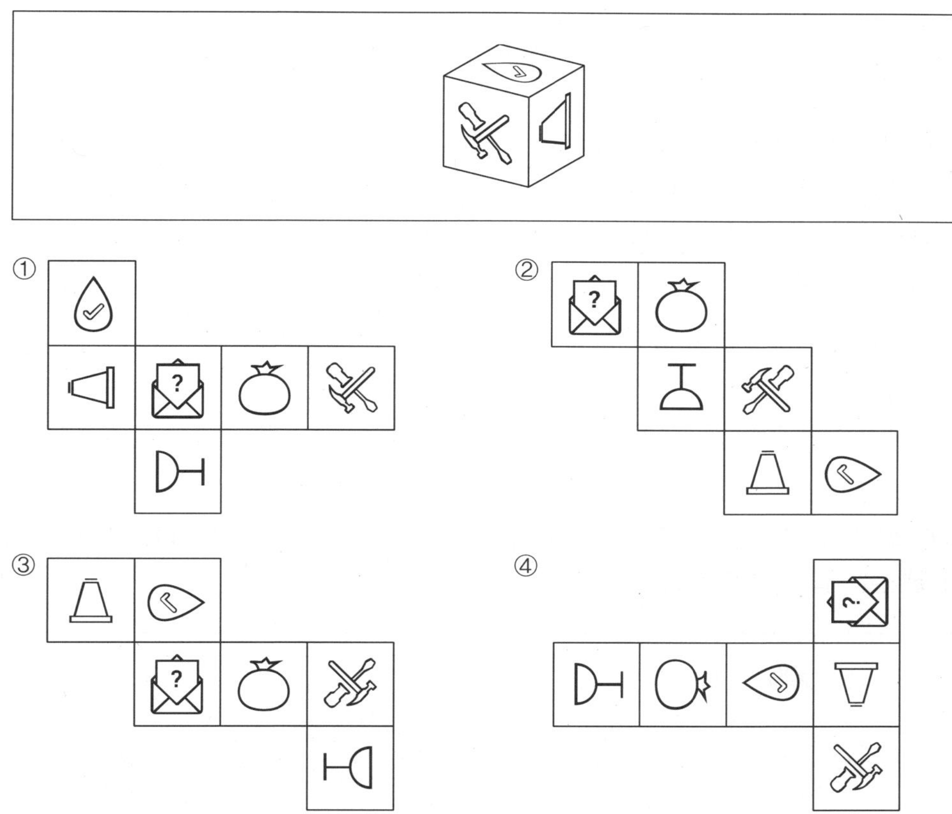

15. L 회사 영업부에는 부장, 차장, 과장, 대리, 사원, 인턴 6명이 근무하는데, 이들 가운데 4명이 한 팀을 구성하여 해외 출장을 가게 되었다. 사원이 갈 수 없게 되었을 때, 다음 〈조건〉을 모두 만족하는 팀 구성은?

조건

- 부장 또는 차장은 반드시 가야 하지만, 부장과 차장이 함께 갈 수는 없다.
- 대리 또는 사원은 반드시 가야 하지만, 대리와 사원이 함께 갈 수는 없다.
- 만일 과장이 가지 않게 된다면 대리도 갈 수 없다.
- 만일 차장이 가지 않게 된다면 인턴도 갈 수 없다.

① 차장, 대리, 사원, 인턴　　② 차장, 과장, 대리, 인턴

③ 부장, 차장, 대리, 인턴　　④ 부장, 과장, 대리, 인턴

16. 다음 글에 나타난 논리적 오류와 동일한 오류를 범하고 있는 것은?

경쟁사회에서 살아남으려면 남이 나를 쓰러뜨리기 전에 내가 먼저 남을 쓰러뜨려야 해.

① 빨리 가서 자야지. 늦게 자는 어린이는 착한 어린이가 아니야.
② 은영이는 어제 백화점에서 신발을 샀어. 은영이는 낭비벽이 심한 아이임에 틀림없어.
③ 판사님, 저는 부양해야 할 병든 노모가 있습니다. 선처 부탁드립니다.
④ 너는 나를 싫어하지 않는다고 했으니, 나를 좋아하는구나!

17. 다음 그림과 같이 화살표 방향으로 종이를 접은 후, 마지막 그림과 같이 펀치로 구멍을 뚫고 다시 펼쳤을 때의 모양으로 옳은 것은?

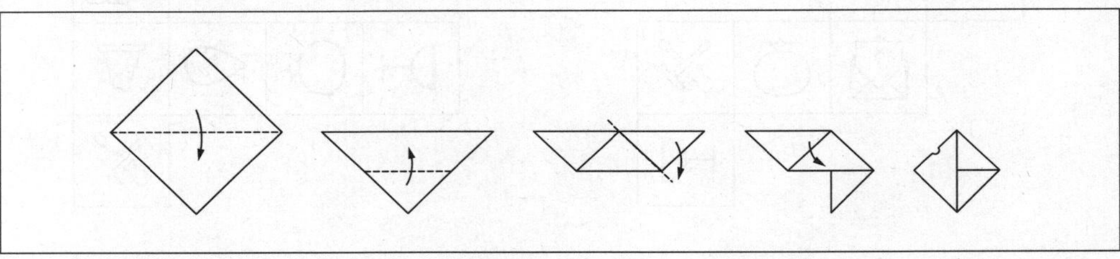

①
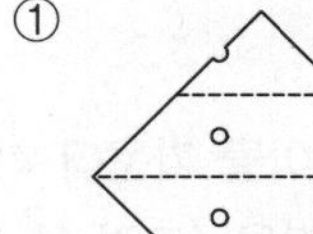
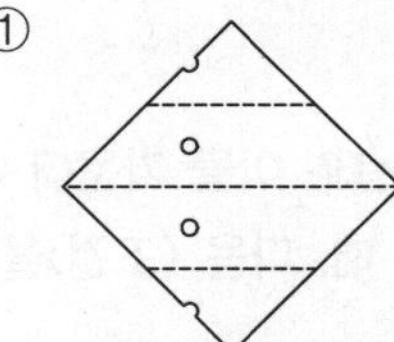

②
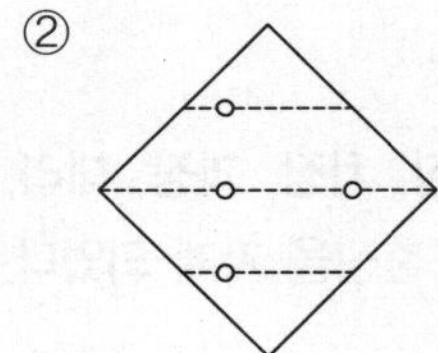

③
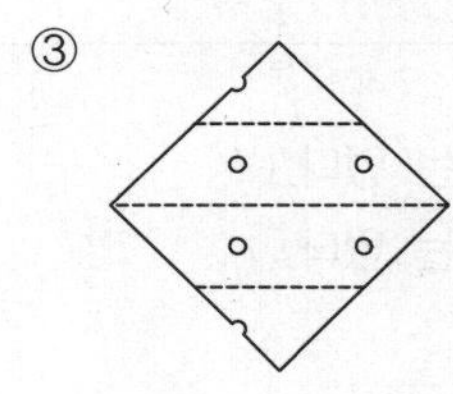

④
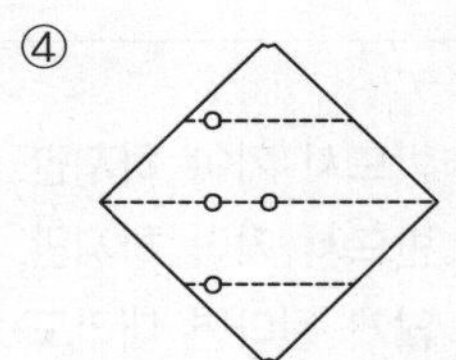

18. 다음 글의 내용과 일치하지 않는 것은?

> 카페인은 주의력을 높이고 피로를 줄이는 역할도 하지만 다량 섭취 시(매일 400mg 이상) 심장과 혈관에 악영향을 미친다. 카페인이 들어 있는 식품으로는 대표적으로 커피를 꼽을 수 있으며, 콜라와 초콜릿에도 포함되어 있다. 하지만 녹차의 경우 1잔(티백 1개 기준)에 15mg 정도의 적은 양이 들어 있으며, 이는 약 70mg이 들어있는 커피의 1/4 수준도 안 되는 분량이다. 일반적으로 카페인은 높은 온도에서 보다 쉽게 용출되는데, 보통 커피는 높은 온도에서 제조하지만 녹차는 이보다 낮은 온도에서 우려내기 때문에 찻잎에 들어 있는 카페인 성분 중 60 ~ 70%만 우러나오게 된다. 이러한 연유로 1일 섭취 기준치 이상의 카페인을 녹차를 통해 섭취하기 위해서는 하루 평균 20잔 이상의 녹차를 마셔야 한다.
>
> 더불어 녹차에 들어 있는 카페인은 녹차에 들어 있는 다른 성분인 카테킨에 의해 체내 흡수가 잘되지 않으며, 녹차에만 들어 있는 아미노산의 일종인 테아닌 성분에 의해 뇌에서 작용하는 것 또한 억제가 된다. 이 때문에 사람들은 카페인이 함유되어 있는 녹차를 마시더라도 오히려 흥분을 일으키기보다는 혈압이 낮아지고 마음이 가라앉는 기분을 느낄 수 있게 되는 것이다. 적정량의 카페인은 신체에 도움을 주므로 카페인이 주는 장점만을 취하고자 한다면 커피보다 녹차를 선택하는 것이 훨씬 좋다.

① 카페인 다량 섭취의 기준은 매일 400mg 이상이다.

② 녹차는 커피보다 높은 온도에서 우려내야 한다.

③ 녹차의 테아닌 성분은 아미노산의 일종이다.

④ 적정량의 카페인은 주의력을 높여 주는 역할을 한다.

19. 정수, 현민, 지혜 세 사람이 A 대학에 합격할 수 있는 확률은 각각 $\frac{1}{4}$, $\frac{1}{5}$, $\frac{1}{2}$이다. 이 중 적어도 한 명이 A 대학에 합격할 확률은?

① 0.5　　② 0.6

③ 0.7　　④ 0.8

20. 여성 12명, 남성 x명으로 구성된 A 팀이 있다. 이 팀에서 남성의 70%가 14명이라면 A 팀의 총인원은 몇 명인가?

① 30명　② 31명
③ 32명　④ 33명

21. 물 500g에 소금을 넣어 농도 20%의 소금물을 만들려고 할 때, 넣어야 하는 소금의 양은?

① 110g　② 115g
③ 120g　④ 125g

22. 원가가 2,000원인 상품에 50%의 이익을 붙여 정가를 매겼는데 잘 팔리지 않아 할인하여 팔았더니 원가의 30%가 이익으로 남았다. 할인한 금액은 얼마인가?

① 200원　② 400원
③ 600원　④ 800원

23. 사탕의 판매 가격은 개당 700원, 초콜릿은 개당 1,300원이고 가진 돈은 15,000원이다. 가진 돈을 모두 써서 사탕과 초콜릿을 총 12개 산다고 할 때 초콜릿은 몇 개 구매할 수 있는가?

① 8개　② 9개
③ 10개　④ 11개

24. 다음에 제시된 도형과 동일한 것은?

① 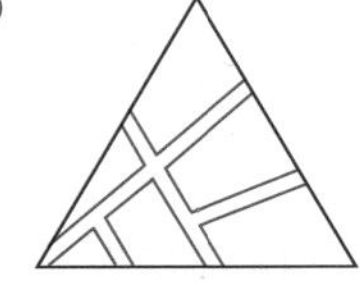

② 

③ 

④ 

25. 다음은 '잘못된 인과 관계'에 대한 설명이다. 이를 참고할 때, 관련 사례로 가장 적절하지 않은 것은?

> 영어 관용어에 '낙타의 등뼈를 부러뜨린 마지막 지푸라기(The last straw that broke the camel's back)'라는 말이 있다. 이 말은 어떤 사람이 무거운 짐을 지고 있는 낙타의 등에 지푸라기 한 개를 얹자 낙타가 쓰러진 일에서 비롯되었다. 낙타의 주인은 "지푸라기 하나도 제대로 짊어질 수 없는 낙타"라며 비난했는데, 실제로 낙타가 쓰러진 원인은 지속적인 혹사 때문이다. 주인이 낙타에게 지푸라기 한 개를 얹은 것은 '직전의 원인'이요, 계속된 혹사는 '근본적인 원인'이다. 이처럼 우리는 우연히 마지막에 일어난 사건을 근본적인 원인으로 착각하는 경우가 있다. 이러한 착각은 문제를 해결하는 데 잘못된 방안을 제시하게 할 수 있다.

① 박 사원 : 게임이 청소년의 폭력을 부른다.

② 이 사원 : 아침 식사를 하면 시험 성적이 좋아진다.

③ 김 사원 : 기름진 음식을 먹으면 여드름이 많이 생긴다.

④ 장 사원 : 저출산 현상이 지속되면서 학령인구가 감소하였다.

26. 다음 연도별 재건축 추진현황 자료에 대한 분석으로 옳지 않은 것은?

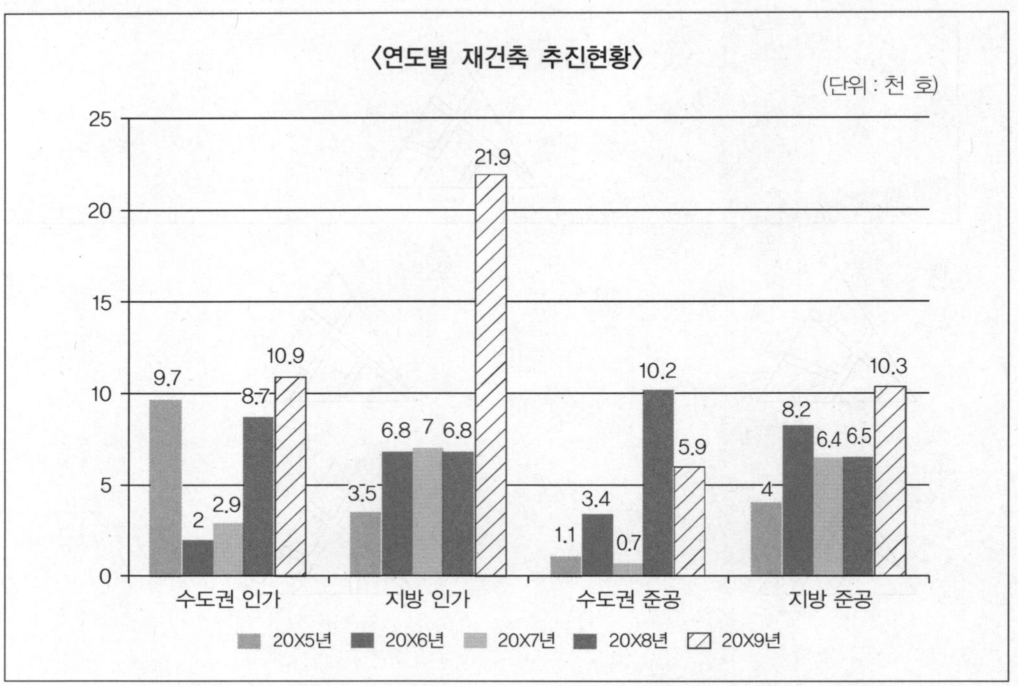

① 20X5 ~ 20X9년 동안 수도권의 평균 재건축 인가 호수는 준공 호수보다 많다.

② 재건축 인가 호수가 전년 대비 가장 큰 폭으로 변동한 것은 20X9년 지방의 경우이다.

③ 수도권이 지방보다 더 많은 재건축 인가/준공 호수를 보인 해는 각각 2개씩이다.

④ 지방의 재건축 준공 호수와 연도별 증감 추이가 동일한 항목은 없다.

27. 다음의 밑줄 친 부분에 들어갈 명제로 알맞은 것은?

> [전제] • ______________________________
> • 맵고 짠 음식을 좋아하는 사람은 라면보다 칼국수를 더 좋아하지 않는다.
> [결론] • 그러므로 형진이는 맵고 짠 음식을 좋아하지 않는다.

① 형진이는 라면보다 칼국수를 더 좋아한다.

② 형진이는 라면보다 칼국수를 더 좋아하지 않는다.

③ 맵고 짠 음식을 좋아하는 사람은 형진이다.

④ 맵고 짠 음식을 좋아하지 않는 사람은 형진이다.

28. 다음은 20X0년부터 20X4년까지의 일부 아시아 국가의 1인당 알코올음료 소비량을 나타낸 자료이다. 이에 대한 설명으로 옳은 것을 〈보기〉에서 모두 고르면?

〈1인당 알코올음료 소비량〉

(단위 : ℓ)

구분	20X0년	20X1년	20X2년	20X3년	20X4년
한국	8.9	9.1	8.7	8.7	8.5
중국	5.8	5.7	5.6	6.6	5.6
인도	3.0	3.0	3.0	2.9	3.1
인도네시아	0.1	0.1	0.1	0.1	0.1
이스라엘	2.7	2.7	2.7	3.0	3.0
일본	7.1	7.2	7.2	7.2	7.2
튀르키예	1.5	1.4	1.3	1.4	1.4

※ 1인당 알코올음료 소비량(Consumption of Alcoholic Beverages per Person) : 15세 이상 인구 대상 순수 알코올 상당 술 소비량으로 환산한 추정치임.

※ 환산율은 나라별로 차이가 있으나, 일반적으로 맥주는 4 ~ 5%, 와인은 11 ~ 16%, 증류주는 40%이면 순수 알코올 등가물로 가중치를 부여함.

보기

ⓐ 한국의 1인당 알코올음료 소비량은 매해 다른 여섯 국가를 상회한다.

ⓑ 중국의 1인당 알코올음료 소비량은 인도네시아와 이스라엘의 1인당 알코올음료 소비량의 합을 매해 상회한다.

ⓒ 일본의 알코올음료 소비량은 중국의 알코올음료 소비량을 매해 상회한다.

ⓓ 인도의 1인당 증류주 소비량은 인도네시아의 1인당 증류주 소비량을 매해 상회한다.

ⓔ 이스라엘의 1인당 알코올음료 소비량은 매해 튀르키예의 1인당 알코올음료 소비량의 2배 이상이다.

① ⓐ, ⓑ, ⓒ　　② ⓐ, ⓑ, ⓔ

③ ⓐ, ⓓ, ⓔ　　④ ⓑ, ⓒ, ⓓ

[29 ~ 30] 다음 자료를 보고 이어지는 질문에 답하시오.

〈농업 경영형태별 농가 수 추이〉

(단위 : 천 호, %)

구분	2005년	2010년	2015년	2020년	2005년 대비 2020년 증감률
합계	1,383	1,273	1,177	1,088	−21.3
논벼	787	648	523	454	−42.4
식량작물	92	126	116	138	50.2
채소	238	230	224	198	−16.9
특용작물	38	28	28	39	2.5
과수	143	145	170	172	19.9
화훼	8	10	19	14	76.2
기타작물	5	3	16	20	352.5
축산	72	82	81	53	−26.1

29. 다음 중 위의 자료를 바르게 이해하지 못한 것은?

① 조사기간 중 2020년에 농가 수가 가장 많은 경영형태 유형은 3가지이다.
② 지속적으로 농가 수가 증가한 경영형태는 과수가 유일하다.
③ 2005년 대비 2020년의 농가 수 감소율이 가장 큰 경영형태는 논벼이다.
④ 전체 농가의 수는 지속적으로 감소하였다.

30. 위의 자료에서 채소를 경영하는 농가의 수가 전체에서 차지하는 비율이 높은 연도 순으로 바르게 나열된 것은?

① 2020년－2015년－2010년－2005년
② 2015년－2020년－2005년－2010년
③ 2015년－2010년－2020년－2005년
④ 2015년－2020년－2010년－2005년

31. 다음을 보고 그 규칙을 찾아 '?'에 들어갈 알맞은 것을 고르면?

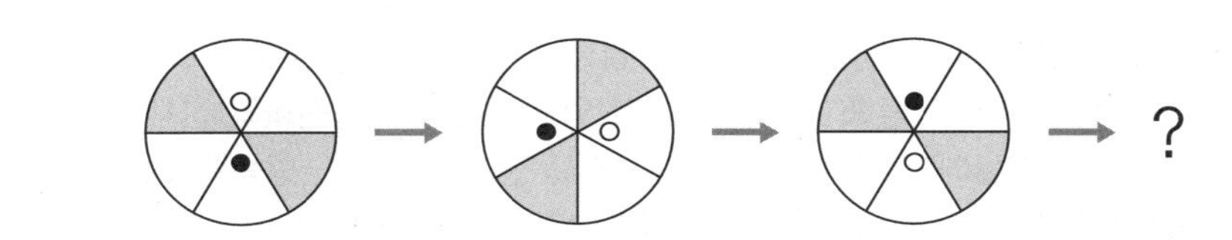

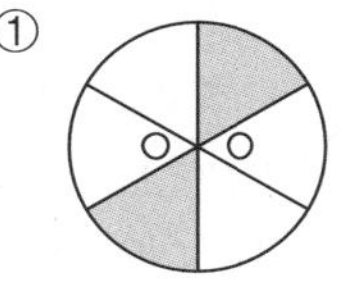

②
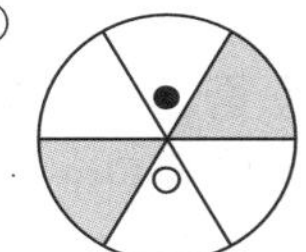

③
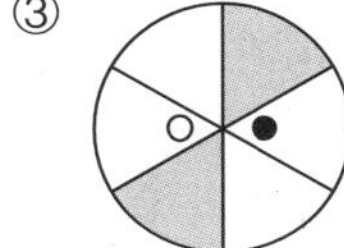

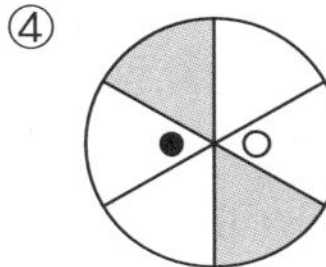

32. 다음 글의 내용과 관련 있는 사자성어는?

> 북쪽 변방에 한 노인이 살고 있었는데, 어느 날 이 노인이 기르던 말이 멀리 달아나 버렸다. 마을 사람들이 이를 위로하자 노인은 "오히려 복이 될지 누가 알겠소."라고 말했다. 몇 달이 지난 어느 날 그 말이 한 필의 준마(駿馬)를 데리고 돌아왔다. 마을 사람들이 이를 축하하자 노인은 "도리어 화가 될는지 누가 알겠소."라며 불안해했다. 그런데 어느 날 말 타기를 좋아하는 노인의 아들이 그 준마를 타다가 떨어져 다리가 부러졌다. 마을 사람들이 이를 걱정하며 위로하자 노인은 "이것이 또 복이 될지 누가 알겠소."라며 태연하게 받아들이는 것이었다. 그로부터 1년이 지난 어느 날 마을의 젊은이들은 싸움터로 불려 나가 대부분 죽었으나, 노인의 아들은 말에서 떨어진 후 절름발이였기 때문에 전쟁에 나가지 않아 죽음을 면하게 되었다.

① 유비무환(有備無患)　　② 새옹지마(塞翁之馬)

③ 전화위복(轉禍爲福)　　④ 자업자득(自業自得)

33. 다음 글의 내용을 가장 잘 요약한 것은?

세계보건기구(WHO)가 휴대폰 전자파를 발암 가능성이 있는 물질인 'Group 2B'로 분류한 이후 전자파에 대한 사람들의 불안이 커지고 있는 가운데 이동전화의 전자파가 성인에 비해 7세 미만의 어린이들에게 더 잘 흡수된다는 조사 결과가 나왔다. 방송통신위원회는 한국전자통신연구원(ETRI)과 한국전자파학회, 단국대 의대, 이화여대 약대, 한국원자력의학원을 통해 어린이들에 대한 전자파의 영향을 조사한 결과 7세 어린이들은 성인에 비해 특정 주파수 대역에서 전자파가 더 높게 흡수되는 것으로 조사되었다고 밝혔다. 해당 주파수 대역은 FM방송 주파수 대역 등으로 활용 중인 100MHz 전후의 주파수 대역과 이동통신용 주파수 대역을 활용하고 있는 1GHz 이상의 주파수 대역이다. 국내 이동통신 서비스는 현재 800MHz 주파수를 사용하는 한 회사의 2세대(2G) 이동통신 서비스를 제외하고는 모두 1GHz 대역 이상의 주파수를 사용하고 있기 때문에 모든 휴대폰의 전자파가 어린이들에게 더 많이 흡수되는 것으로 볼 수 있다. 또한 휴대폰을 포함한 무선 기기에서 나오는 전자파가 뇌에 손상을 입혀 십대 청소년의 노화를 촉진할 수 있다는 연구결과나 휴대폰을 많이 사용하는 어린이가 주의력 결핍 · 과잉행동장애(ADHD) 가능성이 높다는 조사 결과가 속속 발표됨에 따라 휴대폰 전자파의 위험성에 대한 각별한 대책이 필요하게 되었다.

① 휴대폰 전자파는 성인보다 어린이들에게 더 해로울 수 있다.

② 성장기의 어린이에게 휴대폰을 사용하게 해서는 안 된다.

③ 휴대폰 전자파는 주파수 대역에 따라 흡수율이 달라진다.

④ 현재 유통되고 있는 휴대폰에서 나오는 전자파 강도는 국제기준에 비해 훨씬 낮은 수준이므로 그 영향이 크지 않다.

34. 다음 국가별 근로시간과 관련된 자료를 토대로 할 때 항상 참인 명제는?

항목	멕시코	한국	미국	일본	캐나다	영국	프랑스	독일	OECD 평균
근로시간	2,328	2,071	1,794	1,746	1,714	1,656	1,389	1,291	1,688
고용률	61	64.4	67.4	71.7	72.4	71.1	64.1	73.5	66.3
노동생산성	15.1	29.9	56.9	36.2	43.0	44.5	50.9	50.9	40.5

① 근로시간이 길수록 노동 생산성이 좋다.

② 노동생산성과 고용률은 비례하지 않는다.

③ 근로시간이 길수록 노동 생산성이 나쁘다.

④ 근로시간이 짧을수록 고용률이 높지 않다.

35. 다음과 같이 평면거울을 수직으로 세우고 거울 앞에 '찬'이라는 글자를 놓았을 때, 거울에 비친 모습으로 적절한 것은?

① 

② 

③ 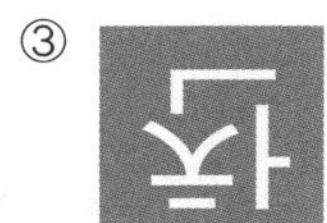

④ 

36. 다음 조건을 바탕으로 반드시 참인 것을 고르면?

> 사원 갑, 을, 병, 정은 각각 지방 지사로 발령을 받았다. 포항, 원주, 전주, 세종에 지사가 하나씩 있으며, 한 지사에 한 명씩 배치되었다.
>
> – 정 사원은 세종에 발령을 받지 않았다.
> – 을 사원은 원주, 세종에 발령을 받지 않았다.
> – 갑 사원과 병 사원은 전주에 발령받지 않았다.
> – 을 사원과 정 사원은 포항에 발령을 받지 않았다.

① 갑 사원은 포항, 을 사원은 전주에 발령을 받았다.
② 을 사원은 전주, 정 사원은 원주에 발령을 받았다.
③ 갑 사원은 세종, 병 사원은 포항에 발령을 받았다.
④ 병 사원은 세종, 정 사원은 원주에 발령을 받았다.

37. 다음 빈칸에 들어갈 접속어로 적절한 것은?

> 최근 대표적인 게임 캐릭터인 '○○'와 '△△'를 합친 캐릭터 '△○'의 디자인 등록 결정에 대한 논란이 일고 있다. ○○ 제작사의 변호사 A는 "인기 캐릭터를 살짝 변형한 디자인만으로 디자인 등록이 가능하다면 향후 유사한 불법 복제가 발생할 경우 더 막기 어려워진다."라고 주장하였다. (   ) △○ 제작사의 변호사 B는 "△○는 신규성과 창작성 등 디자인 등록 요건을 충족하였으므로 ○○ 제작사의 주장은 옳지 않다."라는 입장을 밝혔다.

① 그리고　　② 또한
③ 이처럼　　④ 반면

38. 다음 그림에서 찾을 수 있는 크고 작은 평행사변형은 모두 몇 개인가? (단, 가로로 놓인 선분들과 세로로 놓인 선분들은 모두 평행하다)

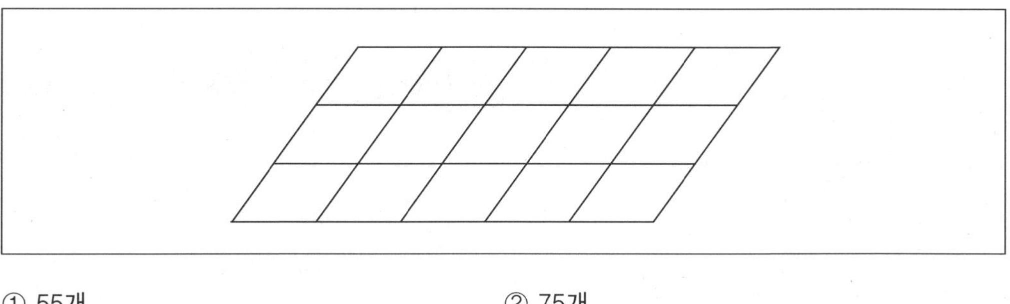

① 55개
② 75개
③ 88개
④ 90개

39. 다음 상황에서 문제를 해결하는 태도와 동일한 문제해결 태도를 보이는 것은?

> 우리는 서로 다른 두 집단이 완벽히 같은 대우를 받을 수 없음을 알고 있다. 두 집단은 서로 다른 상황에 처해 있으므로 여러 사람을 고려하여 대우를 한다고 해도 완전히 같을 수 없다. 그래서 두 집단이 처해 있는 상황이 어떠한지 따져보고 어느 한 집단이 그나마 상황이 낫다면 상황이 좋지 못한 집단에게 좀 더 나은 대우를 해 주는 것이 옳다고 생각한다. 그러나 이러한 판단도 절대적으로 옳은 것은 아니다. 좀 더 상황이 나은 집단이 이러한 차등적인 대우를 온전히 받아들일 수 있을지 장담하기 어렵기 때문이다. 그래서 우리는 두 집단이 모두 좋은 상황에 놓이기를 바라지만 이것이 큰 이상일 뿐이라는 것을 깨닫게 된다. 다만 두 집단이 모두 좋은 상황에 놓일 수 있도록 계속해서 고민하고 행동을 취하고, 또 행동을 수정할 뿐이다.

① 인간은 절대적인 완성의 경지에 도달할 수 없다. 다만 계속해서 노력할 뿐이다.
② 이미 기회가 제한된 집단에게는 기회의 평등이 보다 적극적으로 고려되어야 한다.
③ 남성과 여성이 모두 인정할 수 있는 정책은 드물다. 다만 어느 성별도 차별하지 않도록 노력할 뿐이다.
④ 지역적으로 서로 다른 자원을 보유하고 있는 점을 고려하여 지역 간 협의체를 구성해야 한다.

[40 ~ 41] 다음은 여가시간과 관련된 자료이다. 이어지는 질문에 답하시오.

〈평일 하루 평균 여가시간〉

(단위 : %)

구분		3시간 미만	3 ~ 5시간	5 ~ 7시간	7 ~ 9시간	9시간 이상	평균(시간)
전체		41.4	42.1	12.4	3.0	1.2	3.1
성별	남성	45.6	40.8	10.7	2.0	0.8	2.9
	여성	37.2	43.3	14.1	3.9	1.5	3.3
연령	15－19세	51.8	38.3	9.0	0.6	0.3	2.7
	20대	44.6	44.4	9.6	1.2	0.2	2.9
	30대	46.3	44.3	7.8	0.9	0.6	2.8
	40대	48.1	41.7	8.8	1.1	0.2	2.8
	50대	43.4	44.7	9.7	1.8	0.4	2.9
	60대	30.1	43.4	19.4	5.9	1.1	3.6
	70세 이상	18.6	32.0	29.4	12.5	7.5	4.7

〈휴일 여가시간〉

(단위 : %)

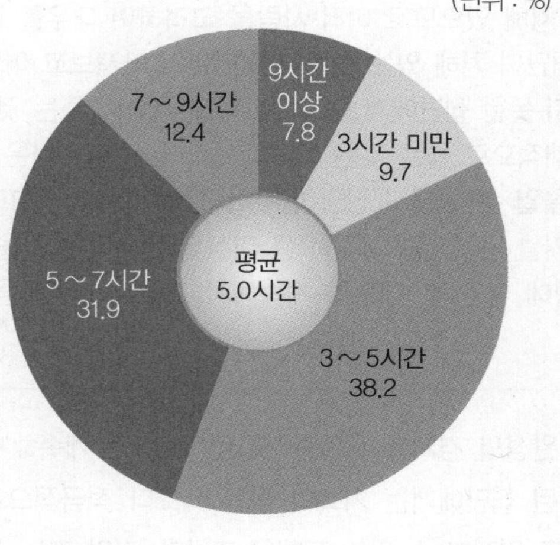

40. 위의 자료에 대한 설명으로 옳지 않은 것은?

① 평일 하루 평균 여가시간이 3 ~ 5시간인 경우가 42.1%로 가장 많았고, 다음은 3시간 미만 41.4%의 순으로 여가시간을 보내는 것으로 나타났다.

② 평일 하루 여가시간이 평균 3시간을 넘는 연령대는 60대와 70대 이상뿐이다.

③ 평일에 하루 평균 5 ~ 7시간의 여가시간을 보내는 사람의 비율과 휴일에 5 ~ 7시간의 여가시간을 보내는 사람의 비율 차이는 25.8%p이다.

④ 평일 하루의 평균 여가시간은 휴일의 평균 여가시간보다 적다.

41. 위의 자료에서 평일 하루 평균 여가시간과 휴일 여가시간의 인구비중 차이가 가장 큰 시간대와 그 시간대에 해당하는 평일 하루 평균 여가시간에서의 남성 비율을 바르게 나열한 것은?

① 3시간 미만, 41.4%
② 3시간 미만, 45.6%
③ 3 ~ 5시간, 38.2%
④ 3 ~ 5시간, 40.8%

42. ○○기업에서는 올해 사업 확장으로 인하여 지점을 신설하기로 결정하였다. 지점을 건설할 예정지 A ~ D에 대해 다음 표와 같이 5개의 항목에 따라 점수를 매겼을 때, 지점 신설을 위해 선택될 예정지로 가장 적절한 곳은? (단, 점수 합계로 선정하되, 교통 편의성과 예정 건설 비용을 우선적으로 고려한다)

(단위 : 점)

구분	A 지역	B 지역	C 지역	D 지역
예정 건설 비용	3	5	4	4
예정 소요시간	2	2	3	5
물류비 절감효과	2	3	2	1
교통 편의성	5	4	4	5
주차공간 확보	5	2	2	2

※ 점수 : 1점－미흡함. / 5점－매우 우수함.

① A 지역　　② B 지역
③ C 지역　　④ D 지역

43. L 회사 직원 중 외국인은 A ~ F 총 6명으로 모두 국적이 다르고 여자는 2명이다. 다음 〈조건〉에 따를 때 B의 국적은?

조건

- A ~ F의 국적은 각각 미국, 중국, 일본, 영국, 프랑스, 이탈리아이다.
- A는 미국인이고, C는 중국인 또는 일본인이다.
- D는 일본인 또는 이탈리아인이며, 여자이다.
- E는 영국인 또는 프랑스인으로 C와 같은 성별이다.
- F는 남자이며, 이탈리아인이 아니다.
- 프랑스인은 여자이고, 중국인은 남자이다.

① 중국　　② 일본
③ 영국　　④ 프랑스

44. 다음 글의 통일성을 고려할 때, ㉠ ~ ㉣ 중 삭제해야 할 문장은?

> ㉠ 신문이 특정 후보를 공개적으로 지지하는 것은 사회적 가치에 대한 신문의 입장을 분명히 드러내는 행위이다. ㉡ 최근 신문의 후보 지지 선언이 과연 바람직한가에 대한 논쟁이 계속되고 있다. ㉢ 후보 지지 선언이 언론의 공정성을 훼손할 수 있다는 것이 이 논쟁의 핵심 내용이다. 이런 논쟁이 일어나는 이유는 신문의 특정 후보 지지가 언론의 권력을 강화하는 도구로 이용될 뿐만 아니라, 수많은 쟁점들이 복잡하게 얽혀 있는 선거에서는 후보에 대한 독자의 판단을 선점하려는 비민주적인 행위가 될 수 있기 때문이다. ㉣ 신문의 특정 후보 지지가 유권자의 표심에 미치는 영향은 생각보다 강하지 않다는 학계의 일반적인 시각 또한 이에 대한 비판의 근거로 제시되고 있다.

① ㉠　　② ㉡
③ ㉢　　④ ㉣

45. 다음 글을 통해 얻을 수 있는 교훈으로 적절하지 않은 것은?

> 꿀벌은 서식지가 필요할 경우 먼저 정찰 벌들을 따로따로 여러 곳으로 보내 후보지를 물색한다고 한다. 그리고 그 정찰 벌들이 집으로 돌아와서 자신이 보고 온 곳을 추천하는 춤을 추면 그 후보지를 확인하기 위해 집을 나선 다른 꿀벌들이 정찰 벌의 춤에 동참하여 '동의'를 표시하게 된다는 것이다. 결국 가장 많은 꿀벌이 동의하는 춤을 추는 후보지가 새로운 서식지로 최종 결정된다. 이처럼 동물들에게는 성공적인 결과를 가져다주는 집단정신과 집단적 의사결정능력이 있고, 이를 통해 종의 생존을 보장받는다.

① 백지장도 맞들면 낫다.
② '우리'는 언제나 '나'보다 강하다.
③ 밥 열 술이 모여 한 그릇이 된다.
④ 경험에 의해서 어리석은 자도 현명해진다.

6회 기출예상문제

소양평가

문항수	45문항
시험시간	50분

정답과 해설 53쪽

01. 다음 단어의 사전적 의미를 참고할 때, 밑줄 친 단어의 의미가 나머지와 다른 것은?

> 싸다 [동] 「1」 (...을 ...에, ...을 ...으로) 물건을 안에 넣고 보이지 않게 씌워 가리거나 둘러 말다.
> 「2」 (...을) 어떤 물체의 주위를 가리거나 막다.
> 「3」 (...을) 어떤 물건을 다른 곳으로 옮기기 좋게 상자나 가방 등에 넣거나 종이나 천, 끈 등을 이용해서 꾸리다.

① 엄마는 아기를 포대기로 싸서 업고 가게 밖으로 나갔다.

② 머리가 아픈 할머니는 헝겊으로 머리를 싸 동여매고 누워 계셨다.

③ 공연을 보기 위해 모인 사람들은 공연장을 싸고 둘러섰다.

④ 친구에게 줄 선물을 포장지로 예쁘게 쌌다.

02. 다음 중 밑줄 친 단어의 품사가 나머지와 다른 것은?

① 어제 먹은 음식이 상했던 것 같다.

② 아무리 쌍둥이어도 다른 부분이 있다.

③ 동생은 아픈 몸을 이끌고 출근하였다.

④ 미희는 예쁜 인형을 좋아한다.

03. 다음 명제가 모두 참일 때, 항상 옳은 것은?

> • 고양이를 좋아하면 호랑이를 키운다.
> • 개를 좋아하면 호랑이를 키우지 않는다.
> • 치타를 좋아하면 고양이를 좋아한다.

① 호랑이를 키우지 않는다면 치타를 좋아하지 않는다.

② 호랑이를 키우면 반드시 개를 좋아한다.

③ 고양이를 좋아하면 치타를 좋아한다.

④ 개를 좋아하면 반드시 고양이를 좋아한다.

04. 다음 〈보기〉에 제시된 도형 3개를 합쳤을 때 나오는 모양으로 적절하지 않은 것은? (단, 제시된 도형은 회전할 수 없다)

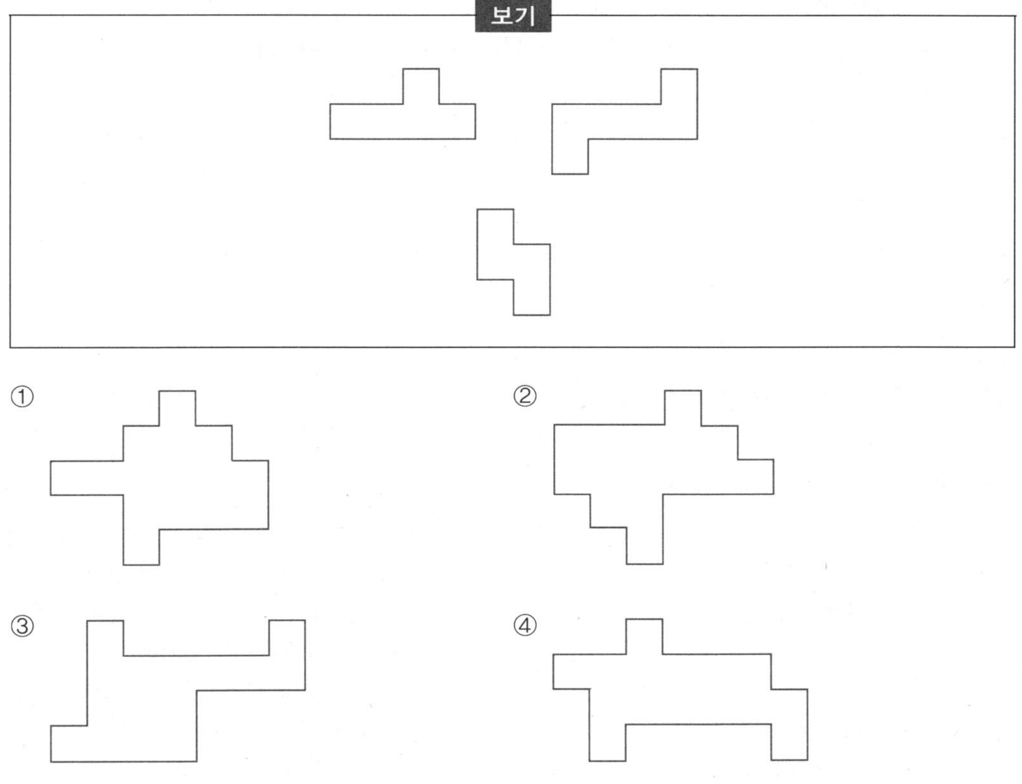

05. 다음의 글이 시사하는 점은?

> 구강관리용품을 판매하고 있는 A 매장은 최근 주변에 경쟁사들이 난립하여 매출에 큰 타격을 입을 것으로 예상했으나 예상과 달리 꾸준히 고객들의 발길이 이어졌다. 매장의 영업사원은 고객들에게 경쟁사를 찾지 않고 자신의 매장을 방문해 주는 이유를 묻게 되었고, 고객들은 '다른 매장은 제품을 팔고자 하는 생각만 하는데, 이 매장은 고객의 소리에 더 귀를 기울여 주기 때문'이라는 의견을 들려주었다.

① 실수 자체보다는 그 후에 기업이 어떻게 대처하고 예방하느냐가 더 중요하다.
② 고객은 매우 가치 있는 존재라는 점을 확인받고 싶어 한다.
③ 본인이 지불하는 가격에 대해 제품 자체에서부터 A/S까지 기업의 높은 책임감을 요구한다.
④ 고객은 제품이나 서비스 자체만큼 원활한 의사소통을 더 중요하게 여기는 경우가 많다.

06. 다음 빈칸에 공통으로 들어갈 단어는?

• 대표님의 (   ) 여부가 결정되는 대로 알려 드리겠습니다.
• 스승님은 아흔이 넘으셨는데도 아직까지 학회에 (   )하신다.
• 선약이 있어서 그 모임에 (   )이/가 어렵다.

① 참석 ② 개척
③ 인도 ④ 검토

07. 다음 글의 서술 방식에 대한 설명으로 가장 적절한 것은?

언젠가부터 우리 바닷속에 해파리나 불가사리와 같은 특정한 종들만이 크게 번창하고 있다는 우려의 말이 들린다. 한마디로 다양성이 크게 줄었다는 이야기다. 척박한 환경에서는 몇몇 특별한 종들만이 득세한다는 점에서 자연 생태계와 우리 사회는 닮은 것 같다. 어떤 특정 집단이나 개인들에게 앞으로 어려워질 경제 상황은 새로운 기회가 될지도 모른다. 하지만 이는 사회 전체로 볼 때 그다지 바람직한 현상이 아니다. 왜냐하면 자원과 에너지 측면에서 보더라도 이들 몇몇 집단들만 존재하는 세계에서는 이들이 쓰다 남은 물자와 이용하지 못한 에너지가 고스란히 버려질 수밖에 없고, 이에 따라 효율성이 극히 낮아지기 때문이다.

다양성 확보는 사회 집단의 생존과도 무관하지 않다. 조류 독감이 발생할 때마다 해당 양계장은 물론 그 주변 양계장의 닭까지 모조리 폐사시켜야 하는 참혹한 현실을 본다. 단 한 마리 닭만 질병에 걸려도 그렇게 많은 닭들을 죽여야 하는 이유는 인공적인 교배로 인해 모든 닭이 똑같은 유전자를 가졌기 때문이다. 따라서 다양한 유전 형질을 확보하는 길만이 재앙의 확산을 막고 피해를 줄이는 길이다.

이처럼 다양성의 확보는 자원의 효율적 사용과 사회 안정에 있어 중요하지만 많은 비용이 들기도 한다. 예를 들어 출산 휴가를 주고, 노약자를 배려하고, 장애인에게 보조 공학 기기와 접근성을 제공하는 것을 비롯해 다문화 가정, 외국인 노동자를 위한 행정 제도를 개선하는 것 등은 결코 공짜가 아니다. 그럼에도 불구하고 다양성 확보가 중요한 이유는 우리가 미처 깨닫고 있지 못하는 넓은 이해와 사랑에 대한 기회를 사회 구성원 모두에게 제공해 주기 때문이다.

① 다양성 확보의 중요성에 대해 관점이 다른 두 주장을 대비해 설명하고 있다.
② 다양성 확보의 중요성에 대해 예시를 통해 설명하고 있다.
③ 다양성이 사라진 사회를 여러 기준에 따라 분류하고 있다.
④ 다양성이 사라진 사회의 사례들을 나열하고 있다.

08. 다음 〈조건〉을 바탕으로 떡볶이를 좋아하는 사람을 모두 고르면?

조건

- A, B, C, D 4명이 햄버거, 피자, 짬뽕, 떡볶이 중에서 좋아하는 음식을 두 가지씩 말하였다.
- 햄버거를 좋아한다고 말한 사람은 3명이다.
- 피자와 떡볶이를 좋아한다고 말한 사람은 각각 2명씩이다.
- 짬뽕은 C만 좋아한다.
- A는 피자를 좋아하지만 햄버거는 좋아하지 않는다.
- B는 햄버거를 좋아한다.
- D는 햄버거와 피자를 좋아한다.

① A, B　② A, C

③ B, C　④ B, D

09. 다음 그림은 정육면체의 전개도이다. 이 정육면체의 꼭짓점 P에 모이는 면에 적혀 있는 수의 합은 얼마인가?

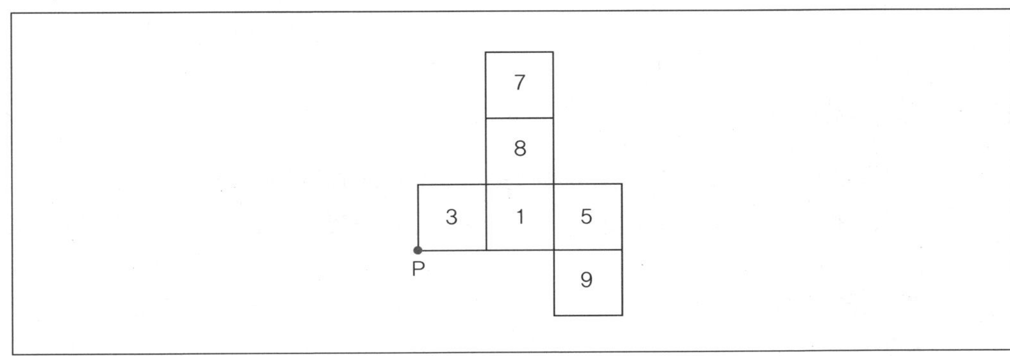

① 9　② 13

③ 19　④ 20

[10 ~ 11] 다음 글을 읽고 이어지는 질문에 답하시오.

(가) 만약 정글에서 악어에게 다리를 물렸다면 어떻게 해야 가장 좋을까. 손을 사용해 다리를 빼내려고 발버둥치면 다리에 이어 손, 심하면 목숨까지 잃게 된다. 할 수 없이 다리 하나만 희생하는 것이 가장 현명한 선택일 것이다. 이를 '악어의 법칙'이라고 부른다.

(나) 포기를 한다는 것은 반대로 또 다른 어떤 것을 얻기 위한 길이기도 하다. 뭔가를 어쩔 수 없이 포기해야 될 때, 빠른 판단을 통해 오히려 더욱 많은 것을 얻게 될 수도 있는 것이 인생이다.

(다) 하지만 주위를 보면 포기를 모르고 포기하는 고통을 두려워하다 결국은 더 큰 고통을 피하지 못하는 안타까운 경우가 많다. 절대 포기한다고 해서 끝나는 것이 아니며, 방법이 오직 그 하나밖에 없는 것이 아님을 우리는 알아야 한다.

(라) '악어의 법칙'을 일상생활에 대입해 보면 결정적 순간에 포기할 줄 아는 지혜로운 마음과 시기적절하게 버릴 줄 아는 능력을 가진 사람이 결국 빛을 발할 수 있다는 이론이다.

10. 윗글의 (가) ~ (라)를 문맥에 따라 바르게 나열한 것은?

① (가)－(라)－(다)－(나)
② (나)－(다)－(가)－(라)
③ (라)－(가)－(다)－(나)
④ (라)－(나)－(다)－(가)

11. 윗글을 이해한 내용으로 적절하지 않은 것은?

① 욕심이 과하면 망한다는 말처럼 제때 포기하지 않으면 더 큰 손해를 볼 수도 있다.
② 악어의 법칙은 한쪽 다리를 잃더라도 일단 살아서 다른 길을 모색하는 것이 더 현명함을 설명하는 법칙이다.
③ 불가능한 것을 포기하지 못한다면 스스로에게 고통을 주고, 그 고통은 결국 스트레스로 작용할 것이다.
④ 포기를 많이 하는 사람이 결국 현명한 사람이다.

12. 다음 명제들을 참고할 때 추론한 내용으로 옳은 것은?

- 1호선을 타 본 사람은 2호선도 타 보았다.
- 2호선을 타 본 사람은 5호선도 타 보았다.
- 5호선을 타 본 사람은 3호선을 타 보지 않았다.
- 3호선을 타 본 사람은 4호선을 타 보지 않았다.
- 4호선을 타 본 사람은 1호선을 타 보지 않았다.

① 5호선을 타 보지 않은 사람은 1호선을 타 보았다.
② 3호선을 타 본 사람은 1호선을 타 보지 않았다.
③ 4호선을 타 보지 않은 사람은 5호선을 타 보았다.
④ 2호선을 타 본 사람은 4호선을 타 보았다.

13. 다음을 보고 그 규칙을 찾아 '?'에 들어갈 알맞은 것을 고르면?

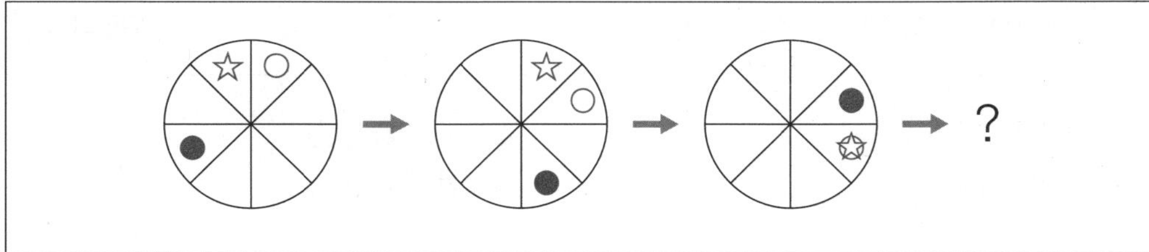

①
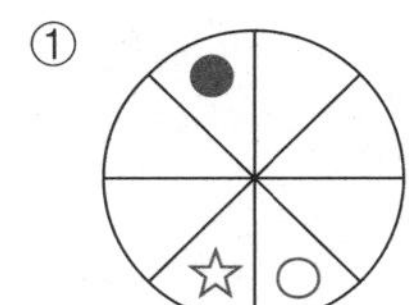

②
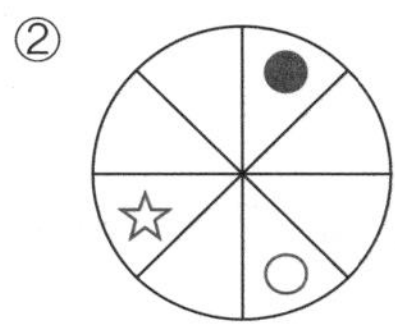

③
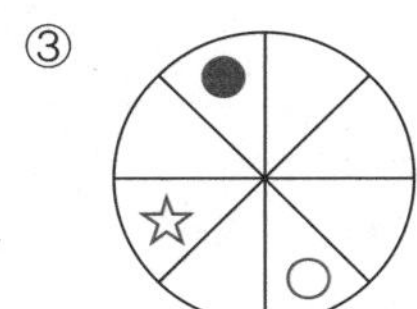

④
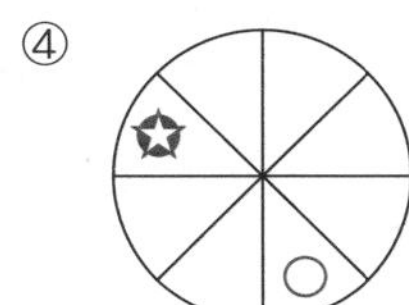

14. 다음 중 팀워크를 위한 팀원의 대화 방식이 가장 부적절한 사람은?

① A : 그랬군요. 김 대리의 이야기를 들으니 문제가 무엇인지 이해가 가네요. 우리가 해결책을 함께 찾을 수 있을 것 같아요.

② B : 그 아이디어 정말 좋네요! 다음 번 프로젝트에서는 그 방식을 시도해 보아요.

③ C : 죄송하지만, 제가 그 부분을 맡기에는 어려움이 있을 거 같아요. 대신 제가 도울 수 있는 다른 부분이 있을까요?

④ D : 송 사원의 의견은 이해하지만, 그다지 좋은 생각은 아닌 것 같네요. 우리 다른 방법을 찾아 보죠.

15. 체육대회에 참가한 A, B, C, D의 100m 달리기 결과와 멀리뛰기 결과가 다음과 같을 때, A의 100m 달리기와 멀리뛰기의 성적은 각각 몇 등인가?

- 네 사람의 100m 달리기 기록과 멀리뛰기 기록은 모두 다르다.
- 100m 달리기 등수와 멀리뛰기 등수가 같은 사람은 없다.
- 100m 달리기 1등은 C이고, 멀리뛰기에서는 D가 꼴찌를 하였다.
- 100m 달리기에서는 B가 D보다 빨랐고 멀리뛰기에서는 B가 C보다 적게 뛰었다

① 4등, 1등　　② 4등, 2등

③ 3등, 1등　　④ 3등, 2등

16. 다음의 단위로 계산했을 때, '?'에 들어갈 값은?

2.5m+3,250mm=(?)cm

① 5.75　　② 57.5

③ 575　　④ 5,750

17. 직각삼각형의 밑변의 길이가 4cm, 높이가 2cm일 때, 빗변의 길이는 몇 cm인가?

① 2cm
② $2\sqrt{3}$ cm
③ $3\sqrt{3}$ cm
④ $2\sqrt{5}$ cm

18. 구매팀 최 사원은 사무용품비 50,000원으로 계산기와 볼펜을 살 예정이다. 7,000원짜리 계산기 두 대를 사고 남은 돈으로 볼펜을 구매할 예정인데, 정가 500원인 볼펜이 현재 20% 할인 중이라고 한다. 최 사원은 볼펜을 최대 몇 개까지 살 수 있는가?

① 40개
② 60개
③ 70개
④ 90개

19. 다음 그림에서 찾을 수 없는 도형은?

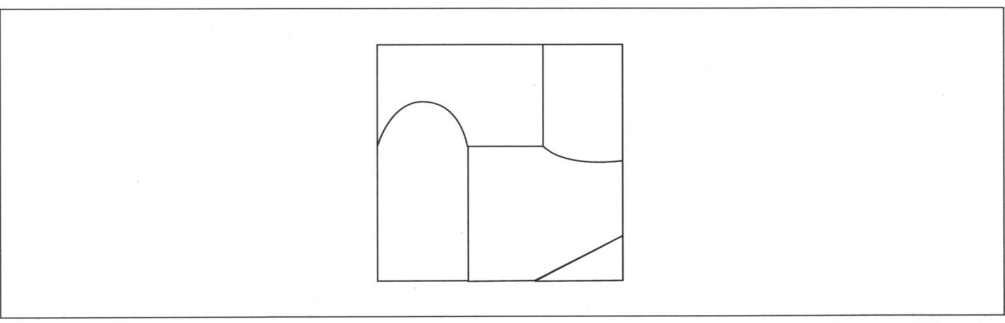

① 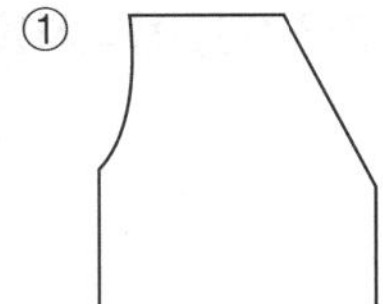
② 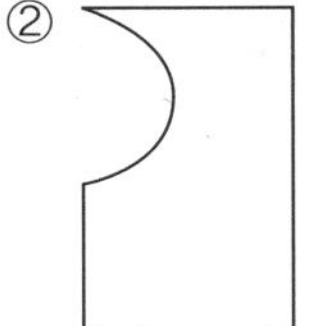
③ 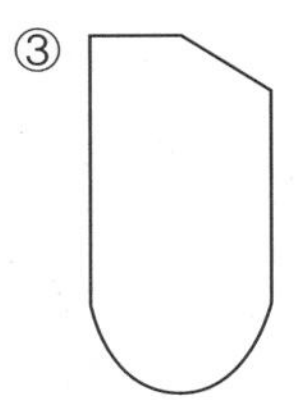
④ 

20. 다음 (가)~(라) 중 〈보기〉의 문장이 들어갈 위치로 적절한 것은?

> 언어결정론자들은 우리의 생각과 판단이 언어를 반영하고 있고 실제로 언어에 의해 결정된다고 주장한다. 언어결정론자들의 주장에 따르면 에스키모인들은 눈에 관한 다양한 언어 표현들을 갖고 있어서 눈이 올 때 우리가 미처 파악하지 못한 미묘한 차이점들을 찾아낼 수 있다. (가) 또, 언어결정론자들은 '노랗다', '샛노랗다', '누르스름하다' 등 노랑에 대한 다양한 우리말 표현들이 있어서 노란색들의 미묘한 차이가 구분되고 그 덕분에 색에 관한 우리의 인지 능력이 다른 언어 사용자들보다 뛰어나다고 본다. (나) 이렇듯 언어결정론자들은 사용하는 언어에 의해서 우리의 사고 능력이 결정된다고 말한다. 정말 그럴까? 모든 색은 명도와 채도에 따라 구성된 스펙트럼 속에 놓이고, 각각의 색은 여러 언어로 표현될 수 있다. (다) 이러한 사실에 비추어보면 우리말이 다른 언어에 비해 더 풍부한 색 표현을 갖고 있다고 볼 수 없다. (라) 따라서 우리의 생각과 판단은 언어가 아닌 경험에 의해 결정된다고 보는 것이 옳다. 언어결정론자들의 주장과 달리, 언어적 표현은 다양한 경험에서 비롯된 것이라고 보는 것이 옳다.

보기

> 나아가, 더 풍부한 표현을 가진 언어를 사용함에도 불구하고 인지 능력이 뛰어나지 못한 경우도 발견할 수 있다.

① (가)　　② (나)
③ (다)　　④ (라)

21. 명품 매장에서 제품을 도난당한 일이 일어났다. CCTV 확인 결과, A~E가 포착되어 이들을 용의자로 불러서 조사했다. 범인만 거짓을 말한다고 할 때, 범인은 누구인가? (단, 용의자들 중 범인은 한 명이다)

> A : B는 범인이 아니다.
> B : C 또는 D가 범인이다.
> C : 나는 절도하지 않았다. B 또는 D가 범인이다.
> D : B 또는 C가 범인이다.
> E : B와 C는 범인이 아니다.

① A　　② B　　③ C　　④ D

22. 다음 그림에서 만들 수 있는 크고 작은 사각형의 개수는?

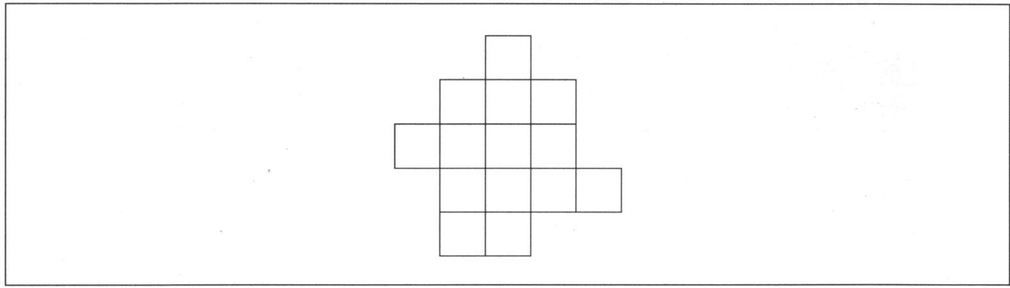

① 51개
② 54개
③ 57개
④ 61개

23. 선진이가 혼자 하면 8일, 수연이가 혼자 하면 12일이 걸리는 일이 있다. 이 일을 선진이와 수연이가 같이 한다면 며칠이 걸리겠는가?

① 3일
② 5일
③ 6일
④ 8일

24. 수아와 엄마는 29살 차이가 나고 아빠는 엄마보다 7살이 많으며, 3년 후 엄마와 아빠의 나이를 합하면 수아 나이의 7배가 된다. 수아의 현재 나이는?

① 8세
② 9세
③ 10세
④ 11세

25. 노래 경연대회에 나간 P 씨는 심사위원 A ~ H로부터 다음과 같은 점수를 받았다. 점수의 중앙값과 최빈값이 바르게 연결된 것은?

심사위원	A	B	C	D	E	F	G	H
점수(점)	5	6	5	6	10	9	8	6

	중앙값	최빈값		중앙값	최빈값
①	6점	5점	②	6점	6점
③	8점	5점	④	8점	6점

26. 다음 글의 주제로 가장 적절한 것은?

> 전통적으로 재해라고 하면 자연재해와 인적재해를 일컬었으나, 최근에는 에너지 · 통신 · 교통 · 의료 · 수도 등 국가 기반 체계의 마비와 전염병 확산 등으로 인한 피해를 사회적 재해로 구분하여 재해의 범주에 포함시키고 있다. 이 중에서 물과 관련된 재해는 주로 자연재해에 포함된다. 물과 관련된 재해에는 통상 태풍 · 홍수 · 호우(豪雨) · 풍랑 · 해일(海溢) · 대설 · 가뭄 · 낙뢰 · 지진 · 황사(黃砂) · 적조, 그 밖에 이에 준하는 물과 관련된 현상으로 인하여 발생하는 재해 등이 있는데, 이들은 전체 재해 중 절대적으로 높은 비중을 차지한다. 특히 국가가 고도성장의 과정을 거치면서 산업 시설 및 주거 시설 단지의 대형화와 집중화 및 노후화, 다중 이용 시설의 증가, 생활공간의 밀집화가 진행됨으로써 재해 발생 시 그 피해 규모도 더욱 커질 것이며, 환경오염 사고도 광역화될 가능성이 높다. 이에 대비하여 제방, 다목적댐, 저류시설, 사면보호, 방파제 등을 건설하고는 있지만, 위와 같은 이유로 인하여 재해는 감소하지 않고 있는 추세이다.

① 물과 재해의 관계 이해
② 물 관련 자연재해에 대한 예방의 필요성
③ 재해의 종류와 이에 대한 대비
④ 자연재해의 이해

27. 다음 〈보기〉의 빈칸에 들어갈 전제로 적절한 것은?

보기

[전제] 하얀 옷을 입는 사람은 모두 깔끔하다.
깔끔한 사람들은 모두 안경을 쓴다.
( )
[결론] 따라서 수인이는 하얀 옷을 입지 않는다.

① 하얀 옷을 입지 않는 사람은 수인이가 아니다.
② 수인이는 안경을 쓰지 않는다.
③ 안경을 쓰는 사람들은 모두 하얀 옷을 입는다.
④ 깔끔하지 않은 사람들은 모두 안경을 쓰지 않는다.

28. 다음 자료를 분석한 의견 중 적절하지 않은 것은?

〈남북한 광물 생산 현황〉

(단위 : 천 톤)

구분	석탄		철광석	
	북한	남한	북한	남한
2016년	25,000	2,080	5,093	513
2017년	25,500	2,084	5,232	542
2018년	25,800	2,094	5,190	593
2019년	26,600	1,815	5,486	663
2020년	27,090	1,748	5,471	693
2021년	27,490	1,764	5,906	445
2022년	31,060	1,726	5,249	440
2023년	21,660	1,485	5,741	311

① 북한은 매년 남한보다 10배 이상 많은 석탄을 생산했네.
② 남한은 최근 들어 철광석 생산량이 줄어들고 있구나.
③ 석탄 생산량이 북한은 매년 증가했는데 남한은 매년 감소했군.
④ 북한은 철광석보다 석탄 생산량이 월등히 많군.

[29 ~ 30] 다음 자료를 보고 이어지는 질문에 답하시오.

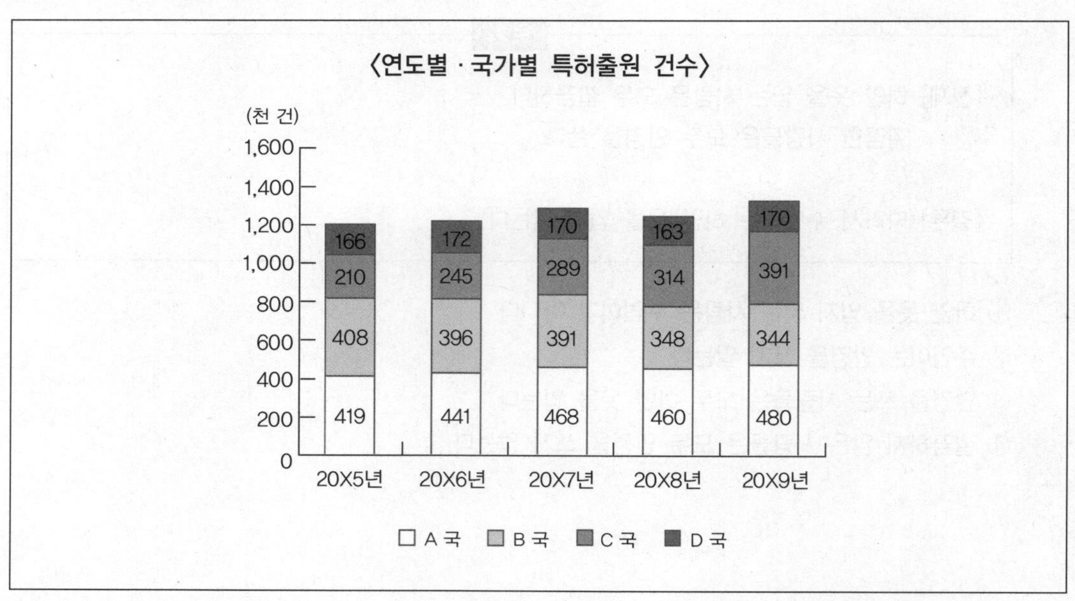

29. 위 자료에 대한 설명으로 옳은 것은?

① A ~ D 국의 특허출원 건수의 총합은 20X5년부터 계속 증가한다.
② A ~ D 국 중 특허출원 건수가 가장 많은 나라는 A 국이다.
③ B 국의 특허출원 건수는 매년 C 국보다 많다.
④ D 국의 특허출원 건수는 매년 165,000건을 초과한다.

30. C 국의 특허출원 건수가 가장 많은 해의 D 국의 특허출원 건수는 몇 건인가?

① 163,000건
② 166,000건
③ 170,000건
④ 172,000건

31. 다음과 같이 화살표 방향으로 종이를 접은 후, 펀치로 구멍을 뚫은 다음 다시 펼쳤을 때의 모양으로 옳은 것은?

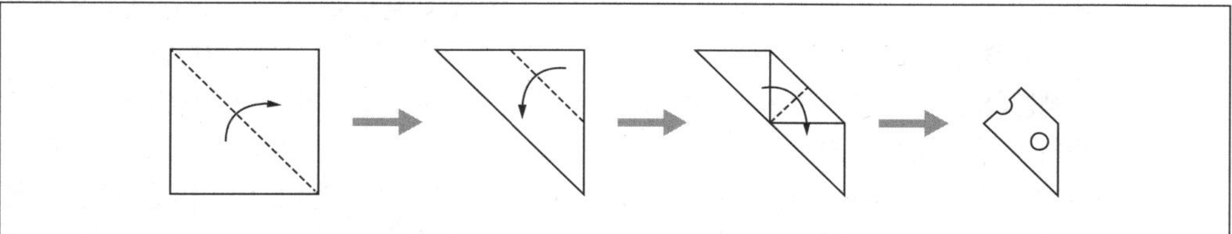

① 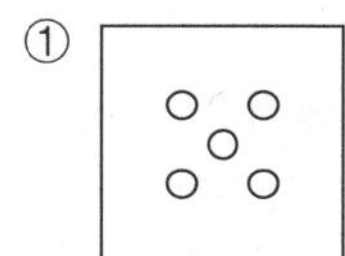

② 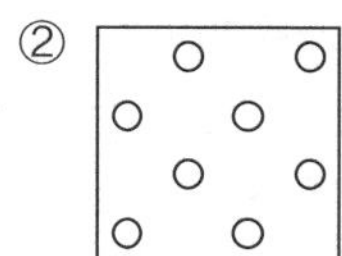

③ 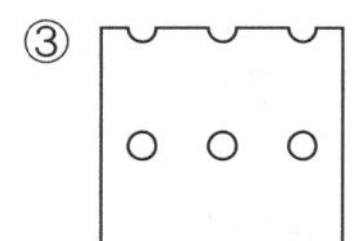

④ 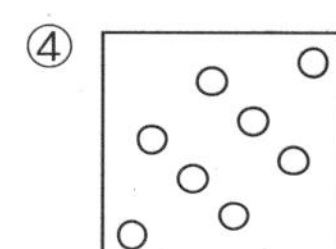

32. 다음 ㄱ ~ ㄹ에서 어법에 맞지 않는 문장을 모두 고른 것은?

ㄱ. 충신이라면 직언을 서슴치 않아야 한다.
ㄴ. 물이 새지 않도록 수도꼭지를 꼭 잠가야 한다.
ㄷ. 우리는 내일 뒤뜰에 있는 우물을 파기로 결정했다.
ㄹ. 생명이 달린 일이라 염치 불구하고 이렇게 부탁드립니다.

① ㄱ, ㄴ
② ㄱ, ㄹ
③ ㄴ, ㄷ
④ ㄴ, ㄹ

33. 다음 글에서 언급되지 않은 내용은?

공유지의 비극은 공적 자원의 남용을 설명하는 경제 이론으로, 수요가 공급을 압도적으로 추월하여 결과적으로 자원을 사용할 수 없게 되는 비극을 말한다. 다시 말하면, 사적 이익에 따라 행동하는 개인들이 모여 자원을 고갈시키거나 훼손시킴으로써 모든 사용자의 공동 이익에 반하는 문제를 일으키는 것이다. 크게는 대기와 수도, 작게는 사무용 냉장고와 같이 다수의 사용자가 공유하면서 어떠한 규제도 없는 자원들이 이에 해당한다. 이 이론은 모든 사용자가 개방된 자원에 동일 확률로 접근할 수 있을 때 일어나는 문제를 다룰 때 사용된다. 이를테면 어느 초원에서 가축을 사육한다고 가정해 보자. 초원의 주인은 없고 누구나 자신의 가축을 방목하여 풀을 먹일 수 있다. 사람들은 초원의 사용에 관한 일체의 대화도, 함께 일을 하지도 않는다. 만약 가축 10마리를 수용할 정도의 초원에 풀이 10마리가 먹을 수 있는 양만 있다면, 수용능력 이상으로 가축을 방목할 경우 추가로 들어온 동물은 원래 수용능력 안의 동물들이 먹었어야 할 풀을 먹어 모든 동물들의 가치를 떨어뜨리고 말 것이다. 동물들의 건강은 위험에 처하고 더 낮은 품질의 자원을 제공할 것이다. 결과적으로는 손실 구조임에도 불구하고 가축업자들은 동물이 주는 당장의 이익만을 본다. 훼손된 목초지에 대한 비용은 모든 사용자가 부담하지만 각 개인마다 그중 일부만 지불하는 방식은 자원을 과도하게 사용하는 이유 중 하나일 것이다. 가축업자들은 이러한 유인책에 유혹되어 자신에게 이득이 되는 한 가축의 수를 계속 늘리거나 더 오랜 시간 방목한다. 한정된 자원에 대한 자유로운 접근과 끝없는 요구가 과도한 개발을 유도하고 자원을 감소시키는 것이다. 환경뿐만 아니라 정치나 경제, 인문학, 사회학 분야에서도 비슷한 문제가 발생한다. 이처럼 모두가 함께 사는 세상에서 극단적인 비극을 맞이하지 않으려면 정부 차원의 해결책이 고려돼야 한다. 자원을 필요한 만큼만 적절히 사용할 때 지급되는 인센티브와 과다 사용에 대한 처벌이 있다면 건강한 환경을 지키는 데 도움이 될 것이다.

① 공유지의 비극 이론을 통해 글쓴이가 주장하는 바
② 공유지의 비극 이론이 사용되는 분야
③ 공유지의 비극 현상에 대한 해결책
④ 공유지의 비극 이론을 처음 주장한 학자

34. 다음은 S 광고회사에서 홍보한 광고 문구의 일부이다. 이와 같은 논리적 오류를 범하고 있는 것은?

천만인이 사용한 우수한 품질의 에어컨

① 담배가 암을 유발한다는 확실한 증거는 없다. 따라서 정부의 금연 정책은 옳지 않다.
② 피의자는 평소 사생활이 문란했습니다. 따라서 저 사람의 말은 거짓입니다.
③ 여자는 남자보다 힘이 약하다. 따라서 여자는 오래 살지 못한다.
④ 대중적으로 볼 때, 이번 개정안은 흠결이 많습니다.

35. 다음은 ○○기업 대외홍보팀 홍 사원이 작성한 기획서이다. 이를 건네받은 심 대리가 할 수 있는 조언으로 적절하지 않은 것은?

〈행사 기획서〉

제목 : 홍보행사

우리 디자인 산업의 규모는 7조 1,000억 원이며 이는 선진국의 10 ~ 40% 수준에 불과한 것으로 나타났습니다. 한국 디자인의 발전과정을 알리고, 한국 디자인의 가치에 대한 국민들의 인식을 고취시키기 위해 디자인 전시회를 진행하고자 합니다.

－다음－

1) 일정 : 202X년 ○월 ○○일 ~ ○월 ○○일
2) 장소 : 광화문 광장
3) 주제 : K－Design
4) 예상 참여인원 : 250명
5) 행사구성 : 전시회
6) 담당인원 : 대외홍보팀 심○○ 대리, 홍△△ 사원 외 ○명

202X년 ○월 ○○일
대외홍보팀 사원 홍△△

① 기획 목적을 밝혀 보다 의미 있는 행사가 될 수 있도록 하는 것이 좋겠습니다.
② 인용한 정보의 출처를 밝혀 기획서에 객관성을 부여하는 것이 좋겠습니다.
③ 제목이 포괄적이므로 한국 디자인에 대해 알리는 전시회라는 것을 드러내는 것이 좋겠습니다.
④ 행사가 성공적으로 추진되었을 경우의 기대효과를 포함시켜 상대방을 설득하는 것이 좋겠습니다.

36. 다음 그림과 같이 쌓기 위해 필요한 블록의 개수는? (단, 블록의 모양과 크기는 모두 동일한 정육면체이며, 보이지 않는 뒷부분의 블록은 없다)

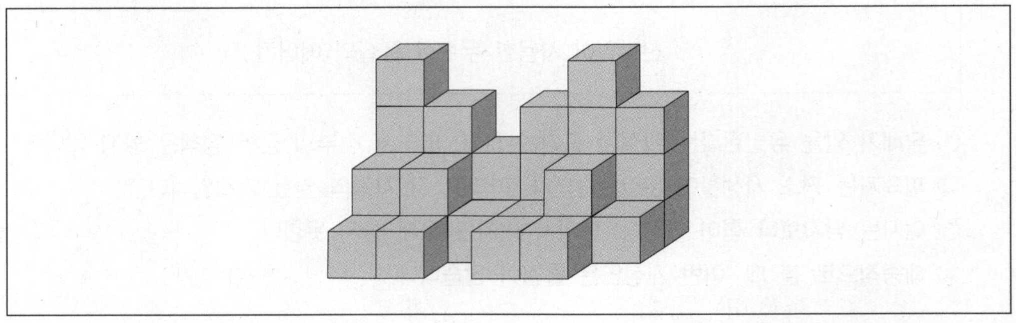

① 31개 ② 32개
③ 34개 ④ 35개

37. 다음 사례의 벤자민 프랭클린이 가진 문제해결 사고는 무엇인가?

> 1784년 벤자민 프랭클린(Benjamin Franklin)은 아침 일찍 일어나면 낮 시간을 더 많이 활용할 수 있다는 장점을 들며 흔히 '서머타임(Summer Time)'이라고 하는 일광절약시간제를 처음 제안하였다.
>
> 프랭클린이 미국대사로 파리에 근무할 때, 당시 사람들은 비싼 양초값 때문에 겨울 저녁 시간을 보내기가 많이 힘들었다. 프랑스 정부도 대책 마련에 나섰지만 뾰족한 해결책을 찾아내지 못했다. 양초에 초점을 맞춘 그들은 양초값을 내리기 위해 새로운 제조기술 개발에 나서거나 매점매석을 단속했지만 뚜렷한 성과가 나오지 않았다. 이때 프랭클린은 양초에 초점을 맞추지 않고 다른 관점에서 이 문제에 접근했다. 그리고 새로운 제안을 내놓았는데, 그것이 바로 서머타임제도(일광절약시간제)이다.
>
> 일광절약시간제는 제1차 세계대전 기간 중 독일에서 최초로 시행되었다. 미국에서는 1918년 잠시 시행하다가 이듬해 의회에서 폐지하는 등 우여곡절을 거쳤다. 그 후 제2차 세계대전 중 부활해 한때 '전쟁타임(War Time)'이라고 불리기도 했는데, 주별로 자율적으로 시행되다가 1966년 존슨 대통령의 인준으로 법안이 마련되었다. 3월 두 번째 일요일에 시작해서 11월 첫째 주 일요일에 해제하는 현재의 법안은 2005년 조지 W. 부시 대통령 때 확정되어 지금까지 실시되고 있다.

① 전략적 사고 ② 분석적 사고
③ 발상의 전환 ④ 내부자원을 효과적으로 활용

38. 다음은 교통안전과 관련한 보고 내용이다. 이를 바탕으로 작성할 캠페인 문구로 적절하지 않은 것은?

회의록			
내용	교통안전 캠페인 문구 선정		
일시	20XX년 ○월 △일	장소	제1회의실
보고내용	보복운전과 난폭운전의 구분		
발표자	김민규 팀장		
보고 내용	• 도로에서는 돌발적인 사고뿐 아니라 고의적인 사고도 발생할 수 있음. • 특히 최근 보복운전이나 난폭운전이 늘어나면서 도로 안전이 위협받고 있음. • 난폭운전과 보복운전의 두 단어가 혼용되는 경우가 있으나, 법률적으로 보복운전과 난폭운전은 상당한 차이를 지님. • 보복운전은 특정 인물, 난폭운전은 불특정 다수인을 대상으로 하고, 여기에는 상해, 폭행, 협박, 손괴 등의 행위가 포함될 수 있음. • 난폭운전에는 위협 또는 위해를 가하는 행위나 교통상의 위험을 야기하는 모든 행위가 포함됨. • 보복운전은 단 1회의 행위로도 성립되며, 난폭운전은 2회 이상의 행위를 연달아 하거나 하나의 행위를 지속, 반복할 때 성립될 수 있음. • 법적 처벌의 경우 보복운전은 행위별로 상이하며, 난폭운전은 1년 이하의 징역이나 5백만 원 이하의 벌금형에 처함(보복운전은 형법, 난폭운전은 도로교통법의 적용을 받음). • 행정 처분의 경우 보복운전은 난폭운전의 기준을 따르며, 난폭운전은 입건 시 벌점 40점 부여, 구속 시 면허 취소됨.		

① 앞 차를 위협하는 것으로 무엇을 얻을 수 있나요? 보복운전은 범죄입니다.

② 도로 위 모두를 떨게 하는 난폭운전! 본인의 면허와 바꾸겠습니까?

③ 도로교통법을 준수하여 모두를 안전하게! 난폭운전 이제 그만합시다!

④ 차선을 잘 지키고 계신가요? 깜빡 넘어선 한 번의 실수가 벌로 돌아옵니다.

39. 다음의 〈보기〉는 같은 모양과 크기의 블록을 쌓아 만든 입체도형을 앞에서 본 정면도, 위에서 본 평면도, 오른쪽에서 본 우측면도를 그린 것이다. 이에 해당하는 입체도형으로 알맞은 것은? (단, 화살표 방향은 정면을 의미한다)

보기

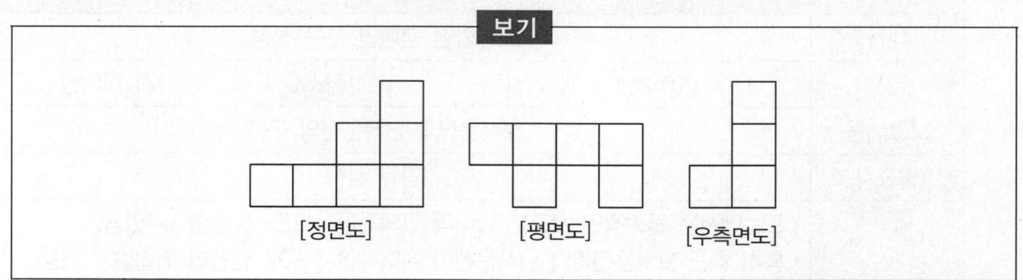

①

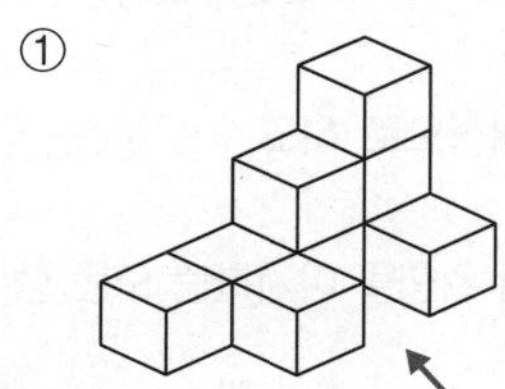

②

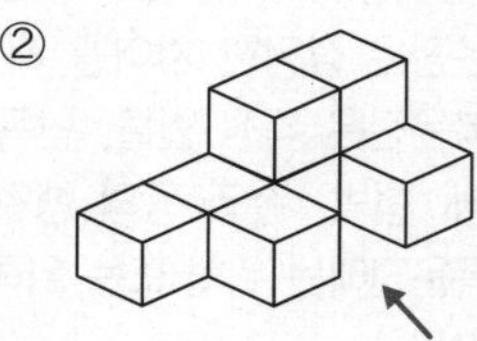

③

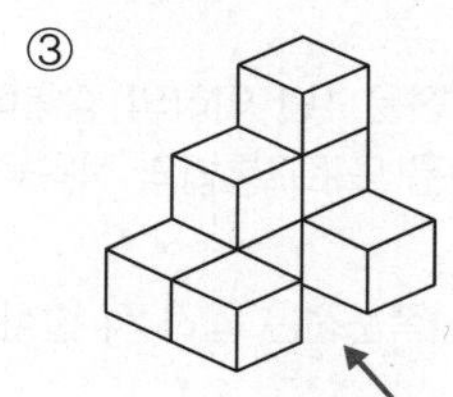

④

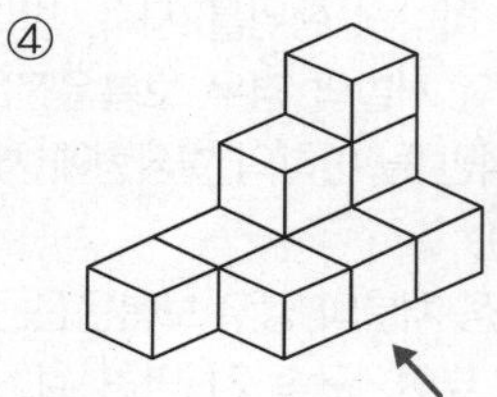

경북기출복원 1회 기출예상 2회 기출예상 3회 기출예상 4회 기출예상 5회 기출예상 6회 기출예상 7회 기출예상 8회 기출예상 9회 기출예상 인성검사 면접가이드

[40 ~ 42] 다음은 어떤 유원지의 연령별 · 성별 매출액 비율이다. 이어지는 질문에 답하시오.

(단위 : %, 만 원)

연령 · 성별 \ 유원지		A	B	C	D
성인	남자	19.2	21.3	22.1	13.6
	여자	23.5	26.4	19.8	20.7
학생	남자	17.8	14.2	23.0	11.6
	여자	21.4	19.2	10.3	34.4
소인	남자	(　　)	10.7	20.7	7.2
	여자	12.3	8.2	4.1	12.5
합계		100.0	100.0	100.0	100.0
총매출액		4,026	2,160	3,284	1,819

40. A 유원지의 총매출액에서 소인 남자가 차지하는 비율은?

① 5.4%　② 5.6%

③ 5.8%　④ 6.0%

41. D 유원지에 입장한 여학생의 경우 그 매출액의 37%는 고등학생이었다. 이때 총매출액에서 여자 고등학생이 차지하는 비율은? (단, 소수점 아래 둘째 자리에서 반올림한다)

① 11.3%　② 12.7%

③ 14.5%　④ 23.7%

42. C 유원지의 소인 남자 총매출액은 D 유원지의 소인 남자 총매출액의 몇 배인가? (단, 소수점 아래 둘째 자리에서 반올림한다)

① 4.1배　② 4.5배

③ 4.8배　④ 5.2배

43. ○○회사에서는 효율적 업무 진행을 위해 주요 안건 중 우선순위가 높은 것부터 진행하고자 한다. 네 가지 항목으로 구분하여 평가한 결과가 다음과 같다면, 1순위와 5순위로 진행될 업무는?

(단위 : 점)

구분	중요도	시급성	비용	난이도
사옥 이전	3	5	4	2
인트라넷 개선	3	2	3	5
조직문화 개선	1	2	1	3
구매 업무 효율화	2	4	1	2
자원관리 전산화	5	2	3	1

※ 각 항목에 부여되는 가중치는 동일하며, 평점이 높은 업무부터 진행한다.
- 중요도 : 1점 매우 중요하지 않음 ~ 5점 매우 중요함
- 시급성 : 1점 시급하지 않음 ~ 5점 매우 시급함
- 비용 : 1점 고비용 ~ 5점 저비용
- 난이도 : 1점 매우 어려움 ~ 5점 매우 쉬움

	1순위	5순위
①	사옥 이전	인트라넷 개선
②	구매 업무 효율화	자산관리 전산화
③	사옥 이전	조직문화 개선
④	구매 업무 효율화	인트라넷 개선

44. 다음 대화의 밑줄 친 부분의 기능으로 적절한 것은?

> 정 부장 : 하 대리, 이 보고서를 상무님께 가져다 드리면 됩니다.
> 하 대리 : 네, 알겠습니다.
> 정 부장 : 참, 지난번처럼 보고서만 가져다 드리지 말고, 투명 파일 같은 데 넣어서 드려요.
> 하 대리 : <u>아 ~</u>, 알려 주셔서 감사합니다.

① 불편함을 나타낸다.
② 칭찬을 나타낸다.
③ 이해를 나타낸다.
④ 경청하고 있음을 나타낸다.

45. 다음 글에서 '정서'에 대하여 필자가 주장하는 바와 다른 것은?

> 일반적으로 정서는 기분, 감정, 느낌과 같은 유사한 몇몇 용어와 구분되어 사용하기도 하고 혼용되어 사용하기도 한다. 정서란 일반적으로 특정한 대상이 있고, 지속시간이 비교적 짧으며 원인이 덜 명확한 기분과는 구분될 수 있는 개념으로 정서는 일반적으로 감정을 포함한 상태와 과정을 의미한다. 느낌과도 구분될 수 있는데, 느낌은 상황이나 대상의 특정 측면 때문에 발생한다면, 정서는 상황이나 대상의 전체적인 것 때문에 발생하여 특정 행동을 유발한다고 볼 수 있다. 즉, 정서는 여러 가지 감정과 인지적, 행동적, 사회적인 인간의 모든 행동 요소들을 포함하는 보다 넓은 의미의 상위개념이라고 할 수 있다.
>
> 이러한 정서의 개념을 바탕으로 할 때 정서조절은 기쁨, 즐거움, 우울, 분노 등의 긍정적, 부정적 정서에 대처하는 과정이며, 정서를 조절하는 데 사용되는 과정과 전략으로 성공적인 대인관계를 가능하게 하는 기능을 수행하는 것이다. 어떤 목표를 수행하기 위한 정서반응을 모니터링 · 평가 · 수정하는 데 관여하는 외적, 내적 과정으로도 정의할 수 있다. 또한, 정서조절이란 긍정적 정서와 부정적 정서 간의 조화를 말하는 것으로 개인의 생각과 행동을 올바르게 안내해주고 목표를 성취하는 데 도움을 주는 반응이며, 자신의 주관적인 정서경험, 특히 정서의 강도와 지속시간을 조절하고 의사소통 상황에서 자신의 정서를 전략적으로 표현하는 능력이라고 정의할 수 있다.

① 정서는 기분보다 지속시간이 길며 원인도 비교적 명확하다.
② 정서는 특정 대상의 전반적인 면에 대해 발생한다는 점에서 느낌과 구분된다.
③ 정서는 기분이나 느낌과는 다른 개념이며 감정과 동위의 개념으로 볼 수 있다.
④ 인간은 정서조절을 통해 개인의 목표를 성취하는 데 도움을 받는다.

7회 기출예상문제

소양평가

정답과 해설 61쪽

01. 다음 중 밑줄 친 단어의 의미상의 쓰임새가 〈보기〉와 같은 것은?

> 보기
>
> 그 고객은 아마 어쩌다가 길에서 날 만나도 아는 체를 못할 거야.

① 그녀는 어쩌다가 그와 눈을 마주치기라도 하면 기겁을 하는 것이었다.
② 사장님께선 업무 중에 어쩌다가 주무시지 자주 그러시진 않아.
③ 너 그걸 어쩌다가 그렇게 다 부숴 버렸니?
④ 취직 전에는 그래도 어쩌다가 야구장에 가곤 했다.

02. 의사표현을 하다 보면 곤란한 말이나 불쾌한 감정을 상대방에게 전달해야 할 때도 있다. 다음 제시된 상황에서 한△△ 팀장이 이○○ 대리에게 지켜야 할 의사표현 방법으로 적절하지 않은 것은?

> 이○○ 대리는 이번 주 주간회의 전까지 보고 자료를 작성하라는 한△△ 팀장의 지시를 받았다. 그러나 이○○ 대리는 한△△ 팀장의 지시를 적어 놓은 메모를 잃어버려 보고 자료의 작성을 잊은 채로 한 주를 보냈다. 이로 인해 주간회의 때 자신만 보고를 하지 못하였고, 회의 후 한△△ 팀장은 이○○ 대리를 따로 불러 잘못을 지적하려고 한다.

① 상대방이 알 수 있도록 정확하고 확실하게 지적한다.
② 꾸짖을 때 다른 것도 함께 꾸짖어 효과를 높인다.
③ 사실을 지적해야 하며 추궁하듯이 묻는 것은 좋지 않다.
④ 힘이나 입장의 차이에 따라 받아들이는 것이 다를 수 있으므로 서로의 관계를 고려한다.

03. 다음 두 블록을 합쳤을 때 나올 수 없는 형태는? (단, 회전은 자유롭다)

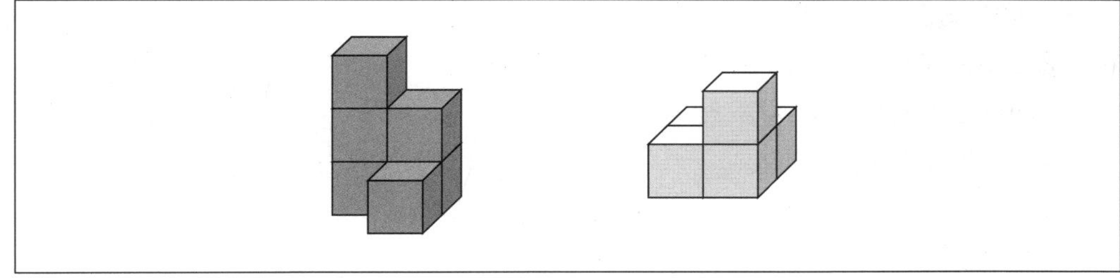

①

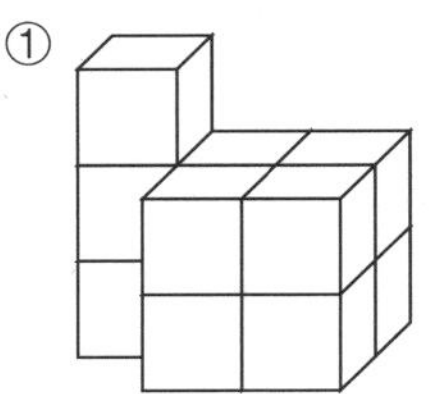

②

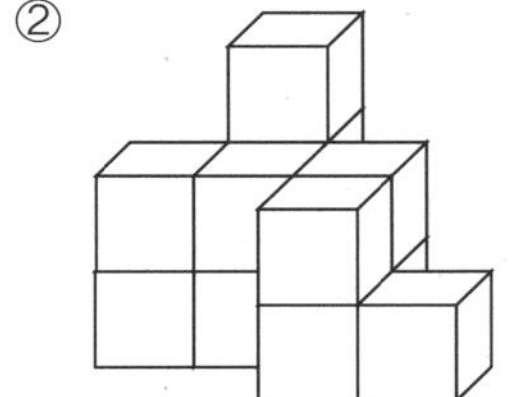

③

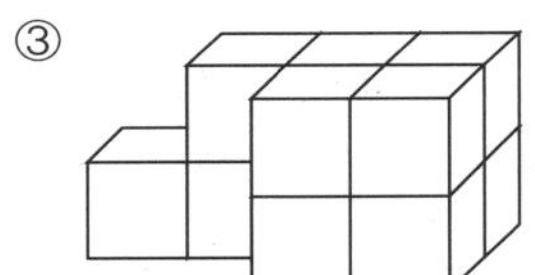

④

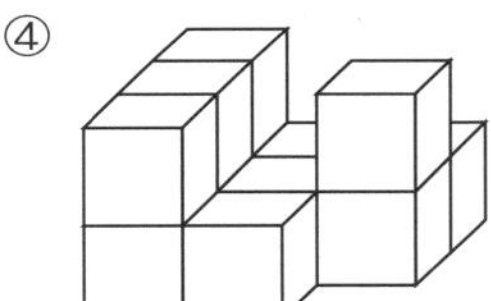

04. 다음 빈칸에 들어갈 명제로 적절한 것은?

- 2호선을 이용한다면 5호선도 이용한다.
- 9호선을 이용한다면 7호선도 이용한다.
- (　　　　　　　　　　　　　　　　)
- 그러므로 8호선을 이용하면 5호선을 이용한다.

① 8호선을 이용하면 2호선을 이용한다.
② 2호선을 이용하지 않으면 7호선을 이용한다.
③ 2호선을 이용하면 8호선을 이용하지 않는다.
④ 9호선을 이용하지 않으면 5호선을 이용한다.

05. 다음 중 밑줄 친 단어의 품사가 나머지와 다른 것은?

① 내일 출근을 위해 <u>일찍</u> 귀가하였다.
② 한글은 과학적이면서 <u>매우</u> 독창적이다.
③ 진희는 안전을 위해 차를 <u>천천히</u> 몰았다.
④ 종이배가 물에 <u>떠</u> 있다.

06. 다음과 같이 종이를 접은 다음 펀치로 구멍을 뚫은 후 다시 펼쳤을 때의 모양으로 옳은 것은?

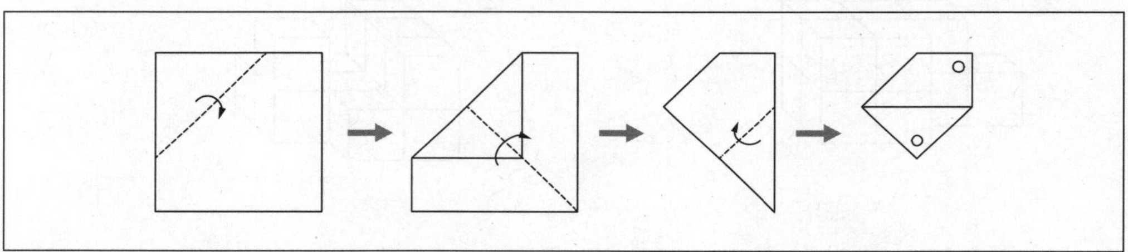

①
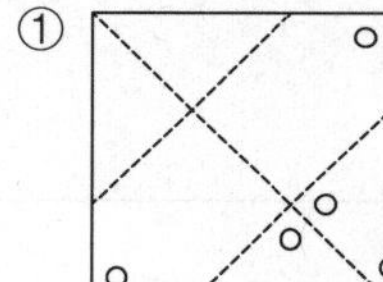

②
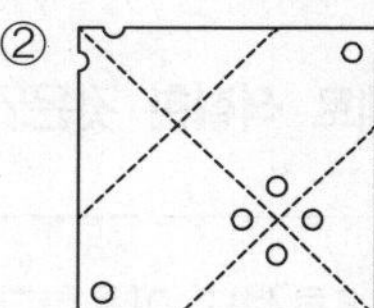

③
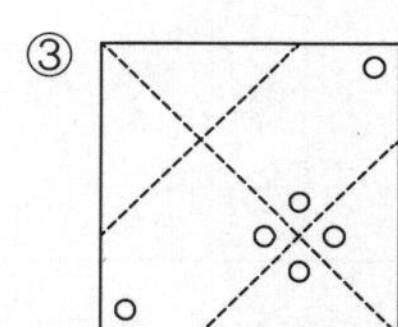

④
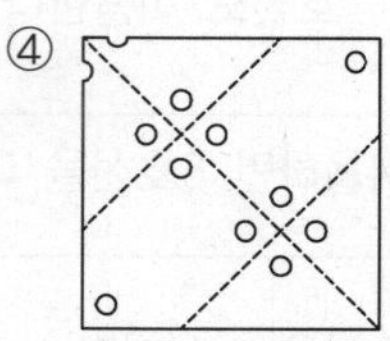

07. A, B, C, D는 가수, 탤런트, 개그맨, MC의 네 분야 중 각각 두 분야에서 활동하고 있다. 이들의 활동 영역에 대한 〈조건〉이 다음과 같을 때, B의 활동 분야는?

조건

- 개그맨인 사람은 가수 또는 MC가 아니다.
- 가수와 탤런트 분야에서 활동하는 사람들은 두 분야 모두 3명씩이다.
- D는 개그맨이다.
- B와 C의 활동 분야는 동일하다.
- MC인 사람은 한 명이다.

① 가수, 탤런트　② 가수, MC
③ 개그맨, 탤런트　④ MC, 탤런트

08. 다음 대화에서 공통 주제와 다른 이야기를 하는 사람은?

A : 아이들 자신과 관련 있는 이야기를 쓴 책이 좋다고 생각해. 자신과 관련 있는 이야기라면 재미도 있고 공감도 많이 할 수 있어.
B : 아이들은 재미가 없으면 책을 잘 읽으려고 하지 않아. 하지만 재미가 없더라도 좋은 책을 많이 읽는 습관을 기르는 것이 중요해.
C : 많이 팔리는 책이 좋다고 생각해. 사람들이 많이 읽는 만큼 책 내용도 좋지 않겠어?
D : 그런 책이 모두 좋다고는 할 수 없어. 그보다는 아이들 수준에 맞아야 한다고 생각해. 어른들이 좋다고 해도 너무 어려워서 읽지 못한다면 소용없는 일 아니겠어?

① A　② B
③ C　④ D

09. 다음 글의 내용과 관련 있는 사자성어로 가장 적절한 것은?

> 당(當)나라 때 시선(詩仙)으로 불린 이백(李白)은 서역의 무역상이었던 아버지를 따라 어린 시절을 촉(蜀)에서 보냈다. 젊은 시절 도교(道敎)에 심취했던 이백은 유협(游俠)의 무리들과 어울려 쓰촨성(四川省) 각지의 산을 떠돌기도 하였다.
>
> 이때 학문을 위해 상의산(象宜山)에 들어갔던 이백이 공부에 싫증이 나 산에서 내려와 돌아오는 길에 한 노파가 냇가에서 바위에 도끼를 갈고 있는 모습을 보게 되었다. 이상하게 생각한 이백이 물었다. "할머니, 지금 무엇을 하고 계신 것입니까?" "바늘을 만들려고 한단다." 노파의 대답을 들은 이백이 기가 막혀서 "도끼로 바늘을 만든단 말씀이십니까?" 하고 큰 소리로 웃자, 노파는 가만히 이백을 쳐다보며 꾸짖듯 말하였다.
>
> "얘야, 비웃을 일이 아니다. 중도에 그만두지만 않는다면 언젠가는 이 도끼로 바늘을 만들 수가 있단다." 이 말을 들은 이백은 크게 깨달은 바가 있어 그 후로는 한눈팔지 않고 공부를 열심히 하였다고 한다.

① 권토중래(捲土重來)　　② 마부작침(磨斧作針)

③ 면벽구년(面壁九年)　　④ 득롱망촉(得隴望蜀)

10. 다음 〈보기〉의 명제가 모두 참일 때 항상 참인 것은?

보기

- 요리를 잘하는 사람은 반드시 청소도 잘한다.
- 청소를 잘하는 사람은 반드시 키가 크다.
- 나는 요리를 잘한다.

① 키가 크면 청소를 잘한다.

② 청소를 잘하면 요리를 잘한다.

③ 키가 크지 않으면 청소를 잘한다.

④ 나는 키가 크다.

11. 다음은 같은 모양과 크기의 블록을 쌓아 올린 그림이다. 색칠된 블록에 직접 접촉하고 있는 블록은 모두 몇 개인가?

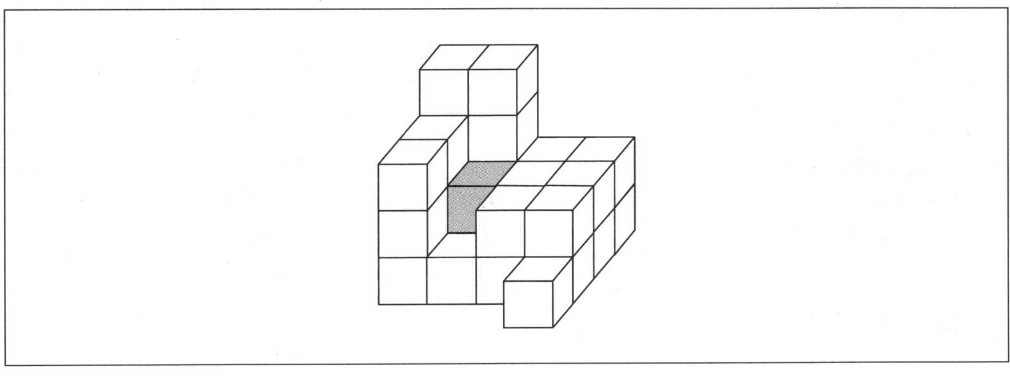

① 2개　　② 3개
③ 4개　　④ 5개

12. 다음 주장들이 논리적으로 합당하기 위해 필요한 전제를 〈보기〉에서 모두 고른 것은?

> 최근 학교 내부에서도 학원폭력의 강세가 심해지고 있다. 이에 경찰청은 대대적인 학교정화 운동의 일환으로 학원폭력을 행사하는 학생들을 색출하기 위해 막대한 경비와 인력을 투자하고 있다. 그러나 차라리 이를 학생들의 인성교육과 선생님들의 대응방법 교육에 투자하는 것이 바람직할 것이다.

보기

ㄱ. 학생들의 인성교육은 학교의 학원폭력에 대한 근절의 효과적인 방법이 된다.
ㄴ. 학생들의 묵인과 학교 측의 미온적인 대응이 학교에서의 학원폭력의 문화가 성행하게 되는 원인이 되었다.
ㄷ. 경찰청의 개입은 최선의 방안이었고 효과적이었다.
ㄹ. 학원폭력을 행사하는 아이들은 경찰을 무서워한다.

① ㄷ　　② ㄹ
③ ㄱ, ㄴ　　④ ㄴ, ㄷ

[13 ~ 14] 다음 글을 읽고 이어지는 질문에 답하시오.

청소년 참여권은 UN아동권리협약에 제시된 4가지 인권영역 중의 하나이다. 국제사회에서 청소년인권은 오랫동안 아동의 권리에 포함되어 논의되어 왔다. 실제로 청소년연령은 18세 미만으로 정의되는 아동연령과 상당 부분 일치하기 때문에 기본적으로 청소년인권은 아동권리에 대한 국제조약인 UN아동권리협약에 규정된 내용과 관련이 깊다. 아동권리협약에 나타난 4가지 권리영역은 생존권, 보호권, 발달권, 참여권이다. 먼저, 생존권은 적절한 생활수준을 누릴 권리, 안전한 주거지에서 살아갈 권리, 충분한 영양을 섭취하고 기본적인 보건 서비스를 받을 권리 등 기본적인 삶을 누리는 데 필요한 권리이다. 보호권은 모든 형태의 학대와 방임, 차별, 폭력, 고문, 징집, 부당한 형사 처벌, 과도한 노동, 약물과 성폭력 등 아동에게 유해한 것으로부터 보호받을 권리이다. 발달권은 잠재능력을 최대한 발휘하는 데 필요한 권리로서, 교육받을 권리, 여가를 즐길 권리, 문화생활을 하고 정보를 얻을 권리, 생각과 양심, 종교의 자유를 누릴 권리 등이 포함된다. 하지만 청소년 참여권에 대한 명확한 정의는 아직까지 내려지지 않았다. 다만 일부 학자들은 청소년 참여의 수준을 청소년의 의견청취, 청소년의 의견표현 지원, 청소년의 의견고려, 의사결정과정 참여, 권력과 의사결정의 책임공유라는 5가지로 제시하면서 4번째인 의사결정과정 참여보장을 최소한의 참여권 성취기준으로 분류하였다.

13. 윗글의 서술상 특징이 아닌 것은?

① 주장하는 바를 뒷받침하기 위해 필요한 사실을 열거하였다.
② 전문가의 의견을 통해 주장하는 바에 대한 근거를 제시하였다.
③ 비판을 통해 독자의 동의를 얻고자 논지를 전개하였다.
④ 근거를 바탕으로 한 주관적 해석으로 주장의 정당성을 확보하였다.

14. 윗글의 내용과 일치하지 않는 것은?

① 청소년인권은 UN아동권리협약에 규정된 내용과 관계가 있다.
② 가정에서 방임이나 학대를 당하는 아동의 경우 청소년 보호권을 침해받았다고 할 수 있다.
③ 청소년 발달권은 아동의 잠재능력 발휘를 위해 보장하는 권리이다.
④ 청소년 참여권에 관하여 청소년 참여의 수준을 5가지로 분류하고, 그중 의사결정과정 참여보장을 최소한의 참여권 성취기준으로 분류하는 것이 주류로 받아들여지고 있다.

15. 다음 제시된 도형을 재배치한 모양으로 알맞은 것은?

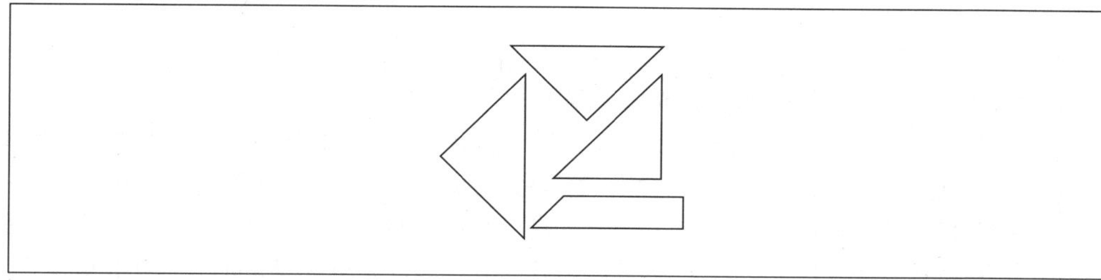

①
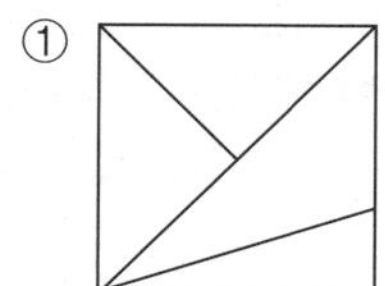

②
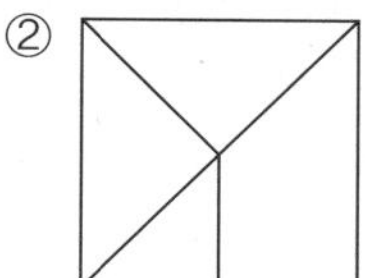

③
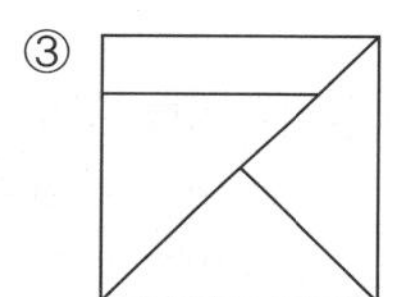

④
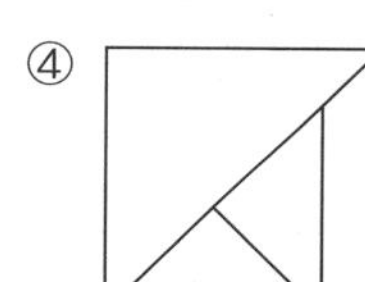

16. 다음 대화에서 나타나고 있는 논리적 오류는?

> 민규 : 야, 30분이나 지각하는 게 어디 있어. 그러면서 사과도 안 해?
> 현수 : 30분 정도야 준비하다 보면 늦을 수 있지. 내가 미리 연락도 했잖아.
> 민규 : 아무리 그래도 늦었으면 사과부터 하는 게 맞는 순서 아니야?
> 현수 : 그렇게 따지면 너도 저번에 30분 늦어 놓고 사과부터 안 했잖아. 너는 화낼 자격 없어.

① 성급한 일반화의 오류
② 허수아비 공격의 오류
③ 동정에 호소하는 오류
④ 피장파장의 오류

17. 다음 글의 내용과 일치하는 것은?

인간과 동물은 두 가지 주요한 방식으로 환경에 적응한다. 하나는 생물학적 진화이며, 다른 하나는 학습이다. 고등 생명체에서의 생물학적 진화는 수천 년 이상 걸리는 매우 느린 현상인 반면, 학습은 짧은 생애 안에서도 반복적으로 일어난다. 세상에 대한 새로운 정보를 얻는 과정인 학습과 획득된 정보를 기억하는 능력은 적절히 진화된 대부분의 동물들이 갖고 있는 특징이다. 신경계가 복잡할수록 학습 능력은 뛰어나기 때문에 지구상 가장 복잡한 신경계를 갖고 있는 인간은 우수한 학습 능력을 지니고 있다. 이러한 능력 때문에 인간의 문화적 진화가 가능했다. 여기서 문화적 진화라 함은 세대와 세대를 거쳐 환경에 대한 적응 능력과 지식이 발전적으로 전수되는 과정을 의미한다. 사실 우리는 세계와 문명에 대한 새로운 지식들을 학습을 통해 습득한다. 인간 사회의 변화는 생물학적 진화보다는 거의 전적으로 문화적 진화에 의한 것이다. 화석 기록으로 볼 때 수만 년 전의 호모 사피엔스 이래로 뇌의 용적과 구조는 결정적이라 할 만큼 변화하지는 않았다. 고대로부터 현재까지 모든 인류의 업적은 문화적 진화의 소산인 것이다.

학습은 인간의 본성에 관한 철학의 쟁점과도 관련되어 있다. 고대의 소크라테스를 비롯하여 많은 철학자들은 인간 정신의 본성에 대하여 질문을 던져왔다. 17세기 말에 이르러 영국과 유럽 대륙에서 두 가지 상반된 견해가 제기되었다. 하나는 로크, 버클리, 흄과 같은 경험론자들의 견해로, 정신에 타고난 관념 또는 선험적 지식이 있다는 것을 부정하고 모든 지식은 감각적 경험과 학습을 통해 형성된다고 보는 것이다. 다른 하나는 데카르트, 라이프니츠 등의 합리론자와 칸트의 견해로, 정신은 본래 특정한 유형의 지식이나 선험적 지식을 가지고 있으며 이것이 감각 경험을 받아들이고 해석하는 인식의 틀이 된다는 것이다.

① 학습은 생물학적인 진화보다 우월하다.
② 학습은 인간만이 지니고 있는 인간의 고유한 특성이다.
③ 인간 사회의 변화는 생물학적 진화와 문화적 진화가 적절히 혼합되어 이루어진 것이다.
④ 경험론자들은 생물학적 진화보다는 학습을 중요시하였다.

18. 다음 글의 밑줄 친 ㉠에 들어갈 말로 적절한 것은?

> 1976년, 애리조나주의 한 모텔에서 나와 함께 점심 식사를 할 때만 해도 아놀드 슈왈제네거는 무명 배우였다. 나는 지방 신문의 스포츠 칼럼니스트였는데, 아놀드와 하루를 보내고 나서 자매지인 일요판 잡지에 그에 대한 기사를 쓰기 위해 인터뷰를 하고 있었다. 그리고 그때가 아놀드와 보낸 하루 중 가장 기억에 남는 순간이었다. 나는 취재 노트를 펼쳐 놓고 식사 중간중간에 기사에 필요한 질문들을 하다가 한번은 지나가는 투로 이렇게 물었다. "보디빌딩을 그만두셨다는데 앞으로 뭘 할 생각이세요?" 그러자 그는 사소한 여행 계획을 얘기하듯 조곤조곤 말했다. "저는 할리우드 최고의 스타가 될 겁니다." 나는 놀란 티를 내지 않으려고 무척 애썼다. 왜냐하면 그의 초기 영화들은 그의 가능성을 보여 주지 못했을 뿐 아니라, 그의 오스트리아식 억양이나 무시무시한 근육도 관객들을 단박에 사로잡을 수 있을 것 같지 않았기 때문이다. 유감스럽지만 그때까지만 해도 그는 늘씬하고 균형 잡힌 지금의 아놀드가 아니라 근육도 훨씬 투박하고 체격도 거대했다. 그러나 나는 이내 그의 나직한 말씨에 익숙해졌고, 내친 김에 무슨 수로 할리우드의 톱스타가 될 거냐고 물었다. "______㉠______" 당시로서는 터무니없는 소리처럼 들리는 그 말을 나는 그대로 받아 적었고 절대로 잊지 않았다. 예상대로 아놀드는 수년 뒤에 톱스타가 되었다.

① 보디빌더로 몸을 키워 놨으니 저를 원하는 할리우드 영화사가 있을 것입니다.

② 원하는 모습을 상상하며 이미 내가 톱배우가 된 것처럼 사는 것입니다.

③ 차근차근 저와 어울리는 단역을 맡다 보면 기회가 오지 않겠습니까.

④ 하루하루를 최선을 다해 사는 것입니다.

19. 세로 길이가 120cm, 가로 길이가 90cm인 벽에 남는 부분 없이 정사각형 모양의 타일을 붙이려고 한다. 타일 개수를 최소로 사용하려고 할 때, 붙일 수 있는 타일의 한 변의 길이는?

① 15cm ② 20cm

③ 25cm ④ 30cm

20. 3m 길이의 끈을 모두 사용하여 직사각형을 만들려고 한다. 만약 직사각형의 가로 길이가 세로 길이의 2배라면 이 직사각형의 넓이는?

① $0.5m^2$ ② $0.8m^2$

③ $1.2m^2$ ④ $1.5m^2$

21. 정은이는 한 개에 1,500원인 참외와 한 개에 2,500원인 오렌지를 합하여 총 10개를 구매하고 20,000원을 지불하였다. 정은이가 산 참외의 개수는?

① 3개 ② 4개
③ 5개 ④ 6개

22. 진영이와 성은이가 함께 만두를 빚기로 하였다. 진영이는 한 시간에 만두 20개를 빚을 수 있고, 성은이는 한 시간에 15개를 빚을 수 있다고 할 때, 만두 210개를 함께 빚는 데 걸리는 시간은?

① 2시간 ② 4시간
③ 6시간 ④ 8시간

23. A 미술관의 이번 달 관람객 수는 10,000명이었다. 한 달에 관람객 수가 5%씩 증가한다면 2달 후의 관람객 수는?

① 10,500명 ② 10,750명
③ 11,025명 ④ 11,250명

24. A, B, C, D, E, F, G 7명이 일렬로 설 때, C와 F가 이웃하여 서는 경우의 수는?

① 240가지 ② 480가지
③ 720가지 ④ 1,440가지

25. 다음은 입체도형을 여러 방향에서 바라본 투상도이다. 이에 해당하는 입체도형으로 알맞은 것은? (단, 화살표 방향은 정면을 의미한다)

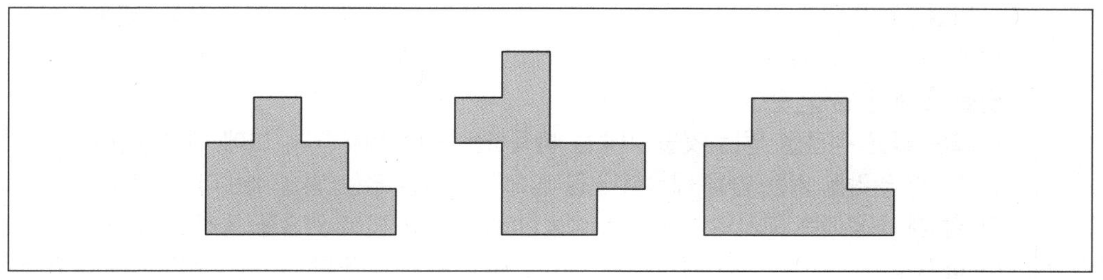

①

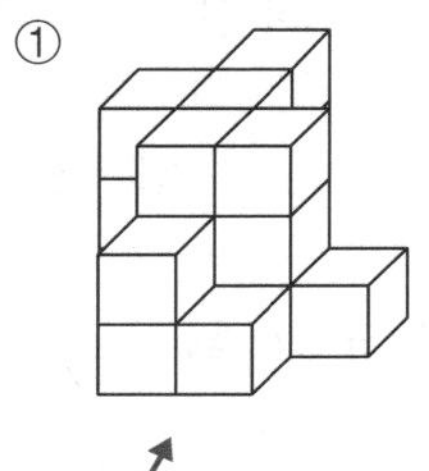

②

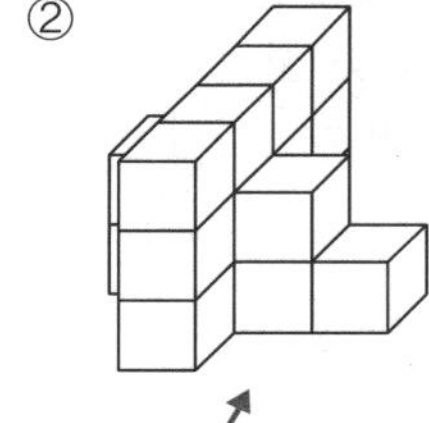

③

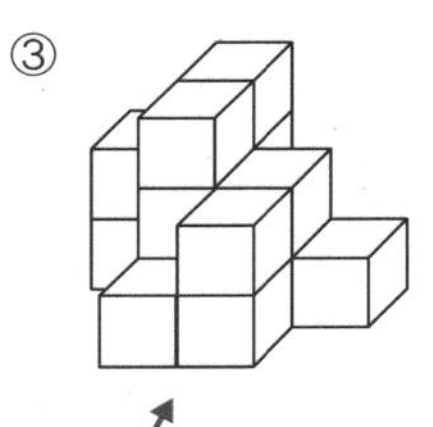

④

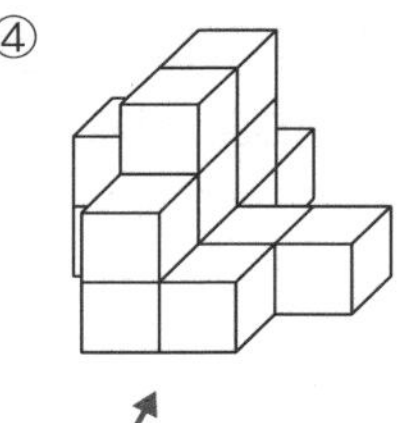

26. 다음 글에서 필자가 말하고자 하는 바는?

> 완벽한 글을 써 나가겠다는 압박감은 글을 쓰지 못하게 한다. 이 글에서는 이것만 써야 하는데, 저것도 안다고 말하고 싶다. 좀 더 멋있게 표현하고 싶을 것이다. 그러다 보면 글쓰기 진도가 나가지 않을 뿐더러 글도 나빠진다. 핵심에서 벗어나 중언부언하기 십상이다. 형용사, 부사가 난무하여 글이 느끼해진다. 글의 성패는 여기서 갈린다. 취사선택의 분별력과 결단이 필요하다.

① 글을 잘 쓰려는 욕심 버리기

② 누군가에게 잘 보이려는 욕심 버리기

③ 아는 것을 최대한으로 표현하기

④ 자신의 현재 상태를 그대로 받아들이기

27. 다음 글의 내용을 고치기 위한 의견으로 적절하지 않은 것은?

> 탁월함은 어떻게 습득되는가, 가르칠 수 있는가? 이 물음에 대하여 아리스토텔레스는 지성의 탁월함은 가르칠 수 있지만, 성품의 탁월함은 비이성적인 것이어서 가르칠 수 없고 ㉠ <u>훈련을 통해서 얻을 수 있다.</u>
>
> 그는 좋은 성품을 얻는 것을 기술을 습득하는 것에 비유한다. 그에 따르면, 리라(lyra)를 켬으로써 리라를 켜는 법을 배우며 말을 탐으로써 말을 타는 법을 배운다. 어떤 기술을 얻고자 할 때 처음에는 교사의 지시대로 행동한다. 그리고 반복 연습을 통하여 그 행동이 점점 더 하기 쉽게 되고 마침내 제2의 ㉡ <u>습관</u>이 된다. ㉢ <u>이와 마찬가지로</u> 어린아이는 어떤 상황에서 어떻게 행동해야 진실되고 관대하며 예의를 차리게 되는지 일일이 배워야 한다. ㉣ <u>예의는 사람과 사람의 관계에서 꼭 갖추어야 할 덕목이다.</u> 그래서 훈련과 반복을 통하여 그런 행위들을 연마하다 보면 그것들을 점점 더 쉽게 하게 되고, 결국에는 스스로 판단할 수 있게 된다.

① ㉠은 문장성분 간의 호응관계를 고려하여 '훈련을 통해서 얻을 수 있다고 대답했다.'로 고쳐야 한다.

② ㉡은 단어 사용이 적절하지 않으므로 '천성'으로 바꾸어야 한다.

③ 문장 내의 연결 관계가 어색하므로 ㉢을 '그러므로'로 고쳐야 한다.

④ ㉣은 글의 통일성을 해치므로 삭제해야 한다.

28. 다음 펼쳐진 전개도를 접었을 때의 모양으로 적절한 것은?

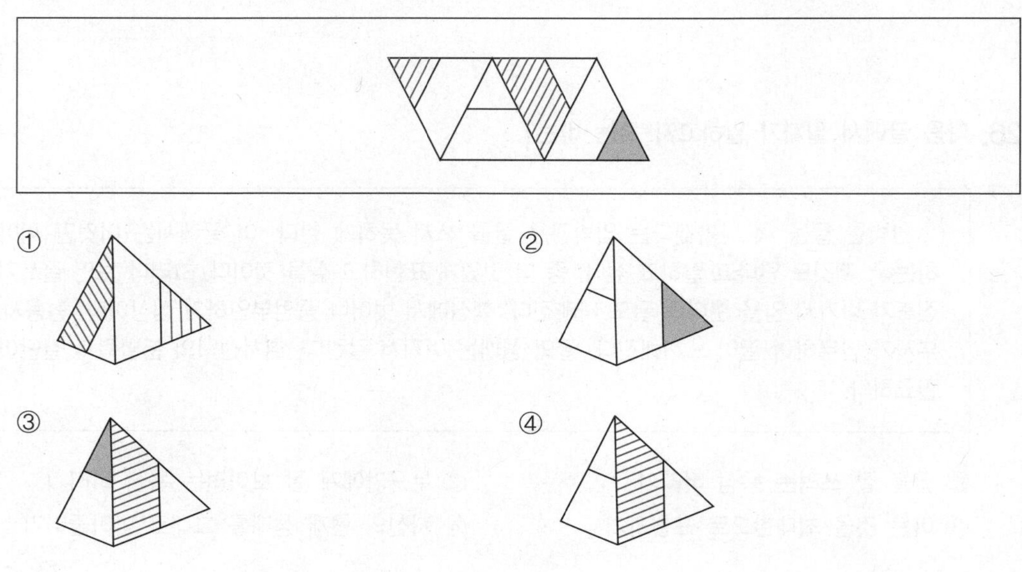

29. ○○사 총무팀 K 씨는 다음 달에 있을 워크숍을 준비하려고 한다. 워크숍이 다음과 같이 진행될 때, K 씨가 대관할 호텔은?

1. 워크숍 진행

일시	20XX. XX. 13. ~ 20XX. XX. 14.
인원	40인
시설	대회의실, 20인 수용시설 2실, 숙박시설, 차량
예산	1,200,000원
비고	• 대회의실에는 40인이 모두 들어가야 함. • 같은 조건일 경우 노래방 기기가 있으면 더 선호함.

2. 숙박시설

구분	A 호텔	B 호텔	C 호텔	D 호텔
시설 현황	대회의실(40인) 소회의실(20인) 2실 숙박시설(40인) 차량 노래방 기기	대회의실(40인) 소회의실(20인) 2실 숙박시설(40인) 차량	대회의실(50인) 소회의실(20인) 2실 숙박시설(30인) 차량 노래방 기기	대회의실(60인) 소회의실(30인) 1실 숙박시설(50인) 차량 노래방 기기
지불 비용	950,000원	950,000원	1,200,000원	1,100,000원

① A 호텔　　② B 호텔

③ C 호텔　　④ D 호텔

[30 ~ 31] 다음 자료를 보고 이어지는 질문에 답하시오.

〈자료 1〉 연령계층별 인구수

(단위 : 천 명)

구분	1970년	1980년	1990년	2000년	2010년	2020년
0 ~ 14세	13,709	12,951	10,974	9,911	7,979	6,751
15 ~ 64세	17,540	23,717	29,701	33,702	36,209	37,620
65세 이상	991	1,456	2,195	3,395	5,366	7,016

〈자료 2〉 연령계층별 인구 구성비

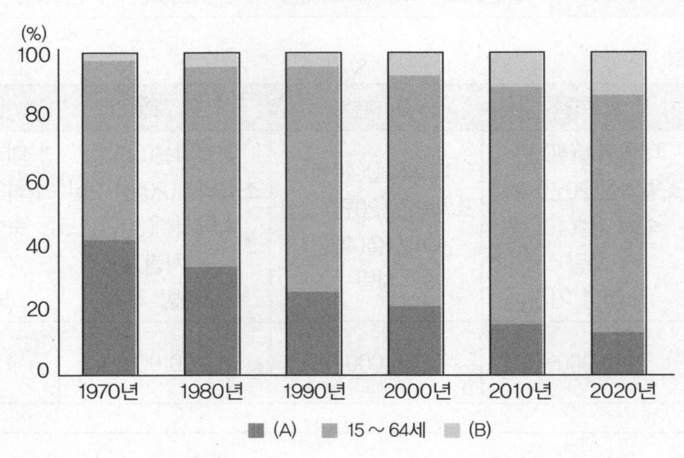

30. 위의 자료를 바르게 해석한 것은?

① 2010년 인구는 30년 전에 비해 11,430천 명 감소하였다.

② 〈자료 2〉의 (A)는 65세 이상, (B)는 0 ~ 14세의 비율을 나타낸다.

③ 1990년 이후로 14세 이하 인구는 매 조사시점마다 이전 조사시점에 비해 1백만 명 이상 감소하고 있다.

④ 2010년 65세 이상의 인구는 1990년 14세 이하 인구의 $\frac{1}{2}$ 이상이다.

31. 2020년 65세 이상 인구는 전체 인구의 몇 %를 차지하는가? (단, 소수점 아래 둘째 자리에서 반올림한다)

① 13.5%
② 13.7%
③ 14.1%
④ 14.4%

32. 다음 그래프를 보고 추측한 내용이 적절하지 않은 사람은?

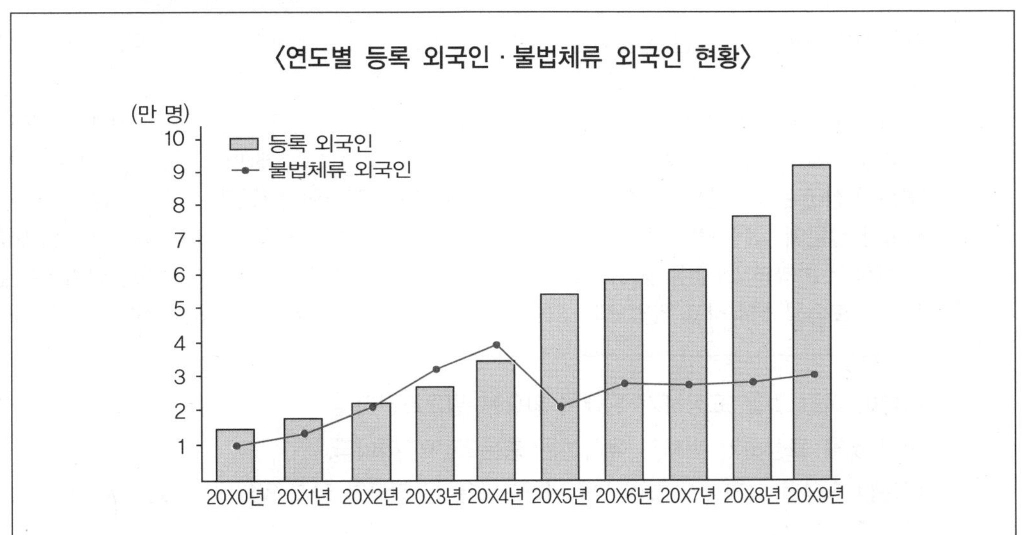

- A : 등록 외국인 수가 매년 증가하고 있지만 변수가 발생하면 그 수가 줄어들 수도 있어.
- B : 불법체류 외국인의 수는 20X4년에 최고치를 기록하면서 처음으로 등록 외국인 숫자보다 많아졌어.
- C : 20X5년에 등록 외국인 수가 급격히 증가한 이유는 불법체류 외국인이 등록 외국인이 되었기 때문은 아닐까?
- D : 20X6년 이후 불법체류 외국인의 숫자는 비교적 안정적으로 유지되고 있어.

① A
② B
③ C
④ D

33. 다음 글을 통해 유추한 내용으로 적절하지 않은 것은?

> 한 마리의 개미가 모래 위를 기어가고 있다. 개미가 기어감에 따라 모래 위에는 하나의 선이 생긴다. 개미가 모래 위에서 방향을 이리저리 틀기도 하고 가로지르기도 하여 형성된 모양이 아주 우연히도 이순신 장군의 모습과 유사한 그림같이 되었다고 하자. 이 경우, 그 개미가 이순신 장군의 그림을 그렸다고 할 수 있는가? 개미는 단순히 어떤 모양의 자국을 남긴 것이다. 우리가 그 자국을 이순신 장군의 그림으로 보는 것은 우리 스스로가 그렇게 보기 때문이다. 선 그 자체는 어떠한 것도 표상하지 않는다. 이순신 장군의 모습과 단순히 유사하다고 해서 그것이 바로 이순신 장군을 표상하거나 지시한다고 할 수 없다는 것이다.
>
> 반대로 어떤 것이 이순신 장군을 표상하거나 지시한다고 해서 반드시 이순신 장군의 모습과 유사하다고 할 수도 없다. 이순신 장군의 모습을 본뜨지도 않았으면서 이순신 장군을 가리키는 데에 사용되는 것은 활자화된 '이순신 장군'과 입으로 말해진 '이순신 장군' 등 수없이 많다.
>
> 개미가 그린 선이 만약 이순신 장군의 모습이 아니라 '이순신 장군'이란 글자 모양이라고 가정해 보자. 그것은 분명히 아주 우연히 그렇게 된 것이므로, 개미가 그리게 된 모래 위의 '이순신 장군'은 이순신 장군을 표상한다고 할 수 없다. 활자화된 모양인 '이순신 장군'이 어느 책이나 신문에 나온 것이라면 그것은 이순신 장군을 표상하겠지만 말이다. '이순신'이란 이름을 책에서 본다면 그 이름을 활자화한 사람이 있을 것이고, 그 사람은 개미와는 달리 이순신 장군의 모습을 생각하고 있었으며, 그를 지시하려는 의도를 분명히 가졌을 것이기 때문이다.

① 이름이 어떤 것을 표상하기 위해서 의도는 필요조건이다.

② 어떤 것을 표상하기 위해서 유사성은 충분조건이 아니다.

③ 이순신 장군을 그리고자 그린 그림이라도 이순신 장군과 닮지 않았다면 그를 표상하는 그림이라고 볼 수 없다.

④ 이름이 어떤 대상을 표상하기 위해서는 그 이름을 사용한 사람이 그 대상에 대해서 생각할 수 있는 능력이 있어야 한다.

34. 지혜, 희경, 현우, 수정, 정현은 A ~ F 기술위원회의 위원이고 소속은 다음 표와 같다. 자신이 속한 기술위원회의 회의는 반드시 참석해야 하며, 각 회의는 1시간씩 진행된다. 이를 바탕으로 회의 시간을 계획하려고 할 때, 최소 몇 시간이 필요한가? (단, 휴식시간과 이동시간은 고려하지 않는다)

구분	지혜	희경	현우	수정	정현
A	○		○		○
B	○	○			
C			○	○	
D		○		○	
E				○	○
F			○		○

※ ○ : 해당 기술위원회 위원임을 표시함.

① 2시간
② 3시간
③ 4시간
④ 5시간

35. 다음 그림은 일정한 규칙에 따라 배열되어 있다. '?'에 들어갈 도형은?

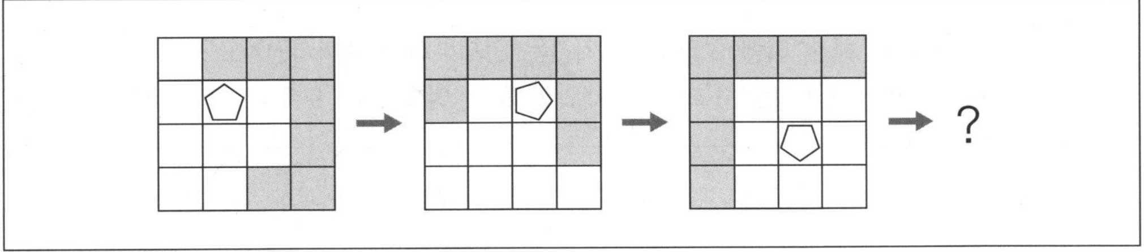

①
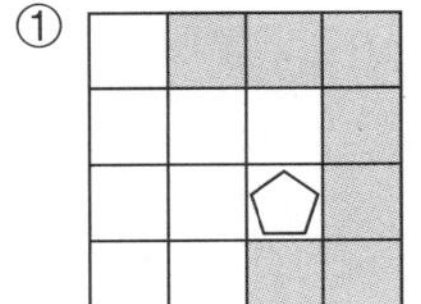

②
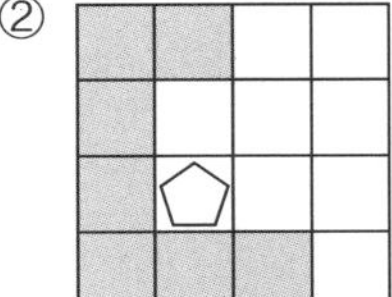

③
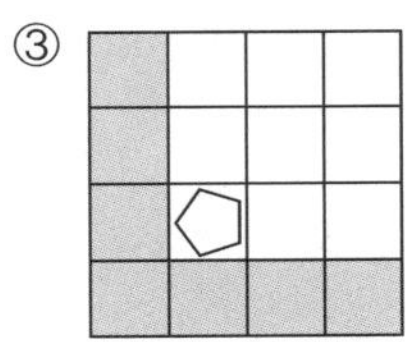

④
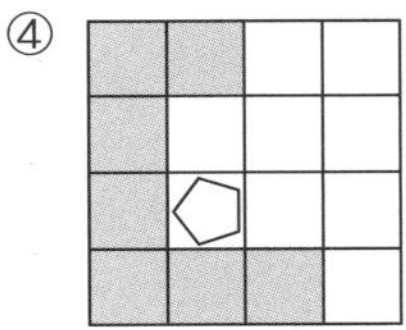

36. 다음은 A 기관 교육프로그램에 대한 안내문이다. 이를 통해 답변할 수 있는 질문을 모두 고른 것은?

〈202X 여름 생태체험 프로그램 안내〉

• 여름새와의 하천 여행 1
 – 일시 : 10월 매주 토요일 12:00 ~ 14:00
 – 운영장소 : XX천에 위치한 생태학교
 – 대상 : 초등학생부터 성인까지 누구나
 – 참고사항 : 점심 도시락 제공

• 여름새와의 하천 여행 2
 – 일시 : 11월 매주 일요일 10:00 ~ 12:00
 – 운영장소 : XX천에 위치한 생태학교
 – 대상 : 초등학생(단, 부모 중 한 명 동반으로만 신청 가능)
 – 참가비용 : 1,000원/1인

※ 모든 프로그램은 선착순 모집이며 조기에 마감될 수 있습니다. 자세한 내용은 A 기관 홈페이지 공지사항을 참고해 주세요.

㉠ '여름새와의 하천 여행 2'의 참가비용은 얼마인가요?
㉡ '여름새와의 하천 여행 1'의 모집 정원은 몇 명인가요?
㉢ '여름새와의 하천 여행 1'에서는 점심 식사를 제공하나요?
㉣ '여름새와의 하천 여행 2'의 모집 기간은 언제부터 언제까지인가요?
㉤ '여름새와의 하천 여행 1'과 '여름새와의 하천 여행 2'는 모두 선착순 모집인가요?

① ㉠, ㉡ ② ㉡, ㉢
③ ㉣, ㉤ ④ ㉠, ㉢, ㉤

37. 다음 비판적 사고에 관한 설명을 보고 비판적 사고를 기르기 위해 필요한 것을 고르면?

> 어떤 사태에 처했을 때 감정에 사로잡히거나 권위에 맹종하지 않고 합리적이고 논리적으로 분석 · 평가 · 분류하는 사고과정이다. 즉, 객관적 증거에 비추어 사태를 비교 · 검토하고 인과관계를 명백히 하며 여기서 얻어진 판단에 따라 행동하는 과정을 말한다.

① 구체적인 생각과 문제인식
② 생각하는 습관과 문제의식
③ 문제의식과 고정관념 타파
④ 타인에 대한 이해와 고정관념 타파

38. ○○기업 인사팀에서는 부서별로 직원들의 정신적 및 신체적 스트레스 지수를 조사하여 다음 자료와 같은 결과를 얻었다. 이를 이해한 내용으로 적절하지 않은 것은?

〈부서별 정신적 · 신체적 스트레스 지수〉

(단위 : 명, 점)

구분	부서	인원	평균점수
정신적 스트레스	생산	100	1.83
	영업	200	1.79
	지원	100	1.79
신체적 스트레스	생산	100	1.95
	영업	200	1.89
	지원	100	2.05

※ 점수가 높을수록 정신적 · 신체적 스트레스가 높은 것으로 간주한다.

① 영업이나 지원 부서에 비해 생산 부서의 정신적 스트레스가 높은 편이다.
② 세 부서 모두 정신적 스트레스보다 신체적 스트레스가 더 높은 경향을 보인다.
③ 신체적 스트레스가 가장 높은 부서는 지원 부서이며, 그다음으로는 생산, 영업 순이다.
④ 전 부서원(생산, 영업, 지원)의 정신적 스트레스 지수 평균점수와 전 부서원의 신체적 스트레스 지수 평균점수의 차이는 0.16 이상이다.

39. 다음은 각종 교통편을 이용하여 서울에서 부산으로 내려가는 남녀 비율에 관한 그래프이다. 자가용을 이용해서 부산에 가는 남자와 여자의 인원수는 얼마나 차이가 나는가? (단, 남자는 500만 명, 여자는 400만 명을 대상으로 조사하였다)

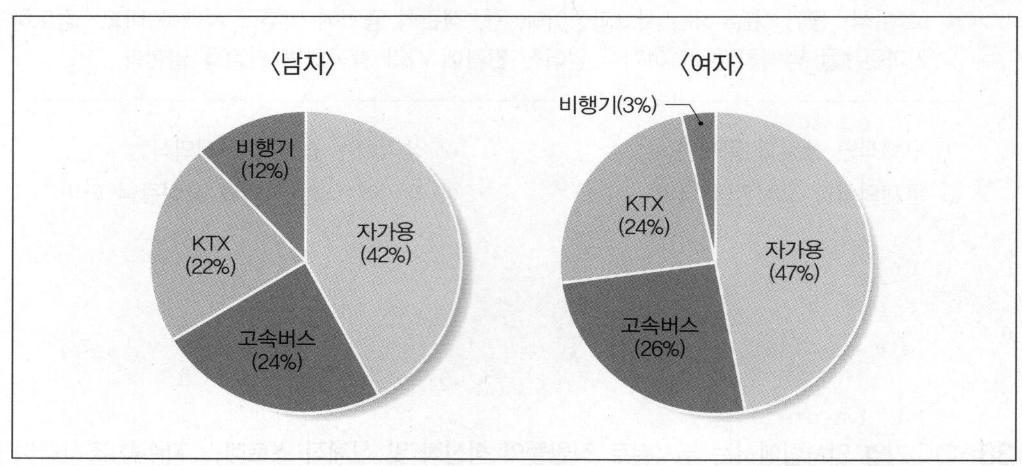

① 22만 명 ② 23만 명
③ 24만 명 ④ 25만 명

40. 다음 도형에서 만들 수 있는 크고 작은 삼각형의 개수는?

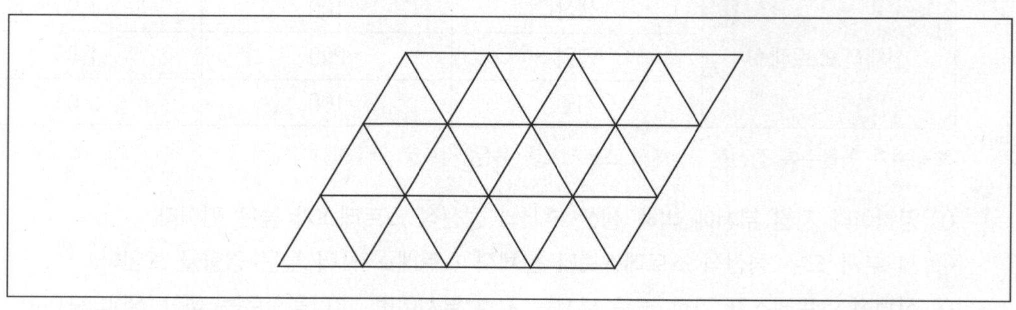

① 36개 ② 40개
③ 46개 ④ 48개

41. 다음 내용을 바탕으로 할 때, A ~ D 4명의 방 배치로 옳은 것은?

> A : 내 방과 B의 거리는 C와 D의 거리와 같다.
> B : 내 방과 다른 사람 방의 거리는 3명 중 한 명만 다르다.
> C : 내 방과 가장 거리가 먼 방은 D가 아니다.
> D : 내 방을 기준으로 가로, 세로 수직선 방향에는 빈방뿐이다.

①

B			
		A	
	C		
			D

②

		B	
	A		
C			
		D	

③

	A		
	D	B	
			C

④

	A		
			B
C			
		D	

42. 다음 상황에 등장하는 인물들이 보였어야 할 행동으로 적절하지 않은 것은?

> A 씨가 일하는 □□기관은 해마다 1회의 정기 외부감사를 받아야 한다. 감사 결과, A 씨의 부서장이 결정하여 추진한 사안에 대하여 문제가 제기되었다. 이에 대하여 기관장은 부서장에게 문제 원인을 파악하도록 지시하였고, 부서장은 본인이 결재하였으나 부서 내 실무자의 실수를 미처 확인하지 못하였다고 보고하였다. 이에 따라 기관장은 해당 업무 관련자에게 경위서를 제출하도록 하였으며, 해당 실무자는 잘못이 없음에도 부서장의 허위 보고로 인해 경위서를 제출하였다. 그리고 그 실무자는 A 씨에게 이러한 사실을 털어놓았다.

① 기관장은 부서장의 보고에 대하여 사실 관계를 추가 확인하여야 했다.
② 해당 실무자는 경위서 제출의 불합리함을 부서장에게 주장해야 했다.
③ 부서장은 허위 보고에 대하여 정정보고를 해야 했다.
④ 감사 업무 담당자는 문제가 확인된 사안에 대하여 관련인의 책임 여부를 검토해야 했다.

43. ○○기업의 사옥에는 5개 팀이 2 ~ 5층을 사용하고 있다. 다음 조건에 일치하지 않는 것은? (단, 회계팀만 타 층의 복사기를 사용하며, 한 층에는 최대 2개 팀만 있다)

> • 마케팅팀과 기획관리팀은 복사기를 같이 사용한다.
> • 4층에는 회계팀만 있다.
> • 총무팀은 홍보팀의 바로 아래층에 있다.
> • 홍보팀은 마케팅팀의 아래쪽에 있으며 3층의 복사기를 사용하고 있다.
> • 회계팀은 위층의 복사기를 사용하고 있다.

① 마케팅팀은 기획관리팀과 같은 층에 있다.
② 회계팀은 5층의 복사기를 사용한다.
③ 총무팀은 3층의 복사기를 사용한다.
④ 기획관리팀은 5층에 있다.

44. 다음 글의 중심 내용으로 가장 적절한 것은?

> 속도는 기술 혁명이 인간에게 선사한 엑스터시(Ecstasy)의 형태이다. 오토바이 운전자와는 달리 뛰어가는 사람은 언제나 자신의 육체 속에 있으며, 뛰면서 생기는 미묘한 신체적 변화와 가쁜 호흡을 생각할 수밖에 없다. 뛰고 있을 때 그는 자신의 체중과 나이를 느끼고 그 어느 때보다도 더 자신과 자기 인생의 시간을 의식한다. 그러나 인간이 기계에 속도의 능력을 위임하고 나면 모든 게 변한다. 이때부터 그의 고유한 육체는 관심 밖에 있게 되고 그는 비신체적 속도, 비물질적 속도, 순수한 속도, 속도 그 자체, 속도 엑스터시에 몰입한다. 기묘한 결합테크닉의 싸늘한 몰개인성과 엑스터시 불꽃. 어찌하여 느림의 즐거움은 사라져버렸는가?

① 무한정한 속도 경쟁의 문화는 왜곡된 현대성의 한 예이다.

② 속도 추구에만 몰입할 것이 아니라 느린 삶의 미학을 회복해야 한다.

③ 사람들은 성취의 과정이나 그 질보다는 속도와 양에 매달린다.

④ 현대 사회의 몰개인성은 지나친 속도 경쟁 때문이다.

45. 제시된 도형을 시계 방향으로 270° 회전시킨 모양으로 적절한 것은?

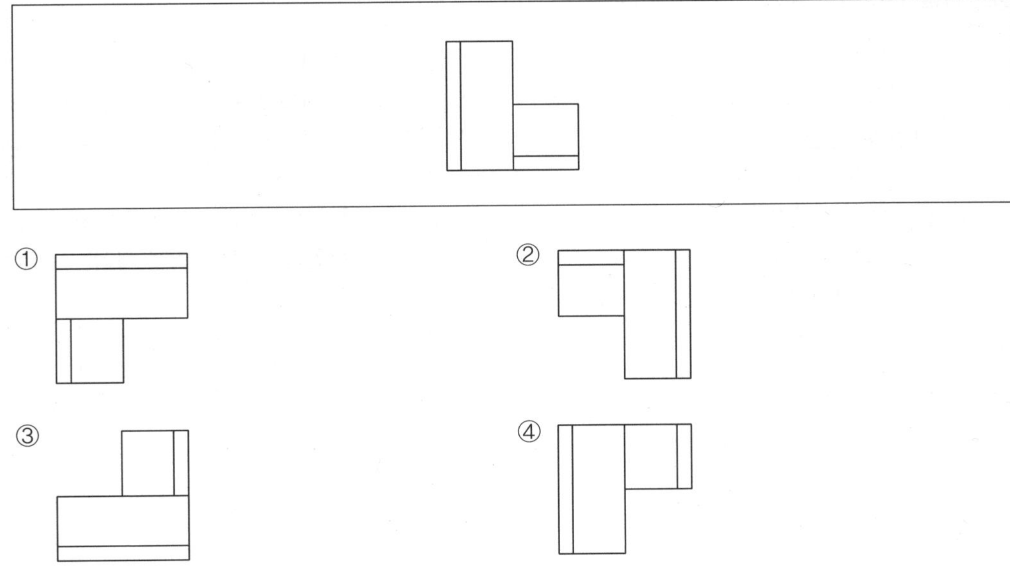

8회 기출예상문제

문항수 | 45문항
시험시간 | 50분

소양평가

정답과 해설 69쪽

01. 다음 중 빈칸에 들어갈 수 없는 단어는?

> 툰드라 지역은 추운 날씨 때문에 음식이 잘 상하지 않아 사람들은 사냥한 고기를 날로 먹는 것을 즐긴다. 이곳 사람들은 기후적 특성 때문에 채소를 ( )하여 섭취하기 어렵지만 열을 가하지 않은 날고기를 먹음으로써 부족한 비타민과 무기질을 보충할 수 있다. 또한, 식량이 부족할 때를 대비하여 고기를 냉동, 건조, 훈제하여 ( )하기도 한다. 최근에는 툰드라 지역의 독특한 음식을 맛보기 위해 많은 관광객이 ( )하고 있다.

① 재배
② 소비
③ 저장
④ 방문

02. 다음 ㉠ ~ ㉣ 중 그 쓰임이 적절한 것은?

> "내가 집이 가난해서 말이 없으므로 혹 빌려서 타는데 ㉠ <u>여의고</u> 둔하여 걸음이 느린 말이면 비록 급한 일이 있어도 감히 채찍질을 가하지 못하고 조심조심하여 곧 ㉡ <u>넘어질 것가치</u> 여기다가, 개울이나 구렁을 만나면 내려서 걸어가므로 후회하는 일이 적었다. 발이 높고 귀가 날카로운 ㉢ <u>준마로써</u> 잘 달리는 말에 올라탈 때는 의기양양하게 마음대로 채찍질하여 고삐를 놓으면 언덕과 골짜기가 평지처럼 보이니 심히 ㉣ <u>장쾌하였다</u>. 그러나 어떤 때에는 위태로워서 떨어지는 근심을 면치 못하였다. … "

① ㉠
② ㉡
③ ㉢
④ ㉣

03. 다음 명제들을 읽고 밑줄 친 부분에 들어갈 문장으로 적절한 것은?

- 축구를 잘하는 사람은 감기에 걸리지 않는다.
- 감기에 걸리지 않는 사람은 휴지를 아껴 쓴다.
- 나는 축구를 잘한다.
- 그러므로 ______________

① 나는 감기에 자주 걸린다.
② 환자는 휴지를 아껴 쓴다.
③ 나는 축구를 자주 한다.
④ 나는 휴지를 아껴 쓴다.

04. 정사각형의 색종이를 다음과 같은 점선에 따라 접어서 나올 수 있는 모양으로 적절한 것은?

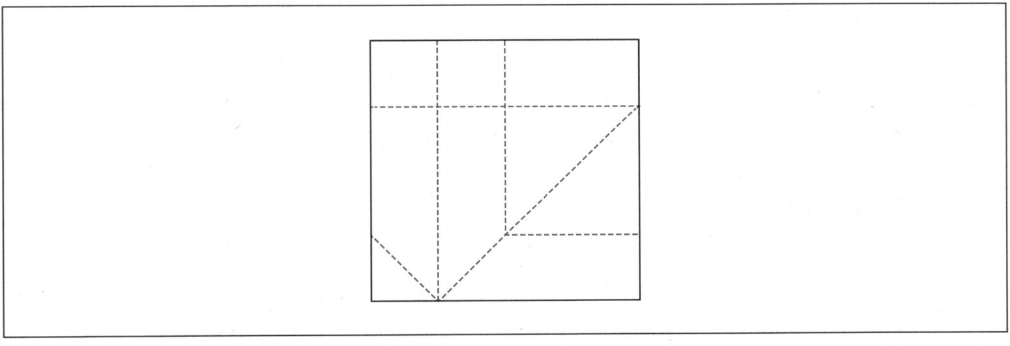

①
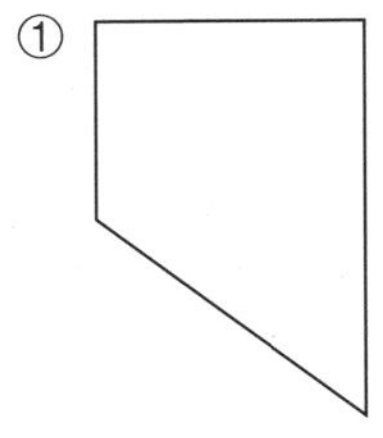

②
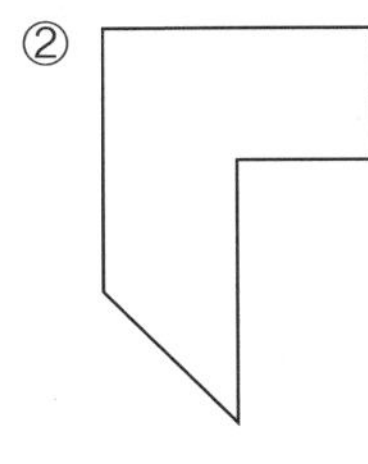

③
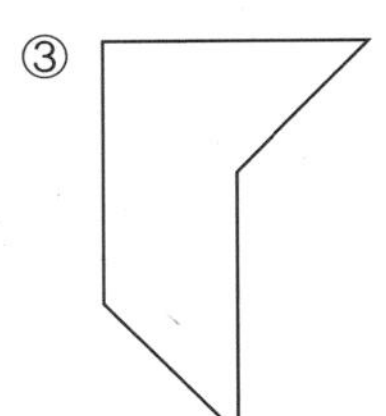

④
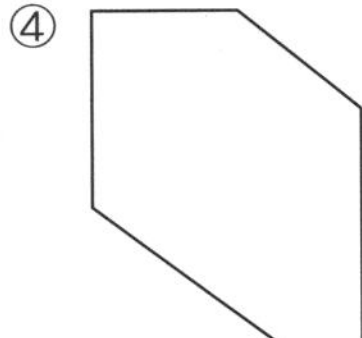

05. 다음 글의 주제로 알맞은 것은?

> 전쟁을 다룬 소설 중에는 실재했던 전쟁을 제재로 한 작품들이 있다. 이런 작품들은 허구를 매개로 실제로 발발했던 전쟁을 새롭게 조명한다. 가령 『박씨전』은 패전했던 병자호란을 있는 그대로 받아들이고 싶지 않았던 조선 사람들의 욕망에 따라, 허구적 인물 박씨가 패전의 고통을 안겨 주었던 실존 인물인 용골대를 물리치는 장면을 중심으로 허구화되었다. 외적에 휘둘린 무능한 관군 탓에 병자호란 당시 여성은 전쟁의 큰 피해자였다. 『박씨전』에서는 이 비극적 체험을 재구성하여 전화를 피하기 위한 장소인 피화당(避禍堂)에서 여성 인물과 적군이 전투를 벌이는 장면을 설정하고 있다. 이들 간의 대립 구도에서 전개되는 이야기로 조선 사람들은 슬픔을 위로하고 희생자를 추모하며 공동체로서의 연대감을 강화하였다. 한편 『시장과 전장』은 한국 전쟁이 남긴 상흔을 직시하고 이에 좌절하지 않으려던 작가의 의지가 이념 간의 갈등에 노출되고 생존을 위해 몸부림치는 인물을 통해 허구화되었다. 이 소설에서는 전장을 재현하여 전쟁의 폭력에 노출된 개인의 연약함을 강조하고, 무고한 희생을 목도한 인물의 내면을 드러냄으로써 개인의 존엄을 탐색하였다.
>
> 우리는 이런 작품들을 통해 전쟁의 성격을 탐색할 수 있다. 두 작품에서는 외적의 침략이나 이념 갈등과 같은 공동체 사이의 갈등이 드러나고 있다. 그런데 전쟁이 폭력적인 것은 이 과정에서 사람들이 죽기 때문만은 아니다. 전쟁의 명분은 폭력을 정당화하여 적의 죽음은 불가피한 것으로, 우리 편의 죽음은 불의한 적에 의한 희생으로 간주해 버린다. 전쟁은 냉혹하게도 아군, 적군 모두가 민간인의 죽음조차 외면하거나 자신의 명분에 따라 이를 이용하게 한다는 점에서 폭력성을 띠는 것이다.
>
> 두 작품 모두에서 사람들이 죽는 장소가 군사들이 대치하는 전선만이 아니라는 점에도 주목할 만하다. 전쟁터란 전장과 후방, 가해자와 피해자가 구분되지 않는 혼돈의 현장이다. 이 혼돈 속에서 사람들은 고통받으면서도 생의 의지를 추구해야 한다는 점에서 전쟁은 비극성을 띤다. 이처럼 전쟁의 허구화를 통해 우리는 전쟁에 대한 인식을 새롭게 할 수 있다.

① 문학에 반영되는 작가의 작품 세계

② 문학작품에 나타난 전쟁의 종류

③ 문학에서 허구화된 전쟁이 갖는 의미

④ 문학에 나타난 역사의 진위 여부 판단의 중요성

06. 다음 내용에 해당하는 문제해결절차 단계는?

> 커피를 판매하는 전 세계적인 프랜차이즈인 S사는 1999년 국내에 입점한 이후 줄곧 국내 커피업계 1위로 선두를 달리고 있었다. 그런데 최근 몇 년 사이에 회사의 매출이 급격히 줄어들고 국내 토종 프랜차이즈들에게 그 자리를 위협받고 있다. 엎친 데 덮친 격으로 S사 커피를 마시는 것이 조롱거리가 되는 등 대책이 시급한 상황이다.

① 문제 인식　　② 문제 도출
③ 원인 분석　　④ 해결안 개발

07. 다음 도형의 그림자로 적절한 것은? (단, 화살표 방향은 정면을 의미한다)

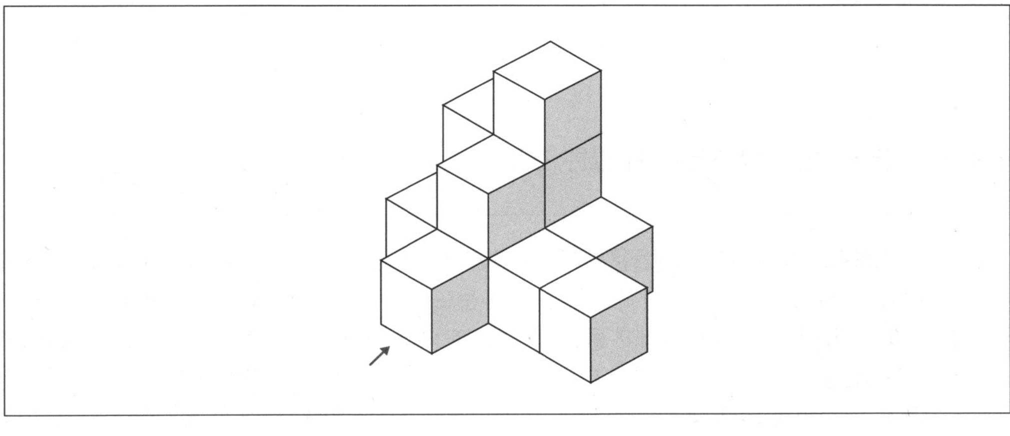

①
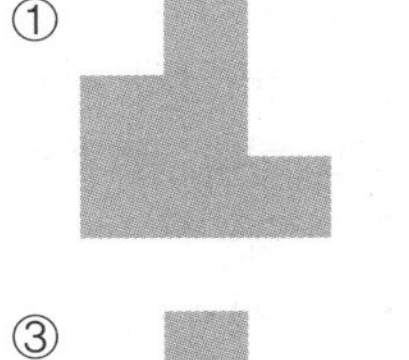

②

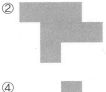

③

④

08. 다음의 회의 상황에서 회의가 원활하게 진행되지 않는 이유로 적절한 것은?

> 최 부장 : 다음 달 워크숍 주제로 어떤 것이 좋을지 이야기해 봅시다. 우리 강 대리님은 아이디어가 있습니까?
> 강 대리 : 지난번 주제가 '우리 회사 복지의 현주소'였잖아요. 사실 마무리가 안 된 채로 끝났기 때문에 이번에 마무리를 지….
> 정 과장 : 그건 얼추 해결된 걸로 아는데요? 웬만하면 새로운 주제가 좋지요.
> 홍 대리 : '90년대생이 온다'라는 책 읽어 보셨어요? 우리 회사 직원만 해도 30%가 90년대생이니까 이 책을 읽고 워크숍에서 토론하면 어떨….
> 정 과장 : 책을 읽자고요? 다들 바쁘다는 핑계로 읽어 올 직원은 몇 안 될 것 같은데.

① 최 부장이 독단적으로 의사결정을 내렸다.
② 강 대리가 발언권을 얻지 않은 채 발언했다.
③ 홍 대리가 주제와 무관한 아이디어를 제시했다.
④ 정 과장이 다른 사람의 의견에 특별한 대안 없이 반대했다.

09. 다음 글에 대한 설명으로 옳지 않은 것은?

> 프랑스와 이탈리아 사람들은 @를 '달팽이'라고 부른다. 역시 이 두 나라 사람들은 라틴계 문화의 뿌리도 같고, 디자인 강국답게 보는 눈도 비슷하다. 그런데 독일 사람들은 그것을 '원숭이 꼬리'라고 부른다. 그리고 동유럽의 폴란드나 루마니아 사람들은 꼬리를 달지 않고 그냥 '작은 원숭이'라고 부른다. 더욱 이상한 것은 북유럽의 핀란드로 가면 '원숭이 꼬리'가 '고양이 꼬리'로 바뀌게 되고, 러시아로 가면 그것이 원숭이와는 앙숙인 '개'로 둔갑한다는 사실이다. 아시아는 아시아대로 다르다. 중국 사람들은 @를 점잖게 쥐에다 노(老)자를 붙여 '라오수(小老鼠)' 또는 '라오수하오(老鼠號)'라 부른다. 일본은 쓰나미의 원조인 태풍의 나라답게 '나루토(소용돌이)'라고 한다. 혹은 늘 하는 버릇처럼 일본식 영어로 '앳 마크'라고도 한다. 팔이 안으로 굽어서가 아니라 30여 개의 인터넷 사용국 중에서 @와 제일 가까운 이름은 우리나라의 '골뱅이'인 것 같다. 골뱅이 위의 단면을 찍은 사진을 보여 주면 모양이나 크기까지 어느 나라 사람이든 무릎을 칠 것이 분명하다.

① 사람들은 문화에 따라 같은 대상을 다르게 표현한다.
② 프랑스는 라틴계 문화의 영향을 받았다.
③ 다른 나라 사람들은 현재 @를 골뱅이라고 부르는 것에 동의한다.
④ 핀란드에서는 @를 고양이 꼬리로 부른다.

10. 영업팀에서는 하반기 업무평가 점수를 토대로 점수가 가장 높은 1명에게는 상품을 지급하고 점수가 가장 낮은 1명에게는 직무교육을 받도록 하였다. 영업팀 직원들의 업무평가 점수가 다음과 같을 때 옳은 것은?

- 영업팀 직원은 A, B, C, D, E, F, G로 모두 7명이다.
- F보다 업무평가 점수가 좋은 사람은 E를 포함해 2명이다.
- G는 A보다 업무평가 점수가 낮지만, C와 D보다는 점수가 높다.
- 직무교육을 받아야 하는 사람은 C이다.
- B는 E와 C보다 업무평가에서 좋은 점수를 받았다.
- 업무평가 점수가 같은 사람은 없다.

① A는 7명의 영업팀 직원 중 두 번째로 높은 점수를 받았다.
② D는 C와 함께 직무교육을 받아야 한다.
③ E보다 업무평가에서 좋은 점수를 받은 사람은 3명이다.
④ 업무평가에서 가장 좋은 점수를 받아 상품을 받은 사람은 B이다.

11. 다음을 보고 그 규칙을 찾아 '?'에 들어갈 도형으로 적절한 것을 고르면?

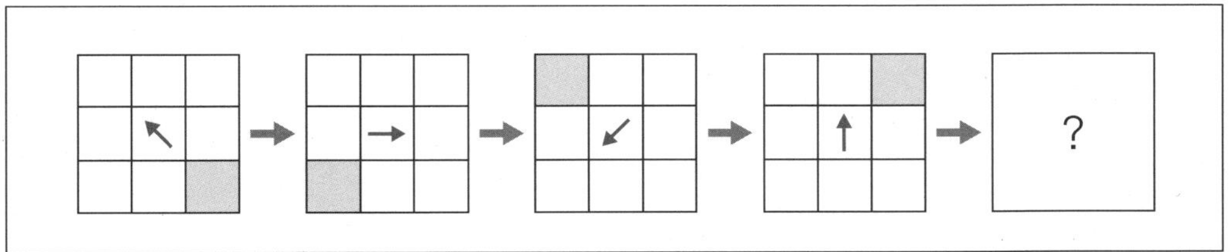

①
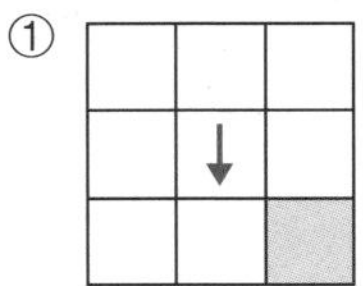
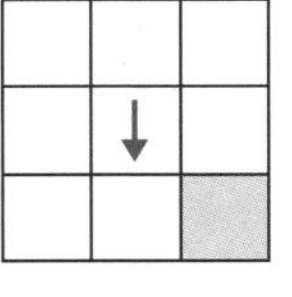

②
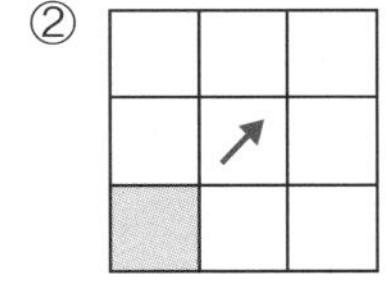

③
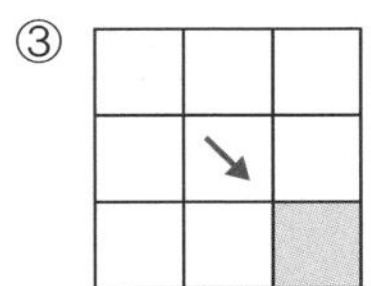

④
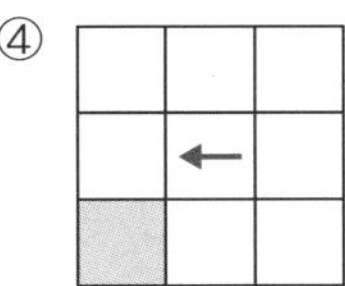

[12 ~ 13] 다음 글을 읽고 이어지는 질문에 답하시오.

> ㉠ 상품은 그것을 만들어 낸 생산자의 분신이지만, 시장 안에서는 상품이 곧 독자적인 인격체가 된다. 사람이 주체가 아니라 상품이 주체가 되는 것이다. 상품 생산자, 즉 판매자는 ㉡ 화폐를 얻기 위해 자신의 상품을 시장에 내놓는다. 이렇게 내놓아진 상품이 시장에서 다른 상품이나 화폐와 관계를 맺게 되면 그 상품은 주인에게 복종하기를 멈추고 자립적인 삶을 살아가게 된다.
>
> 또한, 사람들이 상품을 생산하여 교환하는 과정에서 시장의 경제 법칙을 만들어 냈지만, 이제 거꾸로 상품들은 인간의 손을 떠나 시장 법칙에 따라 교환된다. 이런 시장 법칙의 지배 아래에서는 사람과 사람 간의 관계가 상품과 상품, 상품과 화폐 등 사물과 사물 간의 관계에 가려 보이지 않게 된다.
>
> 이처럼 상품이나 시장 법칙은 인간에 의해 산출된 것이지만, 거꾸로 상품이나 시장 법칙이 인간을 지배하게 된다. 이때 인간 및 인간들 간의 관계가 소외되는 현상이 나타난다.

12. 윗글의 중심 내용으로 적절한 것은?

① 시장경제는 사람이 관여하지 않을 때 가장 이상적이다.
② 상품과 시장 법칙 중심의 경제가 사람을 소외시킨다.
③ 시장 경제 법칙이 실제 시장에 잘 적용되지 않고 있다.
④ 사람 간 관계 중심의 시장 정책 마련이 필요하다.

13. 다음 중 윗글의 ㉠, ㉡의 관계와 같은 것은?

① 잡채 : 당면
② 남자 : 여자
③ 축구 : 공
④ 운동 : 건강

14. 다음은 신입사원 김○○ 씨가 작성한 회의록의 일부이다. 이를 본 박△△ 과장이 할 조언으로 가장 적절한 것은?

〈회의록〉

- 회의 제목 : 신제품 출시 준비 회의
- 일시 및 장소 : 2024년 5월 12일 오후 2시
- 참석자 : 박△△ 과장, 김○○ 사원, 정□□ 대리
- 주요 내용 : 신제품 출시 일정 조율, 마케팅 전략 수립

① ○○ 씨, 회의록 잘 확인했습니다. 그런데 참석자 정보가 빠졌네요.
② ○○ 씨, 회의록 잘 확인했습니다. 그런데 회의 장소가 빠졌네요.
③ ○○ 씨, 회의록 잘 확인했습니다. 그런데 논의 사항이 빠졌네요.
④ ○○ 씨, 회의록 잘 확인했습니다. 그런데 회의 주제가 빠졌네요.

15. 다음 두 블록을 합쳤을 때 나올 수 없는 형태는? (단, 회전은 자유롭다)

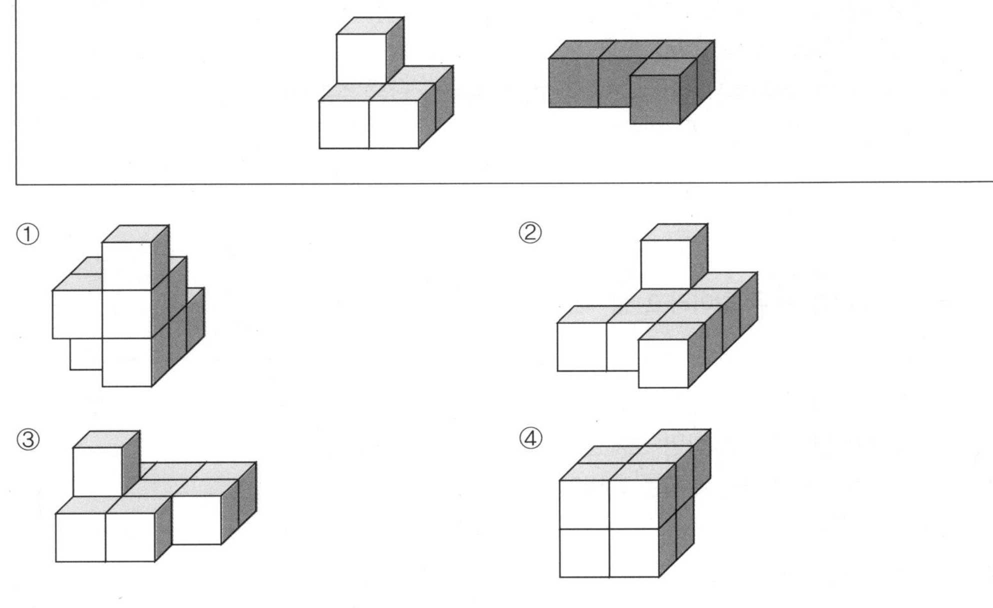

16. 다음 (가), (나)를 읽고 도출할 수 있는 결론으로 적절한 것은?

(가) 지난해 정부에서는 정보격차 해소를 위해 저소득층 가정의 아이들에게 컴퓨터 등의 정보 통신기기를 보급하였다. 이를 통해 정보의 접근성 및 활용능력이 향상되었으며 학업성적의 향상에도 도움이 될 것으로 전망하였다. 그런데 올해 정보 통신기기를 지원받은 가정의 아이들의 학업성적을 살펴본 결과, 성적이 오른 아이들은 소수에 불과하고 대부분이 전과 유사한 성적에 머물거나 오히려 하락한 경우도 나타났다.

(나) 정보 통신기기의 보급은 아이들로 하여금 다양한 지식을 쉽게 얻을 수 있도록 한다는 점에서 도움이 되지만, 수업에 대한 흥미와 집중력이 낮아지고 공부를 소홀히 하는 행동 등을 유발하여 학업성적이 떨어지는 이유가 되기도 한다. 그런데 정보 통신기기로 인한 학업성적의 하락은 저소득층 가정의 아이들에게서 더 큰 폭으로 나타나는데, 이러한 결과는 부모들의 관리에서 비롯된다고 보는 견해가 있다. 대부분 고소득층의 부모들은 자녀의 기기 활용에 대해 관리와 통제를 가하지만, 저소득층의 부모들은 이러한 관리에 대해 소홀한 경향이 있다는 것이다.

① 정보 통신기기의 보급은 정보격차 해소에는 도움이 되지만 아이들의 학업수준에는 부정적인 영향을 미친다.
② 아이들의 학업성적에는 정보 통신기기의 보급보다 기기에 대한 관리와 통제가 더 중요하게 작용한다.
③ 저소득층 아이들의 학업성적은 정보 통신기기의 보급에 따라 영향을 받으므로 적절한 조절을 통해 아이들의 성적향상을 도울 수 있다.
④ 저소득층의 정보 통신기기 보급률은 고소득층보다 낮은 수준으로, 이로 인한 정보수준의 격차가 아이들의 학업에 영향을 미친다.

17. 다음의 명제가 모두 참이라고 할 때, 반드시 참인 것은?

• 유리가 당번이라면 찬호는 당번이 아니다.
• 찬호가 당번이 아니라면 호재는 당번이다.
• 호재가 당번이라면 수하는 당번이다.

① 유리가 당번이라면 호재는 당번이다.
② 찬호가 당번이라면 유리는 당번이다.
③ 호재가 당번이라면 수하는 당번이 아니다.
④ 유리가 당번이 아니라면 찬호는 당번이다.

18. 다음과 같이 종이를 접은 후 펀치로 구멍을 뚫고 다시 펼쳤을 때의 모양으로 옳은 것은?

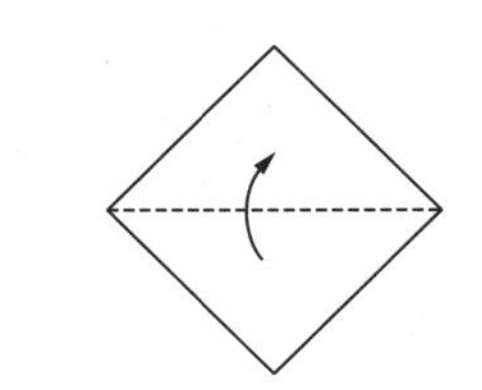
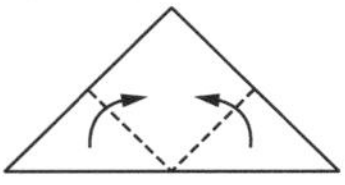
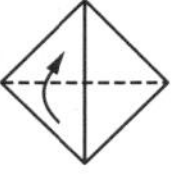
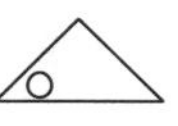

①
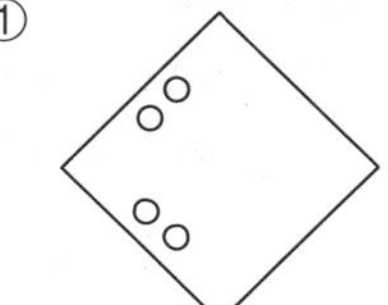

②
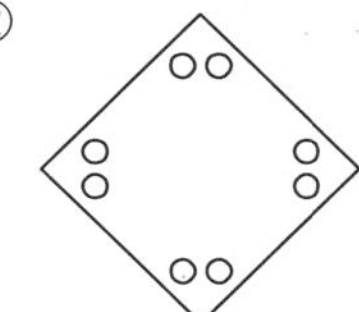

③
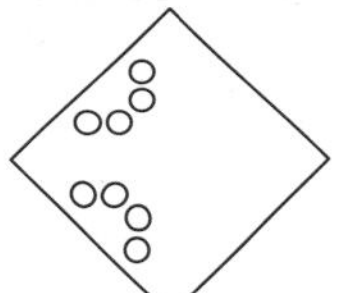

④
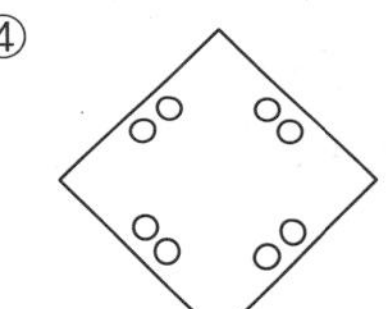

19. A는 매달 20만 원을, B는 매달 50만 원을 저축하기로 하였다. 현재 A가 모은 돈은 200만 원이고 B가 모은 돈은 100만 원이라면, B가 모은 돈이 A가 모은 돈의 두 배가 넘는 것은 지금부터 몇 개월 후인가?

① 27개월 ② 29개월
③ 31개월 ④ 33개월

20. 5%의 소금물과 11%의 소금물을 섞어 8%의 소금물 400g을 만들려고 할 때, 5%의 소금물은 몇 g이 필요한가?

① 100g ② 200g
③ 300g ④ 350g

21. ○○기업의 올해 바둑동호회 회원 수는 남성 회원이 5% 증가하고, 여성 회원이 10% 감소하여 작년과 동일하게 60명이다. 올해의 남성 회원 수는 모두 몇 명인가?

① 36명
② 38명
③ 40명
④ 42명

22. 캠페인을 준비 중인 ○○기업 홍보팀에서 캠페인 참여자들에게 나누어 줄 선물로 핫팩 4개, 기념볼펜 1개, 배지 2개가 1세트인 기념품 125세트를 준비하고 있다. 총 예산은 490,000원이고, 핫팩은 한 상자에 16개씩 들어 있다고 할 때, 핫팩 한 상자는 얼마인가? (단, 핫팩은 상자로만 구매 가능하며 예산은 낭비 없이 전부 사용되었다)

구분	가격(개당)
기념볼펜	800원
배지	600원

① 7,000원
② 7,200원
③ 7,500원
④ 7,800원

23. 다음 명제가 모두 참일 때, 〈결론〉에 대한 설명으로 항상 옳은 것은?

- 빨간색을 좋아하는 사람은 사소한 일에 얽매이지 않는다.
- 분홍색을 좋아하는 사람은 애정과 동정심이 많다.
- 내성적이지 않은 사람은 파란색을 좋아하지 않는다.
- 내성적인 사람은 사소한 일에 얽매인다.
- 애정과 동정심이 많은 사람은 박애주의자이다.

결론

(가) 파란색을 좋아하는 사람은 빨간색을 좋아하지 않는다.
(나) 분홍색을 좋아하지 않는 사람은 박애주의자가 아니다.

① (가)만 항상 옳다.
② (나)만 항상 옳다.
③ (가), (나) 모두 항상 옳다.
④ (가), (나) 모두 항상 그르다.

24. **다음의 내용을 바탕으로 할 때, 갑 대표의 발언에 부합하는 대화로 적절한 것은?**

> 갑 대표 : 수평적 문화를 만들기 위해 앞으로는 회사에서 선후배 간에 경어체를 사용하도록 하겠습니다. 다만, 경어체는 사람에게만 사용하도록 하고 사물에는 사용하지 않도록 합니다. 또한 고객이나 외부 사람을 부를 때는 '선생님', 회사를 지칭할 때는 '저희 회사'로 통일하도록 하겠습니다.

① 고객 : 이 자리는 빈자리인가요?
A 사원 : 선생님, 그 자리는 비어 계십니다.

② Z 부장 : B 사원, 그 전화는 어디에서 온 건가?
B 사원 : 네, W 과장님 전화입니다.

③ C 사원 : 우리 회사는 처음 방문하시는 거죠?
고객 : 네, 처음 왔습니다.

④ D 사원 : 예산 보고서는 어떻게 작성하면 될까요?
Y 대리 : 그건 과장님께 여쭤 보세요.

25. **○○기업 영업부에 근무하는 신입사원 한 씨는 입사 후 처음으로 안전사고 예방 교육을 받게 되었다. 다음 안내 방송을 들은 직후에 한 씨가 취할 행동으로 적절한 것은?**

> 안내 말씀 드립니다.
>
> 오늘은 안전사고 예방 교육이 있는 날입니다. 이번 교육은 일반 안전사고 예방 교육과 담당 업무별 안전사고 예방 교육으로 나누어 진행할 예정입니다. 따라서 일반 안전사고 예방 교육 후 담당 업무별 안전사고 예방 교육을 받게 되며, 이전에 일반 안전사고 예방 교육을 받은 직원은 담당 업무별 안전사고 예방 교육만 받으면 됩니다.
>
> 일반 교육은 1회의실에서 진행할 예정이고, 입사 2년 차 이상 사원 중 일반 교육 대상자는 2회의실로 이동해 주시기 바랍니다. 담당 업무별 교육은 부서에 따라 영업부는 3회의실, 마케팅부는 4회의실, 연구개발부는 5회의실에서 실시합니다.
>
> 이상 안내를 마치겠습니다.

① 담당 업무별 안전사고 예방 교육을 받기 위해 4회의실로 이동한다.
② 담당 업무별 안전사고 예방 교육을 받기 위해 3회의실로 이동한다.
③ 일반 안전사고 예방 교육을 받기 위해 2회의실로 이동한다.
④ 일반 안전사고 예방 교육을 받기 위해 1회의실로 이동한다.

26. 방과후수업의 전체 수강자 수는 266명이고 모두 컴퓨터 또는 영어 수업 중 어느 하나에 참여한다. 컴퓨터반 수강자 수는 영어반 수강자 수의 2.5배이다. 여자 수강자가 컴퓨터반에서는 30%, 영어반에서는 50%를 차지한다면, 전체 방과후수업 수강자 중 한 명을 선택할 때 선택된 수강자가 여자일 확률은?

① $\frac{5}{7}$
② $\frac{17}{36}$
③ $\frac{49}{133}$
④ $\frac{95}{266}$

27. 아이스크림 가게에서 월 임대료가 8만 원인 기계를 20대 임대하려고 한다. 기계 한 대당 하루 매출이 1만 원일 때, 한 달 순수익은 얼마인가? (단, 한 달은 30일로 한다)

① 160만 원
② 400만 원
③ 440만 원
④ 600만 원

28. 다음은 연령별 이혼 사유에 관한 통계이다. 가족 간 불화로 이혼한 남성 중 55 ~ 59세의 남성 비율과 경제적 문제로 이혼한 남성 중 30 ~ 34세의 남성 비율의 합은 얼마인가? (단, 소수점 둘째 자리에서 버림한 후의 합을 구한다)

(단위 : 명)

구분 연령	정신적 · 육체적 학대		가족 간 불화		경제적 문제	
	남	여	남	여	남	여
30 ~ 34세	440	737	960	1,331	989	1,630
35 ~ 39세	790	1,024	1,580	1,734	2,168	2,821
40 ~ 44세	1,065	1,155	1,703	1,579	2,892	3,059
45 ~ 49세	1,204	970	1,508	1,300	2,982	2,631
50 ~ 54세	934	671	1,100	805	2,259	1,667
55 ~ 59세	435	249	568	364	1,177	714
계	4,868	4,806	7,419	7,113	12,467	12,522

① 14.6%
② 14.8%
③ 15.5%
④ 15.9%

29. 다음 그림에 나타나 있지 않은 조각은?

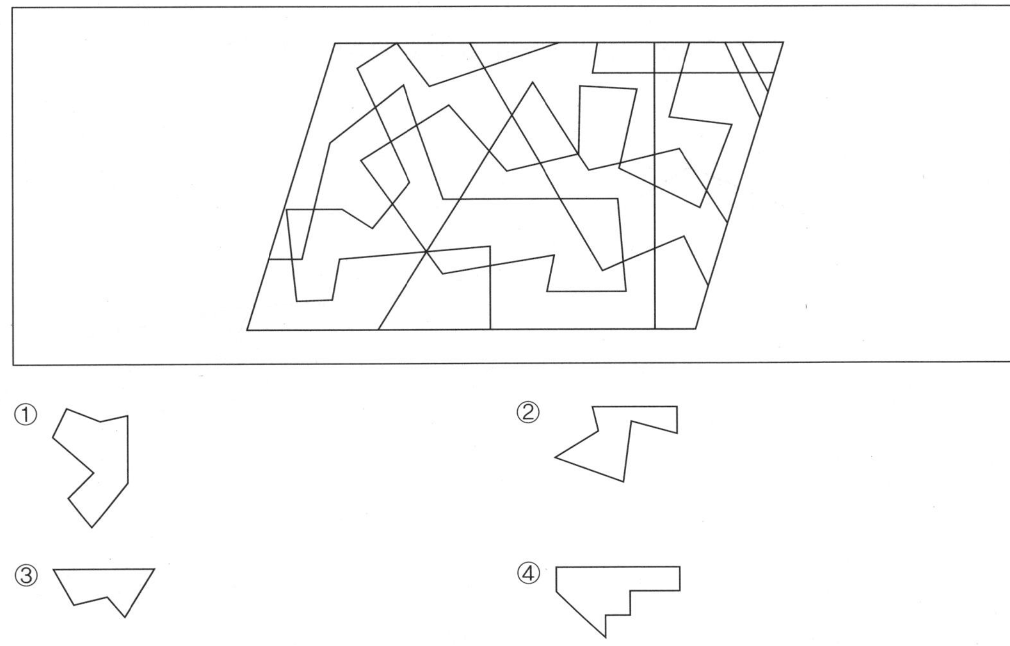

30. 다음 글을 읽고 추론한 내용으로 옳지 않은 것은?

> 국내 출생률을 높이기 위해 정부는 다양한 지원 정책을 마련해 적극적으로 추진하고 있다. 정부정책의 성과를 높이려면 출산에 대한 사회 인식을 높이고 새로운 육아 문화가 형성되어야 한다. 출산에 대한 사회 인식을 높이기 위해서는 우선 저출산이 심각하다는 사회적 공감대를 형성하는 것이 절실하다. 저출산은 인구 감소로 직접 연결되며, 인구 감소는 생산 가능 인구를 축소시켜 노동력의 약화를 불러 온다. 저출산이 급속도로 진행되고 있는 고령화 추세와 맞물려 있어 더 큰 문제이다. 젊은 세대의 노인 부양 부담이 커질수록 세대 간 불화의 갈등이 심화되고, 국가의 복지 재정 부담도 점점 증가한다. 궁극적으로는 국가 경쟁력 자체가 떨어지게 된다. 따라서 각급 학교나 언론, 시민단체들은 기회가 있을 때마다 저출산으로 생기는 문제점을 인식하게 하고 널리 알리는 데 힘을 모아야 한다.

① 출산에 대한 사회 인식을 높여야 한다.
② 정부에서 추진하는 정책은 다양성이 결여되어있다.
③ 저출산이 심각하다는 사회적 공감대를 형성하는 것이 절실하다.
④ 각급 학교나 언론, 시민단체는 저출산으로 인해 생기는 문제의 심각성을 널리 알려야 한다.

[31 ~ 32] 다음 자료를 보고 이어지는 질문에 답하시오.

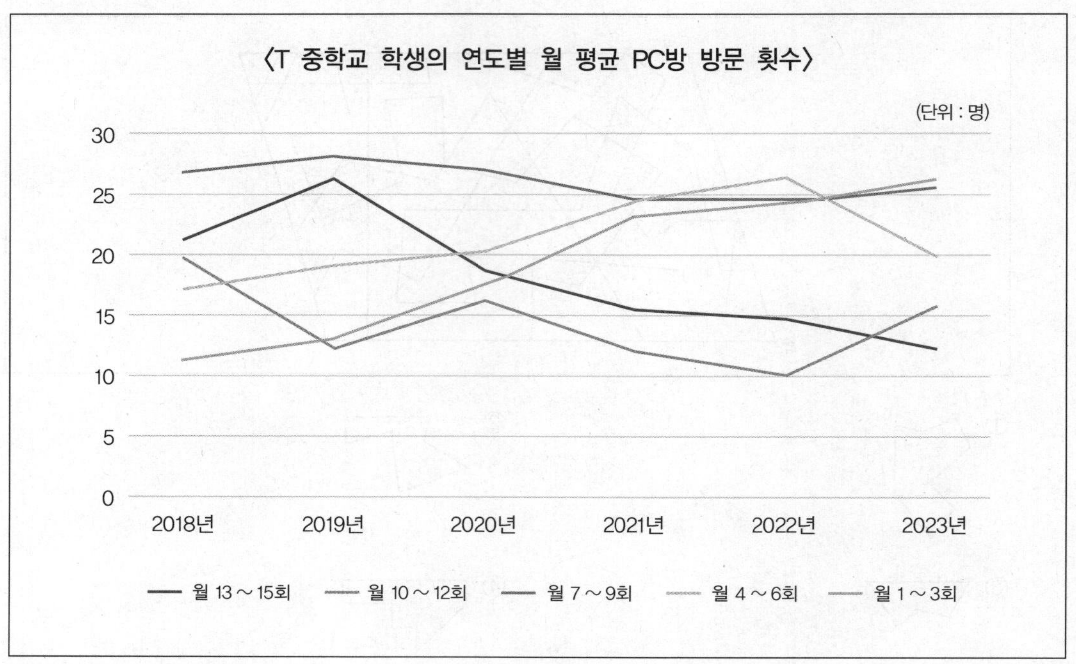

31. 다음 중 2018 ~ 2021년 동안 PC방 방문 횟수에 대한 응답자 증감 추이가 동일한 빈도끼리 짝지어진 것은?

① 월 1 ~ 3회, 월 4 ~ 6회
② 월 4 ~ 6회, 월 7 ~ 9회
③ 월 1 ~ 3회, 월 13 ~ 15회
④ 월 1 ~ 3회, 월 7 ~ 9회

32. 위의 자료에 대한 설명으로 옳은 것은?

① 전체 기간 동안 매년 응답자 수가 증가한 빈도는 2개 항목이다.
② 5개 빈도 항목 모두 응답자 수가 전년보다 감소한 시기는 한 번이다.
③ 2023년에 전년보다 응답자 수가 증가한 빈도는 3개 항목이다.
④ 2018년보다 2023년에 응답자 수가 더 많은 빈도 항목은 1개이다.

33. 다음 글의 서술 방식으로 알맞은 것은?

> 춘향전에서 이도령과 변학도는 아주 대조적인 사람들이다. 흥부와 놀부도 마찬가지다. 한 사람은 하나부터 열까지가 다 좋고, 다른 사람은 모든 면에서 나쁘다. 적어도 이 이야기에 담긴 '권선징악'이라는 의도가 사람들을 그렇게 믿게 만든다.
>
> 소설만 그런 것이 아니다. 우리의 의식 속에는 은연중 이처럼 모든 사람을 좋은 사람과 나쁜 사람 두 갈래로 나누는 버릇이 있다. 그래서인지 흔히 사건을 다루는 신문 보도에는 모든 사람이 경찰 아니면 도둑놈인 것으로 단정한다. 죄를 지은 사람에 관한 보도를 보면 마치 그 사람이 죄의 화신이고, 그 사람의 이력이 죄만으로 점철되었고, 그 사람의 인격에 바른 사람으로서의 흔적이 하나도 없는 것으로 착각하게 된다.
>
> 이처럼 우리는 부분만을 보고, 또 그것도 흔히 잘못보고 전체를 판단하기 부지기수이다. 부분만을 제시하면서도 보는 이가 그것이 전체라고 잘못 믿게 만들 뿐만 아니라 '말했다'를 '으스댔다', '우겼다', '푸념했다', '넋두리했다', '뇌까렸다', '잡아뗐다', '말해서 빈축을 사고 있다' 같은 주관적 서술로 감정을 부추겨서 상대방으로 하여금 이성적인 사실 판단이 아닌 감정적인 심리 반응으로 얘기를 들을 수밖에 없도록 만든다.
>
> 이 세상에서 가장 결백하게 보이는 사람일망정 스스로나 남이 알아차리지 못하는 결함이 있을 수 있고, 이 세상에서 가장 못된 사람으로 낙인이 찍힌 사람일망정 결백한 사람에서마저 찾지 못할 아름다운 인간성이 있을지도 모른다.

① 설의법을 적절히 활용하여 내용을 강조하고 있다.

② 열거법을 통해 말하고자 하는 바를 강조하고 있다.

③ 인용을 통해 주장을 뒷받침하고 있다.

④ 두 대상을 비교하여 자세히 설명하고 있다.

34. 2층 건물에서 살고 있는 A ~ D는 각각 국적이 다르며(한국인, 영국인, 중국인, 일본인), 각자 입는 코트의 색깔 또한 다르다(노란색, 초록색, 파란색, 보라색). 다음 〈조건〉이 모두 참일 때, 한국인과 같은 층에 사는 사람은?

조건

- 건물에는 각 층별로 두 사람씩 살고 있다.
- A는 파란색 코트를 입고, B의 아래층에 산다.
- C는 보라색 코트를 입는 사람의 아래층에 산다.
- 중국인은 초록색 코트를 입고, 영국인의 옆에 산다.
- 노란색 코트를 입는 사람은 일본인이며, 1층에 산다.

① A ② B ③ C ④ D

35. 다음 〈보기〉에서 왼쪽 전개도를 접어 오른쪽 주사위 모형을 만들었을 때, 뒷면 방향에서 바라본 면의 모습으로 올바른 것은?

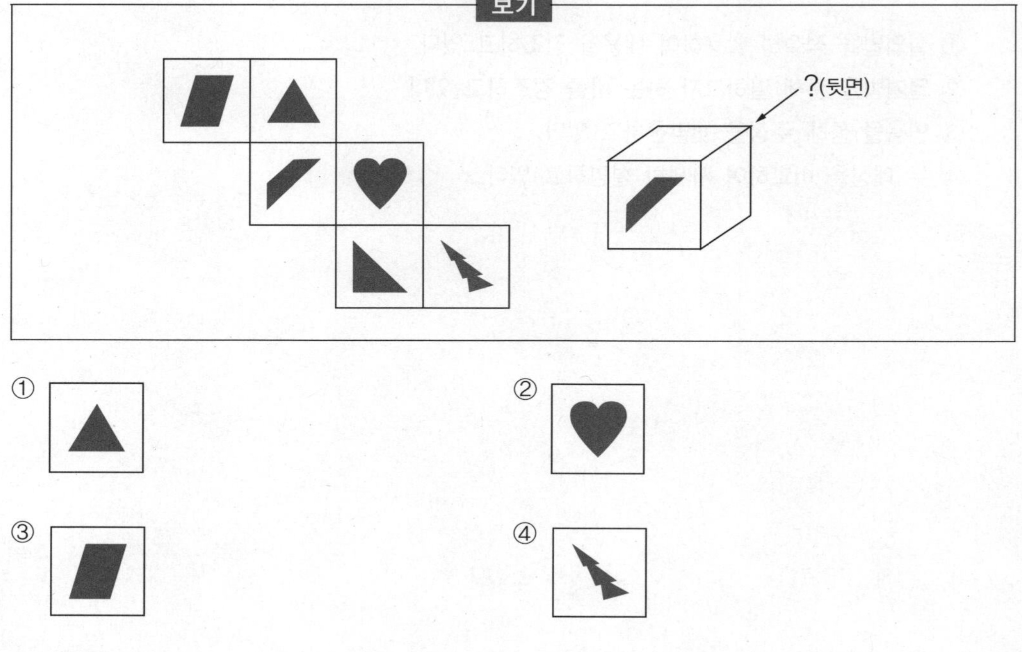

36. 다음 자료에 따를 때, 재무팀 신입사원으로 채용되는 사람은 누구인가?

어느 공공기관 재무팀 신입사원 채용의 기준은 다음과 같다.

㉠ 블라인드 채용을 실시한다(나이, 성별, 학력 등을 고려하지 않는다).
㉡ 필기전형 세 과목 중 어느 한 과목도 50점 미만이 아니어야 한다.
㉢ 필기전형 세 과목의 평균 점수가 70점 이상이어야 한다.
㉣ 필기전형의 기준을 모두 만족하는 사람 중 면접 평가 점수가 가장 우수한 사람을 채용한다.
㉤ 필기전형 기준을 만족하고 면접 평가 점수가 같을 경우, 공인회계사 자격증이 있는 사람을 우선 채용한다.
㉥ 채용 인원은 1명이다.

〈재무팀 신입사원 채용 지원자 리스트〉

이름	성별	나이	필기전형 과목			면접평가	공인회계사 자격증
			직업기초	직무수행	회계이론		
A			67	72	83	85	×
B			72	70	64	90	○
C			75	78	65	85	○
D			48	69	68	75	×
E			76	74	56	80	×

① A　② B
③ C　④ D

경북기출복원 1회 기출예상 2회 기출예상 3회 기출예상 4회 기출예상 5회 기출예상 6회 기출예상 7회 기출예상 8회 기출예상 9회 기출예상 인성검사 면접가이드

37. ○○금고 인사팀에 근무하는 갑, 을, 병, 정 4명은 다음과 같은 조건을 지켜 원형 테이블에 앉아 회의를 진행하려고 한다. 다음 중 A ~ C 자리에 앉을 직원들을 순서대로 바르게 나열한 것은? (단, 갑은 테이블 가운데를 바라보며 앉아 있다)

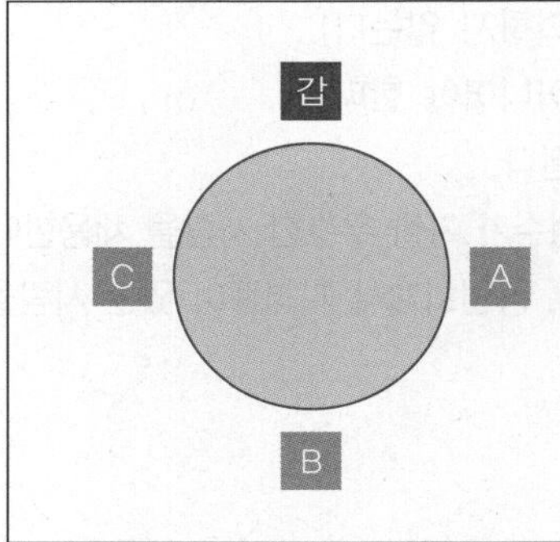

• 을과 병은 사이가 좋지 않기 때문에 서로 마주보고 앉지 않는다.
• 갑은 본인이 바라보는 방향의 오른쪽에 을이 앉게 하였다.

	A 자리	B 자리	C 자리		A 자리	B 자리	C 자리
①	정	을	병	②	정	병	을
③	병	을	정	④	을	병	정

38. 다음에 제시된 도형과 동일한 것은?

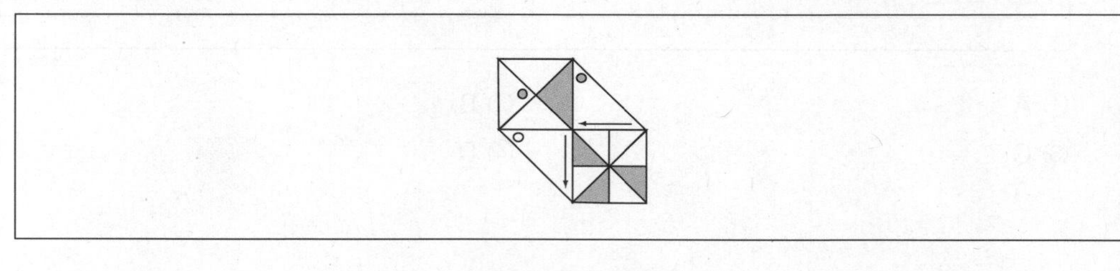

①
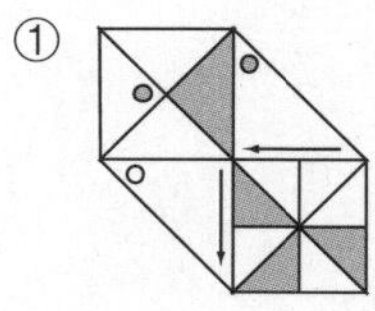

②
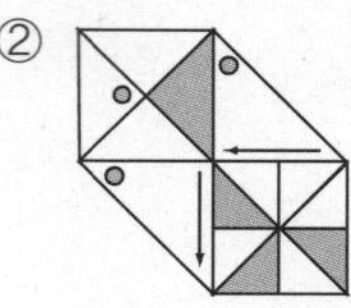

③
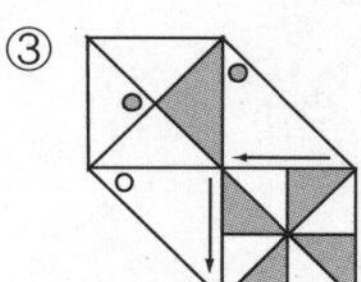

④
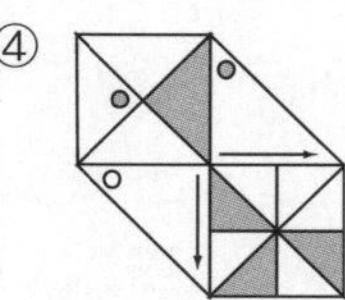

39. 다음 자료와 평가 기준을 토대로 할 때, 총점이 가장 높은 호텔은?

구분	식당 메뉴	이동거리	가격	평점	수영장 유무
A 호텔	중식	1,500m	75,000원	★★☆	유
B 호텔	양식	1,700n	80,000원	★★★	유
C 호텔	한식	800m	100,000원	★★★★	무
D 호텔	일식	3,500m	90,000원	★★★★☆	무
E 호텔	한식	3,000m	120,000원	★★★★★	무

〈평가 기준〉

• 평가 정보에서 이동거리, 가격, 평점에 대해 각 항목별로 1 ~ 5점을 부여한다.
  - 이동거리가 짧을수록 높은 점수를 부여한다.
  - 가격이 낮은 음식점일수록 높은 점수를 부여한다(단, 모든 가격은 1인 기준이다).
  - 평점이 높을수록 높은 점수를 부여한다(단, ★ 5개가 만점으로, ☆은 0.5개를 나타낸다).
• 평가 항목 가운데 식당 메뉴에 따라 일식에 5점, 한식에 4점, 양식에 3점, 중식에 2점을 부여한다.
• 수영장 유무에 따라 수영장이 있다면 1점을 가점한다.
• 총점은 식당 메뉴, 이동거리, 가격, 평점과 수영장 유무에 따른 가점의 합으로 산출한다.

① A 호텔
② B 호텔
③ C 호텔
④ D 호텔

[40 ~ 41] 다음은 우리나라의 연도별 · 시도별 학급당 학생 수에 대한 자료이다. 이어지는 질문에 답하시오.

〈연도별 학급당 학생 수〉

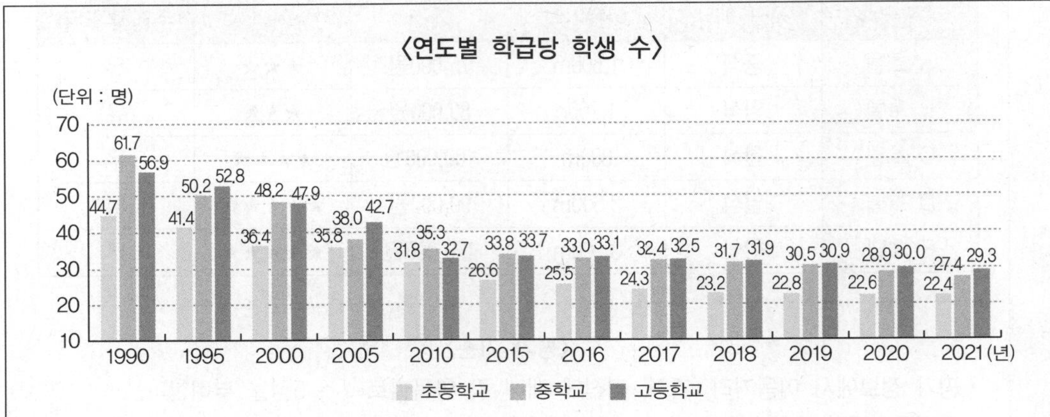

〈시도별 학급당 학생 수(2021년)〉

(단위 : 명)

구분		초등학교	중학교	고등학교
전체		22.4	27.4	29.3
지역규모	대도시	22.9	27.2	29.6
	중소도시	25.0	29.8	30.2
	읍 · 면 지역	17.8	23.0	26.6
	도서 · 벽지	8.8	15.6	22.4
지역	서울	23.4	26.6	29.7
	부산	22.0	26.9	27.4
	대구	22.6	26.4	30.2
	인천	23.0	28.7	28.4
	광주	22.4	27.8	33.0
	대전	21.7	28.6	30.8
	울산	22.8	27.1	30.6
	세종	21.6	22.5	23.3

40. 다음 ㉠~㉣ 중 위 자료의 내용과 일치하지 않는 것은?

> 초 · 중등학교의 교육 여건의 개선과 함께 학급당 학생 수는 지속적으로 감소하여 왔다. 초등학교의 경우 1990년 44.7명이었던 학급당 학생 수는 이후 지속적으로 감소하여 2021년에는 22.4명을 나타내고 있다. ㉠ 중학교의 경우, 1990년 61.7명에서 2021년 27.4명을 나타내고 있으며, 고등학교는 1990년 56.9명에서 2021년 29.3명을 나타내고 있다. 학급당 학생 수는 지역별로 다소 차이를 보인다. 지역규모별로는 ㉡ 중소도시의 학급당 학생 수가 다른 지역에 비해 높게 나타난다. 2021년 중소도시의 학급당 학생 수는 초등학교는 25.0명, 중학교는 29.8명, 고등학교는 30.2명으로 대도시가 각각 22.9명, 27.2명, 29.6명을 나타낸 것에 비해 높게 나타난다. 반면, 읍 · 면 지역은 초등학교가 17.8명, 중학교가 23.0명, 고등학교가 26.6명으로 나타났으며, 도서 · 벽지는 각각 8.8명, 15.6명, 22.4명이었다.
>
> 또한, ㉢ 초등학교에서 학급당 학생 수가 가장 많은 지역은 서울이었으며, 고등학교에서는 광주가 33.0명으로 가장 높게 나타났다. 규모가 작은 세종은 초등학교, 중학교, 고등학교 모두에서 가장 적은 학급당 학생 수를 나타내고 있으며, 반면 ㉣ 울산은 모든 학교급에서 학급당 학생 수가 우리나라 평균보다 높게 나타났다.

① ㉠　　② ㉡

③ ㉢　　④ ㉣

41. 2021년 8개 비교 대상 지역의 초 · 중 · 고등학교 학급당 평균 학생 수를 바르게 연결한 것은? (단, 소수점 아래 둘째 자리에서 반올림하고, 시도별 학급 수는 동일하다고 가정한다)

	초등학교	중학교	고등학교
①	26.8명	22.4명	23.5명
②	22.4명	26.8명	29.2명
③	23.2명	26.8명	28.5명
④	22.4명	29.2명	27.5명

[42 ~ 43] 다음 기사문을 읽고 이어지는 질문에 답하시오.

최저임금 상승으로 프랜차이즈 업계가 인건비 부담을 느끼고 있는 가운데 다양한 외식 · 프랜차이즈 매장에 무인 주문기 도입이 확산되고 있다. 특히 키오스크와 같은 무인화 시스템은 주문시간 단축, 고객 편의 향상에 원가절감이란 매력적인 무기를 장착하고 소비자 곁에 바짝 다가서고 있다. 최근 소비 트렌드인 '언택트 마케팅'(비대면 마케팅)도 무인화 시스템 증가의 촉매제 역할을 하고 있다.

8일 업계에 따르면 최근 M사가 무인주문시스템 키오스크를 도입키로 결정했고, 이미 여러 햄버거 프랜차이즈는 매장 내 키오스크를 운영 중이다. 그중 A사는 업계 최초로 장애인을 위한 키오스크 기능을 선보이며 무인화 서비스는 점차 다양화되고 발전되고 있는 추세다. M사 측은 고객 편의 증대와 함께 가맹점주들의 운영 효율을 지원하기 위해 키오스크를 도입한다고 하였다. 이에 따라 매장 방문 고객은 점원과 대면하지 않고도 본인이 직접 원하는 메뉴 주문부터 매장 식사, 포장 등을 자유롭게 선택할 수 있게 되었으며, 결제방법도 신용카드, 교통카드 등 다양하다. 현재 키오스크를 우선 도입한 곳은 경기 파주, 전남 여수 등 중소도시 매장들로, 평소 점원을 구하기 어려운 문제를 해소하는 데에도 도움이 될 것으로 기대하고 있다.

42. 다음 중 언택트 기술을 이용한 마케팅의 장단점으로 가장 적절하지 않은 것은?

① 일자리 감소에 따른 실업 인구 증가의 우려가 있다.
② 구인난에 시달리는 사업주들에게 인력을 대체할 방편이 될 수 있다.
③ 개인주의 성향이 줄어들며 보다 원활한 소통의 사회로 바뀔 수 있다.
④ 일정 기간 후 기술 도입 비용을 넘어 인건비를 절감하는 효과를 거둘 수 있다.

43. 다음 중 윗글에서 언급한 '언택트'의 적절한 사례로 보기 어려운 것은?

① 인천국제공항 제2터미널에 입점한 로봇카페
② 매장 도착 전 앱으로 미리 주문이 가능한 사이렌 오더
③ 대형 피규어와 운동화를 로봇 팔이 판매하는 대형 자동판매기
④ 수많은 정보를 종합해 최상의 진단과 치료법을 알려주는 암 치료 인공지능 전문의 '왓슨'

44. A, B, C 세 사람은 각각 영업팀, 회계팀, 총무팀 중 서로 다른 부서에서 일하고 있다. 회계팀에서 일하는 사람은 언제나 진실을 말하고, 총무팀에서 일하는 사람은 항상 거짓을 말한다고 할 때, 〈보기〉의 진술에 따라 사원과 소속 부서를 바르게 짝지은 것은?

보기

- A : C는 회계팀에서 일한다.
- B : A의 말은 틀렸다. C는 영업팀에서 일한다.
- C : 나는 회계팀도, 영업팀도 아니다.

	A	B	C
①	회계팀	총무팀	영업팀
②	회계팀	영업팀	총무팀
③	총무팀	영업팀	회계팀
④	총무팀	회계팀	영업팀

45. 다음 그림에서 한 면도 보이지 않는 블록은 몇 개인가? (단, 블록은 크기가 모두 동일한 정육면체이며, 보이지 않는 뒷부분의 블록은 없다)

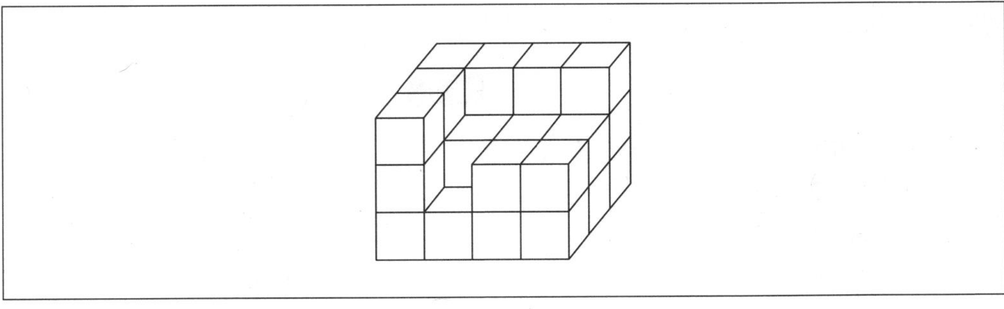

① 9개 ② 10개

③ 11개 ④ 12개

문항수	45문항
시험시간	50분

9회 기출예상문제

소양평가

정답과 해설 77쪽

01. 다음 중 밑줄 친 단어의 쓰임이 잘못된 것은?

① 병뚜껑이 너무 꼭 닫혀서 열 수가 없다.
② 그 아이는 다른 사람들에 비해 실력이 많이 딸린다.
③ 한 학년 사이에 아들의 키가 훌쩍 커 버려 바짓단을 늘였다.
④ 밤늦게 들어온 남편을 위해 찌개를 데우고 밥상을 차렸다.

02. 다음 중 밑줄 친 단어의 품사가 나머지와 다른 것은?

① 오늘은 다섯이나 야근을 하고 있다.
② 대한 독립 만세!
③ 할머니는 젊었을 때부터 멋쟁이로 소문나 있다.
④ 찻길에서 공놀이를 하면 위험해.

03. 다음 〈보기〉의 명제들이 항상 참일 때 옳은 것은?

보기

- 달리기를 못하는 사람은 수영을 못한다.
- 달리기를 잘하는 사람은 항상 운동화를 신는다.
- 윤재는 항상 구두를 신는다.

① 윤재는 달리기를 잘한다.
② 윤재는 수영을 못한다.
③ 수영을 잘하는 사람은 구두를 신는다.
④ 수영을 못하는 사람은 운동화를 신지 않는다.

04. 다음의 사례에서 올바른 경청을 하고 있는 사람은 누구인가?

> 능력 있는 직장인이 되기 위해서는 계속 배워야 한다고 생각해. 그래서 퇴근 후에는 영어 학원, 주말에는 컴퓨터 학원을 다녀야겠어.

① 수연 : 뭐라고? 잠시 딴 생각을 했어. 다시 말해 줄래?
② 종호 : 주말에 쉬는 사람이 더 많을 텐데 끊임없이 자기개발하는 모습이 대단한 것 같아.
③ 지은 : 4차 산업혁명 시대에 걸맞은 사람이 되기 위해 끊임없이 노력하는 모습이 멋있어.
④ 현정 : 중국어와 컴퓨터로는 부족해. 영어까지 배워야 진정한 능력 있는 직장인이 될 수 있지.

05. 다음 그림과 같이 도형을 거울에 비춘 후 180° 회전시켰을 때의 모양으로 옳은 것은?

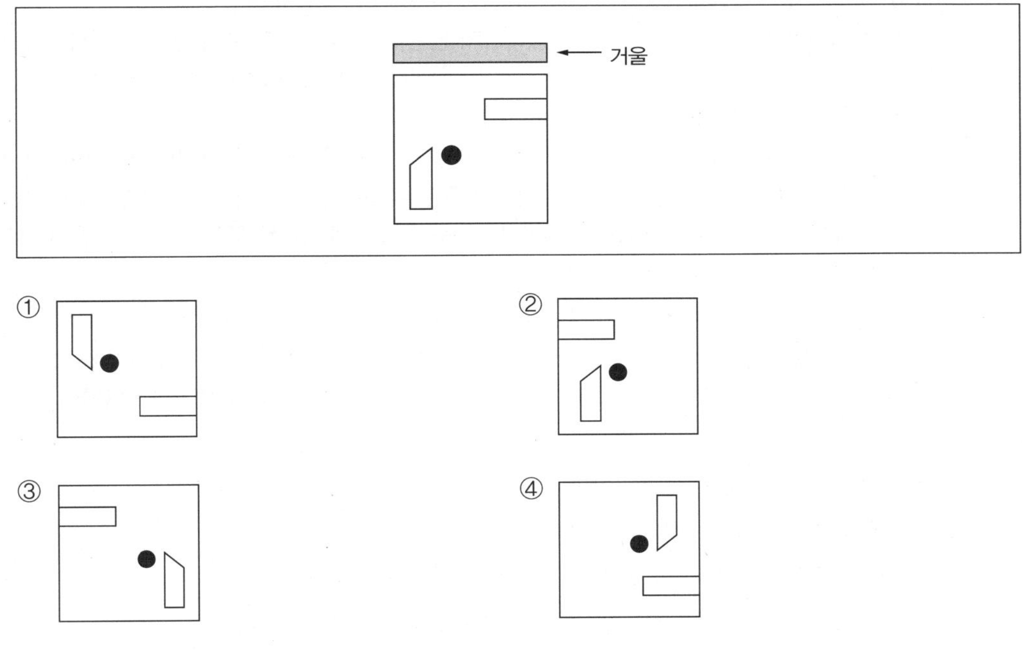

경북기출복원
1회 기출예상
2회 기출예상
3회 기출예상
4회 기출예상
5회 기출예상
6회 기출예상
7회 기출예상
8회 기출예상
9회 기출예상
인성검사
면접가이드

06. **다음 글에 나타난 논리적 오류는?**

> 다해는 무단 횡단을 하였는데, 지나가던 차가 다해를 피하기 위해 방향을 틀다가 사람을 치어 두 명을 죽게 했다. 고로 다해는 살인자이다.

① 의도 확대의 오류　② 논점 일탈의 오류
③ 애매문의 오류　④ 순환 논증의 오류

07. **다음 글을 통해 얻을 수 있는 교훈을 업무에 접목한 예시로 적절한 것은?**

> 루멧 감독의 영화 〈12명의 성난 사람들(1957)〉에서 배심원 12명은 18세 소년이 아버지를 살해했다는 사건의 판결을 내리기 위해 회의실에 모인다. 소년이 범인이라는 증거와 증인이 있어 재판에서는 틀림없이 소년이 범인이라는 분위기가 압도적이다.
>
> 회의실, 날씨는 무덥고 선풍기조차 돌아가지 않는다. 짜증스럽고 빨리 결정을 내리고 싶지만, 판결은 만장일치여야 끝이 난다. 본격적인 논의에 앞서 투표를 하기로 한다. 모두의 의견이 같으면 논의할 필요가 없기 때문이다.
>
> 손을 들어 투표를 시작하자 7, 8명이 얼른 손을 들고 머뭇거리던 몇 사람도 슬그머니 따라서 손을 든다. 1명을 제외한 11명이 유죄라고 판결을 내린다. 그러자 반대를 한 유일한 배심원을 향해 비난과 질문이 쏟아진다. 그러나 이 용기 있는 배심원은 동조의 압력을 견뎌 내고 말한다.
>
> "나까지 손을 들면 이 아이는 그냥 죽게 될 거 아닙니까?"
>
> 그는 사건을 처음부터 재구성해 나간다. 그러면서 의심스러운 증거에 대해 반박하고, 증인의 잘못을 꼬집는다. 처음에는 유죄라고 생각했던 배심원들도 차례차례 의견을 바꾸어 나간다.

① 팀의 결정은 다수결의 원칙에 따라 결정하라.
② 직업윤리 의식을 갖고 업무에 임하라.
③ 다수의 의견에 동요하지 말고 자신의 신념에 따르라.
④ 자신의 실수를 인정하고, 보다 나은 해결책을 찾아 팀과 공유하라.

08. 다음 두 블록을 합쳤을 때 나올 수 없는 형태는? (단, 회전은 자유롭다)

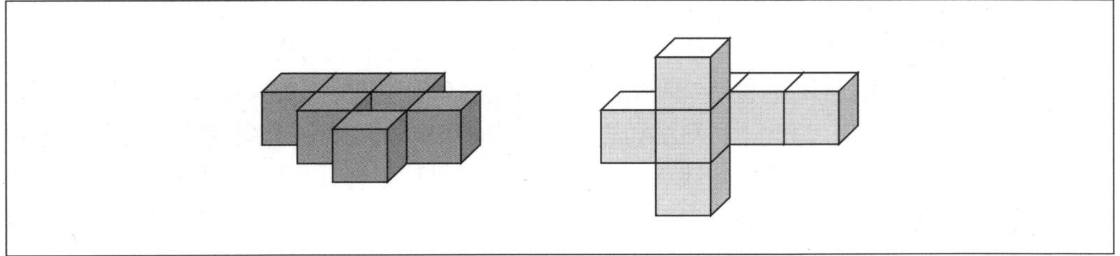

①

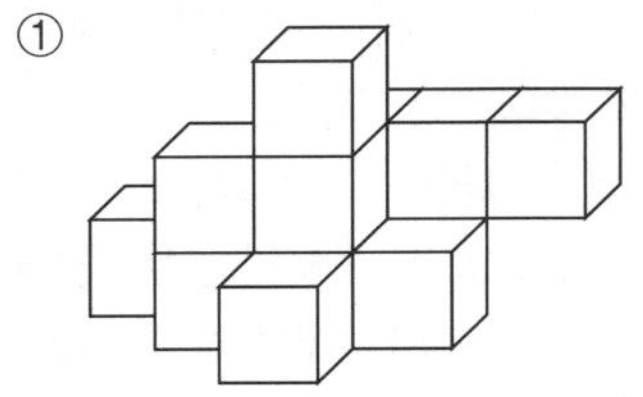

②

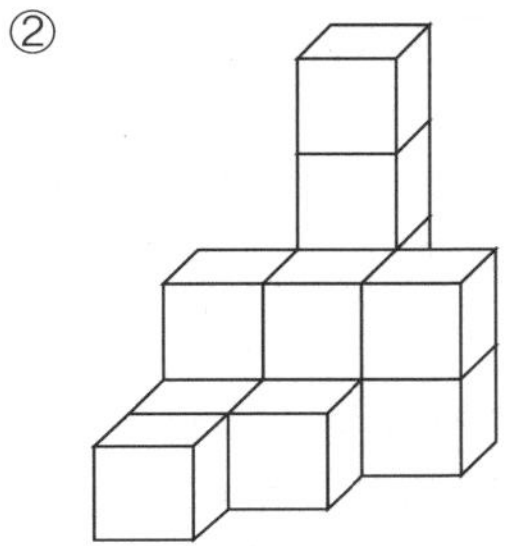

③

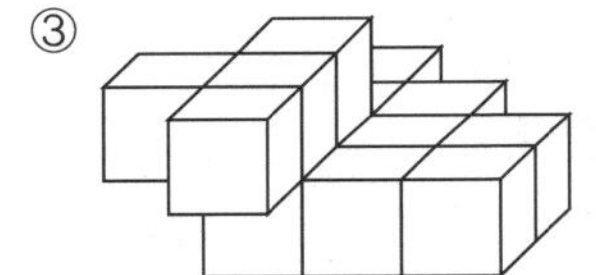

④

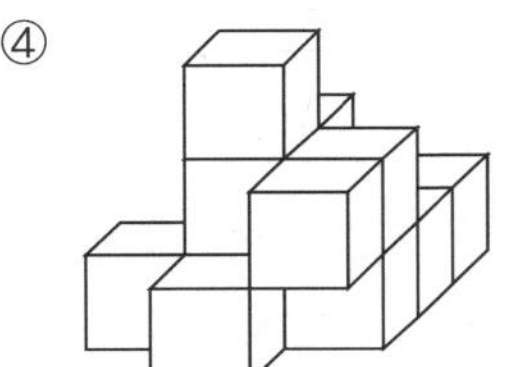

09. 다음 명제들을 읽고 밑줄 친 부분에 들어갈 문장으로 적절한 것을 고르면?

- 의류를 판매하지 않으면 핸드백을 팔 수 있다.
- 핸드백을 팔 경우에는 구두를 판매할 수 없다.
- ____________________________
- 그리고 의류를 판매하려고 한다.

① 핸드백을 팔기로 했다.

② 구두를 팔지 않고 핸드백을 판매한다.

③ 핸드백과 구두를 팔지 않기로 했다.

④ 구두를 판매하기로 했다.

10. 다음 글의 주제로 적절한 것은?

> 우리는 학교에서 한글 맞춤법이나 표준어 규정과 같은 어문 규범을 교육받고 학습한다. 어문 규범은 언중들의 원활한 의사소통을 위해 만들어진 공통된 기준이며 사회적으로 정한 약속이기 때문이다. 그러나 문제는 급변하는 환경에 따라 변화하는 언어 현실에서 언중들이 이와 같은 어문 규범을 철저하게 지키며 언어생활을 하기란 쉽지 않다는 것이다. 그래서 이러한 언어 현실과 어문 규범과의 괴리를 줄이고자 하는 여러 주장과 노력이 우리 사회에 나타나고 있다.
>
> 최근, 어문 규범이 언어 현실을 따라오기에는 한계가 있기 때문에 어문 규범을 폐지하고 아예 언중의 자율에 맡기자는 주장이 있다. 또한 어문 규범의 총칙이나 원칙과 같은 큰 틀만을 유지하되, 세부적인 항목 등은 사전에 맡기자는 주장도 있다. 그러나 어문 규범을 부정하는 주장이나 사전으로 어문 규범을 대신하자는 주장에는 문제점이 있다. 전자의 경우, 언어의 생성이나 변화가 언중 각각의 자율에 의해 이루어져 오히려 의사소통의 불편함을 야기할 수 있다. 후자는 우리나라의 사전 편찬 역사가 짧기 때문에 어문 규범의 모든 역할을 사전이 담당하기에는 무리가 있으며, 언어 현실의 다양한 변화를 사전에 전부 반영하기 어렵다는 문제점이 있다.

① 의사소통의 편리함을 위해서는 어문 규범을 철저히 지켜야 한다.
② 언어 현실과 어문 규범의 괴리를 해소하기 위한 방법을 모색하는 노력이 나타나고 있다.
③ 언어의 변화와 생성은 사람들의 의사소통을 혼란스럽게 할 수 있기 때문에 최대한 자제해야 한다.
④ 어문 규범과 언어 현실의 괴리를 없애기 위해서는 언중의 자율과 사전의 역할 확대가 복합적으로 진행되어야 한다.

[11 ~ 12] 다음 글을 읽고 이어지는 질문에 답하시오.

지구를 비추고 있는 태양은 지구에 계속 에너지를 공급하고 있는데도 그 에너지가 줄어들지 않는 것처럼 보인다. 태양이 공급하는 끊임없는 에너지는 어떻게 생성되는 것일까?

(가) 태양의 핵융합은 계속되지만 태양의 온도가 계속 올라가지는 않는다. 태양에는 자체적으로 온도를 제어할 수 있는 메커니즘이 있기 때문이다. 핵융합이 일어나 점점 온도가 올라가서 중심부의 압력이 높아지면 비교적 압력이 높지 않은 주변부로 원자들을 밀어내면서 온도를 떨어트리고 압력을 낮춘다. 그러면 온도가 낮아져 이전보다 활발하게 핵융합이 일어나지 않는다. 그러다가 어느 순간 압력과 온도가 충분히 낮아지면 주변부로 원자들을 밀어내지 않고, 다시 핵융합을 통해 온도를 올린다. 이러한 방식으로 태양은 항상 적절한 온도를 유지해 왔고, 앞으로도 오랫동안 지구에 적절한 에너지를 제공할 것이다.

(나) 시간이 더 지난 후, 과학자들은 태양의 에너지원이 수소와 헬륨이 하나로 결합하면서 생기는 핵융합 에너지라는 것을 알아냈다. 태양은 많은 양의 수소가 강한 중력에 의해 뭉쳐진 존재인데 태양의 중심부로 갈수록 온도가 점점 더 높아지고 수소와 헬륨의 핵융합이 일어난다. 왜냐하면 온도가 높을수록 원자의 운동에너지가 높아지기 때문이다. 즉, 원자들이 자체적으로 가지는 반발력보다 운동에너지가 더 높아져 비교적 낮은 온도일 때보다 더 가까워짐으로 인해 핵융합이 가능해진다. 이때 수소와 헬륨의 핵융합으로 줄어드는 질량은 질량에너지보존법칙에 따라 에너지로 바뀐다.

(다) 마리 퀴리에 의해 방사능의 존재가 발견되면서 과학자들은 태양의 에너지를 핵분열 에너지라고 추측하였다. 하지만 태양의 스펙트럼을 분석해 본 결과 방사능은 태양의 에너지원이 아니라는 사실을 발견하였다. 태양의 스펙트럼에서는 방사능 물질이 아닌 수소와 헬륨이 발견되었기 때문이다.

11. 윗글의 (가) ~ (다)를 문맥에 따라 바르게 배열한 것은?

① (가)－(나)－(다)
② (가)－(다)－(나)
③ (다)－(가)－(나)
④ (다)－(나)－(가)

12. 윗글을 읽고 추론한 내용으로 적절하지 않은 것은?

① 핵융합 과정에서 만들어지는 방사능 오염 물질은 사라지기까지 많은 시간이 걸린다.
② 광선의 스펙트럼을 분석하면 광선을 발산하는 물체의 구성 성분을 어느 정도 알 수 있다.
③ 원자들 사이에서는 반발력이 작용하지만 어떤 임계점을 넘는 운동에너지는 이를 무력화한다.
④ 태양에서 핵융합 이전 수소, 헬륨 각자의 질량 합계는 핵융합 이후 결과물의 질량보다 크다.

13. 다음과 같이 종이를 접은 다음 펀치로 구멍을 뚫은 후 다시 펼쳤을 때의 모양으로 옳은 것은?

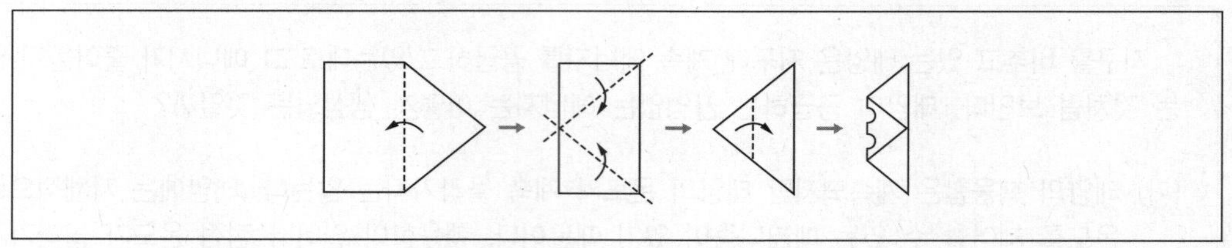

①
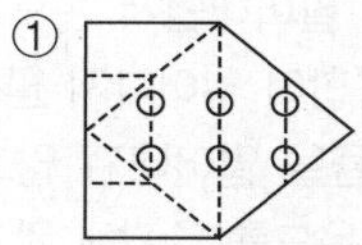

②
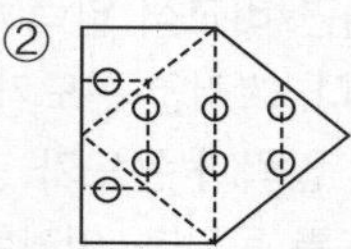

③
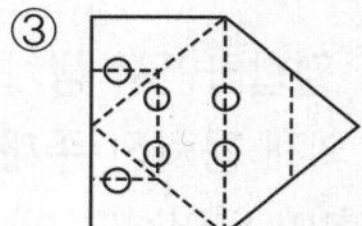

④
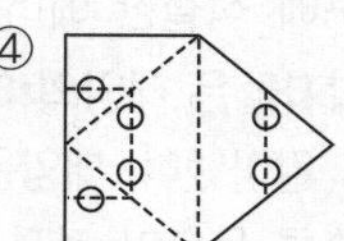

14. 다음 글을 참고할 때, 밑줄 친 단어의 사용이 올바르지 않은 것은?

오랫동안 말을 통해 전승된 우리 고유어 '가르치다'의 유래에 대해서는 아직 여러 가지 설명이 골고루 존재한다. '가르치다'의 옛말인 'ᄀᆞᄅᆞ치다'는 다의어로써 '가르치다(敎)'와 '가리키다(指)'를 뜻하였는데 17세기 이후에서야 분화했다. 이렇게 오랫동안 두 단어가 엮여 있었기 때문인지는 몰라도 '가르치다'와 '가리키다'를 혼용하는 사람이 많고, 심지어 둘을 섞어 '가르키다'로 잘못 쓰기도 한다.

① 동네 사람들은 미영이를 가리켜 신동이라 불렀다.
② 선생님은 스크린에 있는 그림을 가르치면서 설명을 하셨다.
③ 그가 철수에게 영어를 가르쳤다.
④ 이번 기회에 딸의 버르장머리를 톡톡히 가르칠 것이다.

15. 인사팀 직원 A ~ G 7명은 취업박람회에 지원을 나가게 되었다. 이들은 승용차 2대에 3명 혹은 4명씩 나누어 타기로 하고, B가 4명이 탄 차를 운전하기로 하였다. 〈조건〉을 바탕으로 할 때, 다음 중 B와 같은 차를 타고 박람회장에 갈 수 있는 3명은 누구인가?

조건

- 7명 중 운전을 할 수 있는 사람은 B, C, D 3명이다.
- B와 D는 같은 차를 타고 가지 않는다.
- B와 C는 같은 차를 타고 가지 않는다.
- A와 G는 같은 차를 타고 간다.

① A, C, E
② A, E, G
③ C, E, F
④ C, E, G

16. 다음 안내문에서 알 수 있는 사실이 아닌 것은?

〈제7회 비만예방의 날 기념 정책세미나 개최 안내〉

가	주제	• 소아 · 청소년 비만의 사회적 요인 해결 방안 • 소아 · 청소년 비만예방을 위한 보험자의 역할 제언
나	발제 · 토론자	• 좌장 : 문○○(공단 비만대책위원장, □□의과학대학교 일반대학원장) • 발제자 : 박○○ 교수(□□대학교병원 소아청소년과) 오○○ 교수(△△대학교 일산병원 가정의학과) • 토론자 : 유○○(대한비만학회 이사장) 이○○(제주특별자치도교육청 학생건강증진센터 몸건강팀장) 허○○(부산광역시 남구 보건소장) 신○○(△△일보 부국장) 조○○(국민건강보험공단 건강증진부장)
다	일시, 장소	20XX. 01. 14. (금) 14:00 ~ 16:30, XX프레스센터 19층 기자회견장
라	문의처	국민건강보험공단 건강보험정책연구원 연구행정부 ※ Tel : (033)XXX-XXX1, XXX2 / Fax : (033)XXX-XXXX
마	주요 내용	• 소아 비만 증가 요인과 문제점, 해결 방안 등 • 소아 · 청소년 비만이 의료비 증가에 미치는 영향 및 예방을 위한 보험자의 역할 등

① 발제 · 토론자 소속
② 세미나 소요 시간
③ 문의 메일 주소
④ 관련 정책세미나 개최 회차

17. 다음 〈보기〉는 같은 모양과 크기의 블록을 쌓아 만든 입체도형을 앞에서 본 정면도, 위에서 본 평면도, 오른쪽에서 본 우측면도를 그린 것이다. 이에 해당하는 입체도형으로 알맞은 것은? (단, 화살표 방향은 정면을 의미한다)

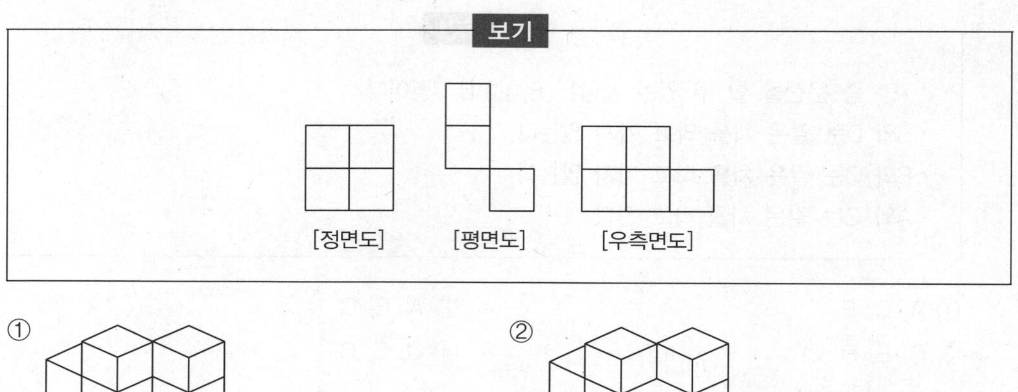

③ 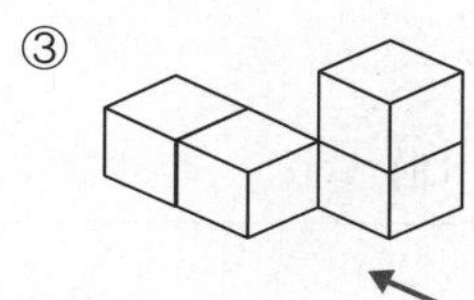

④ 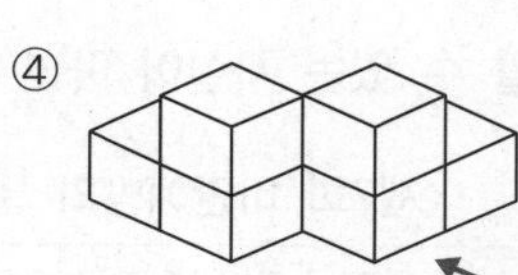

18. 다음 〈보기〉의 명제가 모두 참일 때 항상 참이라고 볼 수 없는 것은?

보기

- A 회사에 다니는 사람은 일본어에 능통하지 못하다.
- B 대학교를 졸업한 사람은 일본어에 능통하다.
- C 학원에 다니지 않은 사람은 B 대학교를 졸업했다.

① B 대학교를 졸업하지 않은 사람은 C 학원에 다녔다.
② 일본어에 능통하지 못한 사람은 C 학원에 다녔다.
③ B 대학교를 졸업한 사람은 C 학원에 다니지 않았다.
④ A 회사에 다니는 사람은 B 대학교를 졸업하지 않았다.

19. 100명이 응시한 자격증 시험에서 20%가 합격하였는데 합격자의 평균이 80점이었다. 전체 평균이 70점이라고 할 때 불합격자의 평균은 몇 점인가?

① 65점　② 67.5점
③ 69점　④ 69.5점

20. 영수는 자전거를 타고 시속 100km로, 준희는 오토바이를 타고 시속 85km로 동시에 같은 지점에서 같은 방향으로 출발했다. 20분 후에 영수와 준희의 간격은 몇 km 벌어지는가?

① 3km　② 4km
③ 5km　④ 6km

21. 물품구매를 담당하고 있는 김 대리는 흰색 A4 용지 50박스와 컬러 A4 용지 10박스를 구매하는데 5,000원 할인 쿠폰을 사용해서 총 1,675,000원을 지출했다. 컬러 용지 한 박스의 단가가 흰색 용지 한 박스보다 2배 높았다면 흰색 A4 용지 한 박스의 단가는 얼마인가?

① 20,000원　② 22,000원
③ 24,000원　④ 26,000원

22. 다음은 A ~ D 기관의 근로시간과 근로자 수를 나타낸 자료이다. 노동투입량지수가 높은 순서대로 나열한 것은?

구분	근로시간(시간)	근로자 수(명)
A 기관	25	18
B 기관	30	16
C 기관	20	19
D 기관	10	35

※ 노동투입량지수=근로시간×근로자 수

① A>B>C>D　② A>C>D>B
③ B>A>C>D　④ B>C>D>A

23. A 버스는 오전 5시부터 12분 간격으로 출발하고, B 버스는 오전 5시부터 21분 간격으로 출발한다. A 버스와 B 버스가 오전 10시와 11시 사이에 동시에 출발하는 시간은?

① 10시 12분　　② 10시 28분
③ 10시 36분　　④ 10시 42분

24. A 카페에서 25칸으로 구성된 박스 중 5칸에 음료 무료 쿠폰을 넣어 이벤트를 하려고 한다. 한 사람당 3번의 기회가 있다면, 두 번째에 쿠폰이 있는 칸을 고를 확률은? (단, 소수점 아래 첫째 자리에서 반올림한다)

① 11%　　② 14%
③ 16%　　④ 17%

25. 다음의 도형 3개를 합쳤을 때 나오는 모양으로 적절하지 않은 것은? (단, 각 도형은 회전할 수 없다)

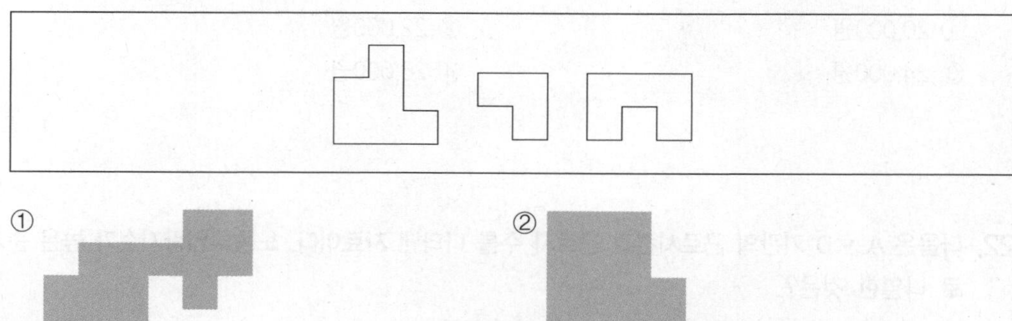

①

②
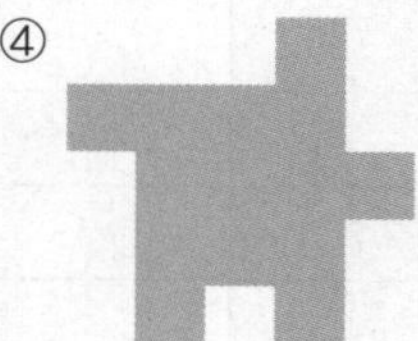

③

④

26. 다음 글의 빈칸에 들어갈 공통된 내용으로 가장 적절한 것은?

> 최근 대기업들 사이에서 (　　　　　)을/를 중시하는 분위기가 확산되고 있다. 그 예로 L 통신회사는 즐거운 직장팀을 신설해 오후 10시 이후 업무와 관련한 카카오톡 보내기, 쉬는 날 업무 지시하기 등을 '절대 하면 안 되는 일'로 지정하여 이를 어기는 직원에게는 인사상 불이익을 주고 있고, H 백화점은 업계 최초로 PC오프제를 도입해 본사는 오후 6시, 점포는 오후 8시 30분에 자동으로 PC 전원이 꺼지게 함으로써 정시 퇴근을 유도하고 있다. 또한 많은 젊은이들이 이용하는 O 뷰티 스토어는 유연근무제를 도입해 오전 8시부터 10시 사이 30분 단위로 출근 시간을 자유롭게 정할 수 있도록 하고 있으며 정시 퇴근 제도도 강화해 '저녁이 있는 삶'을 적극 권장하고 있다. K 기업은 입사 후 5년마다 3주간의 휴가를 부여하는 '리프레시 휴가' 제도를 운영 중인데, 회사가 7일의 휴가를 제공하고 연차 사용 독려 차원에서 연차 8일을 함께 사용하게 해 총 3주간의 장기휴가를 주는 것이다.
>
> 기업은 당장의 성과에만 집착할 것이 아니라 장기적인 안목을 가지고 (　　　　　)을/를 핵심으로 한 조직문화 혁신을 지속해야 할 것이다. 그러면 이러한 문화가 한때 부는 바람에 그치지 않고 대한민국 기업의 발전과 그 기업에 속한 한 사람 한 사람의 행복을 견인하는 역할을 할 수 있을 것이다.

① 공정한 인센티브제　　② 업무시간 최소화

③ 일과 삶의 균형　　④ 개인의 프라이버시

27. ○○시네마에는 4개(1 ~ 4관)의 상영관이 있고, 영화 A, B, C, D가 각각 겹치지 않게 상영되고 있다. 다음 〈조건〉을 참고할 때 옳은 것은?

조건

- 영화 B는 2관에서 상영된다.
- 영화 A와 C가 상영되는 두 상영관은 서로 이웃한다.
- 4관에서는 영화 C를 상영하지 않는다.

1관	2관	3관	4관

① 1관에서는 영화 A가 상영된다.　　② 1관에서는 영화 C가 상영된다.

③ 영화 D는 3관에서 상영된다.　　④ 영화 C는 3관에서 상영된다.

[28 ~ 29] 다음 자료를 바탕으로 이어지는 질문에 답하시오.

〈2020 ~ 2022년 중앙정부 분야별 세출 예산〉

(단위 : 조 원)

분야	예산		
	2020년	2021년	2022년
보건 · 복지 · 고용	167	185	195
일반 · 지방행정	79	84.7	98.1
교육	72.6	71.2	84.2
국방	48.7	51.4	53
산업 · 중소기업 · 에너지	23.7	28.6	31.3
농업 · 수산 · 식품	21.5	22.7	23.7
교통 및 물류	19.2	21.4	22.8
공공질서 · 안전	20.8	22.3	22.3
환경	9	10.6	11.9
과학기술	8.2	9	9.6
문화 · 체육 · 관광	8	8.5	9.1
외교 · 통일	5.5	5.7	6

※ 2021년 대비 2022년 총지출 8.9% 증가 예상

28. 다음 중 2022년도 세출 예산에서 '교통 및 물류' 분야 예산에 대한 설명으로 적절하지 않은 것은?

① 외교 · 통일 분야 예산의 세 배 이상이다.
② 국방 분야 예산의 절반에 미치지 못한다.
③ 문화 · 체육 · 관광 분야 예산의 세 배 이상이다.
④ 전체 분야 가운데 일곱 번째로 많은 예산이 배정되었다.

29. 다음 중 2022년도 '보건 · 복지 · 고용' 분야 예산에 대한 설명으로 적절한 것은?

① 2020년부터 항상 가장 많은 예산을 배정 받은 것은 아니다.
② 2021년 대비 예산 증가율을 비교하면 교육 분야보다 더 낮다.
③ 2020년 대비 예산 증가율을 비교하면 국방 분야보다 더 낮다.
④ 2020년 이후 매해 증가율이 2021년 대비 2022년 총지출 예상 증가율을 웃돌고 있다.

30. 다음은 H 회사 직원 350명을 대상으로 차량 보유 현황 및 운용비용을 조사한 자료이다. 이에 대한 분석으로 옳은 것은?

〈H 회사 직원들의 차량 보유 현황〉

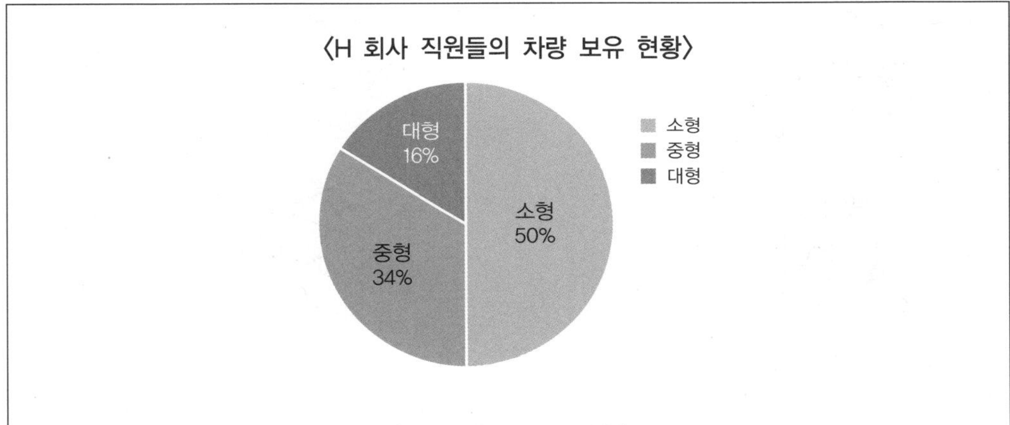

〈1인당 월간 교통비용〉

소형	중형	대형
30만 원	45만 원	55만 원

※ 총 교통비용=1인당 월간 교통비용×직원 수

ㄱ. 중형 자동차를 보유하고 있는 직원은 100명 이상이다.
ㄴ. 소형 자동차를 보유하고 있는 직원들의 총 교통비용은 5천만 원 이하이다.
ㄷ. 보유하고 있는 차량의 크기가 큰 집단일수록 총 교통비용 또한 많아진다.

① ㄱ
② ㄴ
③ ㄱ, ㄴ
④ ㄱ, ㄷ

31. 다음 〈보기〉의 전개도를 접었을 때의 도형으로 적절하지 않은 것은?

보기

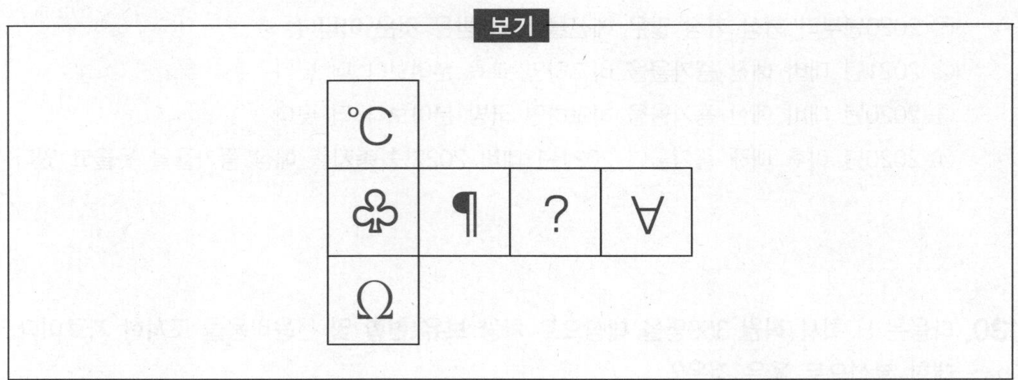

①

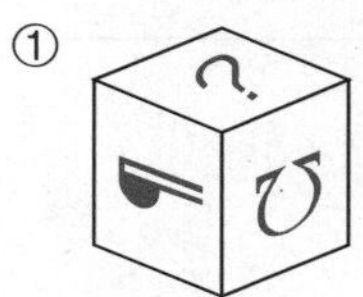

②

③

④

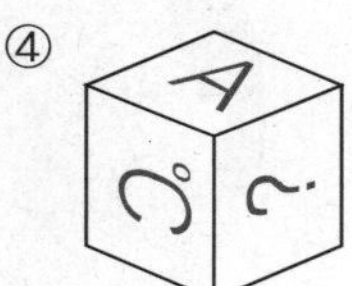

32. 5층짜리 건물에 다른 직업을 가진 5명이 각각 다른 층에 거주하고 있다. 다음 〈조건〉을 바탕으로 할 때, 4층에 거주하고 있는 사람의 직업은?

조건

- 시나리오 작가의 위층에는 아무도 살지 않으며, 시나리오 작가는 같은 건물에 사는 영화감독의 집에 가려고 두 개의 층을 내려갔다.
- 경찰은 자신이 건물 보안을 책임지겠다며 자발적으로 1층에 입주하였다.
- 교사는 체험학습 프로그램을 고민하던 중 같은 건물 2층에 사는 국립과학박물관의 큐레이터에게 전시 정보를 물어보았다.

① 경찰 ② 큐레이터

③ 영화감독 ④ 교사

33. 다음 글을 읽고 유추할 수 있는 속담으로 적절한 것은?

> 대왕 단보가 빈(邠)이라는 곳에 있었을 때 오랑캐가 쳐들어왔다. 왕이 모피와 비단을 보내어 달래려 했으나 받지 않고, 이후 보낸 말도 받지 않았다. 오랑캐가 바라는 것은 땅이었다. 대왕 단보가 말했다.
> "나는 백성의 아비나 형과 살면서 그 아들이나 동생을 죽도록 내버려두는 일은 차마 견딜 수가 없다. 너희들은 모두 힘써 격려하며 이곳에 살도록 하라. 내 신하가 되든 오랑캐의 신하가 되든 무슨 차이가 있겠느냐. 나는 '사람을 먹여 살리는 땅을 뺏으려고 사람을 해쳐서는 안 된다'라는 말을 들었다."
> 그래서 대왕 단보가 지팡이를 짚고 그곳을 떠나자 백성들은 서로 잇달아 그를 따랐으며, 이윽고 기산(岐山) 밑에서 나라를 다시 이룩했다.

① 가난 구제는 임금도 못 한다.
② 벙어리 호적(胡狄)을 만나다.
③ 사또 행차엔 비장이 죽어난다.
④ 사람이 돈이 없어서 못 사는 게 아니라 명이 모자라서 못 산다.

34. ○○기관 신입사원 A 씨는 부서 회의에 처음으로 참여하게 되었다. 회의실 내부 모습과 테이블 및 좌석배치가 다음 그림과 같을 때, 이를 본 A 씨의 생각 중 적절하지 않은 것은?

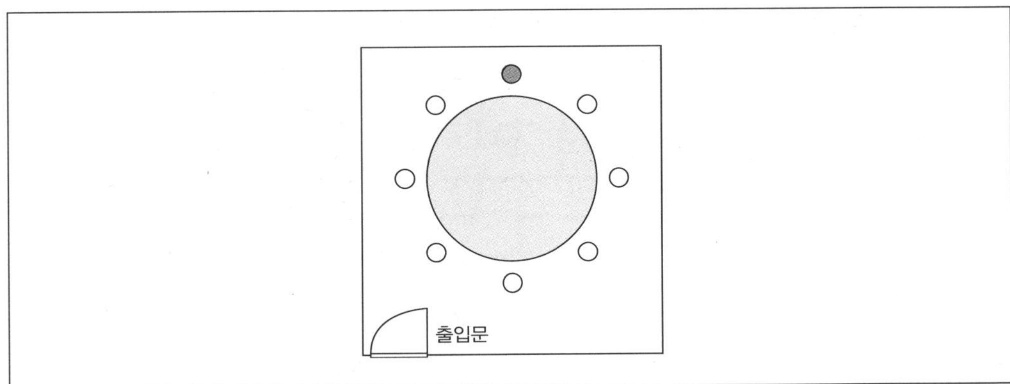

① 테이블이 원형인 것을 보니 적극적이고 개방적인 소통을 추구하는구나.
② 참석자들 간에 서로의 눈을 바라보기 쉬우니 의견을 교환하기가 보다 수월하겠어.
③ 색으로 칠해진 의자가 출입문에서 가장 먼 자리이니 가장 말단 사원인 내가 앉으면 되겠구나.
④ 서로가 너무 잘 보이니 처음 회의에 참여하는 나의 입장에서는 너무 노출이 되는 것 같아 다소 부담스럽네.

35. 다음 글을 통해 알 수 있는 내용으로 가장 적절한 것은?

> 랑케는 역사적 사실을 '신(神)의 손가락'에 의해 만들어진 자연계의 사물과 동일시했다. 그는 각 시대나 과거의 개체적 사실들은 그 자체로 완결된 고유의 가치를 지녔으며, 시간의 흐름을 초월해 존재한다고 믿었다. 그래서 역사가가 그것을 마음대로 해석하는 것은 신성한 역사를 오염시키는 것이라 여기고 과거의 역사적 사실을 있는 그대로 기술하는 것이 역사가의 몫이라고 주장했다. 이를 위해 역사가는 사료에 대한 철저한 고증과 확인을 통해 역사를 인식해야 하며 목적을 앞세워 역사를 왜곡하지 말아야 한다고 보았다.
>
> 이에 반해 드로이젠은 역사적 사실이란 어디까지나 역사가의 주관적 인식에 의해 학문적으로 구성된 사실이라는 점을 강조했다. 그래서 그는 역사를 단순히 과거 사건들의 집합으로 보지 않았으며 역사가의 임무는 과거 사건들을 이해하고 해석하여 하나의 지식 형태로 구성하는 것이라고 보았다. 그리고 객관적 사실을 파악하기 위한 사료 고증만으로는 과거에 대한 부분적이고 불확실한 설명만 찾아낼 수 있을 뿐이라고 했다.

① 목적을 앞세운 사료 고증은 역사 왜곡 행위이다.
② 랑케는 역사가에 의해 주관적으로 파악된 과거 사실만을 인정했다.
③ 드로이젠은 사료 고증만을 떠받드는 것을 부정적으로 여겼다.
④ 드로이젠에 따르면 과거의 사실은 시간을 초월하여 존재하는 것이다.

36. 다음 미로의 ★표 지점에서 출발하여 알파벳(A ~ D)이 쓰인 지점까지 도착하려 한다. 10회 이하의 방향 전환만으로 도착할 수 있는 지점이 아닌 곳은?

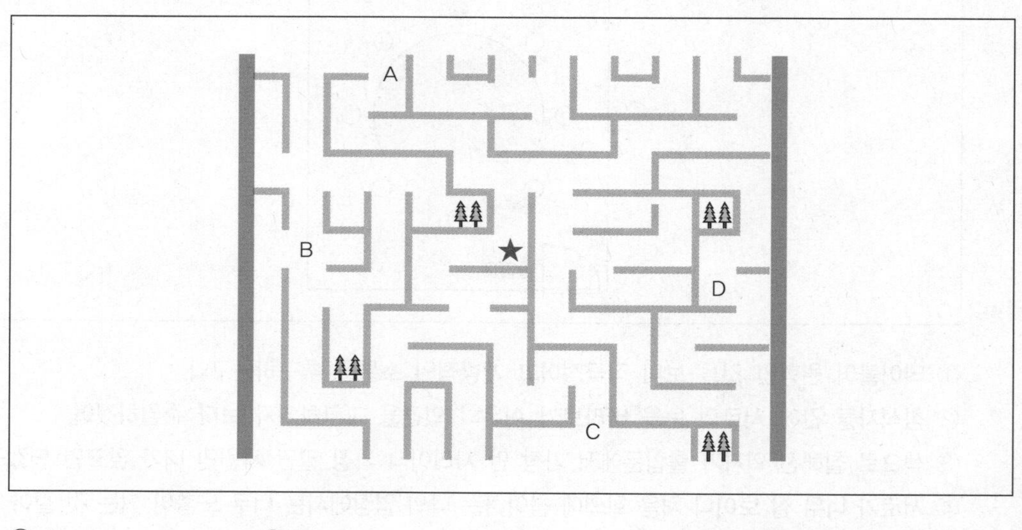

① A　② B　③ C　④ D

37. □□기관에 다니는 박 팀장은 회의에서 부하 직원들에게 자신의 말이 본보기가 되도록 인상적인 의사소통을 하고 싶지만 마음처럼 되지 않아 고민이다. 다음 사례를 읽고 박 팀장에게 해 줄 수 있는 조언으로 적절하지 않은 것은?

> 매주 금요일 업무 보고 시간에 참석하는 영업팀의 팀원들은 박 팀장이 입을 열자 서로 눈치를 보며 한숨을 쉬기 시작했다. 박 팀장은 매번 회의에서 똑같은 말만 반복하기로 유명해진 지 오래되었고, 회사에서 박 팀장만 모르는 그의 별명은 '앵무새'이다.
>
> 그는 그에게 익숙한 말들만 고집스레 반복하여 사용하는 것을 좋아하는 대표적인 의사소통 능력이 부족한 상사이다. 기업 이미지 홍보 전략을 위한 회의에서도 박 팀장은 별다른 전략적 제안 없이 무조건 부하 직원들에게 "그럼 기대하겠네."와 같은 말을 하고, 직원 사기 증진을 위한 영업 전략 회의에서도 역시나 박 팀장은 별다른 전략적 제안 없이 무조건 부하 직원들에게 "그럼 기대하겠네."라는 말만 반복할 뿐이었다.
>
> 이제 박 팀장과 함께하는 영업팀 회의에서는 박 팀장이 말을 꺼내기 시작하면 하품을 하며 지루한 표정부터 짓는 부하 직원들이 많아졌다. 박 팀장도 좀처럼 잡히지 않는 회의 분위기를 의식한 듯 어떻게든 회의의 분위기를 가다듬어 보려고 하지만, 자신은 왜 그러는지 이유를 몰라 답답하기만 하다.

① 언제나 주위의 언어 정보에 민감하게 반응하고, 자신이 활용할 수 있도록 노력한다.
② 경구(警句), 한자성어, 현학적인 문장 등을 사용해 자신의 지적 능력을 보여 준다.
③ 언제나 "다른 표현은 없을까?"하고 생각을 거듭하며, 새로운 표현을 검토해 본다.
④ 상대방의 마음을 끌어당길 수 있는 표현법을 많이 익혀, 이를 활용하도록 노력한다.

38. 다음은 같은 모양과 크기의 블록을 쌓아올린 그림이다. 그림에서 두 면만 보이는 블록은 모두 몇 개인가?

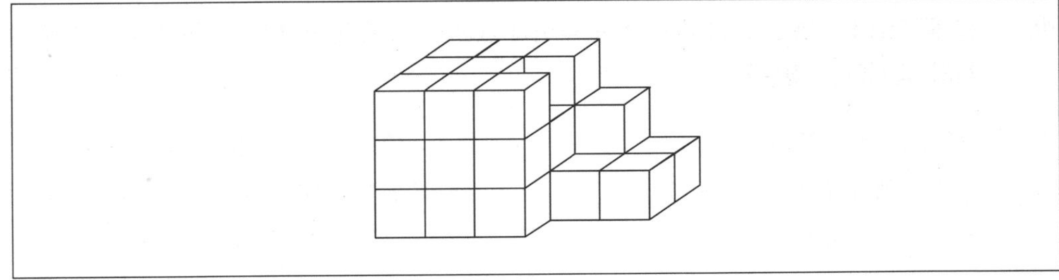

① 5개
② 6개
③ 7개
④ 8개

[39 ~ 40] 다음은 신재생에너지의 에너지원별 비중을 나타내는 자료이다. 이어지는 질문에 답하시오.

구분	2012년	2014년	2025년(목표)	2035년(목표)
태양열	0.3	0.5	3.7	7.9
태양광	2.8	4.9	12.9	14.1
풍력	2.2	2.6	15.6	18.2
바이오	15.2	13.3	19.0	18.0
수력	9.3	9.7	4.1	2.9
지열	0.7	0.9	4.4	8.5
해양	1.1	1.1	1.6	1.3
폐기물	68.4	67.0	38.7	29.1

39. 다음 중 위 자료를 잘못 이해한 사람은?

① 태수 : 2012년에 비중이 가장 적은 두 가지 에너지원은 태양열과 지열이야.
② 동규 : 2025년의 비중이 2014년보다 2배가 넘는 에너지원은 네 가지가 되네.
③ 영수 : 2014년 이후 지속적인 감축을 목표로 하는 에너지원은 세 가지가 있네.
④ 동철 : 2035년에 가장 많은 비중을 차지하는 에너지원 상위 세 가지는 2025년과 같군.

40. 다음 중 2014→2025년의 비중 변동 추이와 2025→2035년의 비중 변동 추이가 같은 에너지원끼리 짝지어진 것은?

① 풍력에너지, 해양에너지
② 태양열에너지, 수력에너지
③ 바이오에너지, 해양에너지
④ 바이오에너지, 지열에너지

41. ○○사 기획팀에서 근무하고 있는 이 대리는 세미나 일정을 앞두고 장소를 대여하려고 한다. 장소 후보 A ~ D 중 다음 〈평가 기준〉에 따라 산출한 총점이 가장 높은 장소를 대여하려고 할 때, 이 대리가 대여하게 될 곳은?

〈세미나 장소 정보〉

구분	이동거리	수용 가능인원	대관료	평점	빔 프로젝터 사용가능 여부
A	2.5km	400명	70만 원	★★	○
B	3km	500명	65만 원	★★★	○
C	2km	350명	95만 원	★★★★	○
D	4.5km	700명	75만 원	★★★	×

〈평가 기준〉

- 이동거리, 수용 가능인원, 대관료에는 각 장소마다 1 ~ 4점을 부여한다.
- 이동거리는 짧은 순, 대관료는 낮은 순, 수용 가능인원은 많은 순으로 4점부터 1점까지 부여한다.
- 평점은 별의 개수만큼 점수를 부여한다.
- 빔 프로젝터 사용이 가능한 경우 가점 1점을 부여한다.

① A　　② B

③ C　　④ D

42. 다음 대화에서 중심이 되는 이슈와 가장 관련이 깊은 논리적 사고의 요소로 적절한 것은?

> 갑 : 20대의 상황에서 제안할 수 있는 일이라면 무엇이 있을까? 작은 업무 개선이라도 좋지 않을까?
>
> 을 : 지난번에 한 동료와 이야기했을 때, "이익을 볼 수 있음에도, 담당할 사람이 없다는 이유로 착수하지 못한 일이 있었어. 그때 조금 더 구체적으로 제안할걸……"이라는 말을 하더라고.
>
> 병 : 그렇지만 같은 제안이라도 제안하는 사람에 따라 이를 받아들이는가의 여부가 분명치 않아. 제안자에게 기회가 주어지도록 결정권자의 마음을 움직이려면 먼저 기본적인 일을 실수 없이 처리하고 누구도 생각하지 못한 새로운 관점의 제안을 들고 가는 것이 중요하지 않을까?
>
> 을 : 아마도 젊을 때는 틀에 짜인 것부터 해야 하는 것이 귀찮다고 생각하는 경우가 많겠지? 그래서 모순이 생기는 것은 아닐까? 남보다 더 많은 일을 처리하려는 마음을 갖고 있으면서도 귀찮은 일을 하지 않으니까 말이야.
>
> 병 : 귀찮은 일이라고 생각하면 충분히 그럴 수 있다는 생각이 들어. 스스로 아주 귀찮아한다든지, 누구든지 했으면 좋겠다고 생각하는 일을 '간단한', '누구라도 할 수 있는' 일로 바꿔 갈 수 있는 계획을 평상시에 생각하면 좋지 않을까?

① 타인에 대해 이해하기
② 생각하는 습관 갖기
③ 상대 논리를 구조화하여 생각하기
④ 상대를 설득하기

43. 다음 기사에 나타난 문제점을 해결하기 위한 정책 방안으로 적절한 것은?

> ○○도에 다문화 학생 규모는 2013년 4,998명에서 시작해 지난해 9,169명까지 늘어났으며, 올해는 1만 명을 훌쩍 넘길 것으로 전망된다. 이로 인해 지역에 따라 다문화 학생 수가 전체 학생의 30%를 넘는 학교도 무려 146곳이나 되고, 농어촌 유치원의 경우는 다문화 아동이 없으면 운영이 힘들 정도다. 하지만 일부 학부모들은 자신들의 자녀가 다문화 아동과 격의 없이 어울리는 것을 달가워하지 않는다고 한다.

① 다문화 가정 내부의 문제로 인식한다.
② 출신 국가의 국제적 위상에 따라 교육 기회를 다르게 준다.
③ 국가적 차원에서 문화적 동질성 확보를 위한 정책을 시행한다.
④ 다양한 문화의 다양성을 존중하고 외국인 이주자의 적응을 돕는 방안으로 정책을 마련한다.

44. (가)～(라) 중 다음에 제시된 문장이 들어갈 위치로 적절한 곳은?

> 사람들은 물질적 부를 즐기는 방향으로 쏠렸는가 하면, 사회의 가치 평가가 생산과 부(富)를 표준으로 삼기에 이르렀다.

> (가) 현대 사회가 해결해야 할 또 하나의 과제는 물질적인 것과 정신적인 것 사이의 균형을 회복하는 일이다. (나) 옛날에는 오히려 사회생활의 비중을 정신적인 것이 더 많이 차지해왔다. 종교, 학문, 이상 등이 존중되었고, 그 정신적 가치가 쉽게 인정받았다. 그러나 현대 사회로 넘어오면서부터 모든 것이 물질 만능주의로 기울어지고 있다. 그것은 세계적인 현상이며, 한국도 예외는 아니다. 물론, 그 중요한 원인이 된 것은 현대 산업 사회의 비대성(肥大性)이다. 산업 사회는 기계와 기술을 개발했고, 공업에 의한 대량 생산과 소비를 가능케 했다. (다) 그 결과로 나타난 것이 문화 경시의 현실이며, 그것이 심하게 되어 인간 소외의 사회를 만들게 되었다. 정신적 가치는 그 설 곳을 잃게 되었으며, 물질적인 것이 모든 것을 지배하기에 이르렀다. (라) 이렇게 물질과 부가 모든 것을 지배하게 되면, 우리는 문화를 잃게 되며, 삶의 주체인 인격의 균형을 상실하게 된다. 그 뒤를 따르는 불행은 더 말할 필요가 없다.

① (가) ② (나)
③ (다) ④ (라)

45. 다음 그림에서 만들 수 있는 크고 작은 사각형은 모두 몇 개인가?

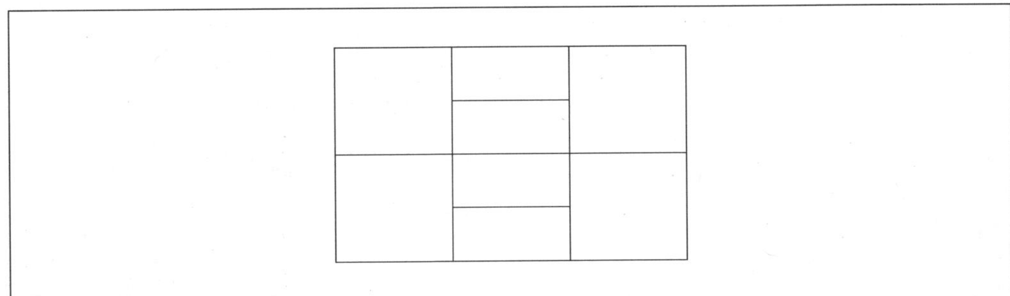

① 20개 ② 21개
③ 23개 ④ 25개

파트 3
인성검사

01 인성검사의 이해

1 인성검사, 왜 필요한가?

채용기업은 지원자가 '직무적합성'을 지닌 사람인지를 인성검사와 필기평가를 통해 판단한다. 인성검사에서 말하는 인성(人性)이란 그 사람의 성품, 즉 각 개인이 가지고 있는 사고와 태도 및 행동 특성을 의미한다. 인성은 사람의 생김새처럼 사람마다 다르기 때문에, 몇 가지 유형으로 분류하고 이에 맞추어 판단한다는 것 자체가 억지스럽고 어불성설일지 모른다. 그럼에도 불구하고 기업들의 입장에서는 입사를 희망하는 사람이 어떤 성품을 가졌는지에 대한 정보가 필요하다. 그래야 해당 기업의 인재상에 적합하고 담당할 업무에 적격한 인재를 채용할 수 있기 때문이다.

지원자의 성격이 외향적인지 아니면 내향적인지, 어떤 직무와 어울리는지, 조직에서 다른 사람과 원만하게 생활할 수 있는지, 업무 수행 중 문제가 생겼을 때 어떻게 대처하고 해결할 수 있는지에 대한 전반적인 개성은 자기소개서나 면접을 통해서도 어느 정도 파악할 수 있다. 그러나 이것들만으로는 인성을 충분히 파악할 수 없기 때문에, 객관화되고 정형화된 인성검사로 지원자의 성격을 판단하고 있다.

채용기업은 직무적성검사를 높은 점수로 통과한 지원자라 하더라도 해당 기업과 거리가 있는 성품을 가졌다면 탈락시키게 된다. 일반적으로 직무적성검사 통과자 중 인성검사로 탈락하는 비율이 10% 내외라고 알려져 있다. 물론 인성검사에서 탈락하였다 하더라도 특별히 인성에 문제가 있는 사람이 아니라면 절망할 필요는 없다. 자신을 되돌아보고 다음 기회를 대비하면 되기 때문이다. 탈락한 기업이 원하는 인재상이 아니었다면 맞는 기업을 찾으면 되고, 적합한 경쟁자가 많았기 때문이라면 자신을 다듬어 경쟁력을 높이면 될 것이다.

2 인성검사의 특징

우리나라 대다수의 채용기업은 인재개발 및 인적자원을 연구하는 한국행동과학연구소(KIRBS), 에스에이치알(SHR), 한국사회적성개발원(KSAD), 한국인재개발진흥원(KPDI) 등 전문기관에 인성검사를 의뢰하고 있다.

이 기관들의 인성검사 개발 목적은 비슷하지만 기관마다 검사 유형이나 평가 척도는 약간의 차이가 있다. 또 지원하는 기업이 어느 기관에서 개발한 검사지로 인성검사를 시행하는지는 사전에 알 수 없다. 그렇지만 공통으로 적용하는 척도와 기준에 따라 구성된 여러 형태의 인성검사지로 사전 테스트를 해 보고 자신의 인성이 어떻게 평가되는가를 미리 알아보는 것은 가능하다.

인성검사는 필기시험 당일 직무능력평가와 함께 실시하는 경우와 직무능력평가 합격자에 한하여 면접과 함께 실시하는 경우가 있다. 인성검사의 문항은 100문항 내외에서부터 최대 500문항까지 다양하다. 인성검사에 주어지는 시간은 문항 수에 비례하여 30 ~ 100분 정도가 된다.

문항 자체는 단순한 질문으로 어려울 것은 없지만, 제시된 상황에서 본인의 행동을 정하는 것이 쉽지만은 않다. 문항 수가 많을 경우 이에 비례하여 시간도 길게 주어지지만, 단순하고 유사하며 반복되는 질문에 방심하여 집중하지 못하고 실수하는 경우가 있으므로 컨디션 관리와 집중력 유지에 노력하여야 한다. 특히 같거나 유사한 물음에 다른 답을 하는 경우가 가장 위험하니 주의해야 한다.

3 인성검사 합격 전략

1 포장하지 않은 솔직한 답변

'다른 사람을 험담한 적이 한 번도 없다', '물건을 훔치고 싶다고 생각해 본 적이 없다'

이 질문에 당신은 '그렇다', '아니다' 중 무엇을 선택할 것인가? 채용기업이 인성검사를 실시하는 가장 큰 이유는 '이 사람이 어떤 성향을 가진 사람인가'를 효율적으로 파악하기 위해서이다.

인성검사는 도덕적 가치가 빼어나게 높은 사람을 판별하려는 것도 아니고, 성인군자를 가려내기 위함도 아니다. 인간의 보편적 성향과 상식적 사고를 고려할 때, 도덕적 질문에 지나치게 겸손한 답변을 체크하면 오히려 솔직하지 못한 것으로 간주되거나 인성을 제대로 판단하지 못해 무효 처리가 되기도 한다. 자신의 성격을 포장하여 작위적인 답변을 하지 않도록 솔직하게 임하는 것이 예기치 않은 결과를 피하는 첫 번째 전략이 된다.

2 필터링 함정을 피하고 일관성 유지

앞서 강조한 솔직함은 일관성과 연결된다. 인성검사를 구성하는 많은 척도는 여러 형태의 문장 속에 동일한 요소를 적용해 반복되기도 한다. 예컨대 '나는 매우 활동적인 사람이다'와 '나는 운동을 매우 좋아한다'라는 질문에 '그렇다'고 체크한 사람이 '휴일에는 집에서 조용히 쉬며 독서하는 것이 좋다'에도 '그렇다'고 체크한다면 일관성이 없다고 평가될 수 있다.

그러나 일관성 있는 답변에만 매달리면 '이 사람이 같은 답변만 체크하기 위해 이 부분만 신경 썼구나'하는 필터링 함정에 빠질 수도 있다. 비슷하게 보이는 문장이 무조건 같은 내용이라고 판단하여 똑같이 답하는 것도 주의해야 한다. 일관성보다 중요한 것은 솔직함이다. 솔직함이 전제되지 않은 일관성은 허위 척도 필터링에서 드러나게 되어 있다. 유사한 질문의 응답이 터무니없이 다르거나 양극단에 치우치지 않는 정도라면 약간의 차이는 크게 문제되지 않는다. 중요한 것은 솔직함과 일관성이 하나의 연장선에 있다는 점을 명심하자.

3 지원한 직무와 연관성을 고려

다양한 분야의 많은 계열사와 큰 조직을 통솔하는 대기업은 여러 사람이 조직적으로 움직이는 만큼 각 직무에 걸맞은 능력을 갖춘 인재가 필요하다. 그래서 기업은 매년 신규채용으로 입사한 신입사원들의 젊은 패기와 참신한 능력을 성장 동력으로 활용한다.

기업은 사교성 있고 활달한 사람만을 원하지 않는다. 해당 직군과 직무에 따라 필요로 하는 사원의 능력과 개성이 다르기 때문에, 지원자가 희망하는 계열사나 부서의 직무가 무엇인지 제대로 파악하여 자신의 성향과 맞는지에 대한 고민은 반드시 필요하다. 같은 질문이라도 기업이 원하는 인재상이나 부서의 직무에 따라 판단 척도가 달라질 수 있다.

4 평상심 유지와 컨디션 관리

역시 솔직함과 연결된 내용이다. 한 질문에 대해 오래 고민하고 신경 쓰면 불필요한 생각이 개입될 소지가 크다. 이는 직관을 떠나 이성적 판단에 따라 포장할 위험이 높아진다는 뜻이기도 하다. 오래 생각하지 말고 자신의 평상시 생각과 감정대로 답하는 것이 중요하며, 가능한 한 건너뛰지 말고 모든 질문에 답하도록 한다. 200 ~ 300개 정도의 문항을 출제하는 기업이 많기 때문에, 끝까지 집중하여 임하는 것이 중요하다.

특히 적성검사와 같은 날 실시하는 경우, 적성검사를 마친 후 연이어 보기 때문에 신체적 · 정신적으로 피로한 상태에서 자세가 흐트러질 수도 있다. 따라서 컨디션을 유지하면서 문항당 7 ~ 10초 이상 쓰지 않도록 하고, 문항 수가 많을 때는 답안지에 바로 바로 표기하도록 한다.

인성검사 모의 연습

검사문항	200 문항
검사시간	40 분

[01~50] 다음 문항을 읽고 본인이 상대적으로 더 해당된다고 생각되는 쪽을 선택하여 정답지에 표기해 주십시오.

번호	문항	선택	
1	① 외향적인 성격이라는 말을 듣는다. ② 내성적인 편이라는 말을 듣는다.	①	②
2	① 정해진 틀이 있는 환경에서 주어진 과제를 수행하는 일을 하고 싶다. ② 새로운 아이디어를 활용하여 변화를 추구하는 일을 하고 싶다.	①	②
3	① 의견을 자주 표현하는 편이다. ② 주로 남의 의견을 듣는 편이다.	①	②
4	① 실제적인 정보를 수집하고 이를 체계적으로 적용하는 일을 하고 싶다. ② 새로운 아이디어를 활용하여 변화를 추구하는 일을 하고 싶다.	①	②
5	① 냉철한 사고력이 요구되는 일이 편하다. ② 섬세한 감성이 요구되는 일이 편하다.	①	②
6	① 사람들은 나에 대해 합리적이고 이성적인 사람이라고 말한다. ② 사람들은 나에 대해 감정이 풍부하고 정에 약한 사람이라고 말한다.	①	②
7	① 나는 의사결정을 신속하고 분명히 하는 것을 선호하는 편이다. ② 나는 시간이 걸려도 여러 측면을 고려해 좋은 의사결정을 하는 것을 선호하는 편이다.	①	②
8	① 계획을 세울 때 세부 일정까지 구체적으로 짜는 편이다. ② 계획을 세울 때 상황에 맞게 대처할 수 있는 여지를 두고 짜는 편이다.	①	②
9	① 나는 원하는 일이라면 성공확률이 낮을지라도 도전한다. ② 나는 실패할 가능성이 있는 일이라면 가급적 하지 않는 편이다.	①	②
10	① 일반적으로 대화 주제는 특정 주제나 일 중심의 대화를 선호한다. ② 일반적으로 대화 주제는 인간관계 중심의 대화를 선호한다.	①	②
11	① 나는 완벽성과 정확성을 추구하는 성향이다. ② 나는 융통성이 있고 유연성을 추구하는 성향이다.	①	②

12	① 나는 관계의 끊고 맺음이 정확하다. ② 나는 상대의 감정에 쉽게 흔들린다.	①	②
13	① 일을 할 때 지시받은 일을 정확하게 하길 좋아한다. ② 일을 할 때 지시받는 일보다 스스로 찾아서 하는 편이다.	①	②
14	① 나는 한번 집중하면 의문이 풀릴 때까지 집중한다. ② 나는 어려운 문제에 부딪히면 포기하는 게 마음이 편하다.	①	②
15	① 의사결정 시 논리적이고 합리적인 결정을 중시한다. ② 의사결정 시 분위기나 정서를 많이 고려한다.	①	②
16	① 나는 집단이나 모임 활동에 적극적이다. ② 개인 취미 활동에 적극적이다.	①	②
17	① 인류의 과학 발전을 위해 동물 실험은 필요하다. ② 인류를 위한 동물 실험은 없어져야 한다.	①	②
18	① 나에게 있어 사회적 책임과 의무는 그리 중요하지 않다. ② 나에게 있어 사회적 책임과 의무는 심각하고 진지하게 받아들인다.	①	②
19	① 미래를 위해 돈을 모아야 한다고 생각한다. ② 현재를 즐기기 위해 나에게 투자해야 한다고 생각한다.	①	②
20	① 바쁜 일과 중에 하루 휴식 시간이 주어지면 거리를 다니면서 쇼핑을 하거나 격렬한 운동을 한다. ② 바쁜 일과 중에 하루 휴식 시간이 주어지면 책을 읽거나 음악 감상을 하고 낮잠을 자는 등 편히 쉰다.	①	②
21	① 생활의 우선순위는 다른 사람의 필요를 채우고 봉사하는 일이다. ② 생활의 우선순위는 내 삶에 충실하고 나 자신의 경쟁력을 키우는 일이다.	①	②
22	① 원인과 결과가 논리적으로 맞는지를 확인하는 편이다. ② 과정과 상황에 대한 좋고 나쁨을 우선 고려하는 편이다.	①	②
23	① 조직이나 모임에서 분위기를 주도하고 감투 쓰기를 선호한다. ② 조직이나 모임에서 나서기보다 뒤에서 도와주는 역할을 선호한다.	①	②
24	① 자신의 속마음을 쉽게 노출하지 않는 사람이다. ② 상대방을 크게 신경 쓰지 않는 시원스러운 사람이다.	①	②
25	① 혼란을 막기 위해 매사를 분명히 결정하는 조직을 선호한다. ② 차후에 더 나은 결정을 내리기 위해 최종 결정을 유보하는 조직이 좋다.	①	②
26	① 타인을 지도하고 설득하는 일을 잘한다. ② 상대를 뒤에서 도와주고 섬기는 역할을 잘한다.	①	②

27	① 어떤 일을 할 때 주변 정리는 일 도중에 중간중간 정리해 나간다. ② 어떤 일을 할 때 주변 정리는 일을 마치고 마지막에 한꺼번에 정리한다.	①	②
28	① 일을 처리하는 데 있어서 미리 시작해서 여유 있게 마무리하는 편이다. ② 일을 처리하는 데 있어서 막바지에 가서 많은 일을 달성하는 편이다.	①	②
29	① 토론을 할 때 내 의견이 대부분 관철되고 반영된다. ② 토론을 할 때 많은 사람이 동의하는 쪽을 선택한다.	①	②
30	① 나는 적극적으로 변화를 주도하고 도전하는 것을 즐긴다. ② 기존의 방식을 문제없이 유지하는 것에 안정감을 느낀다.	①	②
31	① 나는 일반적으로 혼자 하는 일을 선호한다. ② 나는 일반적으로 함께 하는 일을 잘한다.	①	②
32	① 묶이는 것보다 자유로운 분위기가 좋다. ② 정해진 질서와 틀이 짜여 있는 곳이 좋다.	①	②
33	① 일상생활에서 미리 일별, 월별 계획을 세워 꼼꼼하게 따져가며 생활한다. ② 그때그때 상황에 맞춰 필요한 대책을 세워나간다.	①	②
34	① 처음 보는 사람과 한자리에 있으면 먼저 말을 꺼내는 편이다. ② 처음 보는 사람과 한자리에 있으면 상대가 말을 할 때까지 기다린다.	①	②
35	① 합리적이고 이성적인 것을 더 강조하는 조직을 선호한다. ② 인간적이고 감성적인 것을 더 강조하는 조직을 선호한다.	①	②
36	① 상호작용이 주로 업무를 통한 정보 교환을 중심으로 이루어지는 조직을 선호한다. ② 상호작용이 주로 개인적 인간관계를 통해 이루어지는 조직을 선호한다.	①	②
37	① 처음 만나는 사람들에게 본 모습을 바로 보여 주기보다 조금 경계하는 편이다. ② 처음 만나는 사람들에게 조금 친해지고 나면 털털한 면을 보여준다.	①	②
38	① 새로운 상황에 직면하게 되면 쉽고 빠르게 적응해 나간다. ② 새로운 상황에 직면하게 되면 적응하는 데 시간이 오래 걸린다.	①	②
39	① 아는 사람끼리 다툼이 생기면 적극적으로 개입하여 중재를 하는 편이다. ② 당사자끼리 해결하도록 상관하지 않는다.	①	②
40	① 3일 동안 여행을 떠날 때 미리 행선지나 일정을 철저히 계획하고 떠난다. ② 3일 동안 여행을 떠날 때 행선지만 정해놓고 여행지에서 발길이 닿는 대로 정한다.	①	②
41	① 나는 가능한 한 색다른 방법을 모색하는 경향이다. ② 나는 기존의 방법을 수용하고 잘 활용하는 경향이다.	①	②

42	① 나는 정해진 계획에 따라 행동하는 것을 좋아한다. ② 나는 지금 당장 마음에 내키는 것을 하기 좋아한다.	①	②
43	① 분위가 침체되어 있을 때 있는 그대로의 상황을 즐긴다. ② 분위가 침체되어 있을 때 적극 나서서 분위기를 바꾸려 애쓴다.	①	②
44	① 상대에게 부정적인 말을 들으면 농담이나 유머로 상황을 넘기려 애쓴다. ② 상대에게 부정적인 말을 들으면 조목조목 따지며 시시비비를 가린다.	①	②
45	① 규정을 준수하고 신뢰감 있게 행동하는 것을 더 강조하는 조직을 선호한다. ② 창의적이고 창조적으로 행동하는 것을 더 강조하는 조직을 선호한다.	①	②
46	① 다른 조직과의 교류가 활발하고 외부 환경을 많이 고려하는 조직을 선호한다. ② 내부 응집력이 강하고 내부 환경을 많이 고려하는 조직을 선호한다.	①	②
47	① 세부 일정까지 구체적으로 짜 놓은 계획에 따라 움직이는 조직을 선호한다. ② 상황에 따라 변할 수 있도록 융통성 있게 일정을 짜고 움직이는 조직을 선호한다.	①	②
48	① 어떤 일이 맡겨지면 건강에 무리가 가더라도 일의 완수를 우선시 한다. ② 어떤 일이 맡겨지면 열심히 하지만 심신이 피곤하도록 무리해서 일하지 않는다.	①	②
49	① 정해진 틀보다 자유로운 분위기를 선호한다. ② 원칙과 조직의 규범을 중요하게 여긴다.	①	②
50	① 일의 속도는 느리지만, 꾸준히 하는 편이다. ② 일을 신속히 처리하나 오래 하는 일은 금방 지루함을 느낀다.	①	②

[51~185] 다음 문항을 읽고 '그렇다'에 생각되면 ①, '아니다'에 생각되면 ②를 선택하여 정답지에 표기해 주십시오.

번호	문 항	그렇다	아니다
51	모임이나 조직에서 중책을 많이 맡는다.	①	②
52	일을 다른 사람에게 쉽게 맡기지 못한다.	①	②
53	나와 관심 또는 관련 없는 일도 끝까지 잘 들어준다.	①	②
54	궂은일이나 애로사항이 생기면 도맡아서 처리한다.	①	②
55	억울한 상황에서도 자신의 주장을 잘 전달하지 못한다.	①	②
56	주변 사람들에게 배려심이 많다는 말을 자주 듣는다.	①	②
57	모든 상황을 긍정적으로 인식한다.	①	②
58	분위기에 쉽게 동화된다.	①	②
59	남의 의견에 좌우되어서 쉽게 의견이 바뀐다.	①	②
60	허세를 부린 적이 한 번도 없다.	①	②
61	모든 일을 계획적으로 처리한다.	①	②
62	사람들과 만나면 이야기를 주도하는 편이다.	①	②
63	화가 나면 마음에 오래 담아 두는 편이다.	①	②
64	주변 사람들의 생일이나 경조사를 잘 챙긴다.	①	②
65	법도 사회의 변화에 따라 달라져야 한다고 생각한다.	①	②
66	가끔 색다른 음식을 의도적으로 먹는다.	①	②
67	복잡한 곳보다 조용한 곳이 좋다.	①	②
68	친구가 많지 않다.	①	②
69	다른 사람을 가르치는 일을 좋아한다.	①	②
70	한 가지 일에 집중하면 그 외 일은 소홀히 하는 경향이 있다.	①	②
71	의사결정 할 때 주도적 역할을 한다.	①	②
72	한 가지 일을 오래하지 못한다.	①	②
73	다른 사람의 의견에 장단(공감)을 잘 맞춰준다.	①	②
74	특별히 가리는 음식이 없는 편이다.	①	②

75	남을 의심해 본 적이 없다.	①	②
76	메모를 잘하고 일정표를 통해 늘 스케줄을 관리한다.	①	②
77	자신감이 없는 편이다.	①	②
78	창의성을 발휘하는 업무가 적성에 맞는다.	①	②
79	어떤 일을 결심하기까지 시간이 걸리는 편이다.	①	②
80	쉬운 문제보다 어려운 문제를 더 좋아한다.	①	②
81	쉽게 좌절하거나 의기소침해지지 않는다.	①	②
82	짜인 틀에 얽매이는 것을 싫어한다.	①	②
83	일을 주도하는 것보다 따르는 것이 좋다.	①	②
84	다른 사람의 마음을 잘 읽는 편이다.	①	②
85	신중하다는 말을 자주 듣는다.	①	②
86	맡은 일은 무슨 일이 생겨도 끝까지 완수한다.	①	②
87	계산 문제를 다루는 것이 좋다.	①	②
88	우리 가족은 항상 화목하다.	①	②
89	아침에 일어났을 때가 하루 중 가장 기분이 좋다.	①	②
90	어떤 문제가 생기면 그 원인부터 따져 보는 편이다.	①	②
91	자신의 주장을 강하게 내세우지 않으며 순종을 잘한다.	①	②
92	식사 전에는 꼭 손을 씻는다.	①	②
93	타인의 문제에 개입되는 걸 원하지 않는다.	①	②
94	주변에 못마땅해 보이는 사람들이 많다.	①	②
95	우선순위가 상황에 따라 자주 바뀐다.	①	②
96	내가 행복해지려면 주변의 많은 것들이 변해야 한다.	①	②
97	남의 일에 신경 쓰다 정작 내 일을 하지 못하는 경우가 종종 있다.	①	②
98	말이 별로 없고 과묵한 편이다.	①	②
99	기분에 따라 행동하는 경우가 많다.	①	②
100	상상력이 풍부한 편이다.	①	②
101	다른 사람에게 명령이나 지시하는 것을 좋아한다.	①	②
102	끈기가 있고 성실하다.	①	②

103	새로운 학문을 배우는 것을 좋아한다.	①	②
104	긴박한 상황에서도 차분함을 잃지 않으며 상황 판단이 빠르다.	①	②
105	어떤 상황에서든 빠르게 결정하고 과감하게 행동한다.	①	②
106	성공하고 싶은 욕망이 매우 강하다.	①	②
107	가끔 사물을 때려 부수고 싶은 충동을 느낄 때가 있다.	①	②
108	무슨 일이든 도전하는 편이다.	①	②
109	사람들과 어울릴 수 있는 모임을 좋아한다.	①	②
110	다른 사람이 한 행동의 이유를 잘 파악하는 편이다.	①	②
111	조직적으로 행동하는 것을 좋아한다.	①	②
112	처음 보는 사람에게 말을 잘 걸지 못한다.	①	②
113	일을 시작하기 전에 조건을 꼼꼼히 따져본다.	①	②
114	목표 달성을 위해서라면 사소한 규칙은 무시해도 된다.	①	②
115	많은 사람보다 몇몇의 특별한 친구를 갖고 있다.	①	②
116	남이 시키는 일을 하는 것이 편하다.	①	②
117	다른 사람들이 무심코 보다 넘기는 것에도 관심을 갖는다.	①	②
118	기상시간과 취침시간이 거의 일정하다.	①	②
119	지금까지 거짓말을 한 번도 하지 않았다.	①	②
120	약속을 한 번도 어긴 적이 없다.	①	②
121	하고 싶은 말을 잘 참지 못한다.	①	②
122	다른 사람들의 행동을 주의 깊게 관찰하는 경향이 있다.	①	②
123	주변 사람들에게 독특한 사람으로 통한다.	①	②
124	남에게 지고 싶지 않은 승부사적인 기질이 있다.	①	②
125	매사에 확인하고 또 확인해야만 마음이 놓인다.	①	②
126	다른 사람들의 이야기를 귀담아듣는다.	①	②
127	눈치가 빠르며 상황을 빨리 파악하는 편이다.	①	②
128	사람을 사귈 때 어느 정도 거리를 두고 사귄다.	①	②
129	어떤 경우라도 남을 미워하지 않는다.	①	②
130	다소 무리를 해도 쉽게 지치지 않는 편이다.	①	②

131	논리가 뛰어나다는 말을 듣는 편이다.	①	②
132	나 자신에 대해 불평한 적이 없다.	①	②
133	양보와 타협보다 내 소신이 중요하다.	①	②
134	자진해서 발언하는 일이 별로 없다.	①	②
135	결정을 내릴 때 남들보다 시간이 걸리는 편이다.	①	②
136	현실적인 사람보다 이상적인 사람을 더 좋아한다.	①	②
137	비교적 금방 마음이 바뀌는 편이다.	①	②
138	쓸데없는 고생을 하는 타입이다.	①	②
139	아무리 힘들더라도 힘든 내색을 하지 않는다.	①	②
140	확실하지 않은 것(일)은 처음부터 시작하지 않는다.	①	②
141	원하지 않는 일이라도 모든 일에 잘 적응한다.	①	②
142	상대가 원하면 마음에 안 들어도 따라주는 편이다.	①	②
143	주어진 시간 내에 맡겨진 과제를 마칠 수 있다.	①	②
144	임기응변으로 대응하는 것에 능숙하다.	①	②
145	가끔 의지가 약하다는 말을 듣는다.	①	②
146	처음 보는 사람에게도 내 의견을 자신 있게 말할 수 있다.	①	②
147	남이 나를 어떻게 생각하는지 신경이 쓰인다.	①	②
148	일의 시작은 잘하나 마무리가 안될 때가 많다.	①	②
149	나와 다른 의견을 가진 사람들을 설득하는 것을 잘한다.	①	②
150	쓸데없는 잔걱정이 끊이질 않는다.	①	②
151	이롭지 않은 약속은 무시할 때가 종종 있다.	①	②
152	나도 모르게 충동구매를 하는 경우가 많다.	①	②
153	비교적 상처받기 쉬운 타입이다.	①	②
154	낯선 사람과 대화하는 데 어려움이 있다.	①	②
155	몸이 아프고 피곤하면 만사를 뒤로하고 일단 쉬고 본다.	①	②
156	하고 싶은 일을 하지 않고는 못 배긴다.	①	②
157	애교가 별로 없고 표정관리를 잘 못한다.	①	②
158	항상 나 자신이 만족스럽다.	①	②

159	여러 사람을 통솔하는 것보다 개인을 도와주는 일을 잘한다.	①	②
160	무슨 일이든 빨리 해결하려는 경향이 많다.	①	②
161	사람을 가리지 않고 두루두루 교제한다.	①	②
162	많은 사람들이 나를 이해하지 못하는 것 같다.	①	②
163	말보다는 행동으로 보여주는 성향이다.	①	②
164	갈등이나 마찰을 피하기 위해 대부분 양보하는 편이다.	①	②
165	사소한 잘못은 지혜롭게 변명하고 넘어간다.	①	②
166	일에 집중하면 다른 것은 생각나지 않는다.	①	②
167	잘못된 규정이라도 일단 확정되면 규정에 따라야 한다.	①	②
168	사람들의 부탁을 잘 거절하지 못한다.	①	②
169	융통성이 없는 편이다.	①	②
170	세상에는 바보 같은 사람이 너무 많다고 생각한다.	①	②
171	스포츠 경기를 관람하다가 금방 흥분한다.	①	②
172	약속을 어긴 적이 한 번도 없다.	①	②
173	어울려서 일하면 집중이 잘 안된다.	①	②
174	감수성이 풍부하며 감정의 기복이 심하다.	①	②
175	무슨 일이 있더라도 상대방을 이겨야 직성이 풀린다.	①	②
176	항상 스스로 실수를 인정한다.	①	②
177	일과 사람(공과 사)의 구분이 명확하다.	①	②
178	다른 사람의 말에 쉽게 흔들린다.	①	②
179	어떤 일에든 적극적으로 임하는 편이다.	①	②
180	간단한 일은 잘하나 오래 걸리는 일은 잘 못한다.	①	②
181	팀을 위해 희생하는 편이다.	①	②
182	좋을 때나 나쁠 때나 변함없이 남을 도울 수 있다.	①	②
183	일의 성사를 위해서는 다소 거짓말도 필요하다.	①	②
184	수업시간에 발표하는 것을 즐기는 편이다.	①	②
185	내 전공 분야와 상관없는 분야의 지식에도 관심이 많다.	①	②

[186~200] 다음 제시된 문제를 읽고 하나를 선택하여 정답지에 표기해 주십시오.

186. 자신의 성격을 잘 표현할 수 있는 단어로 묶인 것은?

① 온화한, 자유로운, 침착한, 긍정적인
② 꼼꼼한, 섬세한, 감수성이 풍부한, 사려 깊은
③ 성격이 급한, 상상력이 풍부한, 승부욕이 있는, 적극적인
④ 인내심이 있는, 실패를 두려워하지 않는, 집중력이 좋은, 일관성 있는

187. 자신이 조직에서 일하는 방식은?

① 팀워크가 필요한 일을 선호한다.
② 하고 싶은 일을 먼저 하려고 한다.
③ 일을 하기 전에 미리 계획을 세운다.
④ 혼자만의 힘으로도 최고의 성과를 낼 수 있다.

188. 나의 행동 패턴은?

① 몸을 움직이는 활동을 좋아한다.
② 생각보다 행동이 앞선다.
③ 하루하루 계획을 세워 생활한다.
④ 하고 싶은 일은 망설이지 않고 도전한다.

189. 약속 장소에 가는 시간은?

① 먼저 가서 기다린다.
② 시간에 맞춰서 나간다.
③ 대부분 조금 늦게 나간다.
④ 만나는 사람에 따라 나가는 시간이 다르다.

190. 스트레스를 받는 상황은?

① 규정이나 절차가 엄격하다.
② 상황에 따라 일이 자주 바뀐다.
③ 지속적으로 결점을 지적받는다.
④ 모든 일에서 남들보다 잘해야 한다.

191. 내가 선호하는 것은?

① 혼자 여행 다니는 것
② 운동이나 쇼핑을 하는 일
③ 책을 읽거나 독서 모임에 나가는 것
④ 가족과 함께 즐거운 시간을 보내는 것

192. 나의 소비 성향은?

① 간단하고 빠르게 산다.
② 계획 없이 마음에 들면 산다.
③ 마음에 든 물건이라도 바로 구매하지 않고 한 번 더 생각한다.
④ 여러 가지 상품을 비교하면서 필요한 물건인지 확인 후 산다.

193. 중요한 결정을 할 때 가장 영향을 미치는 것은?

① 나의 직관적인 생각
② 세부적인 계획과 연구
③ 다른 사람들의 조언
④ 전체적인 분위기

194. 식사시간은?

① 편한 시간에
② 정해진 시간대에
③ 시간은 정해졌으나 신축성 있게
④ 매우 불규칙적이다.

195. 업무를 수행하는 방법은?

① 항상 새로운 것에 도전한다.
② 어려워 보이는 목표부터 달성한다.
③ 동시에 여러 일을 하는 것을 좋아한다.
④ 한 가지 일에 열중한다.

196. 자신의 성격상 단점은?
① 지구력이 없고 쉽게 포기한다.
② 의존적이고 낯을 가린다.
③ 비판적이고 오지랖이 넓다.
④ 생각보다 행동이 앞서고 자제력이 약하다.
⑤ 결정을 내릴 때 시간이 걸리고 우유부단하다.

197. 다른 사람이 자신에게 자주 하는 말은?
① 호기심이 많고 트렌드에 민감하다.
② 목표의식이 뚜렷해서 끝까지 일을 해낸다.
③ 조용하지만 사교의 깊이가 있는 사람 같다.
④ 성격이 화끈하고 남을 잘 배려할 줄 안다.
⑤ 약속 시간을 잘 지키는 신의가 있는 사람이다.

198. 자신의 주된 이미지는?
① 승부욕이 많은 사람
② 분석적이고 논리적인 사람
③ 목표의식이 뚜렷한 사람
④ 타인을 잘 도와주는 친절한 사람
⑤ 즐거움을 추구하고 사교성이 있는 사람

199. 자신의 리더십 스타일은?
① 비전을 제시하고 공정성과 유연성을 지닌 비전형 리더
② 의사결정에 구성원을 참여시키는 집단운영형 리더
③ 창조적 아이디어 제시와 지속적인 혁신 분위기를 조성하는 혁신형 리더
④ 구성원들에게 명확한 비전을 제시하고 자신을 따를 수 있도록 유도하는 카리스마형 리더
⑤ 높은 업적을 요구하며 리더가 솔선수범하여 팀을 이끄는 규범형 리더

200. 창의적인 기획안을 제출했으나 상사는 기존의 방식대로 일을 처리하자고 한다면 자신은 어떻게 하겠는가?
① 상사의 지시대로 한다.
② 수정 없이 기획안을 제출한다.
③ 동료들과 상의하여 기획안을 접수시킨다.
④ 창의적인 기획안을 실행했을 때의 장단점을 제출한다.
⑤ 기존의 방식대로 하되 기획안을 조금이라도 적용하려고 한다.

파트 4

면접가이드

01 면접의 이해

※ 능력 중심 채용에서는 타당도가 높은 구조화 면접을 적용한다.

1 면접이란?

일을 하는 데 필요한 능력(직무역량, 직무지식, 인재상 등)을 지원자가 보유하고 있는지를 다양한 면접기법을 활용하여 확인하는 절차이다. 자신의 환경, 성취, 관심사, 경험 등에 대해 이야기하여 본인이 적합하다는 것을 보여 줄 기회를 제공하고, 면접관은 평가에 필요한 정보를 수집하고 평가하는 것이다.

- 지원자의 태도, 적성, 능력에 대한 정보를 심층적으로 파악하기 위한 선발 방법
- 선발의 최종 의사결정에 주로 사용되는 선발 방법
- 전 세계적으로 선발에서 가장 많이 사용되는 핵심적이고 중요한 방법

2 면접의 특징

서류전형이나 인적성검사에서 드러나지 않는 것들을 볼 수 있는 기회를 제공한다.

- 직무수행과 관련된 다양한 지원자 행동에 대한 관찰이 가능하다.
- 면접관이 알고자 하는 정보를 심층적으로 파악할 수 있다.
- 서류상으로 미비한 사항과 의심스러운 부분을 확인할 수 있다.
- 커뮤니케이션, 대인관계행동 등 행동 · 언어적 정보도 얻을 수 있다.

3 면접의 평가요소

1 인재적합도

해당 기관이나 기업별 인재상에 대한 인성 평가

2 조직적합도

조직에 대한 이해와 관련 상황에 대한 평가

3 직무적합도

직무에 대한 지식과 기술, 태도에 대한 평가

4 면접의 유형

구조화된 정도에 따른 분류

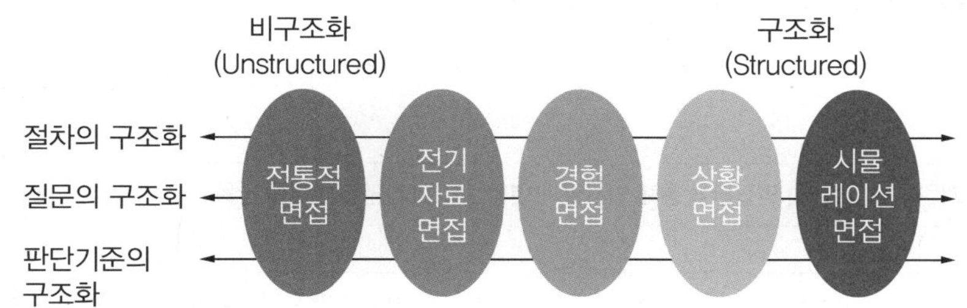

1 구조화 면접(Structured Interview)

사전에 계획을 세워 질문의 내용과 방법, 지원자의 답변 유형에 따른 추가 질문과 그에 대한 평가역량이 정해져 있는 면접 방식(표준화 면접)

- 표준화된 질문이나 평가요소가 면접 전 확정되며, 지원자는 편성된 조나 면접관에 영향을 받지 않고 동일한 질문과 시간을 부여받을 수 있음.
- 조직 또는 직무별로 주요하게 도출된 역량을 기반으로 평가요소가 구성되어, 조직 또는 직무에서 필요한 역량을 가진 지원자를 선발할 수 있음.
- 표준화된 형식을 사용하는 특성 때문에 비구조화 면접에 비해 신뢰성과 타당성, 객관성이 높음.

2 비구조화 면접(Unstructured Interview)

면접 계획을 세울 때 면접 목적만 명시하고 내용이나 방법은 면접관에게 전적으로 일임하는 방식(비표준화 면접)

- 표준화된 질문이나 평가요소 없이 면접이 진행되며, 편성된 조나 면접관에 따라 지원자에게 주어지는 질문이나 시간이 다름.
- 면접관의 주관적인 판단에 따라 평가가 이루어져 평가 오류가 빈번히 일어남.
- 상황 대처나 언변이 뛰어난 지원자에게 유리한 면접이 될 수 있음.

구조화 면접 기법

1 경험면접(Behavioral Event Interview)

면접 프로세스

단계	내용
안내	지원자는 입실 후, 면접관을 통해 인사말과 면접에 대한 간단한 안내를 받음.
질문	지원자는 면접관에게 평가요소(직업기초능력, 직무수행능력 등)와 관련된 주요 질문을 받게 되며, 질문에서 의도하는 평가요소를 고려하여 응답할 수 있도록 함.
세부질문	•지원자가 응답한 내용을 토대로 해당 평가기준들을 충족시키는지 파악하기 위한 세부질문이 이루어짐. •구체적인 행동·생각 등에 대해 응답할수록 높은 점수를 얻을 수 있음.

- 방식

  해당 역량의 발휘가 요구되는 일반적인 상황을 제시하고, 그러한 상황에서 어떻게 행동했었는지(과거경험)를 이야기하도록 함.

- 판단기준

  해당 역량의 수준, 경험 자체의 구체성, 진실성 등

- 특징

  추상적인 생각이나 의견 제시가 아닌 과거 경험 및 행동 중심의 질의가 이루어지므로 지원자는 사전에 본인의 과거 경험 및 사례를 정리하여 면접에 대비할 수 있음.

- 예시

<table>
<tr><td>지원분야</td><td></td><td>지원자</td><td></td><td>면접관</td><td>(인)</td></tr>
<tr><td colspan="6">경영자원관리
조직이 보유한 인적자원을 효율적으로 활용하여, 조직 내 유·무형 자산 및 재무자원을 효율적으로 관리한다.</td></tr>
<tr><td colspan="6">주질문</td></tr>
<tr><td colspan="6">A. 어떤 과제를 처리할 때 기존에 팀이 사용했던 방식의 문제점을 찾아내 이를 보완하여 과제를 더욱 효율적으로 처리했던 경험에 대해 이야기해 주시기 바랍니다.</td></tr>
<tr><td colspan="6">세부질문</td></tr>
<tr><td colspan="6">[상황 및 과제] 사례와 관련해 당시 상황에 대해 이야기해 주시기 바랍니다.
[역할] 당시 지원자께서 맡았던 역할은 무엇이었습니까?
[행동] 사례와 관련해 구성원들의 설득을 이끌어 내기 위해 어떤 노력을 하였습니까?
[결과] 결과는 어땠습니까?</td></tr>
</table>

기대행동	평점
업무진행에 있어 한정된 자원을 효율적으로 활용한다.	① - ② - ③ - ④ - ⑤
구성원들의 능력과 성향을 파악해 효율적으로 업무를 배분한다.	① - ② - ③ - ④ - ⑤
효과적 인적/물적 자원관리를 통해 맡은 일을 무리 없이 잘 마무리한다.	① - ② - ③ - ④ - ⑤

척도해설

1 : 행동증거가 거의 드러나지 않음	2 : 행동증거가 미약하게 드러남	3 : 행동증거가 어느 정도 드러남	4 : 행동증거가 명확하게 드러남	5 : 뛰어난 수준의 행동증거가 드러남
관찰기록 : 총평 :				

※ 실제 적용되는 평가지는 기업/기관마다 다름.

 2 상황면접(Situational Interview)

면접 프로세스

안내 — 지원자는 입실 후, 면접관을 통해 인사말과 면접에 대한 간단한 안내를 받음.

질문
- 지원자는 상황질문지를 검토하거나 면접관을 통해 상황 및 질문을 제공받음.
- 면접관의 질문이나 질문지의 의도를 파악하여 응답할 수 있도록 함.

세부질문
- 지원자가 응답한 내용을 토대로 해당 평가기준들을 충족시키는지 파악하기 위한 세부질문이 이루어짐.
- 구체적인 행동·생각 등에 대해 응답할수록 높은 점수를 얻을 수 있음.

- 방식
  직무 수행 시 접할 수 있는 상황들을 제시하고, 그러한 상황에서 어떻게 행동할 것인지(행동의도)를 이야기하도록 함.
- 판단기준
  해당 상황에 맞는 해당 역량의 구체적 행동지표
- 특징
  지원자의 가치관, 태도, 사고방식 등의 요소를 평가하는 데 용이함.

• 예시

지원분야		지원자		면접관	(인)
유관부서협업 타 부서의 업무협조요청 등에 적극적으로 협력하고 갈등 상황이 발생하지 않도록 이해관계를 조율하며 관련 부서의 협업을 효과적으로 이끌어 낸다.					
주질문					
당신은 생산관리팀의 팀원으로, 2개월 뒤에 제품 A를 출시하기 위해 생산팀의 생산 계획을 수립한 상황입니다. 그러나 원가가 곧 실적으로 이어지는 구매팀에서는 최대한 원가를 줄여 전반적 단가를 낮추려고 원가절감을 위한 제안을 하였으나, 연구개발팀에서는 구매팀이 제안한 방식으로 제품을 생산할 경우 대부분이 구매팀의 실적으로 산정될 것이므로 제대로 확인도 해 보지 않은 채 적합하지 않은 방식이라고 판단하고 있습니다. 당신은 어떻게 하겠습니까?					
세부질문					
[상황 및 과제] 이 상황의 핵심적인 이슈는 무엇이라고 생각합니까? [역할] 당신의 역할을 더 잘 수행하기 위해서는 어떤 점을 고려해야 하겠습니까? 왜 그렇게 생각합니까? [행동] 당면한 과제를 해결하기 위해서 구체적으로 어떤 조치를 취하겠습니까? 그 이유는 무엇입니까? [결과] 그 결과는 어떻게 될 것이라고 생각합니까? 그 이유는 무엇입니까?					

척도해설

1 : 행동증거가 거의 드러나지 않음	2 : 행동증거가 미약하게 드러남	3 : 행동증거가 어느 정도 드러남	4 : 행동증거가 명확하게 드러남	5 : 뛰어난 수준의 행동증거가 드러남
관찰기록 : 총평 :				

※ 실제 적용되는 평가지는 기업/기관마다 다름.

3 발표면접(Presentation)

면접 프로세스

안내
- 입실 후 지원자는 면접관으로부터 인사말과 발표면접에 대해 간략히 안내받음.
- 면접 전 지원자는 과제 검토 및 발표 준비시간을 가짐.

발표
- 지원자들이 과제 주제와 관련하여 정해진 시간 동안 발표를 실시함.
- 면접관은 발표내용 중 평가요소와 관련해 나타난 가점 및 감점요소들을 평가하게 됨.

질문응답
- 발표 종료 후 면접관은 정해진 시간 동안 지원자의 발표내용과 관련해 구체적인 내용을 확인하기 위한 질문을 함.
- 지원자는 면접관의 질문의도를 정확히 파악하여 적절히 응답할 수 있도록 함.
- 응답 시 명확하고 자신있게 전달할 수 있도록 함.

- 방식

  지원자가 특정 주제와 관련된 자료(신문기사, 그래프 등)를 검토하고, 그에 대한 자신의 생각을 면접관 앞에서 발표하며 추가 질의응답이 이루어짐.

- 판단기준

  지원자의 사고력, 논리력, 문제해결능력 등

- 특징

  과제를 부여한 후, 지원자들이 과제를 수행하는 과정과 결과를 관찰 · 평가함. 과제수행의 결과뿐 아니라 과제수행 과정에서의 행동을 모두 평가함.

4 토론면접(Group Discussion)

면접 프로세스

안내

- 입실 후, 지원자들은 면접관으로부터 토론 면접의 전반적인 과정에 대해 안내받음.
- 지원자는 정해진 자리에 착석함.

토론

- 지원자들이 과제 주제와 관련하여 정해진 시간 동안 토론을 실시함(시간은 기관별 상이).
- 지원자들은 면접 전 과제 검토 및 토론 준비시간을 가짐.
- 토론이 진행되는 동안, 지원자들은 다른 토론자들의 발언을 경청하여 적절히 본인의 의사를 전달할 수 있도록 함. 더불어 적극적인 태도로 토론면접에 임하는 것도 중요함.

마무리 (5분 이내)

- 면접 종료 전, 지원자들은 토론을 통해 도출한 결론에 대해 첨언하고 적절히 마무리 지음.
- 본인의 의견을 전달하는 것과 동시에 다른 토론자를 배려하는 모습도 중요함.

- 방식

  상호갈등적 요소를 가진 과제 또는 공통의 과제를 해결하는 내용의 토론 과제(신문기사, 그래프 등)를 제시하고, 그 과정에서 개인 간의 상호작용 행동을 관찰함.

- 판단기준

  팀워크, 갈등 조정, 의사소통능력 등

- 특징

  면접에서 최종안을 도출하는 것도 중요하나 주장의 옳고 그름이 아닌 결론을 도출하는 과정과 말하는 자세 등도 중요함.

5 역할연기면접(Role Play Interview)

- 방식
  기업 내 발생 가능한 상황에서 부딪히게 되는 문제와 역할을 가상적으로 설정하여 특정 역할을 맡은 사람과 상호작용하고 문제를 해결해 나가도록 함.
- 판단기준
  대처능력, 대인관계능력, 의사소통능력 등
- 특징
  실제 상황과 유사한 가상 상황에서 지원자의 성격이나 대처 행동 등을 관찰할 수 있음.

6 집단면접(Group Activity)

- 방식
  지원자들이 팀(집단)으로 협력하여 정해진 시간 안에 활동 또는 게임을 하며 면접관들은 지원자들의 행동을 관찰함.
- 판단기준
  대인관계능력, 팀워크, 창의성 등
- 특징
  기존 면접보다 오랜 시간 관찰을 하여 지원자들의 평소 습관이나 행동들을 관찰하려는 데 목적이 있음.

03 면접 최신 기출 주제

1 면접 빈출키워드

- 직무별 업무내용
- 특정 상황에서의 교육방법
- 개인정보법
- 전화 응대법
- 업무자세 / 마음가짐
- 교사, 동료와의 갈등 해결 방법
- 업무 처리 방법
- 해당 교육청의 교육목표
- 교육공무직원의 의무
- 민원 대처방법
- 업무분장
- 공문서

2 경상북도교육청 교육공무직원 최신 면접 기출

2024년

직종	질문
특수교육 실무사	1. 특수교사와 갈등이 생겼을 경우 어떻게 대처할 것인가?
	2. 장애에 대한 특수교육법 4조의 특수교육대상자와 학부모에 대한 차별금지 사항에 관해 말해 보시오.
	3. 바지를 벗는 행동을 하는 특수교육 대상아동 지원방법을 말해 보시오.

2023년

직종	질문
조리원	1. 지원동기를 말해 보시오.
	2. 식중독 예방 방법에 대해 말해 보시오.
	3. 조리원이 갖춰야 할 자세를 말해 보시오.
특수교육 실무사	1. 학부모와 갈등이 있을 시 대처방안 4가지를 말해 보시오.
	2. 특수교육법 제15조에 따른 장애유형 11가지를 말해 보시오.
	3. 문제행동의 유형별(편식, 관심끌기, 변화기피) 지도방법을 2가지씩 말해 보시오.

2022년

직종	질문
조리원	1. 조리원의 역할에 대해 아는 대로 말해 보시오.
	2. 배식 중 좋아하는 반찬은 많이 받으려 하고 싫어하는 음식은 받지 않으려는 학생이 있다면 어떻게 할 것인가?
	3. 손을 씻어야 하는 경우는 어떤 것이 있는가?
특수교육 실무사	1. 지원한 동기와 특수교육실무사의 역할에 대해 말해 보시오.
	2. 학교 근무자로서 가져야 할 마음가짐과 자세에 대해 말해 보시오.
	3. 특수 아동이 다쳤는데 학부모가 치료비를 요구할 경우 어떻게 해결할 것인가?
	4. 돌봄 교실에서 학생이 타인에게 해를 끼쳐 퇴원 조치를 해야 하는 경우 어떻게 해결할 것인가?

2021년

직종	질문
조리원	1. 해당 직무에 지원한 동기를 말해 보시오.
	2. 동료와 갈등이 발생할 경우 어떻게 대처할 것인가?
	3. 무리한 부탁을 받게 되면 어떻게 대처할 것인가?
특수교육 실무사	1. 특수교육실무사가 갖춰야 할 자세 2가지 이상을 말해 보시오.
	2. 특수 아동이 다른 아동과 갈등을 일으킬 경우 어떻게 대처하겠는가?
	3. 특수교육과 일반교육의 차이점으로 어떠한 것이 있는가?
	4. 장애의 유형에 대해 아는 대로 말해 보시오.

2020년

직종	질문
조리원	1. 이물질 관련 컴플레인에 대한 대처방안을 말해 보시오.
	2. 약품 사용 시 유의사항을 3가지 이상 말해 보시오.
	3. 조리원의 기본 자세를 말해 보시오.
	4. 식중독 예방 방법 3가지를 말해 보시오.
	5. 학생들의 잘못된 식습관 2가지와 맛있는 반찬만 배식해 달라고 했을 경우 대처 방법을 말해 보시오.
특수교육 실무사	1. 통합교육이 일반학생과 장애학생에게 주는 장점을 2가지씩 말해 보시오.
	2. 장애학생과 일반학생 간 학교폭력이 발생하였을 때 중재방법을 4가지 말해 보시오.
	3. 문제행동의 유형별(관심끌기, 회피, 자기자극) 중재방법을 1가지씩 말해 보시오.

2019년

조리원	1. 손 씻는 순서를 말해 보시오.
	2. 식중독 예방 방법 3가지와 보존식에 대해 말해 보시오.
	3. 다른 조리원과 갈등 발생 시 대처방법을 말해 보시오.
	4. 경상북도교육청의 역점과제와 교육지표를 말해 보시오.
	5. 개인위생방법을 3가지 이상 말해 보시오.

3 그 외 지역 교육공무직원 최신 면접 기출

2024년

경남

공통질문	1. 지원한 동기를 말해 보시오.
	2. 내부적으로 청렴도를 높이기 위한 본인만의 실천 방안을 말해 보시오.
	3. 교육공무직 6대 덕목 중 2가지 고르고 고른 이유를 설명해 보시오.
	4. 기성세대와 MZ(신세대) 사이에 갈등이 많이 발생하는데, 조직 내 세대 간 갈등, 차이를 해결 또는 극복하기 위한 방안을 말해 보시오.
	5. 경남교육의 가치인 공존과 자립에 대해 아는 대로 말해 보시오.
	6. 경남교육청 브랜드슬로건 '아이좋아'에 대해 설명해 보시오.
	7. 직장동료와 트러블이 생겼을 때 어떻게 할 것인가?
	8. 본인실수로 문제가 생겼을 때 어떻게 할 것인가?
돌봄전담사	1. 학부모 동행 귀가 시 유의사항에 대해 말해 보시오.
	2. 돌봄교실 평가방법에 대해 말하시오.
	3. 돌봄교실 목표와 추진과제에 대해 말하시오.
	4. 복지와 관련해서 오후돌봄교실에 대해 말해 보시오.
	5. 알레르기가 있는 학생에 대한 급·간식 지도에 대해 말해 보시오.
	6. 돌봄전담사는 아동학대 신고 의무자이다. 이와 관련되어 아는 것을 모두 말해 보시오.
특수교육 실무원	1. 학부모가 통학지원 중에 상담전화를 했을 때, 어떻게 대처할 것인가?
	2. 특수아동이 돌발행동을 했을 때 어떻게 대처할 것인가?
	3. 자폐아동의 특징을 3가지 말해 보시오.

울산

돌봄전담사	1. 상사가 본인 업무 외의 다른 업무를 지시했을 때 또는 부당한 업무를 지시했을 때 어떻게 대처할 것인가?
	2. 돌봄전담사의 역할은 무엇이라고 생각하는가?
	3. 돌봄교실 프로그램을 구성할 때 고려해야 하는 사항은 어떤 점들이라고 생각하는가?
특수교육 실무사	1. 특수교육실무사의 상사가 부당한 업무를 지시한다면 어떻게 대처할 것인가?
	2. 특수실무 업무를 막상 해보니 적성에 맞지 않았다. 이럴 경우 어떻게 대처할 것인가?
	3. 특수교육실무사의 주된 업무 2가지를 말해 보시오.
	4. 특수아동을 지도하는 방법 2가지를 말해 보시오.
	5. 학부모 민원이 들어올 경우 어떻게 대처할 것인가?
조리사	1. 조리사에 지원한 동기를 말해 보시오.
	2. 식중독 예방법에 대해 아는 대로 말해 보시오.
	3. 조리사의 업무에 대해 아는 대로 말해 보시오.
	4. 본인 업무가 끝난 후 업무가 남은 동교가 있다면 어떻게 할 것인가?
	5. 상사가 타 업무를 추가적으로 시켰을 경우 어떻게 할 것인가?
	6. 동료와의 불화가 발생했을 때 이를 어떻게 대처할 것인가?

충남

교무행정사	1. 부장교사와 학부모 민원이 동시에 들어올 경우 어떻게 대처할 것인가?
	2. 업무가 과중하여 초과 근무를 해야 할 것 같을 때 어떻게 대처할 것인가?
	3. 교무행정사 지원동기와 역할을 말해 보시오.
초등돌봄 전담사	1. 자녀가 따돌림을 당했다는 학부모 민원 전화에 어떻게 대처할 것인가?
	2. 과중한 업무에 대한 대처 방법을 말해 보시오.
	3. 친절과 공정의 의무 사항을 학부모에게 어떻게 보여줄 것인가?
늘봄실무사	1. 늘봄 업무 민원을 가진 학부모가 연락해 왔을 때 어떻게 대처할 것인가?
	2. 교직원과 의견충돌 시 대처 방법을 말해 보시오.
	3. 늘봄학교 도입 배경과 늘봄실무사로서의 역할을 말해 보시오.
특수교육 실무원	1. 학교에 중요한 행사가 있는데, 집안일로 위급한 상황이 생긴 경우 어떻게 대처할 것인가?
	2. 실무원이 된다면 자기계발을 어떻게 하겠는가?
	3. 본인의 잘못으로 민원이 발생했다면 어떻게 대처할 것인가?

대전

특수교육 실무원	1. 교육공무직의 자세에 대해 아는 대로 말해 보시오.
	2. 장애학생 식사지도 방법 3가지를 말해 보시오.
	3. 특수교육법 장애유형 6가지 이상 말해 보시오.
조리원	1. 영양사 선생님의 부당한 업무지시에 어떻게 대처할 것인가?
	2. 조리원 위생조리복장에 대해 말해 보시오.
	3. 조리원의 자세에 대해 말해 보시오.
	4. 안전사고가 발생했을 때 어떻게 대처해야 하는가?
돌봄전담사	1. 교육공무직원의 올바른 자세를 말해 보시오.
	2. 본인의 업무가 아닌 학교 행사 등의 지원 업무를 지시받는다면 어떻게 하겠는가?
	3. 학교폭력 예방 방안 3가지를 말해 보시오.
	4. 2학기부터 늘봄학교가 운영되는데 돌봄교실의 위상과 역할을 무엇이고, 돌봄에서 중요하다고 생각하는 점을 말해 보시오.

전북

조리실무사	1. 부당한 지시를 하였을 경우에 어떻게 대처하겠는가?
	2. 조리실무사의 역할에 대해 말해 보시오.
	3. 교차오염이 일어나는 경우 5가지를 말해 보시오.
늘봄실무사	1. 늘봄실무사와 늘봄전담사가 하는 일을 각각 이야기하고 어떻게 협력하여 일할 것인지 말해 보시오.
	2. 자신이 경험했던 봉사활동을 늘봄실무사 업무에 어떻게 적용시켜 일할 것인가?
	3. 전북교육청 늘봄학교의 중점 과제를 말해 보시오.
교육복지사	1. 교육공무직으로서 희생과 봉사의 경험이 있는가?
	2. 교육복지사의 역할은 무엇이고 어떻게 운영할 것인가?
	3. 최근 전북지역에서 일어난 일가족 사망사건과 같은 상황에서 어떻게 위기개입을 할 것이며 지역사회와 연계한 맞춤형 지원을 어떻게 할 것인가?

부산

늘봄교무 행정실무원	1. 늘봄교무행정실무원이 필요한 이유와 어떤 마음으로 일한 것인지를 말해 보시오.
	2. 부산형 늘봄이 무엇인지, 늘봄교무행정실무원의 업무가 무엇인지 말해 보시오.
	3. 학생 관련 안전사고가 발생했을 때 어떻게 대처하겠는가?
	4. 늘봄 업무의 경계가 불분명할 때의 해결 방안과 동료와의 갈등 해결 방안을 말해 보시오.

2023년

전북

구분	질문
조리실무사	1. 지원한 동기를 말하고 자기소개를 해 보시오.
	2. 자신의 단점에 대해 말해 보시오.
	3. 손을 씻어야 할 때를 아는 대로 말해 보시오.
	4. HACCP에 대해 아는 대로 설명하시오.
특수교육 지도사	1. 지원동기를 말해 보시오.
	2. 자신의 단점과 보완방법을 말해 보시오.

충남

구분	질문
특수교육 실무원	1. 폭력적인 아이가 물건을 집어 던진다면 어떻게 대처할 것인가?
	2. 특수교육 대상자인 아동이 특수교육실무원에게 폭력을 당했다는 학부모 민원이 발생한다면 어떻게 대처할 것인가?
돌봄전담사	1. 발령받은 학교가 원한 곳이 아니거나 가정에서 먼 곳이라면 어떻게 하겠는가?
	2. 반복적인 민원이 들어온다면 어떻게 대처하겠는가?
	3. 돌봄전담사의 역할과 그 역할을 잘 수행하기 위한 자기계발 방법을 말해 보시오.

대전

구분	질문
공통질문	1. 교육공무직의 역할, 자세, 지원동기를 말해 보시오.
	2. 업무공백이 생길 경우 어떻게 할 것인가?
돌봄전담사	1. 돌봄교실 인원이 다 찼는데 추가인원 요청이 있을 경우 어떻게 할 것인가?
	2. 돌봄교실 내 안전사고 예방을 위해 어떻게 하겠는가?
특수교육 실무원	1. 어떠한 실무원이 되고 싶은가?
	2. 아이들과 라포형성을 어떻게 하겠는가?
	3. 특수교육실무원의 자세 3가지를 말해 보시오.
전문상담사	1. 전문상담사의 인성적 자질에 대해 말해 보시오.
	2. 비밀보장 예외원칙에 따라 상담자 비밀에 대해 요청받을 수 있는 경우는?
체험해설 실무원	1. 의식 잃은 사람에게 구급처치 하는 방법과 제세동기 사용에 대해 말해 보시오.
	2. 과학전시물 주제에 따라 시연해 보시오.

2022년

부산

특수교육 실무원	1. 뇌전증이 있는 특수 아동이 수업 중 발작을 시작할 때 어떻게 대처할 것인가?
	2. 특수 아동이 계속 교문을 나가려 할 때(무단이탈) 이에 대한 사전 방안은?
	3. 특수 아동의 등교 지원 시 학생이 20분 늦게 도착하게 됐을 때 어떻게 할 것인가?
	4. 특수교육실무원의 역할과 자세는?
교육실무원	1. 학교 기록물 종류와 관리법에 대해 아는 대로 말해 보시오.
	2. 정보공개법률에 따라 정보공개가 원칙인데, 공개하지 않아도 되는 정보는 무엇인가?
	3. 교직원과 갈등이 발생할 경우 어떻게 대처할 것인가?
	4. 교육실무원의 기본자세는?

경남

조리실무사	1. 손 씻는 방법에 대해 구체적으로 설명하시오.
	2. 식중독 예방 3대 원칙은 무엇인가?
	3. 동료 간에 불화가 발생한 경우 어떻게 대처할 것인가?
	4. 자신의 캐비닛에 남의 금품이 있다면 어떻게 처리할 것인가?
	5. 일을 하게 된 동기를 20초 이내로 말해 보시오.
	6. 경남교육공동체의 소통, 공감과 관련하여 아는 대로 말해 보시오.
	7. 조리실무사는 어떤 일을 하는 사람인가?
	8. '녹색지구' 살리기를 위해 교직원으로서 학생들을 어떻게 지도할 것인가?
	9. 소독의 종류에 대해 아는 대로 말해 보시오.
	10. 악성 민원에 대처하는 방안에 대해 말해 보시오.
	11. 손을 씻어야 하는 이유 7가지를 말해 보시오.
특수행정 실무원	1. 경남교육에서 목표로 하는 철학 4가지 중 3가지를 말해 보시오.
	2. 행사나 축제 등으로 야간 업무를 해야 하는데 개인 사정으로 불참해야 할 경우 어떻게 대처할 것인가?

대전

교육복지사	1. 교육공무직원이 갖춰야 할 3가지 덕목은?
	2. 다른 부서에 업무 공백이 생길 경우 해야 할 역할은 무엇인가?
	3. 교육복지 우선 지원 사업이 시작된 이유와 시행 영역에 대해 말해 보시오.
특수교육 실무원	1. 교육공무직의 의무는?
	2. 특수실무사의 직무향상을 위해 노력한 3가지와 본인이 특수실무가가 되고 싶은지 말해 보시오.
	3. 법령에 근거하여 특수 실무원이 하는 일에 대해 말해 보시오.

세종

간호사	1. 세종시교육청의 목표와 지표, 중점기 교육분야 3가지에 대해 말해 보시오.
	2. 비협조적인 구성원과 갈등이 발생했을 때 어떻게 해결할 것인가?
	3. 경련을 일으키는 아동에 대한 5가지 대응방안을 말해 보시오.
	4. 코로나19 예방 대응 4가지를 말해 보시오.

서울

돌봄전담사	1. 시간제 돌봄 연장에 관한 개인의 제안을 말해 보시오.
	2. 돌봄교실에 필요한 것은 무엇인가?
	3. 개인 실수로 인해 민원이 발생한 경우 어떻게 대처할 것인가?
	4. 시간제 돌봄 시간이 연장되었는데 그에 대한 정보와 이에 어떻게 대처하면 좋을지에 대해 말해 보시오.
특수교육 실무사	1. 자신의 장점과 지원한 직무와의 연관성에 대해 말해 보시오.
	2. 특수실무사의 역할에 대해 아는 대로 말해 보시오.
	3. 학생의 편식지도 방법 3가지를 말해 보시오.
	4. 학부모 민원 전화가 왔을 때 어떻게 대응할 것인가?
	5. 여러 가지 장애가 있는 특수장애 아이 지원에 대해 아는 대로 말해 보시오.

전북

직종	질문
특수교육 지도사	1. 특수교육지도사에게 필요한 자세는?
	2. 하교지도 중 학부모가 상담을 요청할 때 어떻게 대처할 것인가?
	3. 자폐아동의 특징에 대해 말해 보시오.
조리원	1. 산업재해를 예방하기 위한 방안에 대해 말해 보시오.

충북

직종	질문
초등돌봄 전담사	1. 최근 초등 관련 외의 자기계발을 한 사례와 좋았던 점을 말해 보시오.
	2. 초등돌봄전담사에 지원한 동기를 말해 보시오.
	3. 교육공무직원의 의무를 말해 보시오.
	4. 동료와 갈등이 발생한 경우 어떻게 대처할 것인가?
	5. 돌봄이 하는 일은 무엇인가?
	6. 학생 간 다툼이 발생한 경우 어떻게 중재할 것인가?

2021년

부산

직종	질문
특수교육 실무원	1. 특수교육실무원의 역량 및 자질에는 무엇이 있는가?
	2. 자폐아동의 특징 2가지와 지도 방식 3가지를 말해 보시오.
	3. 수업 중 난폭한 행동에 대한 대처 방안을 말해 보시오.
	4. 아동학대를 목격했을 때 대처 방안을 말해 보시오.
	5. 학교 구성원과의 갈등 시 대처 방안을 말해 보시오.

울산

직종	질문
유치원 방과후과정 전담사	1. 울산광역시교육청의 교육방향을 말하고, 이것을 유치원 방과후과정반에 어떻게 적용시켜 운영할 것인지 말해 보시오.
	2. 본인의 업무를 하기 위해서는 어떤 능력이 필요할 것 같은가? 이를 접목시킨 적이 있다면 사례를 들어 보시오.
	3. 교사들과 마찰이 발생할 경우 어떻게 행동할 것인가?
	4. 전담사에게 제일 중요한 것이 무엇이라고 생각하는가?
	5. 본인의 업무 외 다른 일을 시켰을 때 어떻게 할 것인지 말해 보시오.
	6. 본인의 장단점이 무엇이라고 생각하는가?

광주

특수 교육실무사	1. 즐거운 직장 문화를 만들기 위해 무엇을 할 수 있는지 3가지를 말해 보시오. 2. 여러 부서가 존재하고 각 부서 간에 갈등이 많은데, 이를 어떻게 해결할 수 있을지 말해 보시오. 3. 뇌병변을 앓고 있는 아이가 갑작스럽게 발작한다면 어떻게 대처할 것인가?
초등 돌봄전담사	1. 학교는 학생들의 안전교육이 중요하다. 안전교육 중 안전하게 귀가조치를 하기 위한 방법 3가지를 말해 보시오. 2. 귀가시간을 지키지 않는 학부모가 있다면 어떻게 할 것인가? 3. 저출산과 관련지어 돌봄교실의 역할은 무엇이라고 생각하는가?
과학실무사	1. 교사들을 지원하는 행정업무에 대해 어떻게 생각하는가? 2. 과학실무사가 가져야 하는 자세 3가지에 대해 말해 보시오. 3. 과학중점학교에 대해 어떻게 생각하는가?

경기

특수교육 지도사	1. 그간의 경력 및 학력이 특수교육지도사에 발휘될 수 있는 점을 말해 보시오. 2. 교실에서 중복 장애, 복합적인 장애를 가진 학생들을 만났을 경우, 어떻게 지도할 것인가? 3. 향후 인생의 계획을 말해 보시오. 4. 다른 교사와 문제가 있을 때 어떻게 대처할 것인지 말해 보시오. 5. 꼬집거나 소리 지르는 문제 아동에 대한 행동 대처와 대소변 실수 시 지원 방법에 대해 말해 보시오. 6. 기억나는 특수아동이 있다면? 7. 학부모의 상담요청이 빈번할 경우 어떻게 대처할 것인가? 8. 원하지 않는 동네 유치원, 초등, 중등, 고등학교 발령 시 어떻게 할 것인가? 9. 보육교사와 특수교육지도사의 업무 차이점에 대해 아는 대로 말해 보시오.
초등 돌봄전담사	1. 근무 중 다른 좋은 조건을 가진 자리가 난다면 갈 것인가? 2. 다른 돌봄교사와 전담관리자 선생님과 의견 차이가 있어 갈등이 생길 경우, 어떻게 대처할 것인가? 3. 돌봄교실에서 두 아이가 다툼을 하다가 다치게 된다면 어떻게 대처할 것인가? 4. 자신의 성격의 장점을 말해 보시오. 5. 컴퓨터 사용 능력은 어느 정도 되는가?

서울

구분	질문
교무행정 지원사	1. 동료가 한 달간 출근을 못하게 되었을 때 어떻게 할 것인가?
	2. 5년마다 전보 시, 이전 학교에서 하지 않은 일을 전보를 간 학교에서 하라고 한다면?
	3. 나로 인해 민원이 발생하여 학부모가 학교로 연락을 했을 경우, 어떻게 할 것인가?
특수 교육실무사	1. 나의 실수로 민원이 들어온다면 어떻게 해결할 것인가?
	2. 자폐 학생이 다른 학생에게 폭력을 행한다면 어떻게 대처할 것인가?
	3. 장특법에 나타나는 여러 장애에 대해 아는 대로 말해 보시오.

충북

구분	질문
특수 교육실무사	1. 자기계발을 하기 위해 어떤 노력을 했는가? 그리고 앞으로의 일을 하면서 필요한 자기계발이 있다면 어떻게 할 것인가?
	2. A 실무원이 아이의 모든 것을 도와주고 있다. 이때의 문제점과 당신이라면 어떻게 할 것인지 말해 보시오.

경남

구분	질문
교무행정원	1. 기후, 환경 문제를 해결하기 위해 학교에서 할 수 있는 것은 무엇인가?
	2. 몸이 안 좋아 병원을 예약했는데 갑자기 교감선생님이 업무를 시키신다면 어떻게 할 것인가?
	3. 성인지감수성이란 무엇이며, 교내에서 성추행 상황을 목격한다면 어떻게 할 것인가?
	4. 아이톡톡에 대해 아는 대로 말해 보시오.
	5. 교육행정지원팀의 목적과 의의는?
	6. 공문서 취급 방법 4가지 이상을 말해 보시오.
	7. 학부모 민원에 대응하는 4가지 방법을 말해 보시오.
	8. 경남교육청에서 시행하고 있는 기후위기 대응운동에 대해 아는 대로 말해 보시오.
	9. 경남교육청의 정책방향 5가지 중 소통과 공감에 대해 말해 보시오.
돌봄전담사	1. 교육감이 올해 발표한 5대 교육정책은 무엇인가?
	2. 올해 돌봄교실 운영추진 목표와 과제를 말해 보시오.
	3. 여성가족부와 보건복지부에서 운영하는 각각의 돌봄교실 유형을 말해 보시오.
특수 교육실무사	1. 편식하는 아동의 지원 방법은?
	2. 특수실무원 역할 중 교수활동지원 4가지를 말해 보시오.
	3. 학교에서 직원들이 할 수 있는 코로나 예방(방역) 방법에 대해 4가지 이상 말해 보시오.

전북

특수교육 지도사	1. 특수교육지도사가 갖춰야 할 자세 2가지 이상을 말해 보시오.
	2. 특수교사 부재 시 하교지도를 하는 도중 학부모가 학교생활과 학습태도에 관련하여 상담을 요청한다면 어떻게 대처할지 지도사의 자세와 연관 지어 말해 보시오.
	3. 자폐 아동의 특성과 통합교육 시 지원방법에 대해 말해 보시오.
	4. 특수교육과 일반교육의 차이점은 무엇이 있는가?
	5. 특수아동과 일반 아동 사이에 갈등이 발생할 경우 어떻게 대처하겠는가?
조리종사원	1. 동료들과 갈등이 발생한다면 어떻게 해결할 것인가?
	2. 조리종사원이 하는 일이 무엇인가?
	3. 교차오염 5가지에 대해 말해 보시오.
	4. 교차오염 방지를 위해 도마, 칼 등의 조리기구들을 어떻게 사용해야 하는가?

충남

교무행정사	1. 교무행정사에게 필요한 자질에 대해 아는 대로 말해 보시오.
	2. 교무행정사가 하는 일에 대해 말해 보시오.
	3. 어린 교사와 마찰이 생길 경우 어떻게 대처할 것인가?
	4. 학교에서 과중한 업무를 시킨다면 어떻게 할 것인가?
	5. 본인이 갖고 있는 자격증과 이를 업무에 어떻게 활용할 것인가?
	6. 정해진 절차와는 다르게 업무를 처리하라고 할 경우 어떻게 할 것인가?

세종

돌봄전담사	1. 김영란법의 목적과 상한가를 예로 들어 설명하시오.
	2. 돌봄간식 수요조사 후, 학생들에게 나가기 전까지의 5단계는 무엇인가?
	3. 2월에 해야 할 일 4가지 이상을 말해 보시오.
	4. 합격 후 역량 강화를 위해 해야 할 일은 무엇인가?
	5. 교장선생님의 부당한 지시에 대해 어떻게 대처할 것인가?
	6. 살면서 크게 싸운 일이 있었을 텐데 어떻게 대처하였는가?

2020년

부산

조리원	1. 조리원으로 지원한 동기를 말해 보시오.
	2. 알레르기 있는 학생이 있다면 어떻게 할 것인가?
	3. 단체급식 경험이 있는가?
	4. 조리원은 어떤 직업인 것 같은가?
	5. 식중독 예방법에 대해 아는 대로 말해 보시오.
돌봄전담사	1. 초등 돌봄교실의 필요성과 초등 돌봄전담사로서의 복무 자세에 대해 말해 보시오.
	2. 친구를 자꾸 때리고 괴롭히는 학생이 있다면 어떻게 지도할 것인가?
	3. 돌봄전담사의 역할 3가지와 가장 중요하다고 생각되는 것은?
특수교육 실무원	1. 지체장애 아동의 식사 지도 시 주의할 점이 있다면?
	2. 마스크를 착용하지 않으려는 아동이 있다면 어떻게 지도할 것인가?
	3. 특수교사 학부모 아동과의 협업을 잘 하기 위한 자세는?

울산

사서	1. (경력이 없는 경우) 학교도서관에서는 혼자서 근무해야 하는데 어떻게 할 계획인가?
	2. 생각하지 못한 상황이 닥치면 어떻게 대처할 것인가?
	3. 독서율 증진을 위해 어떤 프로그램을 진행할 계획인가?
	4. 교직원과 트러블이 생기면 어떻게 대처할 것인가?

대전

조리원	1. 동료가 자신의 일을 도와달라고 하면 어떻게 행동할 것인가?
	2. 학부모나 학생이 급식 조리방법에 대해 민원을 제기한다면 어떻게 대처하겠는가?
	3. 올바른 손 씻기 방법과 알코올 손 소독 방법에 대해 설명해 보시오.

세종

직종	질문
초등돌봄 전담사	1. 학교나 직장에서 의견 차이를 극복했던 경험과 방법에 대해 말해 보시오.
	2. 초등돌봄전담사의 직무에 대해 설명하고 내실화 방안에 대해 말해 보시오.
	3. 초등돌봄전담사로서 가져야 할 자세 및 자질을 말해 보시오.
	4. 코로나 바이러스와 관련하여 등교 찬반 입장과 그 이유를 설명해 보시오.
	5. 민원 응대방법에 대해 말해 보시오.
교육실무사	1. 교직원과 학생의 긍정적 관계를 유지하는 방법을 4가지 말해 보시오.
	2. 비협조적이었던 직원이 업무협조 요청 시 어떻게 대처할지 말해 보시오.
	3. 자신의 강점과 관련해서 자기계발을 어떻게 할지 말해 보시오.
	4. 봉사활동의 필요성을 4가지 말해 보시오.
	5. 화재 시 대처방법을 4가지 말해 보시오.
특수 교육실무사	1. 교직원으로서 학생과 교사가 조화롭게 융합하는 방법을 4가지 말해 보시오.
	2. 뇌전증 발작 시 대처방법을 4가지 말해 보시오.
	3. 자신의 장점과 그와 관련해 앞으로 어떻게 발전해 나갈지 말해 보시오.
	4. 관계가 좋지 않은 직원이 일을 부탁하면 어떻게 대처할지 말해 보시오.
	5. 특수교육실무사가 하는 일을 4가지 말해 보시오.

전북

직종	질문
조리종사원	1. 동료의 일을 도와주다 나의 일에 차질이 발생되어 징계가 내려진다면 어떻게 하겠는가?
	2. 교차오염 방지를 위해 급식실에서는 칼, 도마, 앞치마, 고무장갑 등을 구분하여 사용하는데 구분법은 무엇인가?
	3. 짠 맛을 내기 위한 소금 사용 외의 나만의 비법이 있는가?

경남

돌봄전담사	1. 퇴근을 준비하고 있는데 업무가 생긴다면 어떻게 대처할 것인가?
	2. 돌봄전담사의 주요 역할은 무엇인가?
	3. 교육공무직의 덕목을 말해 보시오.
사무행정원	1. 경남교육청의 슬로건을 말해 보시오.
	2. 사무행정원의 업무는 무엇인가?
	3. 공무직이 갖추어야 할 자세와 그중 무엇을 가장 중요하게 생각하는지 말해 보시오.
	4. 민원 전화를 받는 법을 말해 보시오.
특수교육 실무사	1. 교육공무직으로서의 자질과 덕목을 말해 보시오.
	2. 특수아동의 개인욕구를 어떻게 지원할 것인지 말해 보시오.
	3. 특수교육실무사의 역할과 그와 관련된 자신의 장점을 말해 보시오.
특수교육 실무원	1. 경남교육청이 밀고 있는 교육정책을 말해 보시오.
	2. 상사나 동료와의 갈등 시 대처방법을 말해 보시오.
	3. 특수교육실무원이 하는 일은 무엇인가?
	4. 민원 발생 시 대처방법을 말해 보시오.

인천

특수교육 실무사	1. 특수교육실무사의 역할은 무엇인가?
	2. 코로나 바이러스와 관련된 나만의 특화된 학생 지도방법은 무엇인가?
	3. (경력이 많은 경우) 신입 특수교사와 학생지도에 있어 갈등상황을 겪는다면 어떻게 해결할 것인가?
교무행정사	1. 동료가 교통사고가 나서 1달은 입원, 2달은 통원치료를 하는데 대체직 채용이 어려워서 업무가 과중된다면 어떻게 대처하겠는가?
	2. 전입생이 많은 경우 교무실과 행정실에서 전입생을 어떻게 지원할 것인가?
	3. 어려운 업무인 교과서 업무를 A 학교에서 5년 동안 맡았고, 5년 후 전보된 B 학교에서도 교과서 업무를 맡게 되었다면 어떻게 할 것인가?

충남

교무행정사	1. 교무행정사가 하는 일과 교무행정사가 필요한 이유는 무엇인가?
	2. 교무행정사에게 협업이 필요한 업무는 무엇이 있는가? 협업을 위한 자세를 3가지 말해 보시오.
	3. 동료와의 갈등 시 대처방법을 말해 보시오.
조리실무사	1. 중요하고 급한 업무와 상사의 지시 중 어떤 것을 먼저 하겠는가?
	2. 동료와의 불화나 갈등 발생 시 어떻게 대처할 것인가?
	3. 업무 중에 손을 씻어야 하는 경우를 5가지 이상 말해 보시오.

경기

특수교육 실무사	1. 특수교육실무사가 하는 역할을 말해 보시오.
	2. 본인의 교육에 대해 학부모가 불만을 가진다면 어떻게 대처하겠는가?
	3. 특수아동이 문제 행동(폭력성이나 성 문제 등)을 보이면 어떻게 대처하겠는가?

2019년

부산

돌봄전담사	1. 지원동기를 말해 보시오.
	2. 학부모와의 갈등 발생 시 대처방법에 대해 말해 보시오.
	3. 돌봄전담사의 역할 5가지를 말해 보시오.
	4. 급 · 간식 준비 시 주의할 점 4가지를 말해 보시오.
	5. 돌봄교실에서 신경 써야 할 안전교육 3가지와 안전상 문제가 생겼을 경우 대처방안을 말해 보시오.
	6. 돌봄교실 환경구성을 어떻게 할 것인지 3가지 방안을 말해 보시오.

울산

교육업무사	1. 개인정보보호 방법에는 무엇이 있는가?
	2. 자신의 강점은 무엇인가?
	3. 동료와의 갈등 상황을 어떻게 해결할 것인가?
	4. 민원인 또는 손님이 와서 차나 과일을 준비해 달라고 요청할 시 어떻게 대응할 것인가?

돌봄전담사	1. 지원동기를 말해 보시오.
	2. 일반적인 근무시간이 9~17시 또는 10~18시인데, 만약 학교에서 11~19시로 근무해 달라고 한다면 어떻게 하겠는가? 만약 자신은 근무시간 변경에 동의하는데 다른 직원들은 동의할 수 없다고 반대하여 근무시간 때문에 마찰이 생긴다면 어떻게 대처하겠는가?
	3. 잠시 화장실을 다녀오는 동안 아이가 다친 상황을 보지 못했다면 어떻게 대처하겠는가? 학부모가 이에 강한 불만을 가지고 따지러 왔다면 어떻게 하겠는가?
	4. 교실 cctv 설치에 대한 생각을 말해 보시오.
	5. 동료 직원들 간 또는 다른 부서 직원이나 상사와의 갈등이 일어났다면 어떻게 해결하겠는가? 선생님들과 갈등이 있을 때는 어떻게 대처하겠는가?
	6. 돌봄전담사의 역할에 대해 말해 보시오.

충남

교무행정사	1. 교육과정 개정으로 인한 5대 교육과제를 말해 보시오.
	2. 교무행정사가 하는 업무를 말해 보시오.
	3. 악성 민원인에 대처하는 방법을 말해 보시오.
	4. 퇴근 후 자녀를 데리러 가야 하는데 할 일이 남았거나 새로운 일이 주어졌다면 어떻게 하겠는가?
	5. 업무 수행에 불만을 가진 민원인이나 학부모가 찾아와서 따진다면 어떻게 대처할 것인가?
	6. 교무행정사로서 자신만의 강점과 단점에 대해 말해 보시오. 단점을 극복하기 위해 노력한 점은 무엇인가? 장점을 학교에서 활용할 수 있는 방안은 무엇인가?
	7. 교육공무직으로서 중요한 자세 3가지를 말해 보시오.
	8. 적극적 행정은 무엇이며, 자신이 생각하는 적극적 행정에 대해 말해 보시오.
	9. 교무행정사의 역할에 대해 말해 보시오.
	10. 악성 민원인에 대처하는 방법을 말해 보시오.
	11. 직상 상사가 부당한 명령을 내렸을 때 대처방법을 말해 보시오.
돌봄전담사	1. 교육공무직을 지원한 동기와 내가 잘할 수 있는 특기는?
	2. 돌봄전담사로서 어떤 마음가짐으로 일할 것인가?
	3. 최근에 읽은 책의 제목과 느낀점을 말해 보시오.

세종

공통질문	1. 교직원 및 학생과 긍정적인 관계를 유지하는 방법을 4가지 말해 보시오.
	2. 비협조적이었던 직원이 업무 협조 요청 시 어떻게 대처할 것인가?
	3. 자신의 강점과 관련하여 자기계발을 어떻게 할 것인가?

교무행정사	1. 봉사활동의 필요성을 4가지 말해 보시오.
	2. 화재 시 대처방법을 4가지 말해 보시오.
특수교육 실무사	1. 뇌전증 발작 시 대처방법을 4가지 말해 보시오.
	2. 특수교육실무사가 하는 일을 4가지 말해 보시오.

대전

특수교육 실무사	1. 특수교육실무사로 채용될 경우 어떤 자세로 일하겠는가?
	2. 지적장애아의 학습특성을 3가지 말해 보시오.
	3. 본인이 채용되면 교육청이 갖는 이점을 3가지 말해 보시오.
	4. 교육공무직원으로 갖춰야 할 자질을 말해 보시오.
	5. 특수교육실무사의 역할을 말해 보시오.
	6. 동료와의 갈등 발생 시 대처방법을 말해 보시오.

전북

특수교육 지도사	1. 특수교육지도사 지원 동기에 대해 말해 보시오.
	2. 특수교육지도사의 업무 5가지 이상을 말해 보시오.
	3. 특수아동이 뇌전증일 때 어떻게 대처할 것인가?
	4. 특수교사와 특수아동의 학부모 간의 갈등이 생긴다면 어떻게 할 것인가?
	5. 특수교육지도사 업무와 관련된 경험 또는 경력이 있는가?
	6. 특수아동을 실제로 대해 본 경험이 있는가?

서울

에듀케어	1. 에듀케어 교사로서 학급 교사와의 갈등에 어떻게 대응할 것인가?
	2. 사소한 민원으로 치부하여 커진 민원에 어떻게 대응할 것인가?
	3. 놀이 중심 교육과정을 적용한 방과후과정을 어떻게 진행할지 설명해 보시오.
교육실무사	1. 교장선생님께서 학연, 혈연과 관련된 부당한 지시를 한다면 어떻게 할 것인가?
	2. 담당자가 없어서 본인이 민원인을 대응했는데 민원인이 그것을 다시 민원으로 가져왔을 경우 어떻게 대처할 것인가?
	3. 코로나 바이러스와 관련된 학부모의 민원에 대해 어떻게 대응할 것인가?

4 그 외 면접 기출

- 자신이 급하게 처리해야 할 일을 하고 있는데 상사가 부당한 일을 시키면 어떻게 하겠는가? 거절을 했는데도 계속 시키면 어떻게 하겠는가?
- 교장선생님이 퇴근시간 이후에 새로운 일을 시키면 어떻게 하겠는가?
- 교장선생님이 시키신 일을 처리하는 중에 3학년 선생님이 전화해서 일을 부탁한다면 어떻게 대처하겠는가?
- 여러 선생님들이 동시에 일을 주었을 때 처리하는 순서에 대해 말해 보시오.
- 학교 근무 시 정말 하기 싫은 일을 시키면 어떻게 할 것인가?
- 동료들과 화합하고 갈등이 일어나지 않으려면 어떤 자세가 필요한가?
- 채용 후 근무 시 전문성을 키우기 위해 자기계발을 어떻게 하겠는가?
- 결혼하게 될 사람이 직장을 그만두라고 한다면?
- 지금까지 살면서 가장 힘들었던 순간과 그 순간을 극복한 사례를 말해 보시오.
- 사무부장이 타당하지 않은 일을 시키면 어떻게 하겠는가?
- 동료가 다른 학교로 전보를 가기 싫어하고 나는 거리가 멀어 갈 수 없는 상황이라면 어떻게 하겠는가?
- 행정실무사가 하는 업무는 무엇인지 말해 보시오. 자존심이 상하거나 교사에게 상대적인 박탈감을 느낄 수 있는데 잘 적응할 수 있겠는가?
- 살아오면서 좋은 성과를 낸 협업 경험이나 자원봉사활동 경험이 있다면 말해 보시오.
- 학교 발전을 위해 자신이 할 수 있는 것을 3가지 말해 보시오.
- 돌봄교실에서 아이들을 지도할 때 기존 프로그램과 다르게 자신만의 프로그램을 시도해 보고 싶은 것이 있다면?
- 돌봄교실에서 급식이나 간식 준비 시 유의사항 및 고려사항에 대해 말해 보시오.
- 돌봄교실에서 신경 써야 할 안전교육을 3가지 이상 말하고, 안전사고 시 대처방안에 대해 설명하시오.
- 학부모로부터 3학년 ○○○ 학생에게 방과후 수업이 끝나면 이모 집으로 가라고 전해 달라는 전화가 온다면 어떻게 할 것인가?

- 현재 학교에 없는 방과후 프로그램을 학부모가 만들어 달라고 요청하는 경우 어떻게 하겠는가?

- 2020년 개정되는 교육과정은 놀이와 쉼 중심으로 이루어지는데 이를 어떻게 운영해야 하는가?

- 아이가 다쳤을 때 어떻게 처리해야 하는지 의식이 있을 때와 없을 때를 구분하여 말해 보시오.

- 산만한 아이가 다른 아이들의 학습을 방해한다면 어떻게 해결할 것인가? 힘들게 하는 학생이 있다면 어떻게 대처하겠는가?

- 공문서에 대해 말해 보시오. 학교업무나 공문서 처리방법이나 유의사항은 무엇이 있는가?

- 사서가 되면 하고 싶은 일은 무엇이며, 독서율 증진을 위해 어떤 프로그램을 하고 싶은가?

- 상급 근무부서에서 근무 중 전화가 오면 어떻게 받을 것인지 절차를 설명해 보시오.

- 민원인이 전화해서 자신의 업무와 상관없는 내용을 물어보면 어떻게 응대할 것인가?

- 고성이나 폭언 민원인을 상대하는 방법에 대해 말해 보시오.

- 다음 질문이 부정청탁 금품수수에 해당하는지 여부를 말해 보시오.
  - 퇴직한 교사가 선물을 받는 것
  - 교사가 5만 원 이하의 선물을 받는 것
  - 교직원 배우자의 금품수수
  - 기간제교사의 금품수수

- ○○교육청 교육공무직원 관리규정에 나오는 교육공무직의 8가지 의무 중 4가지 이상을 말해 보시오.

- ○○교육청의 교육비전, 교육지표, 교육정책을 말해 보시오.

- 발령지가 멀 경우 근무할 수 있는가?

- 컴퓨터를 사용할 수 있는가?

- 해당 직무를 수행할 때 가장 중요하게 생각하는 것 세 가지를 말해 보시오.

- 자리를 비운 사이 누군가 돈봉투를 두고 간 것을 발견했다면 어떻게 할 것인가?

- 아동학대가 발생하지 않도록 예방하는 방법은?

교육공무직원 소양평가

감독관 확인란	

기출문제복원

성명표기란

수험번호

(주민등록 앞자리 생년제외) 월일

수험생 유의사항

※ 답안은 반드시 컴퓨터용 수성사인펜으로 보기와 같이 바르게 표기해야 합니다.
〈보기〉 ① ② ③ ❹ ⑤

※ 성명표기란 위 칸에는 성명을 한글로 쓰고 아래 칸에는 성명을 정확하게 ● 표기하십시오.
(단, 성과 이름은 붙여 씁니다)

※ 수험번호 표기란 위 칸에는 아라비아 숫자로 쓰고 아래 칸에는 숫자와 일치하게 ● 표기하십시오.

※ 출생월일은 반드시 본인 주민등록번호의 생년을 제외한 월 두 자리, 일 두 자리를 표기하십시오. 〈예〉 1994년 1월 12일 → 0112

직무능력검사

문번	답란	문번	답란	문번	답란
1	① ② ③ ④	16	① ② ③ ④	31	① ② ③ ④
2	① ② ③ ④	17	① ② ③ ④	32	① ② ③ ④
3	① ② ③ ④	18	① ② ③ ④	33	① ② ③ ④
4	① ② ③ ④	19	① ② ③ ④	34	① ② ③ ④
5	① ② ③ ④	20	① ② ③ ④	35	① ② ③ ④
6	① ② ③ ④	21	① ② ③ ④	36	① ② ③ ④
7	① ② ③ ④	22	① ② ③ ④	37	① ② ③ ④
8	① ② ③ ④	23	① ② ③ ④	38	① ② ③ ④
9	① ② ③ ④	24	① ② ③ ④	39	① ② ③ ④
10	① ② ③ ④	25	① ② ③ ④	40	① ② ③ ④
11	① ② ③ ④	26	① ② ③ ④	41	① ② ③ ④
12	① ② ③ ④	27	① ② ③ ④	42	① ② ③ ④
13	① ② ③ ④	28	① ② ③ ④	43	① ② ③ ④
14	① ② ③ ④	29	① ② ③ ④	44	① ② ③ ④
15	① ② ③ ④	30	① ② ③ ④	45	① ② ③ ④

절취선 (잘라서 활용하세요)

교육공무직원 소양평가

감독관 확인란	

1회 기출예상문제

성명표기란

ㄱ ㄴ ㄷ ㄹ ㅁ ㅂ ㅅ ㅇ ㅈ ㅊ ㅋ ㅌ ㅍ ㅎ

ㅏ ㅑ ㅓ ㅕ ㅗ ㅛ ㅜ ㅠ ㅡ ㅣ ㅐ ㅒ ㅔ ㅖ ㅘ ㅙ ㅚ ㅝ ㅞ ㅟ ㅢ

ㄱ ㄴ ㄷ ㄹ ㅁ ㅂ ㅅ ㅇ ㅈ ㅊ ㅋ ㅌ ㅍ ㅎ ㄲ ㄸ ㅃ ㅆ ㅉ ㄺ ㄻ

수험번호

0 1 2 3 4 5 6 7 8 9

(주민등록 앞자리 생년제외) 월일

0 1 2 3 4 5 6 7 8 9

수험생 유의사항

※ 답안은 반드시 컴퓨터용 수성사인펜으로 보기와 같이 바르게 표기해야 합니다.
〈보기〉 ① ② ③ ❹ ⑤

※ 성명표기란 위 칸에는 성명을 한글로 쓰고 아래 칸에는 성명을 정확하게 ● 표기하십시오.
(단, 성과 이름은 붙여 씁니다)

※ 수험번호 표기란 위 칸에는 아라비아 숫자로 쓰고 아래 칸에는 숫자와 일치하게 ● 표기하십시오.

※ 출생월일은 반드시 본인 주민등록번호의 생년을 제외한 월 두 자리, 일 두 자리를 표기하십시오. 〈예〉 1994년 1월 12일 → 0112

직무능력검사

문번	답란	문번	답란	문번	답란
1	① ② ③ ④	16	① ② ③ ④	31	① ② ③ ④
2	① ② ③ ④	17	① ② ③ ④	32	① ② ③ ④
3	① ② ③ ④	18	① ② ③ ④	33	① ② ③ ④
4	① ② ③ ④	19	① ② ③ ④	34	① ② ③ ④
5	① ② ③ ④	20	① ② ③ ④	35	① ② ③ ④
6	① ② ③ ④	21	① ② ③ ④	36	① ② ③ ④
7	① ② ③ ④	22	① ② ③ ④	37	① ② ③ ④
8	① ② ③ ④	23	① ② ③ ④	38	① ② ③ ④
9	① ② ③ ④	24	① ② ③ ④	39	① ② ③ ④
10	① ② ③ ④	25	① ② ③ ④	40	① ② ③ ④
11	① ② ③ ④	26	① ② ③ ④	41	① ② ③ ④
12	① ② ③ ④	27	① ② ③ ④	42	① ② ③ ④
13	① ② ③ ④	28	① ② ③ ④	43	① ② ③ ④
14	① ② ③ ④	29	① ② ③ ④	44	① ② ③ ④
15	① ② ③ ④	30	① ② ③ ④	45	① ② ③ ④

교육공무직원 소양평가

감독관 확인란	

2회 기출예상문제

성명표기란

ㄱ ㄴ ㄷ ㄹ ㅁ ㅂ ㅅ ㅇ ㅈ ㅊ ㅋ ㅌ ㅍ ㅎ
ㅏ ㅑ ㅓ ㅕ ㅗ ㅛ ㅜ ㅠ ㅡ ㅣ ㅐ ㅒ ㅔ ㅖ ㅘ ㅙ ㅚ ㅝ ㅞ ㅟ ㅢ
ㄱ ㄴ ㄷ ㄹ ㅁ ㅂ ㅅ ㅇ ㅈ ㅊ ㅋ ㅌ ㅍ ㅎ ㄲ ㄸ ㅃ ㅆ ㅉ ㄺ ㄻ

수험번호

⓪	⓪	⓪	⓪	⓪	⓪
①	①	①	①	①	①
②	②	②	②	②	②
③	③	③	③	③	③
④	④	④	④	④	④
⑤	⑤	⑤	⑤	⑤	⑤
⑥	⑥	⑥	⑥	⑥	⑥
⑦	⑦	⑦	⑦	⑦	⑦
⑧	⑧	⑧	⑧	⑧	⑧
⑨	⑨	⑨	⑨	⑨	⑨

(주민등록 앞자리 생년제외) 월일

⓪	⓪	⓪	⓪
①	①	①	①
②	②	②	②
③	③	③	③
④	④	④	④
⑤	⑤	⑤	⑤
⑥	⑥	⑥	⑥
⑦	⑦	⑦	⑦
⑧	⑧	⑧	⑧
⑨	⑨	⑨	⑨

수험생 유의사항

※ 답안은 반드시 컴퓨터용 수성사인펜으로 보기와 같이 바르게 표기해야 합니다.
〈보기〉 ① ② ③ ❹ ⑤

※ 성명표기란 위 칸에는 성명을 한글로 쓰고 아래 칸에는 성명을 정확하게 ● 표기하십시오. (단, 성과 이름은 붙여 씁니다)

※ 수험번호 표기란 위 칸에는 아라비아 숫자로 쓰고 아래 칸에는 숫자와 일치하게 ● 표기하십시오.

※ 출생월일은 반드시 본인 주민등록번호의 생년을 제외한 월 두 자리, 일 두 자리를 표기하십시오. 〈예〉 1994년 1월 12일 → 0112

직무능력검사

문번	답란	문번	답란	문번	답란
1	① ② ③ ④	16	① ② ③ ④	31	① ② ③ ④
2	① ② ③ ④	17	① ② ③ ④	32	① ② ③ ④
3	① ② ③ ④	18	① ② ③ ④	33	① ② ③ ④
4	① ② ③ ④	19	① ② ③ ④	34	① ② ③ ④
5	① ② ③ ④	20	① ② ③ ④	35	① ② ③ ④
6	① ② ③ ④	21	① ② ③ ④	36	① ② ③ ④
7	① ② ③ ④	22	① ② ③ ④	37	① ② ③ ④
8	① ② ③ ④	23	① ② ③ ④	38	① ② ③ ④
9	① ② ③ ④	24	① ② ③ ④	39	① ② ③ ④
10	① ② ③ ④	25	① ② ③ ④	40	① ② ③ ④
11	① ② ③ ④	26	① ② ③ ④	41	① ② ③ ④
12	① ② ③ ④	27	① ② ③ ④	42	① ② ③ ④
13	① ② ③ ④	28	① ② ③ ④	43	① ② ③ ④
14	① ② ③ ④	29	① ② ③ ④	44	① ② ③ ④
15	① ② ③ ④	30	① ② ③ ④	45	① ② ③ ④

잘라서 활용하세요.

교육공무직원 소양평가

감독관 확인란	

3회 기출예상문제

성명표기란

㉠	㉮	㉠	㉠	㉮	㉠	㉠	㉮	㉠	㉠	㉮	㉠

(ㄱ ㄴ ㄷ ㄹ ㅁ ㅂ ㅅ ㅇ ㅈ ㅊ ㅋ ㅌ ㅍ ㅎ / ㅏ ㅑ ㅓ ㅕ ㅗ ㅛ ㅜ ㅠ ㅡ ㅣ ㅐ ㅒ ㅔ ㅖ ㅘ ㅙ ㅚ ㅝ ㅞ ㅟ ㅢ / ㄲ ㄸ ㅃ ㅆ ㅉ ㄺ ㄻ)

수험번호

⓪	⓪	⓪	⓪	⓪	⓪
①	①	①	①	①	①
②	②	②	②	②	②
③	③	③	③	③	③
④	④	④	④	④	④
⑤	⑤	⑤	⑤	⑤	⑤
⑥	⑥	⑥	⑥	⑥	⑥
⑦	⑦	⑦	⑦	⑦	⑦
⑧	⑧	⑧	⑧	⑧	⑧
⑨	⑨	⑨	⑨	⑨	⑨

(주민등록 앞자리 생년제외) 월일

⓪	⓪	⓪	⓪
①	①	①	①
②	②	②	②
③	③	③	③
④	④	④	④
⑤	⑤	⑤	⑤
⑥	⑥	⑥	⑥
⑦	⑦	⑦	⑦
⑧	⑧	⑧	⑧
⑨	⑨	⑨	⑨

수험생 유의사항

※ 답안은 반드시 컴퓨터용 수성사인펜으로 보기와 같이 바르게 표기해야 합니다.
〈보기〉 ① ② ③ ❹ ⑤

※ 성명표기란 위 칸에는 성명을 한글로 쓰고 아래 칸에는 성명을 정확하게 ● 표기하십시오. (단, 성과 이름은 붙여 씁니다)

※ 수험번호 표기란 위 칸에는 아라비아 숫자로 쓰고 아래 칸에는 숫자와 일치하게 ● 표기하십시오.

※ 출생월일은 반드시 본인 주민등록번호의 생년을 제외한 월 두 자리, 일 두 자리를 표기하십시오. 〈예〉 1994년 1월 12일 → 0112

직무능력검사

문번	답란	문번	답란	문번	답란
1	① ② ③ ④	16	① ② ③ ④	31	① ② ③ ④
2	① ② ③ ④	17	① ② ③ ④	32	① ② ③ ④
3	① ② ③ ④	18	① ② ③ ④	33	① ② ③ ④
4	① ② ③ ④	19	① ② ③ ④	34	① ② ③ ④
5	① ② ③ ④	20	① ② ③ ④	35	① ② ③ ④
6	① ② ③ ④	21	① ② ③ ④	36	① ② ③ ④
7	① ② ③ ④	22	① ② ③ ④	37	① ② ③ ④
8	① ② ③ ④	23	① ② ③ ④	38	① ② ③ ④
9	① ② ③ ④	24	① ② ③ ④	39	① ② ③ ④
10	① ② ③ ④	25	① ② ③ ④	40	① ② ③ ④
11	① ② ③ ④	26	① ② ③ ④	41	① ② ③ ④
12	① ② ③ ④	27	① ② ③ ④	42	① ② ③ ④
13	① ② ③ ④	28	① ② ③ ④	43	① ② ③ ④
14	① ② ③ ④	29	① ② ③ ④	44	① ② ③ ④
15	① ② ③ ④	30	① ② ③ ④	45	① ② ③ ④

교육공무직원 소양평가

감독관 확인란	

4회 기출예상문제

성명표기란

수험번호

(주민등록 앞자리 생년제외) 월일

수험생 유의사항

※ 답안은 반드시 컴퓨터용 수성사인펜으로 보기와 같이 바르게 표기해야 합니다.
〈보기〉 ① ② ③ ❹ ⑤

※ 성명표기란 위 칸에는 성명을 한글로 쓰고 아래 칸에는 성명을 정확하게 ● 표기하십시오. (단, 성과 이름은 붙여 씁니다)

※ 수험번호 표기란 위 칸에는 아라비아 숫자로 쓰고 아래 칸에는 숫자와 일치하게 ● 표기하십시오.

※ 출생월일은 반드시 본인 주민등록번호의 생년을 제외한 월 두 자리, 일 두 자리를 표기하십시오. 〈예〉 1994년 1월 12일 → 0112

직무능력검사

문번	답란	문번	답란	문번	답란
1	① ② ③ ④	16	① ② ③ ④	31	① ② ③ ④
2	① ② ③ ④	17	① ② ③ ④	32	① ② ③ ④
3	① ② ③ ④	18	① ② ③ ④	33	① ② ③ ④
4	① ② ③ ④	19	① ② ③ ④	34	① ② ③ ④
5	① ② ③ ④	20	① ② ③ ④	35	① ② ③ ④
6	① ② ③ ④	21	① ② ③ ④	36	① ② ③ ④
7	① ② ③ ④	22	① ② ③ ④	37	① ② ③ ④
8	① ② ③ ④	23	① ② ③ ④	38	① ② ③ ④
9	① ② ③ ④	24	① ② ③ ④	39	① ② ③ ④
10	① ② ③ ④	25	① ② ③ ④	40	① ② ③ ④
11	① ② ③ ④	26	① ② ③ ④	41	① ② ③ ④
12	① ② ③ ④	27	① ② ③ ④	42	① ② ③ ④
13	① ② ③ ④	28	① ② ③ ④	43	① ② ③ ④
14	① ② ③ ④	29	① ② ③ ④	44	① ② ③ ④
15	① ② ③ ④	30	① ② ③ ④	45	① ② ③ ④

절라서 활용하세요.

교육공무직원 소양평가

감독관 확인란	

5회 기출예상문제

성명표기란

수험번호

⓪	⓪	⓪	⓪	⓪	⓪
①	①	①	①	①	①
②	②	②	②	②	②
③	③	③	③	③	③
④	④	④	④	④	④
⑤	⑤	⑤	⑤	⑤	⑤
⑥	⑥	⑥	⑥	⑥	⑥
⑦	⑦	⑦	⑦	⑦	⑦
⑧	⑧	⑧	⑧	⑧	⑧
⑨	⑨	⑨	⑨	⑨	⑨

(주민등록 앞자리 생년제외) 월일

⓪	⓪	⓪	⓪
①	①	①	①
②	②	②	②
③	③	③	③
④	④	④	④
⑤	⑤	⑤	⑤
⑥	⑥	⑥	⑥
⑦	⑦	⑦	⑦
⑧	⑧	⑧	⑧
⑨	⑨	⑨	⑨

수험생 유의사항

※ 답안은 반드시 컴퓨터용 수성사인펜으로 보기와 같이 바르게 표기해야 합니다.
〈보기〉 ① ② ③ ❹ ⑤

※ 성명표기란 위 칸에는 성명을 한글로 쓰고 아래 칸에는 성명을 정확하게 ● 표기하십시오. (단, 성과 이름은 붙여 씁니다)

※ 수험번호 표기란 위 칸에는 아라비아 숫자로 쓰고 아래 칸에는 숫자와 일치하게 ● 표기하십시오.

※ 출생월일은 반드시 본인 주민등록번호의 생년을 제외한 월 두 자리, 일 두 자리를 표기하십시오. 〈예〉 1994년 1월 12일 → 0112

직무능력검사

문번	답란	문번	답란	문번	답란
1	① ② ③ ④	16	① ② ③ ④	31	① ② ③ ④
2	① ② ③ ④	17	① ② ③ ④	32	① ② ③ ④
3	① ② ③ ④	18	① ② ③ ④	33	① ② ③ ④
4	① ② ③ ④	19	① ② ③ ④	34	① ② ③ ④
5	① ② ③ ④	20	① ② ③ ④	35	① ② ③ ④
6	① ② ③ ④	21	① ② ③ ④	36	① ② ③ ④
7	① ② ③ ④	22	① ② ③ ④	37	① ② ③ ④
8	① ② ③ ④	23	① ② ③ ④	38	① ② ③ ④
9	① ② ③ ④	24	① ② ③ ④	39	① ② ③ ④
10	① ② ③ ④	25	① ② ③ ④	40	① ② ③ ④
11	① ② ③ ④	26	① ② ③ ④	41	① ② ③ ④
12	① ② ③ ④	27	① ② ③ ④	42	① ② ③ ④
13	① ② ③ ④	28	① ② ③ ④	43	① ② ③ ④
14	① ② ③ ④	29	① ② ③ ④	44	① ② ③ ④
15	① ② ③ ④	30	① ② ③ ④	45	① ② ③ ④

교육공무직원 소양평가

감독관 확인란	

6회 기출예상문제

성명표기란

ㄱ ㄴ ㄷ ㄹ ㅁ ㅂ ㅅ ㅇ ㅈ ㅊ ㅋ ㅌ ㅍ ㅎ ㄲ ㄸ ㅃ ㅆ ㅉ ㄺ ㄻ

ㅏ ㅑ ㅓ ㅕ ㅗ ㅛ ㅜ ㅠ ㅡ ㅣ ㅐ ㅒ ㅔ ㅖ ㅘ ㅙ ㅚ ㅝ ㅞ ㅟ ㅢ

수험번호

⓪ ① ② ③ ④ ⑤ ⑥ ⑦ ⑧ ⑨

(주민등록 앞자리 생년제외) 월일

⓪ ① ② ③ ④ ⑤ ⑥ ⑦ ⑧ ⑨

수험생 유의사항

※ 답안은 반드시 컴퓨터용 수성사인펜으로 보기와 같이 바르게 표기해야 합니다.
〈보기〉 ① ② ③ ❹ ⑤

※ 성명표기란 위 칸에는 성명을 한글로 쓰고 아래 칸에는 성명을 정확하게 ● 표기하십시오.
(단, 성과 이름은 붙여 씁니다)

※ 수험번호 표기란 위 칸에는 아라비아 숫자로 쓰고 아래 칸에는 숫자와 일치하게 ● 표기하십시오.

※ 출생월일은 반드시 본인 주민등록번호의 생년을 제외한 월 두 자리, 일 두 자리를 표기하십시오. 〈예〉 1994년 1월 12일 → 0112

직무능력검사

문번	답란	문번	답란	문번	답란
1	① ② ③ ④	16	① ② ③ ④	31	① ② ③ ④
2	① ② ③ ④	17	① ② ③ ④	32	① ② ③ ④
3	① ② ③ ④	18	① ② ③ ④	33	① ② ③ ④
4	① ② ③ ④	19	① ② ③ ④	34	① ② ③ ④
5	① ② ③ ④	20	① ② ③ ④	35	① ② ③ ④
6	① ② ③ ④	21	① ② ③ ④	36	① ② ③ ④
7	① ② ③ ④	22	① ② ③ ④	37	① ② ③ ④
8	① ② ③ ④	23	① ② ③ ④	38	① ② ③ ④
9	① ② ③ ④	24	① ② ③ ④	39	① ② ③ ④
10	① ② ③ ④	25	① ② ③ ④	40	① ② ③ ④
11	① ② ③ ④	26	① ② ③ ④	41	① ② ③ ④
12	① ② ③ ④	27	① ② ③ ④	42	① ② ③ ④
13	① ② ③ ④	28	① ② ③ ④	43	① ② ③ ④
14	① ② ③ ④	29	① ② ③ ④	44	① ② ③ ④
15	① ② ③ ④	30	① ② ③ ④	45	① ② ③ ④

잘라서 활용하세요.

교육공무직원 소양평가

감독관 확인란	

7회 기출예상문제

성명표기란

수험번호

(주민등록 앞자리 생년제외) 월일

직무능력검사

문번	답란	문번	답란	문번	답란
1	① ② ③ ④	16	① ② ③ ④	31	① ② ③ ④
2	① ② ③ ④	17	① ② ③ ④	32	① ② ③ ④
3	① ② ③ ④	18	① ② ③ ④	33	① ② ③ ④
4	① ② ③ ④	19	① ② ③ ④	34	① ② ③ ④
5	① ② ③ ④	20	① ② ③ ④	35	① ② ③ ④
6	① ② ③ ④	21	① ② ③ ④	36	① ② ③ ④
7	① ② ③ ④	22	① ② ③ ④	37	① ② ③ ④
8	① ② ③ ④	23	① ② ③ ④	38	① ② ③ ④
9	① ② ③ ④	24	① ② ③ ④	39	① ② ③ ④
10	① ② ③ ④	25	① ② ③ ④	40	① ② ③ ④
11	① ② ③ ④	26	① ② ③ ④	41	① ② ③ ④
12	① ② ③ ④	27	① ② ③ ④	42	① ② ③ ④
13	① ② ③ ④	28	① ② ③ ④	43	① ② ③ ④
14	① ② ③ ④	29	① ② ③ ④	44	① ② ③ ④
15	① ② ③ ④	30	① ② ③ ④	45	① ② ③ ④

수험생 유의사항

※ 답안은 반드시 컴퓨터용 수성사인펜으로 보기와 같이 바르게 표기해야 합니다.
〈보기〉 ① ② ③ ❹ ⑤

※ 성명표기란 위 칸에는 성명을 한글로 쓰고 아래 칸에는 성명을 정확하게 ● 표기하십시오.
(단, 성과 이름은 붙여 씁니다)

※ 수험번호 표기란 위 칸에는 아라비아 숫자로 쓰고 아래 칸에는 숫자와 일치하게 ● 표기하십시오.

※ 출생월일은 반드시 본인 주민등록번호의 생년을 제외한 월 두 자리, 일 두 자리를 표기하십시오. 〈예〉 1994년 1월 12일 → 0112

직무능력검사

교육공무직원 소양평가

감독관 확인란	

8회 기출예상문제

성명표기란

초성	중성	종성
ㄱ ㄴ ㄷ ㄹ ㅁ ㅂ ㅅ ㅇ ㅈ ㅊ ㅋ ㅌ ㅍ ㅎ	ㅏ ㅑ ㅓ ㅕ ㅗ ㅛ ㅜ ㅠ ㅡ ㅣ ㅐ ㅒ ㅔ ㅖ ㅘ ㅙ ㅚ ㅝ ㅞ ㅟ ㅢ	ㄱ ㄴ ㄷ ㄹ ㅁ ㅂ ㅅ ㅇ ㅈ ㅊ ㅋ ㅌ ㅍ ㅎ ㄲ ㄸ ㅃ ㅆ ㅉ ㄺ ㄻ

수험번호

⓪ ① ② ③ ④ ⑤ ⑥ ⑦ ⑧ ⑨	⓪ ① ② ③ ④ ⑤ ⑥ ⑦ ⑧ ⑨	⓪ ① ② ③ ④ ⑤ ⑥ ⑦ ⑧ ⑨	⓪ ① ② ③ ④ ⑤ ⑥ ⑦ ⑧ ⑨	⓪ ① ② ③ ④ ⑤ ⑥ ⑦ ⑧ ⑨	⓪ ① ② ③ ④ ⑤ ⑥ ⑦ ⑧ ⑨

(주민등록 앞자리 생년제외) 월일

⓪ ① ② ③ ④ ⑤ ⑥ ⑦ ⑧ ⑨	⓪ ① ② ③ ④ ⑤ ⑥ ⑦ ⑧ ⑨	⓪ ① ② ③ ④ ⑤ ⑥ ⑦ ⑧ ⑨	⓪ ① ② ③ ④ ⑤ ⑥ ⑦ ⑧ ⑨

수험생 유의사항

※ 답안은 반드시 컴퓨터용 수성사인펜으로 보기와 같이 바르게 표기해야 합니다.
〈보기〉 ① ② ③ ❹ ⑤

※ 성명표기란 위 칸에는 성명을 한글로 쓰고 아래 칸에는 성명을 정확하게 ● 표기하십시오.
(단, 성과 이름은 붙여 씁니다)

※ 수험번호 표기란 위 칸에는 아라비아 숫자로 쓰고 아래 칸에는 숫자와 일치하게 ● 표기하십시오.

※ 출생월일은 반드시 본인 주민등록번호의 생년을 제외한 월 두 자리, 일 두 자리를 표기하십시오. 〈예〉 1994년 1월 12일 → 0112

문번	답란	문번	답란	문번	답란
1	① ② ③ ④	16	① ② ③ ④	31	① ② ③ ④
2	① ② ③ ④	17	① ② ③ ④	32	① ② ③ ④
3	① ② ③ ④	18	① ② ③ ④	33	① ② ③ ④
4	① ② ③ ④	19	① ② ③ ④	34	① ② ③ ④
5	① ② ③ ④	20	① ② ③ ④	35	① ② ③ ④
6	① ② ③ ④	21	① ② ③ ④	36	① ② ③ ④
7	① ② ③ ④	22	① ② ③ ④	37	① ② ③ ④
8	① ② ③ ④	23	① ② ③ ④	38	① ② ③ ④
9	① ② ③ ④	24	① ② ③ ④	39	① ② ③ ④
10	① ② ③ ④	25	① ② ③ ④	40	① ② ③ ④
11	① ② ③ ④	26	① ② ③ ④	41	① ② ③ ④
12	① ② ③ ④	27	① ② ③ ④	42	① ② ③ ④
13	① ② ③ ④	28	① ② ③ ④	43	① ② ③ ④
14	① ② ③ ④	29	① ② ③ ④	44	① ② ③ ④
15	① ② ③ ④	30	① ② ③ ④	45	① ② ③ ④

잘라서 활용하세요.

교육공무직원 소양평가

감독관 확인란	

9회 기출예상문제

성명표기란

수험번호

⓪	⓪	⓪	⓪	⓪	⓪
①	①	①	①	①	①
②	②	②	②	②	②
③	③	③	③	③	③
④	④	④	④	④	④
⑤	⑤	⑤	⑤	⑤	⑤
⑥	⑥	⑥	⑥	⑥	⑥
⑦	⑦	⑦	⑦	⑦	⑦
⑧	⑧	⑧	⑧	⑧	⑧
⑨	⑨	⑨	⑨	⑨	⑨

(주민등록 앞자리 생년제외) 월일

⓪	⓪	⓪	⓪
①	①	①	①
②	②	②	②
③	③	③	③
④	④	④	④
⑤	⑤	⑤	⑤
⑥	⑥	⑥	⑥
⑦	⑦	⑦	⑦
⑧	⑧	⑧	⑧
⑨	⑨	⑨	⑨

수험생 유의사항

※ 답안은 반드시 컴퓨터용 수성사인펜으로 보기와 같이 바르게 표기해야 합니다.
〈보기〉 ① ② ③ ❹ ⑤

※ 성명표기란 위 칸에는 성명을 한글로 쓰고 아래 칸에는 성명을 정확하게 ● 표기하십시오. (단, 성과 이름은 붙여 씁니다)

※ 수험번호 표기란 위 칸에는 아라비아 숫자로 쓰고 아래 칸에는 숫자와 일치하게 ● 표기하십시오.

※ 출생월일은 반드시 본인 주민등록번호의 생년을 제외한 월 두 자리, 일 두 자리를 표기하십시오. 〈예〉 1994년 1월 12일 → 0112

직무능력검사

문번	답란	문번	답란	문번	답란
1	① ② ③ ④	16	① ② ③ ④	31	① ② ③ ④
2	① ② ③ ④	17	① ② ③ ④	32	① ② ③ ④
3	① ② ③ ④	18	① ② ③ ④	33	① ② ③ ④
4	① ② ③ ④	19	① ② ③ ④	34	① ② ③ ④
5	① ② ③ ④	20	① ② ③ ④	35	① ② ③ ④
6	① ② ③ ④	21	① ② ③ ④	36	① ② ③ ④
7	① ② ③ ④	22	① ② ③ ④	37	① ② ③ ④
8	① ② ③ ④	23	① ② ③ ④	38	① ② ③ ④
9	① ② ③ ④	24	① ② ③ ④	39	① ② ③ ④
10	① ② ③ ④	25	① ② ③ ④	40	① ② ③ ④
11	① ② ③ ④	26	① ② ③ ④	41	① ② ③ ④
12	① ② ③ ④	27	① ② ③ ④	42	① ② ③ ④
13	① ② ③ ④	28	① ② ③ ④	43	① ② ③ ④
14	① ② ③ ④	29	① ② ③ ④	44	① ② ③ ④
15	① ② ③ ④	30	① ② ③ ④	45	① ② ③ ④

교육공무직원 소양평가

감독관 확인란	

인성검사

성명표기란

초성	중성	종성	초성	중성	종성	초성	중성	종성	초성	중성	종성
㉠ ㉡ ㉢ ㉣ ㉤ ㉥ ㉦ ㉧ ㉨ ㉩ ㉪ ㉫ ㉬ ㉭	ㅏ ㅑ ㅓ ㅕ ㅗ ㅛ ㅜ ㅠ ㅡ ㅣ ㅐ ㅒ ㅔ ㅖ ㅘ ㅙ ㅚ ㅝ ㅞ ㅟ ㅢ	㉠ ㉡ ㉢ ㉣ ㉤ ㉥ ㉦ ㉧ ㉨ ㉩ ㉪ ㉫ ㉬ ㉭	㉠ ㉡ ㉢ ㉣ ㉤ ㉥ ㉦ ㉧ ㉨ ㉩ ㉪ ㉫ ㉬ ㉭ ㄲ ㄸ ㅃ ㅆ ㅉ	ㅏ ㅑ ㅓ ㅕ ㅗ ㅛ ㅜ ㅠ ㅡ ㅣ ㅐ ㅒ ㅔ ㅖ ㅘ ㅙ ㅚ ㅝ ㅞ ㅟ ㅢ	㉠ ㉡ ㉢ ㉣ ㉤ ㉥ ㉦ ㉧ ㉨ ㉩ ㉪ ㉫ ㉬ ㉭ ㄲ ㄸ ㅃ ㅆ ㅉ ㄺ ㄻ	㉠ ㉡ ㉢ ㉣ ㉤ ㉥ ㉦ ㉧ ㉨ ㉩ ㉪ ㉫ ㉬ ㉭ ㄲ ㄸ ㅃ ㅆ ㅉ	ㅏ ㅑ ㅓ ㅕ ㅗ ㅛ ㅜ ㅠ ㅡ ㅣ ㅐ ㅒ ㅔ ㅖ ㅘ ㅙ ㅚ ㅝ ㅞ ㅟ ㅢ	㉠ ㉡ ㉢ ㉣ ㉤ ㉥ ㉦ ㉧ ㉨ ㉩ ㉪ ㉫ ㉬ ㉭ ㄲ ㄸ ㅃ ㅆ ㅉ ㄺ ㄻ	㉠ ㉡ ㉢ ㉣ ㉤ ㉥ ㉦ ㉧ ㉨ ㉩ ㉪ ㉫ ㉬ ㉭ ㄲ ㄸ ㅃ ㅆ ㅉ	ㅏ ㅑ ㅓ ㅕ ㅗ ㅛ ㅜ ㅠ ㅡ ㅣ ㅐ ㅒ ㅔ ㅖ ㅘ ㅙ ㅚ ㅝ ㅞ ㅟ ㅢ	㉠ ㉡ ㉢ ㉣ ㉤ ㉥ ㉦ ㉧ ㉨ ㉩ ㉪ ㉫ ㉬ ㉭ ㄲ ㄸ ㅃ ㅆ ㅉ ㄺ ㄻ

수험번호

⓪ ① ② ③ ④ ⑤ ⑥ ⑦ ⑧ ⑨	⓪ ① ② ③ ④ ⑤ ⑥ ⑦ ⑧ ⑨	⓪ ① ② ③ ④ ⑤ ⑥ ⑦ ⑧ ⑨	⓪ ① ② ③ ④ ⑤ ⑥ ⑦ ⑧ ⑨	⓪ ① ② ③ ④ ⑤ ⑥ ⑦ ⑧ ⑨	⓪ ① ② ③ ④ ⑤ ⑥ ⑦ ⑧ ⑨

(주민등록 앞자리 생년제외) 월일

⓪ ① ② ③ ④ ⑤ ⑥ ⑦ ⑧ ⑨	⓪ ① ② ③ ④ ⑤ ⑥ ⑦ ⑧ ⑨	⓪ ① ② ③ ④ ⑤ ⑥ ⑦ ⑧ ⑨	⓪ ① ② ③ ④ ⑤ ⑥ ⑦ ⑧ ⑨

수험생 유의사항

※ 답안은 반드시 컴퓨터용 수성사인펜으로 보기와 같이 바르게 표기해야 합니다.
〈보기〉 ① ② ③ ❹ ⑤

※ 성명표기란 위 칸에는 성명을 한글로 쓰고 아래 칸에는 성명을 정확하게 ● 표기하십시오.
(단, 성과 이름은 붙여 씁니다)

※ 수험번호 표기란 위 칸에는 아라비아 숫자로 쓰고 아래 칸에는 숫자와 일치하게 ● 표기하십시오.

※ 출생월일은 반드시 본인 주민등록번호의 생년을 제외한 월 두 자리, 일 두 자리를 표기하십시오. 〈예〉 1994년 1월 12일 → 0112

문번	답란	문번	답란	문번	답란	문번	답란	문번	답란	문번	답란
1	① ②	36	① ②	71	① ②	106	① ②	141	① ②	176	① ②
2	① ②	37	① ②	72	① ②	107	① ②	142	① ②	177	① ②
3	① ②	38	① ②	73	① ②	108	① ②	143	① ②	178	① ②
4	① ②	39	① ②	74	① ②	109	① ②	144	① ②	179	① ②
5	① ②	40	① ②	75	① ②	110	① ②	145	① ②	180	① ②
6	① ②	41	① ②	76	① ②	111	① ②	146	① ②	181	① ②
7	① ②	42	① ②	77	① ②	112	① ②	147	① ②	182	① ②
8	① ②	43	① ②	78	① ②	113	① ②	148	① ②	183	① ②
9	① ②	44	① ②	79	① ②	114	① ②	149	① ②	184	① ②
10	① ②	45	① ②	80	① ②	115	① ②	150	① ②	185	① ②
11	① ②	46	① ②	81	① ②	116	① ②	151	① ②	186	① ② ③ ④
12	① ②	47	① ②	82	① ②	117	① ②	152	① ②	187	① ② ③ ④
13	① ②	48	① ②	83	① ②	118	① ②	153	① ②	188	① ② ③ ④
14	① ②	49	① ②	84	① ②	119	① ②	154	① ②	189	① ② ③ ④
15	① ②	50	① ②	85	① ②	120	① ②	155	① ②	190	① ② ③ ④
16	① ②	51	① ②	86	① ②	121	① ②	156	① ②	191	① ② ③ ④
17	① ②	52	① ②	87	① ②	122	① ②	157	① ②	192	① ② ③ ④
18	① ②	53	① ②	88	① ②	123	① ②	158	① ②	193	① ② ③ ④
19	① ②	54	① ②	89	① ②	124	① ②	159	① ②	194	① ② ③ ④
20	① ②	55	① ②	90	① ②	125	① ②	160	① ②	195	① ② ③ ④
21	① ②	56	① ②	91	① ②	126	① ②	161	① ②	196	① ② ③ ④ ⑤
22	① ②	57	① ②	92	① ②	127	① ②	162	① ②	197	① ② ③ ④ ⑤
23	① ②	58	① ②	93	① ②	128	① ②	163	① ②	198	① ② ③ ④ ⑤
24	① ②	59	① ②	94	① ②	129	① ②	164	① ②	199	① ② ③ ④ ⑤
25	① ②	60	① ②	95	① ②	130	① ②	165	① ②	200	① ② ③ ④ ⑤
26	① ②	61	① ②	96	① ②	131	① ②	166	① ②		
27	① ②	62	① ②	97	① ②	132	① ②	167	① ②		
28	① ②	63	① ②	98	① ②	133	① ②	168	① ②		
29	① ②	64	① ②	99	① ②	134	① ②	169	① ②		
30	① ②	65	① ②	100	① ②	135	① ②	170	① ②		
31	① ②	66	① ②	101	① ②	136	① ②	171	① ②		
32	① ②	67	① ②	102	① ②	137	① ②	172	① ②		
33	① ②	68	① ②	103	① ②	138	① ②	173	① ②		
34	① ②	69	① ②	104	① ②	139	① ②	174	① ②		
35	① ②	70	① ②	105	① ②	140	① ②	175	① ②		

잘라서 활용하세요.

교육공무직원 소양평가

감독관 확인란

기출예상문제_연습용

성명표기란

수험번호

(주민등록 앞자리 생년제외) 월일

수험생 유의사항

※ 답안은 반드시 컴퓨터용 수성사인펜으로 보기와 같이 바르게 표기해야 합니다.
〈보기〉 ① ② ③ ❹ ⑤

※ 성명표기란 위 칸에는 성명을 한글로 쓰고 아래 칸에는 성명을 정확하게 ● 표기하십시오.
(단, 성과 이름은 붙여 씁니다)

※ 수험번호 표기란 위 칸에는 아라비아 숫자로 쓰고 아래 칸에는 숫자와 일치하게 ● 표기하십시오.

※ 출생월일은 반드시 본인 주민등록번호의 생년을 제외한 월 두 자리, 일 두 자리를 표기하십시오. 〈예〉 1994년 1월 12일 → 0112

직무능력검사

문번	답란	문번	답란	문번	답란
1	① ② ③ ④	16	① ② ③ ④	31	① ② ③ ④
2	① ② ③ ④	17	① ② ③ ④	32	① ② ③ ④
3	① ② ③ ④	18	① ② ③ ④	33	① ② ③ ④
4	① ② ③ ④	19	① ② ③ ④	34	① ② ③ ④
5	① ② ③ ④	20	① ② ③ ④	35	① ② ③ ④
6	① ② ③ ④	21	① ② ③ ④	36	① ② ③ ④
7	① ② ③ ④	22	① ② ③ ④	37	① ② ③ ④
8	① ② ③ ④	23	① ② ③ ④	38	① ② ③ ④
9	① ② ③ ④	24	① ② ③ ④	39	① ② ③ ④
10	① ② ③ ④	25	① ② ③ ④	40	① ② ③ ④
11	① ② ③ ④	26	① ② ③ ④	41	① ② ③ ④
12	① ② ③ ④	27	① ② ③ ④	42	① ② ③ ④
13	① ② ③ ④	28	① ② ③ ④	43	① ② ③ ④
14	① ② ③ ④	29	① ② ③ ④	44	① ② ③ ④
15	① ② ③ ④	30	① ② ③ ④	45	① ② ③ ④

대기업 · 금융

저마다의 일생에는,

특히 그 일생이 동터 오르는 여명기에는

모든 것을 결정짓는 한 순간이 있다.

그 순간을 다시 찾아내는 것은 어렵다.

그것은 다른 수많은 순간들의 퇴적 속에

깊이 묻혀있다.

- 장 그르니에, 섬 LES ILES

2025
고시넷

경상북도교육청
교육공무직원 직무능력검사
최신 기출유형 모의고사 9회

정답과 해설

교육공무직원 직무능력검사

gosinet
(주)고시넷

2025

고시넷

경상북도교육청

교육공무직원 직무능력검사

최신 기출유형 모의고사 9회

정답과 해설

교육공무직원 직무능력검사

gosinet
(주)고시넷

정답과 해설

파트1 경상북도 기출문제복원

▶ 문제 18쪽

01	③	02	③	03	④	04	①	05	③
06	④	07	①	08	②	09	①	10	②
11	①	12	④	13	④	14	④	15	①
16	③	17	②	18	③	19	②	20	③
21	②	22	③	23	③	24	③	25	④
26	③	27	②	28	②	29	①	30	③
31	④	32	③	33	②	34	①	35	④
36	②	37	④	38	③	39	②	40	①
41	②	42	①	43	②	44	④	45	④

01 언어논리력 단어 형성 방법 파악하기

| 정답 | ③

| 해설 | '봄바람'은 '봄'과 '바람'이 합쳐진 합성어이다. 합성어란 둘 이상의 실질 형태소가 결합하여 한 단어가 된 말이다. 반면, ③의 '울보'는 '울다'의 어근 '울-'과 '그러한 행위를 특성으로 지닌 사람'의 뜻을 지닌 접미사 '-보'가 결합한 파생어이다. 파생어는 실질 형태소에 접사가 결합하여 한 단어가 된 말이다.

| 오답풀이 |

① '솜'과 '이불'이 합쳐진 합성어이다.

② '김치'와 '찌개'가 합쳐진 합성어이다.

④ '논'과 '밭'이 합쳐진 합성어이다.

02 언어논리력 글의 의도 파악하기

| 정답 | ③

| 해설 | 제시된 글은 질문에 대한 답변을 제출하는 생성형 AI의 한계점인 환각 현상을 지적하면서, 생성형 AI가 올바른 정답을 제공하는 것에는 질문자의 지식과 의도에 달려 있으며, 이로 인해 인문학과 창의력이 요구되는 시대가 오고 있다고 주장하고 있다. 따라서 필자의 의도로 ③이 가장 적절하다.

| 오답풀이 |

① 정답과 오답을 구별할 수 있는 능력이 아닌 질문을 잘하는 능력이 필요하다는 점을 강조하고 있다.

② 생성형 AI가 질문자의 지식과 의도에 따라 답변이 달라진다고 하였으나, 이것이 생성형 AI보다 더 많은 공부가 필요하다는 의미는 아니다.

④ 인문학과 창의력의 확장을 요구하며 책을 읽고 신문을 보며 생각하는 중요성을 언급했으나, 이를 전통적인 공부법과 연결하는 것은 부적절하다.

03 문제해결력 명제 추론하기

| 정답 | ④

| 해설 | A ~ C의 말이 모두 참이므로, 만약 A의 예측에 따라 A가 승진한다면 'A 승진 → B 승진 → C 승진 → D 승진'이 되어 승진한 사람이 4명이 된다. 한편, A는 승진하지 않고 B가 승진한다면 승진한 사람은 B, C, D로 3명이다. 마지막으로 A와 B는 승진하지 않고 C가 승진한다면 승진한 사람은 C와 D로 2명이 되어 조건에 부합한다. 따라서 승진한 사람은 C와 D이다.

04 공간지각력 접은 모양 추론하기

| 정답 | ①

| 해설 | 제시된 정사각형 종이를 점선을 따라 접어 ①의 모양을 만들 수 없다.

| 오답풀이 |

선택지 ② ~ ④의 도형은 다음과 같이 표시된 부분이 나타나도록 점선을 따라 종이를 접어서 만들 수 있다.

②

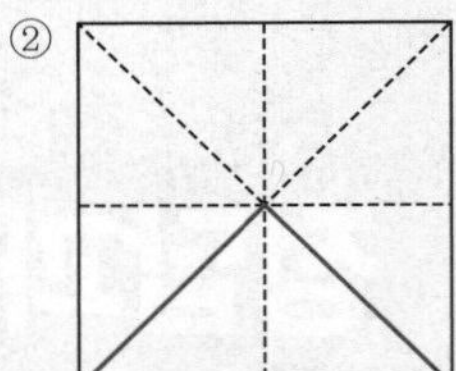

③

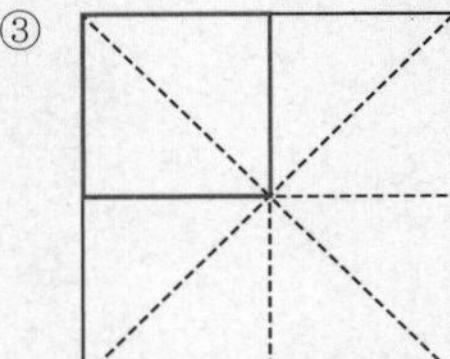

④

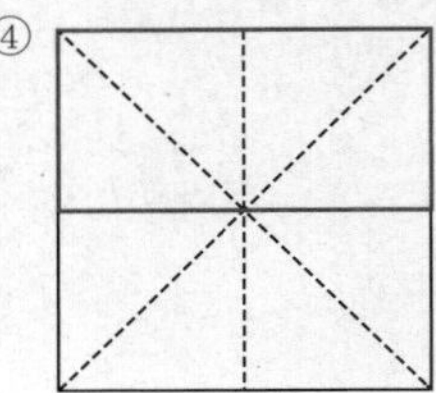

05 언어논리력 세부 내용 이해하기

| 정답 | ③

| 해설 | 제시된 글은 놀이터에서 아이들의 안전은 중요하나, 안전만을 강조하는 놀이터의 설계는 오히려 아이들에게 안전한 방법을 찾을 기회를 제공하지 않는다고 지적한다. 이에 놀이터의 안전과 함께 놀이의 본질인 도전과 모험을 결합하여(ㄱ), 아이들이 작은 부상으로 스스로 조심하는 방법을 깨닫고 안전을 배워나갈 수 있는 공간이면서(ㄷ), 동시에 진취적인 활동과 긍정적인 사고를 키울 수 있는 도전과 모험의 공간이 되도록(ㄹ) 놀이터를 설계해야 한다고 주장하고 있다.

| 오답풀이 |

ㄴ. 제시된 글에 놀이터는 아이들에게 안전한 곳이 되어야 한다는 주장은 제시되어 있으나, 유지관리가 수월하도록 놀이터를 설계해야 한다는 내용은 제시되어 있지 않다.

06 언어논리력 경청 이해하기

| 정답 | ④

| 해설 | 경청의 방법은 다음과 같다.

A. 격려 : 상대방이 말을 계속하도록 함.

B. 확인 : 당신이 경청하고 있고 상대방의 말을 사실대로 이해했음을 나타냄.

C. 반응 : 상대방이 전달하고자 하는 감정을 이해했음을 나타냄.

D. 요약 : 대화한 사항에 대해 정리를 함.

07 공간지각력 전개도 파악하기

| 정답 | ①

| 해설 | ①만 [면 그림] 과 [면 그림] 의 붙는 모양이 나머지와 다르다.

①

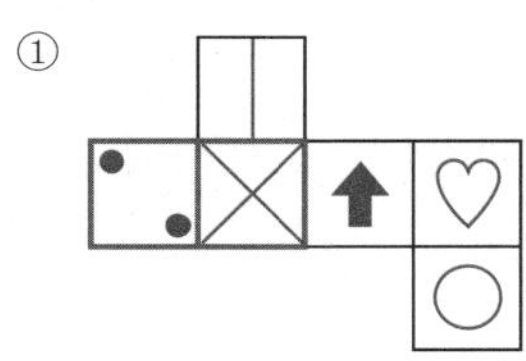

②

③

④

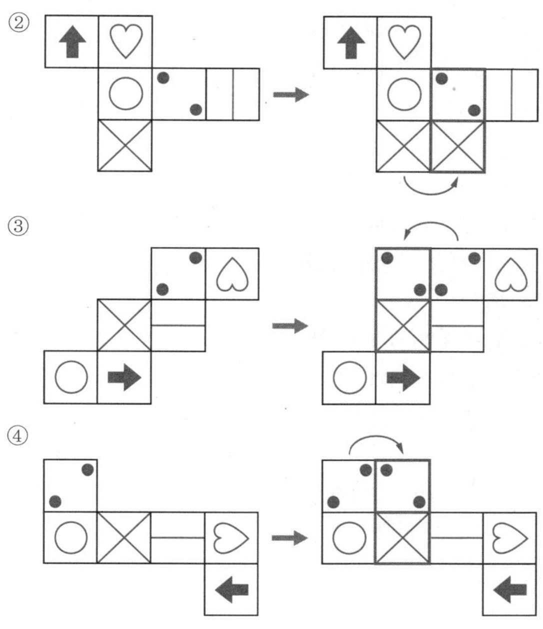

따라서 ①은 다음과 같이 수정되어야 한다.

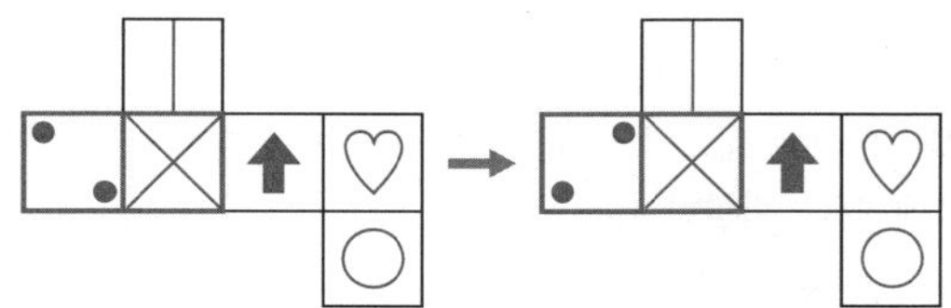

08 언어논리력 글의 중심 내용 파악하기

| 정답 | ②

| 해설 | 초등학교에 막 입학하는 어린 학생이 낯선 학교에 가기 싫어 버티는 것을 잡아끄는 엄마의 모습을 관찰하면서, 마지막 문단에 이르러 자신을 이끌어 주었던 엄마의 존재에 대한 그리움을 나타내고 있다.

09 문제해결력 명제 판단하기

| 정답 | ①

| 해설 | 'p : 바다를 좋아한다', 'q : 산을 좋아한다', 'r : 들판을 좋아한다', 's : 물고기를 좋아한다', 't : 명상을 좋아한다'라고 할 때, 제시된 명제와 그 대우를 기호에 따라 정리하면 다음과 같다.

- p → ~q(q → ~p)
- r → q(~q → ~r)
- q → ~s(s → ~q)
- ~t → ~q(q → t)

이때 두 번째 명제 'r → q'와 네 번째 명제의 대우 'q → t'의 삼단논법에 의해 'r → t'는 반드시 참이 된다. 따라서 '들판을 좋아하면 명상을 좋아한다'는 반드시 참이다.

| 오답풀이 |

② 두 번째 명제의 역이므로 반드시 참이라고 할 수 없다.

③ 첫 번째 명제의 이이므로 반드시 참이라고 할 수 없다.

④ 두 번째 명제의 대우와 세 번째 명제의 대우의 삼단논법에 의해 's → ~q → ~r'이 성립하므로 '물고기를 좋아하면 들판을 좋아하지 않는다'가 참이 된다. 따라서 '물고기를 좋아하면 들판을 좋아한다'는 거짓이다.

10 공간지각력 도형의 규칙 찾기

| 정답 | ②

| 해설 | 도형의 세로 첫 번째 줄부터 네 번째 줄까지 다음의 규칙에 따라 변화한다.

- 세로 첫 번째 줄

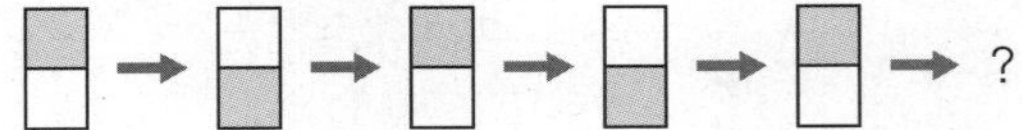

- 세로 두 번째 줄

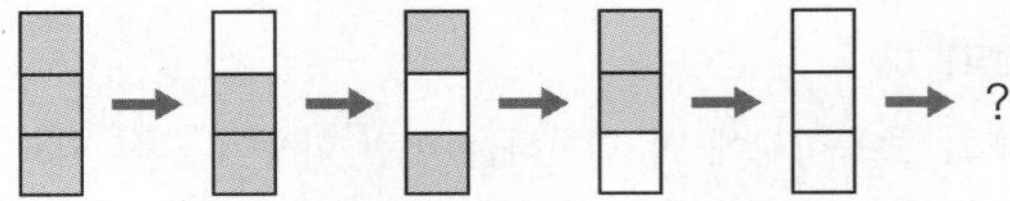

- 세로 세 번째 줄

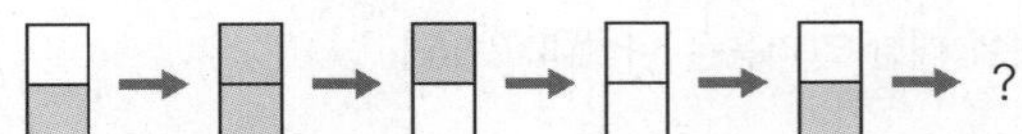

- 세로 네 번째 줄

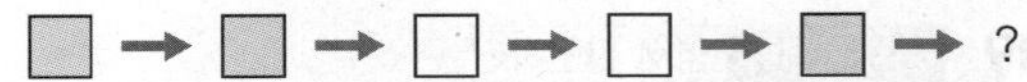

따라서 위 규칙에 따라 '?'에 들어가는 도형은 다음 네 도형을 합한 형태인 ②가 된다.

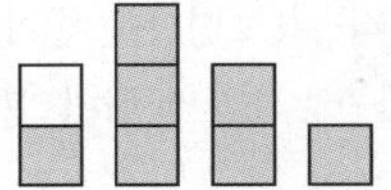

11 언어논리력 제목 추론하기

| 정답 | ①

| 해설 | 제시된 책의 특징은 어른들의 시각으로 만들어진 것이 아닌 학생들이 직접 참여해 만든 진로 가이드북이라는 것이다. 따라서 학생의 입장에서 멘토들을 바라보는 제목인 '미래의 별 나를 만나다'가 책의 제목으로 바람직하다.

| 오답풀이 |

② 두 번째 문단에서 '이 책은 어른들의 시각으로 유망한 직종을 제안해 만든 기존의 진로 관련 도서들과 달리'라고 하였으므로 적절하지 않다.

③ 롤모델 인터뷰마다 진로 전문가의 정보가 제시되지만 이는 책 구성의 한 요소일 뿐, 학생들이 그들의 시선으로 직접 책 제작 전반에 참여한 것이 책의 주요 특성이므로 적절하지 않다.

④ 제시된 책의 미래사회에서 유망한 직종을 제안하는 것이 아닌 중 · 고등학교 학생들이 선정한 멘토들을 인터뷰하여 구성한 진로 가이드북이다.

12 언어논리력 빈칸에 적절한 말 파악하기

| 정답 | ④

| 해설 | '타진'은 남의 마음이나 사정을 미리 살펴본다는 뜻으로 '알아봄'으로 순화할 수 있다. 따라서 가능성을 알아본다는 맥락으로 ㉡에는 '타진'이 적절하다.

| 오답풀이 |

① 개진 : 주장이나 사실 따위를 밝히기 위하여 의견이나 내용을 드러내어 말하거나 씀.

② 소진 : 점점 줄어들어 다 없어짐.

③ 추진 : 목표를 향하여 밀고 나아감.

13 공간지각력 블록 결합하기

| 정답 | ④

| 해설 | 제시된 도형은 다음과 같이 ㄱ, ㄴ, ㄷ, ㄹ을 사용하여 만들어졌다.

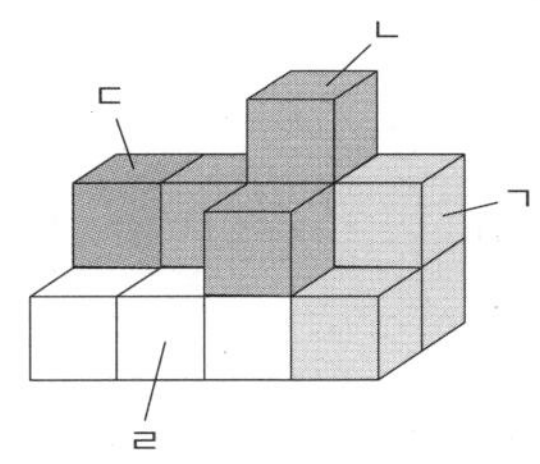

14 문제해결력 명제 추론하기

| 정답 | ④

| 해설 | 벼락치기를 한 보라의 성적이 나쁘기 위해서는 삼단논법에 따라 [전제 2]에 벼락치기로 공부한 사람은 성적이 나빴다는 내용이 들어가야 한다. 이때, 벼락치기로 공부한 '모든' 사람이 성적이 나빴다는 명제가 추가되어야 벼락치기를 한 보라 또한 예외 없이 성적이 나쁠 수 있으므로 '벼락치기로 공부한 사람은 모두 성적이 나빴다'가 빈칸에 적절하다.

| 오답풀이 |

① 벼락치기로 공부한 '어떤' 사람이 성적이 나빴다면, 또 다른 어떤 사람은 성적이 나쁘지 않을 수도 있다. 이 경우 [결론]이 반드시 참이라고 할 수 없다.

15 언어논리력 의사표현법 이해하기

| 정답 | ①

| 해설 | ㄴ. 상대방이 중요하게 여길 수 있는 부분을 구체적으로 칭찬하고 있으며, 아부로 느껴지지 않게 잘 표현하고 있다. 따라서 적절한 예시이다.

ㄷ. 상대방의 상황을 고려하고 이해하는 태도를 보인 후, 구체적으로 부탁하고 있다. 따라서 적절한 예시이다.

ㄹ. 사과와 함께 거절의 이유를 설명하고, 단호하게 표현하고 있다. 따라서 적절한 예시이다.

| 오답풀이 |

ㄱ. 잘못을 지적할 때는 '칭찬의 말', '질책의 말', '격려의 말' 순서대로 말을 하는 샌드위치 화법을 사용해야 한다. 감사의 말을 통해 칭찬으로 말을 시작하고 있으나 질책으로만 끝맺고 있어 효과적이지 않다.

ㅁ. 명령할 때는 강압적인 말투보다 부드러운 말투로 표현해야 한다. 그러나 부드러운 표현보다는 강압적인 느낌을 주는 표현을 사용하고 있고 '내 지시를 먼저 따르세요'와 같은 표현은 상대방에게 부담을 줄 수 있어 효과적이지 않다.

16 언어논리력 글의 교훈 파악하기

| 정답 | ③

| 해설 | ㄱ. 제시된 글에서는 옛 편지 원고들을 보존하였다가 때때로 펼쳐 보면서 자주 반성하도록 조언하고 있다. 따라서 제시된 교훈을 업무에 접목한 내용으로 적절하다.

ㄴ. 마지막 문단에서 보존된 편지들을 보며 자주 반성함을 얘기함과 동시에 그럼에도 '잃어버리지 않은 모든 편지를 다 모아서 큰 책을 만들었다 한들 무슨 유익함이 있으리오'라고 하였다. 이를 통해 모든 문서를 보관하는 것이 아니라 그중 중요한 일부를 보존하여 때때로 살펴보는 것이 필요함을 알 수 있다. 따라서 제시된 교훈을 업무에 접목한 내용으로 적절하다.

| 오답풀이 |

ㄷ. 제시된 글은 자신이 했던 실수를 부끄러워하고 반성하는 태도를 가져야 한다고 조언하고 있다. 따라서 실수했던 일을 잊어버리는 것은 교훈을 업무에 접목한 내용으로 적절하지 않다.

ㄹ. 편지 원고들을 다시 베낀다는 내용이 언급되지만 이는 편지의 내용을 다시 읽어보고 스스로 반성하고 성찰하기를 조언하는 것이므로 다른 사람의 글을 인용하는 것은 얻을 수 있는 교훈으로 적절하지 않다.

17 문제해결력 조건을 바탕으로 추론하기

| 정답 | ②

| 해설 | 두 번째와 세 번째 조건에 따라 현철과 수연은 장 씨가 아니므로 진택이 장 씨가 된다. 또한 첫 번째와 두 번째 조건을 바탕으로 현철은 최 씨이고 회계팀인 것을 유추할 수 있다. 또한 남은 성인 고 씨는 수연의 성이며, 첫 번째 조건에 따라 수연은 인사팀이 된다. 이를 정리하면 다음과 같다.

구분	진택	현철	수연
성씨	장 씨	최 씨	고 씨
부서	영업팀	회계팀	인사팀

| 오답풀이 |

① 진택의 성은 고 씨가 아니고 수연의 성이 고 씨이므로 적절하지 않다.

③ 진택의 성은 장 씨이고 수연의 성이 고 씨이며 현철이 회계팀이므로 적절하지 않다.

④ 진택의 성은 장 씨이고 수연의 성은 고 씨이며 현철의 성은 최 씨이므로 적절하지 않다.

18 문제해결력 좌석 배치 방법 이해하기

| 정답 | ③

| 해설 | 제시된 방식에 따른 좌석배치는 의장을 기준으로 좌우로 서열에 따라 가까운 곳에서 먼 곳으로 좌석을 배열하는 ㄷ자형(U자형) 좌석배치로, 주로 테이블 반대편에 대형 스크린 등을 배치하여 미디어를 활용한 발표 중심의 공식적인 회의에 적합하다.

| 오답풀이 |

① 발표자가 중앙에 위치하여 참석자들을 향해 발표할 수 있다.

④ 의장이나 진행자가 중앙에 위치하여 참석자들과 상호작용하기 쉬운 구조이므로 적절한 설명이다.

19 공간지각력 투상도로 입체도형 추론하기

| 정답 | ②

| 해설 | ②의 평면도와 각 부분에 쌓여 있는 블록의 개수는 다음과 같다.

2	3	2
1	2	1

| 오답풀이 |

나머지 선택지의 평면도와 각 부분에 쌓여 있는 블록의 개수는 다음과 같다.

①

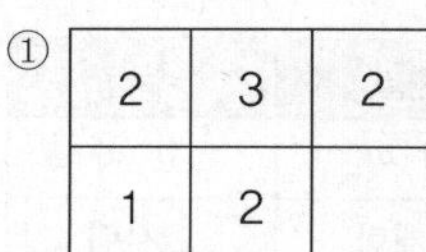

2	3	2
1	2	

③

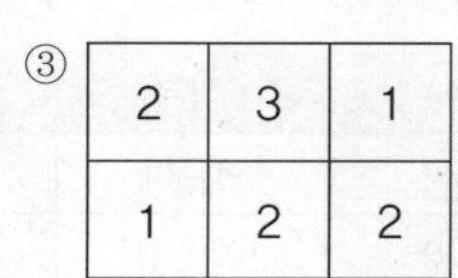

2	3	1
1	2	2

④

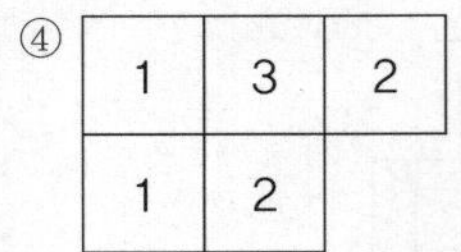

1	3	2
1	2	

20 수리력 방정식 활용하기

| 정답 | ③

| 해설 | 박 사원의 연봉을 x만 원이라고 할 때, 연봉의 6%인 성과금이 240만 원이었으므로 다음과 같은 식을 세울 수 있다.

$x \times 0.06 = 240$

$\therefore x = 4,000$(만 원)

따라서 본래 박 사원이 받았어야 하는 연봉의 20%인 성과금은 $4,000 \times 0.2 = 800$(만 원)이므로, 추가로 받아야 하는 금액은 $800 - 240 = 560$(만 원)이다.

21 수리력 방정식 활용하기

| 정답 | ②

| 해설 | 현재 최 대리의 나이를 x세라 하면, 현재 아내의 나이는 $x-2$세이다. 10년 후의 조건으로 식을 세우면 다음과 같다.

$(x+10)+(x-2+10)+14+12=100$

$2x+44=100$

$2x=56$

$\therefore x=28$(세)

따라서 현재 최 대리의 나이는 28살이다.

22 수리력 평균 계산하기

| 정답 | ③

| 해설 | 전체 학생 수를 전체 교사 수로 나누면 교사 1인당 평균 학생 수를 알 수 있다

$$\frac{(17\times 8)+(19\times 7)+(20\times 9)}{42}$$

$$=\frac{136+133+180}{42}$$

$= \frac{449}{42} ≒ 10.7$(명)

따라서 교사 1인당 평균 학생 수는 10.7명이다.

23 수리력 확률 계산하기

| 정답 | ③

| 해설 | 우선 전체 직원 중 한 명을 선택했을 때 30대 이상인 직원(여성 중 30대 이상, 남성 중 30대 이상인 경우의 합)을 선택할 확률은 다음과 같다.

$$\frac{60}{100}\times\frac{40}{100}+\frac{40}{100}\times\frac{65}{100}$$

30대 여성 직원 중 육아휴직을 사용한 여성 직원을 선택할 확률은 다음과 같다.

$$\frac{60}{100}\times\frac{40}{100}\times\frac{30}{100}$$

따라서 30대 이상 직원 중 육아휴직을 사용한 여성 직원을 선택할 확률은 다음과 같다.

$$\frac{\frac{60}{100}\times\frac{40}{100}\times\frac{30}{100}}{\frac{60}{100}\times\frac{40}{100}+\frac{40}{100}\times\frac{65}{100}}$$

$$=\frac{60\times4\times3}{60\times40+40\times65}$$

$$=\frac{60\times3}{10\times(60+65)}$$

$$=\frac{18}{125}$$

24 수리력 부등식 활용하기

| 정답 | ③

| 해설 | 올해 월급여는 전년 대비 10% 인상되었으므로 $300\times1.1=330$(만 원)이며, 이 중 20%를 저축한다고 했으므로 매달 $330\times0.2=66$(만 원)을 저축하게 된다. 저축한 횟수를 x번이라 하면 다음과 같은 부등식이 성립한다.

$660{,}000x \geq 10{,}000{,}000$

$x \geq 15.15\ldots$

따라서 처음으로 저축통장 잔고가 1,000만 원 이상이 되는 때는 16번째 저축을 끝낸 이후이다.

25 수리력 일의 양 활용하기

| 정답 | ④

| 해설 | A가 혼자 일을 한 기간은 6일이고 A와 B가 함께 일을 한 기간은 8일이다. B의 하루 작업량을 x라고 하면 A의 하루 작업량은 $1.5x$이므로 전체 일의 양을 1로 하여 다음과 같은 식을 세울 수 있다.

$6\times1.5x+8(x+1.5x)=1$

$9x+20x=1$

$29x=1$

$\therefore x=\frac{1}{29}$

따라서 B 혼자 프로젝트를 완료하는 데 걸리는 기간은 29일이다.

26 언어논리력 의사표현법 이해하기

| 정답 | ③

| 해설 | 완곡어를 사용하면 격식 있는 자리에서 품위를 지킬 수 있으며 금기어를 썼을 때의 불쾌감을 피할 수 있고 종교적 · 도덕적으로 꺼리는 표현을 간접적으로 나타낼 수 있다. 판에 박은 듯한 표현에 신선미를 더할 수 있는 것은 유행어를 썼을 때 나타나는 효과이다.

27 문제해결력 자료를 바탕으로 추론하기

| 정답 | ②

| 해설 | 제시된 자료에서 미세먼지와 초미세먼지의 등급 구간 표기를 통해 등급 구간이 서로 다르게 설정되어 있음을 알 수 있다. 지역별 공기질 측정값에서도 미세먼지 항목에서 측정값이 21인 인천의 미세먼지 농도범위가 '좋음'으로 표기되는 반면, 초미세먼지 항목에서 그보다 측정값이 낮은 18인 부산의 초미세먼지 농도범위가 '보통'으로 표기됨을 통해서도 이를 확인할 수 있다.

| 오답풀이 |

① 제시된 자료에서 미세먼지와 초미세먼지의 농도 등급을 좋음, 보통, 나쁨, 매우 나쁨의 4단계로 나눈다는 내용은 제시되어 있으나, 이를 나누기 위한 측정값의 산출 기준에 관한 내용은 제시되어 있지 않다.

③ 제시된 자료를 통해 미세먼지 농도 등급에 '나쁨' 등급이 있음은 알 수 있으나, 등급별 행동 요령에 대한 내용은 제시되어 있지 않다.

④ 미세먼지가 신체에 미치는 영향에 대한 내용은 제시되어 있지 않다.

28 언어논리력 자료의 내용 이해하기

| 정답 | ②

| 해설 | 프로그램 운영 담당자의 연락처는 안내 자료에 제시되어 있지 않다.

| 오답풀이 |

① '프로그램 진행 방법' 중 '교육시간'에 초, 중, 고등학교별로 교육시간이 다름을 알 수 있다.

③ '신청 시 유의사항'에 3가지 안내 사항이 제시되어 있다.

④ '프로그램 내용'에서 1 ~ 3단계의 프로그램 내용이 제시되어 있다.

29 수리력 자료의 수치 분석하기

| 정답 | ①

| 해설 | 지역규모별 초등학교 수는 대도시가 1,679개, 중소도시가 1,785개, 읍면지역이 2,182개, 도서벽지가 332개로 읍면지역에 초등학교가 가장 많다.

30 수리력 자료의 수치 분석하기

| 정답 | ③

| 해설 | 전국 사립학교의 전체 수는 641개로 700개 미만이다.

| 오답풀이 |

② 국공립중학교의 수는 2,563개로, 641개인 사립중학교의 약 4배이다.

31 수리력 자료의 수치 분석하기

| 정답 | ④

| 해설 | 도서벽지에 위치한 사립고등학교는 총 6개이다.

| 오답풀이 |

② 대도시에 있는 사립고등학교의 수는 430개로 전체 사립고등학교 수의 $\frac{430}{950} \times 100 \fallingdotseq 45(\%)$이다.

③ 전체 고등학교 수는 대도시 823개, 중소도비 835개이므로 그 차이는 835－823＝12(개)이다.

32 공간지각력 도형 회전하기

| 정답 | ③

| 해설 | ③은 제시된 그림을 시계 방향으로 90° 회전한 다음 상하 대칭한 모습이다. 즉, 90° 회전한 후 위 또는 아래쪽에서 거울을 비추어 위아래가 대칭된 것이다.

| 오답풀이 |

① 반시계 방향으로 90° 회전한 모습이다.

② 좌우로 대칭한 모습이다.

④ 시계 방향으로 90° 회전만 한 모습이다.

33 언어논리력 글을 읽고 추론하기

| 정답 | ②

| 해설 | 문화산업으로 시작된 한류 흐름은 세계 각국의 많은 사람들에게 한국에 대한 관심을 불러 일으켰으며, 이를 통해 같은 문화산업의 연장선상에 있는 관광산업의 부흥으로 이어진다는 추론이 가능하다.

| 오답풀이 |

① 한류로 인해 한국에 대한 외국인의 관심이 크게 늘었다고 해서, 이것이 인구의 급격한 증가로 이어진다고 볼 수 없다.

③ 한류는 우리나라의 대중문화 요소가 외국에서 유행하는 현상이므로 한류로 인해 우리나라 고유의 문화가 사라질 것이라는 추론은 적절하지 않다.

④ 지역 간의 교류가 활발해지면 다국적 기업에 대한 의존이 증가한다는 추론이 보다 적절하다.

34 문제해결력 사고 능력 이해하기

| 정답 | ①

| 해설 | 제시된 글은 비판적 사고에 대한 설명이다. 비판적 사고를 개발하기 위해서는 지적 호기심, 객관성, 개방성, 융통성, 지적 회의성, 지적 정직성, 체계성, 지속성, 결단성, 다른 관점에 대한 존중과 같은 합리적인 태도를 요구한다.

보충 플러스+

비판적 사고의 개발을 위한 자세

- 지적 호기심 : 다양한 질문이나 문제에 대한 호기심을 탐색하고, 그에 대한 질문을 제기
- 객관성 : 문제에 대한 결론에 도달하는 과정에서 감정적, 주관적 요소를 배제하고, 경험적 증거나 타당한 논증을 채택
- 개방성 : 다양한 신념들이 옳을 수 있음을 받아들이는 것
- 융통성 : 고정성, 독단적 태도, 경직성을 배격하는 것
- 지적 회의성 : 모든 신념에 대해 의심하는 것
- 지적 정직성 : 가지고 있는 신념과 대치되는 것이라도 충분한 증거가 있다면 진실로 받아들이는 자세
- 체계성 : 문제에 대한 결론에 이르기까지의 논리적 일관성을 유지하는 것
- 지속성 : 문제에 대한 결론을 얻을 때까지 탐색하는 인내심
- 결단성 : 필요한 정보를 얻을 때까지 불필요한 논증과 속단을 피하는 것
- 다른 관점에 대한 존중 : 내가 틀릴 수 있으며, 내가 거부한 아이디어도 옳을 수 있다는 것을 받아들이는 태도

35 공간지각력 조각 결합하기

| 정답 | ④

| 해설 | ④는 다음과 같이 B를 두 번 사용해야 한다.

④

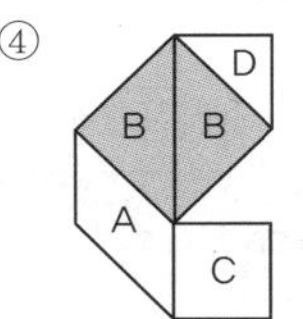

| 오답풀이 |

①

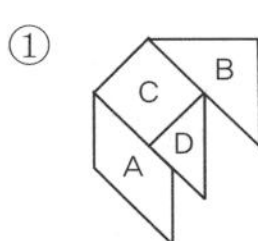

②

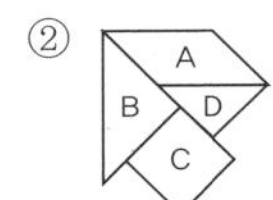

③

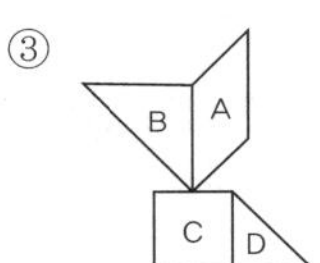

36 언어논리력 서술 방식 파악하기

| 정답 | ②

| 해설 | 둘 이상인 대상의 내용을 맞대어 서로 다름을 검토하는 '대조'가 가장 적절한 설명 방법이다.

| 오답풀이 |

① 비유 : 어떤 사물의 모양이나 상태 등을 보다 효과적으로 표현하기 위하여 그것과 비슷한 다른 사물에 빗대어 표현하는 수사법

③ 서사 : 행동이나 상태가 진행되는 움직임을 시간의 경과에 따라 표현하는 진술 방식으로 '무엇이 발생하였는가'에 관한 질문에 답하는 것

④ 분류 : 작은 것(부분, 종개념)들을 일정한 기준에 따라 큰 것(전체, 유개념)으로 묶는 방법

37 문제해결력 문제해결 사례 이해하기

| 정답 | ④

| 해설 | 제시된 글에는 제17회 ○○마늘축제의 성공개최라는 ○○군 관광정책 추진 실무회의의 목표(문제인식)가 제시되었다. 그리고 네 번째, 다섯 번째 문단에 ○○관광공사와 ○○군 관광협의회(해결주체)가 ○○마늘축제의 흥행을 위해 ○○사랑상품권과 시설지 무료입장 혜택을 제공하고 ○○군 시티투어 프로그램에 ○○마늘축제장을 코스로 지정하여 운영(해결방안)한다는 내용이 제시되었다. 그러나 제시된 글에 이러한 해결방안을 검토하거나 평가하는 등의 내용은 나타나 있지 않다.

38 공간지각력 도형의 단면 추론하기

| 정답 | ③

| 해설 | 입체도형의 형태에 유의하면서 자르는 방향에 따라 나타나는 단면의 모양을 생각해보면 다음과 같다.

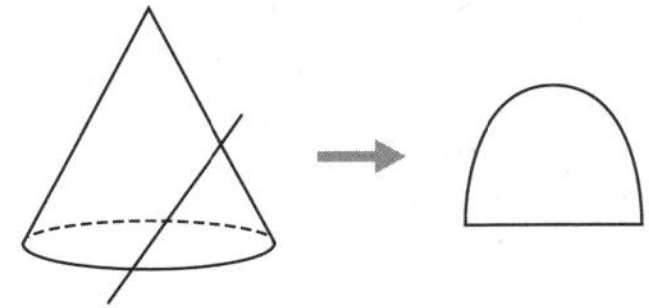

39 문제해결력 문제의 유형 파악하기

| 정답 | ②

| 해설 | 제시된 문제사항을 문제유형별로 구분하면 다음과 같다.

• 상반기 매출 부진으로 인한 투자 미흡 : 재정문제
• 업무에 방해가 되는 외부 소음 : 업무환경문제
• 업무 프로세스에 익숙하지 않은 직원들 : 인력문제
• 업무가 바쁜 시간대의 인력 불충분 : 인력문제
• 냉난방 시설이 꺼지는 고장 : 시설 · 장비문제

따라서 제시된 5가지 문제유형 중에서 문제사항에 포함되지 않는 유형은 '규정문제'이다.

40 수리력 자료의 수치 분석하기

| 정답 | ①

| 해설 | '의사 수$=\frac{\text{인구 1,000명당 의사 수}\times\text{총인구}}{1,000}$'이므로 20X3 ~ 20X4년 대도시의 의사 수를 구하면 다음과 같다.

구분	20X3년	20X4년
서울	$\frac{1,002\times3.3}{1,000}$ ≒3.3(만 명)	$\frac{1,000\times3.4}{1,000}$ =3.4(만 명)
부산	$\frac{353\times2.5}{1,000}$ ≒0.88(만 명)	$\frac{352\times2.6}{1,000}$ ≒0.92(만 명)
대구	$\frac{250\times2.7}{1,000}$ ≒0.68(만 명)	$\frac{250\times2.7}{1,000}$ ≒0.68(만 명)
인천	$\frac{284\times1.8}{1,000}$ ≒0.51(만 명)	$\frac{288\times1.7}{1,000}$ ≒0.49(만 명)
광주	$\frac{147\times2.8}{1,000}$ ≒0.41(만 명)	$\frac{147\times2.8}{1,000}$ ≒0.41(만 명)
대전	$\frac{152\times2.8}{1,000}$ ≒0.43(만 명)	$\frac{150\times2.8}{1,000}$ =0.42(만 명)
울산	$\frac{114\times1.9}{1,000}$ ≒0.22(만 명)	$\frac{110\times1.8}{1,000}$ ≒0.20(만 명)

전년 대비 20X4년의 의사 수가 증가한 도시는 서울과 부산이다. 의사 수 증가율이 서울은 $\frac{3.4-3.3}{3.3}\times100 ≒ 3.03$(%), 부산은 $\frac{0.92-0.88}{0.88}\times100 ≒ 4.55$(%)이므로, 의사 수 증가율이 가장 큰 도시는 부산이다.

| 오답풀이 |

② 인천의 인구 1,000명당 의사 수가 감소하였으므로 의사의 비율은 감소하였으나 인구수는 증가하였다.

③ 인천만 인구수가 증가하였는데, 인천의 인구 1,000명당 의사 수는 1.8명에서 1.7명으로 감소하였으므로 의사의 비율은 감소하였다.

④ 20X4년 인구 1,000명당 의사 수가 가장 적은 도시는 1.7명인 인천이지만, 의사 수가 가장 적은 도시는 약 0.20만 명인 울산이다.

41 수리력 자료를 바탕으로 수치 계산하기

| 정답 | ②

| 해설 | **40**을 참고하여 20X3 ~ 20X4년 서울의 의사 수를 구한다. 20X3년 의사 수는 $\frac{1,002\times3.3}{1,000}=3.3066$(만 명)이고 20X4년 의사 수는 3.4만 명이므로, 20X3년부터 1년간 34,000－33,066=934(명) 증가하였다.

42 문제해결력 자료를 바탕으로 추론하기

| 정답 | ①

| 해설 | 기준 1과 2에 따라 각 부서의 성과급을 구하면 다음과 같다.

(단위 : 만 원)

부서	기준 1	기준 2	합계
A	500	8×10×10=800	1,300
B	300	10×13×10=1,300	1,600
C	400	12×12×10=1,440	1,840
D	200	15×8×10=1,200	1,400

기준 3에 따라 A는 전년과 올해 모두 효율성 평가에서 '상'을 받았으므로 1,300×1.2=1,560(만 원), B와 C는 효율성 평가가 하락했으므로 각각 1,600×0.9=1,440(만 원),

1,840×0.9=1,656(만 원), D는 효율성 평가가 향상되었으므로 20%를 추가로 지급하여 1,400×1.2=1,680(만 원)을 받게 된다.

이를 토대로 1인당 성과급을 구하면 A는 195만 원, B는 144만 원, C는 138만 원, D는 112만 원이다.

따라서 1인당 가장 높은 성과급을 받는 부서는 A이다.

43 문제해결력 조건을 바탕으로 추론하기

| 정답 | ②

| 해설 | 각 문제의 배점이 5점이므로 25점 만점에 20점을 맞은 B가 한 문제만 틀린 것을 알 수 있다. 따라서 B가 1~5번 중 틀린 문제를 알면 전체 문제의 정답을 알게 되어 D의 점수를 알 수 있다.

구분	A	C	D
1번을 틀린 경우	1번, 2번, 4번 정답→15점	1번, 2번 정답 →10점	1번, 2번, 3번, 5번 정답 →20점
2번을 틀린 경우	4번 정답 →5점	0점	3번, 5번 정답 →10점
3번을 틀린 경우	2번, 3번, 4번 정답→15점	2번, 3번 정답 →10점	2번, 5번 정답 →10점
4번을 틀린 경우	2번 정답 →5점	2번, 4번 정답 →10점	2번, 3번, 4번, 5번 정답 →20점
5번을 틀린 경우	2번, 4번, 5번 정답→15점	2번, 5번 정답 →10점	2번 3번 정답 →10점

B가 1번 또는 3번 또는 5번을 틀린 경우가 성립할 수 있지만, 첫 번째 경우 D가 A보다 높은 점수를 얻게 되므로 적절하지 않다. 따라서 B가 3번이나 5번을 틀린 것을 알 수 있으며, 두 경우 모두 D의 점수는 10점이 된다.

44 언어논리력 글의 사례 파악하기

| 정답 | ④

| 해설 | 신호탐지이론은 신호의 탐지가 신호에 대한 관찰자의 민감도와 관찰자의 반응 기준에 달려 있다는 이론으로 신호 대 소음 비는 동일하지만 관찰자가 기대하는 것에 따라 신호에 대한 해석이 크게 다르다는 내용이다. 즉 관찰자의 민감도에 따라 동일한 소음도 상황에 따라 다르게 해석될 수 있음을 의미한다. 따라서 이 이론이 적용되지 않은 것은 ④이다.

45 문제해결력 자료 분석하기

| 정답 | ④

| 해설 | 청소년 관람불가 등급은 청소년은 관람할 수 없는 영화이므로 15세인 박 씨는 보호자를 동반하여도 B 영화를 관람할 수 없다. 해당 연령 미달일 경우 보호자 동반 시 관람할 수 있는 영화는 12세 이상 관람가, 15세 이상 관람가 영화이다.

파트2 기출예상문제

1회 기출예상문제

▶ 문제 46쪽

01	①	02	①	03	④	04	①	05	③
06	③	07	③	08	③	09	③	10	②
11	②	12	③	13	②	14	③	15	①
16	①	17	②	18	④	19	③	20	④
21	③	22	③	23	④	24	②	25	④
26	③	27	①	28	③	29	①	30	②
31	④	32	④	33	③	34	②	35	③
36	②	37	③	38	②	39	④	40	③
41	③	42	④	43	④	44	①	45	③

01 언어논리력 빈칸에 적절한 말 파악하기

| 정답 | ①

| 해설 | 빈칸에 들어갈 단어는 차례대로 '초래', '병행', '지속'이며 '치료나 종교 또는 그 밖의 이유로 일정 기간 동안 음식을 먹지 못하게 금해짐'을 뜻하는 '금식'은 들어가지 않는다.

| 오답풀이 |

② 지속 : 어떤 상태가 오래 계속됨. 또는 어떤 상태를 오래 계속함.

③ 병행 : 둘 이상의 일을 한꺼번에 행함.

④ 초래 : 어떤 결과를 가져오게 함.

02 문제해결력 명제 판단하기

| 정답 | ①

| 해설 | 각 명제를 'p : 껌을 좋아한다', 'q : 사탕을 좋아한다', 'r : 초콜릿을 좋아한다', 's : 감자칩을 좋아한다'라고 할 때 〈보기〉를 정리하면 다음과 같다.

• p → q　　• ~r → ~q　　• s → q

'~r → ~q'가 참이므로 이 명제의 대우인 'q → r'도 참이다. 따라서 삼단논법에 의해 's → q → r'이 성립하므로 '감자칩을 좋아하는 아이는 초콜릿도 좋아한다'가 참임을 알 수 있다.

| 오답풀이 |

②, ③ 주어진 명제로는 알 수 없다.

④ 삼단논법에 의해 'p → q → r'이 성립하므로 껌을 좋아하는 아이는 초콜릿도 좋아함을 알 수 있다.

03 공간지각력 도형 개수 세기

| 정답 | ④

| 해설 | • 사각형 1개로 만들 수 있는 사각형 : 5개

• 사각형 2개로 만들 수 있는 사각형 : 4개

• 사각형 3개로 만들 수 있는 사각형 : 2개

따라서 그림에서 만들 수 있는 사각형은 모두 11개이다.

04 언어논리력 글의 중심 내용 파악하기

| 정답 | ①

| 해설 | 제시된 글의 전체적인 내용을 살펴보면 문학 작품은 언어에 큰 영향을 미치는데, 이러한 문학 작품은 작가에 의해 산출되므로 언어에 대한 작가의 책임이 막중함을 강조하고 있음을 알 수 있다.

05 언어논리력 품사 파악하기

| 정답 | ③

| 해설 | 〈보기〉의 '온갖'은 '이런저런 여러 가지의'라는 뜻을 지닌 관형사이다. 관형사는 체언 앞에 위치하여 그 체언의 내용을 꾸며 주는 품사이다.

반면, ③의 '높다'는 '수치로 나타낼 수 있는 온도, 습도, 압력 따위가 기준치보다 위에 있다'는 의미의 형용사이다.

| 오답풀이 |

① '어느'는 '여럿 가운데 대상이 되는 것이 무엇인지 물을 때 쓰는 말'로 관형사이다.

② '새'는 '이미 있던 것이 아니라 처음 마련하거나 다시 생겨난'의 뜻을 지닌 관형사로, '기분'을 꾸며 주고 있다.

④ '이'는 '말하는 이에게 가까이 있거나 말하는 이가 생각하고 있는 대상을 가리킬 때 쓰는 말'의 뜻을 지니며 관형사로 쓰였다.

06 공간지각력 조각 찾기

| 정답 | ③

| 해설 |

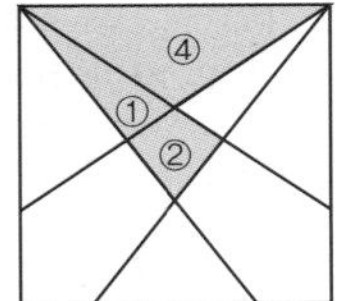

07 문제해결력 조건을 바탕으로 추론하기

| 정답 | ③

| 해설 | 일단 선이가 C 자격증을 가지고 있으므로 D와 E 자격증도 가지고 있음을 알 수 있다. 그런데 B 자격증을 취득한 사람은 E 자격증 시험에 응시할 수 없으므로 선이는 B 자격증이 없다는 것을 알 수 있다. A 자격증을 취득하려면 B 자격증이 있어야 하므로 선이는 A 자격증도 취득할 수 없다. 따라서 선이가 취득한 자격증은 C, D, E 세 개다.

08 언어논리력 세부 내용 이해하기

| 정답 | ③

| 해설 | 첫 번째 문단에서 관객은 영화가 현실의 복잡성을 똑같이 모방하기를 원하지 않고, 영화 역시 그러기 위해 애쓰지 않는다고 하였다. 즉, 사실적이라는 평가를 받는 영화란 영화적 관습에 의해 관객들이 영화 속 내용을 현실처럼 보는 데에 동의했기 때문이지 현실을 그대로 모방해서가 아님을 알 수 있다.

| 오답풀이 |

④ 고전적인 영화 관습을 파괴한 누벨바그 감독들은 단서나 예고 없이 영화의 시간적 순서를 뒤섞어 사건의 인과관계를 교란하기도 했다고 제시되어 있다. 즉, 영화에서 시간적 순서에 따라 내용이 재현되는 방식은 영화적 관습의 예로 적절하다.

09 언어논리력 올바른 맞춤법 사용하기

| 정답 | ③

| 해설 | '며칠', '훼손', '작성하든지'는 옳은 표기이다. 단어의 표기가 올바르지 않은 것은 다음과 같다.

- 웬지 → 왠지 : '왠지'는 '왜 그런지 모르게 또는 뚜렷한 이유도 없이'란 의미의 부사이다.
- 어떡게 → 어떻게 : '어떻게'는 '어떤 방법이나 방식으로'의 의미를 가진 부사이다.
- 말씀드리던지 → 말씀드리든지 : '-든지'는 나열된 동작이나 상태, 대상들 중에서 어느 것이든 선택될 수 있음을 나타낼 때 쓰인다.
- 바램 → 바람 : '바람'은 '어떤 일이 이루어지기를 기다리는 간절한 마음'의 의미를 가진 단어이다.

10 문제해결력 조건을 바탕으로 추론하기

| 정답 | ②

| 해설 | 첫 번째, 두 번째 조건에 따라 하경이와 진경이의 고향 또는 사는 곳을 파악할 수 있고, 세 번째 조건에서 미영이는 고향과 현재 사는 곳이 같다고 하였으므로 미영이의 고향은 고양이 된다. 또한 미란이는 다른 세 사람 중 고향이 청주인 사람에게 선물을 받았다고 하였으므로 미란이의 고향은 청주가 아니며 서울이 고향임을 알 수 있다. 이를 바탕으로 고향과 사는 곳을 정리하면 다음과 같다.

구분	서울	고양	청주	목포
고향	미란	미영	진경	하경
사는 곳	하경	미영	진경	미란

따라서 미영은 고양, 미란은 서울이 고향이다.

11 공간지각력 블록 개수 세기

| 정답 | ②

| 해설 | 2개의 면이 칠해지는 블록은 다음 색칠된 면으로 5개이다.

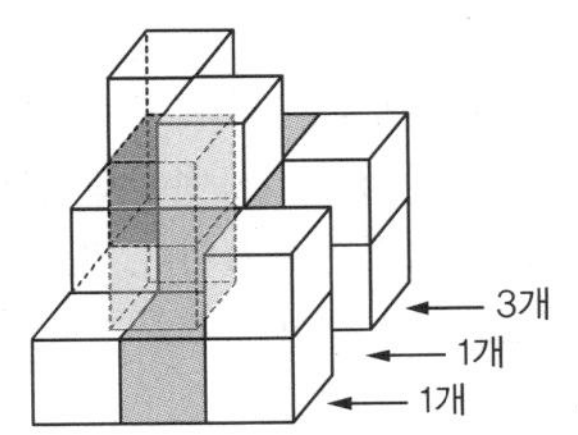

12 언어논리력 빈칸에 적절한 말 파악하기

| 정답 | ③

| 해설 | ㉠의 뒤에서 옷차림새나 말투 등으로 느낌이 형성될 수 있음을 이야기하고 있으므로, ㉠에는 겉모습의 중요성에 대해 언급한 ③이 가장 적절하다.

13 언어논리력 글의 의도 파악하기

| 정답 | ②

| 해설 | 네 번째 문단을 통해 글쓴이가 말하고자 하는 바는 상대가 병원에 입원했을 때 병원비를 내줄 수 있을 만큼 친하다면 반말을 쓰고, 그 정도가 아니라면 존댓말을 쓰자는 것이다. 따라서 상대에게 반말을 하면 무조건 병원비를 내줘야 한다는 것은 옳지 않다.

| 오답풀이 |

① 첫 번째 문단에서 한국어는 대화를 할 때마다 상대와 자신의 지위를 확인하게 만드는 언어임을 설명하고 있다.

③ 글쓴이는 상호 존중 문화를 위해 존댓말 사용을 제안하고 있으므로 존댓말로 인해 서로 존중받는다는 느낌을 줄 수 있다는 설명은 적절하다.

④ 콜센터 직원은 고객과 달리 존댓말만 사용해야 하므로 고객이 반말을 할 때 무력감을 느끼고 순종적인 자세가 될 수 있음을 알 수 있다.

14 언어논리력 맥락상의 의미 파악하기

| 정답 | ③

| 해설 | '새 시대'는 존댓말과 반말로 상대의 지위를 확인하는 한국어의 문제가 해결된 시대를 말한다. 이 언어의 문제가 해결되면 자신의 생각을 제대로 실어 나를 수 있게 되고(가), 세상을 바꿀 수도 있을 도전적인 아이디어들이 창출될 것이며(나), 상호 존중 문화를 만들 수 있게 된다(다).

| 오답풀이 |

(라) 제시된 글은 한국어의 문제를 해결하기 위해 가족이나 친구가 아닌 모든 성인에게 존댓말을 쓰며 상호 존중하는 문화를 만들자는 내용이다. 따라서 직장 동료를 가족처럼 친근하게 대하는 것은 글의 내용에 알맞지 않다.

15 문제해결력 명제 판단하기

| 정답 | ①

| 해설 | 각 명제를 'p : 떡볶이를 좋아한다', 'q : 화통하다', 'r : 닭강정을 좋아한다'라고 할 때 사실을 정리하면 다음과 같다.

• p → q • q → ~r • p → ~r

A. 'p → ~r'이 사실이므로 이 명제의 대우 명제인 'r → ~p'도 사실임을 알 수 있다.

B. '~r → q'는 'q → ~r' 명제의 역에 해당하므로 참 · 거짓을 알 수 없다.

따라서 A만 항상 옳다.

16 공간지각력 조각 결합하기

| 정답 | ①

| 해설 | ①은 동그라미 친 부분이 잘못되었다.

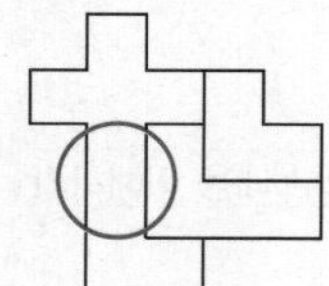

| 오답풀이 |

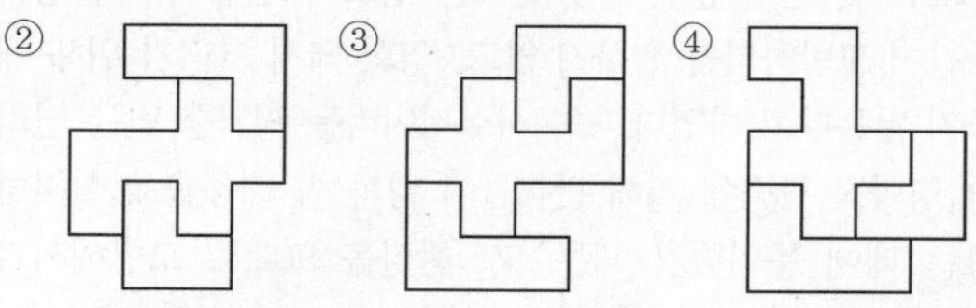

17 문제해결력 명제 판단하기

| 정답 | ②

| 해설 | 제시된 명제를 다음과 같이 정리한다.

• P : A 거래처에 발주 • Q : B 거래처에 발주

• R : C 거래처에 발주 • S : D 거래처에 발주

제시된 세 가지 조건을 순서대로 정리해 보면 'P → ~Q', '~R → S', 'S → Q'이다. ②는 '~Q → ~R'로 나타낼 수 있는데, 세 번째 명제의 대우와 두 번째 명제의 대우의 삼단논법에 따라 '~Q → R'이므로 거짓이다.

| 오답풀이 |

① 첫 번째 명제에 의해 'P → ~Q'가 성립하며, 세 번째 명제의 대우에 의해 '~Q → ~S'로 이어진다. 이는 두 번째 명제의 대우인 '~S → R'로 연계되므로 'P → R'이 성립함을 알 수 있다.

③ 두 번째 명제에 의해 '~R → S'가 성립하며, 세 번째 명제에 의해 'S → Q'로 이어진다. 이는 첫 번째 명제의 대우인 'Q → ~P'로 이어지므로 '~R → ~P'가 성립한다.

④ 세 번째 명제에 의해 'S → Q'가 성립하며, 첫 번째 명제의 대우에 의해 'Q → ~P'로 이어지므로 'S → ~P'는 참이다.

18 언어논리력 글을 읽고 추론하기

| 정답 | ④

| 해설 | 비서술 정보의 경우 자극의 횟수에 의해 기억 여부가 결정된다는 설명은 제시된 글을 통해 추론할 수 없다.

| 오답풀이 |

① 서술 정보는 말로 표현할 수 있는 정보를 말하며, 비서술 정보는 말로 표현할 수 없는 정보를 말한다.

② 많은 학자들은 서술 정보가 오랫동안 저장되는 곳으로 대뇌피질을 들고 있다.

③ 뇌가 받아들인 기억 정보는 그 유형에 따라 해마, 대뇌피질, 대뇌의 선조체나 소뇌 등 각각 다른 장소에 저장된다.

19 수리력 금액 계산하기

| 정답 | ③

| 해설 | 참석하는 인원에 여분으로 5인분을 더 준비했으므로, 20인분에 총 75,000원이 지출되었다. 물품별 지출은 다음과 같다.

- 물 : $600\times20=12,000$(원)
- 음료수 : $1,400\times20=28,000$(원)
- 과일 : 17,000원

총 지출액에서 물품별 지출금액을 빼면 과자값은 18,000원이다. 과자는 한 상자에 10개가 들어 있고 1명에게 2개씩 배분되는데, 20인분을 준비해야 하므로 과자는 총 4상자가 필요하다. 따라서 과자 한 상자의 가격은 $18,000\div4=4,500$(원)이다.

20 수리력 일의 양 활용하기

| 정답 | ④

| 해설 | 전체 프로젝트의 양이 1일 때, A의 1일 수행량은 $\frac{1}{10}$, B의 1일 수행량은 $\frac{1}{15}$이다.

따라서 A, B 둘이 함께 프로젝트 전체를 완료하는 데에는 $1\div\left(\frac{1}{10}+\frac{1}{15}\right)=1\div\frac{3+2}{30}=\frac{30}{5}=6$(일)이 걸린다.

21 수리력 비례식 활용하기

| 정답 | ③

| 해설 | 연구직 30명 중 40%는 여성이므로 연구직 남성 직원 수는 $30\times0.6=18$(명)이다. 이 18명이 전체 남성의 40%에 해당하므로, 생산직 남성 직원 수를 x명이라 하면 다음과 같은 비례식이 성립한다.

$40:60=18:x$

$40x=1,080$

$\therefore x=27$(명)

생산직 남성 직원 수가 27명이므로 생산직 여성 직원 수는 $50-27=23$(명)이다.

따라서 연구직 남성 직원 수와 생산직 여성 직원 수의 합은 $18+23=41$(명)이다.

22 공간지각력 도형 모양 비교하기

| 정답 | ③

| 해설 | ③은 제시된 도형을 180° 회전한 모양이다.

| 오답풀이 |

나머지 도형은 동그라미 친 부분이 다르다.

① 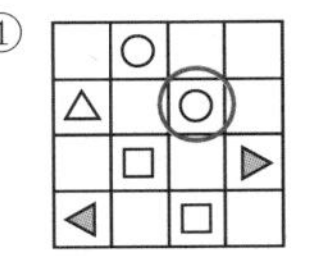

② 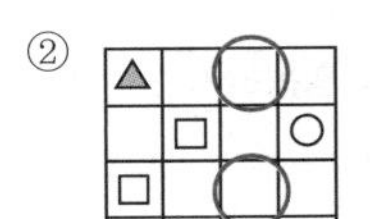

④ 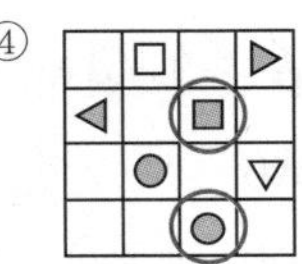

23 수리력 자료의 수치 분석하기

| 정답 | ④

| 해설 | 대구의 밤 평균 소음측정치는

$\frac{62+63+64+64+63+62+63}{7}=63(\text{dB})$,

대전의 낮 평균 소음측정치는

$\frac{62+62+63+62+62+61+61}{7}\fallingdotseq 61.86(\text{dB})$이므로 대구의 밤 평균 소음측정치는 대전의 낮 평균 소음측정치보다 높다.

| 오답풀이 |

① 조사기간 동안 밤 시간대의 소음측정치가 가장 높은 도시는 서울이다.

② 대전은 조사기간 동안 낮 시간대의 소음환경기준인 65dB을 지키고 있다.

③ 부산의 낮 평균 소음측정치는 $\frac{(68\times 3)+(67\times 4)}{7}\fallingdotseq$ 67.43(dB)이다.

24 수리력 거리 · 속력 · 시간 활용하기

| 정답 | ②

| 해설 | '거리=속력×시간'이므로, 철수가 시속 6km로 30분, 즉 0.5시간 동안 달렸을 때 이동한 거리는 6×0.5=3(km)이다.

25 수리력 방정식 활용하기

| 정답 | ④

| 해설 | 가로의 길이를 $(x-2)$m, 세로의 길이를 xm라고 한다면 총 둘레가 32m이므로 다음과 같은 식이 성립한다.

$2(x-2)+2x=32$

$\therefore x=9(\text{m})$

따라서 세로는 9m이다.

26 수리력 부등식 활용하기

| 정답 | ③

| 해설 | 네 과목의 평균이 89.5점이라고 하였으므로 네 과목의 총점수는 89.5×4=358(점)이다. 다섯 과목의 평균 점수가 90점 이상이 되기 위해서는 총점수가 90×5=450(점) 이상이어야 하므로 영어 점수를 x점이라 하면 다음과 같은 식이 성립한다.

$358+x\geq 450$

$\therefore x\geq 92$(점)

따라서 받아야 할 최소의 영어 점수는 92점이다.

27 문제해결력 진위 추론하기

| 정답 | ①

| 해설 | 정이 학생일 경우와 회사원일 경우로 나누어 생각하면 다음과 같다.

• 정이 회사원이고 거짓말을 하는 경우 : 정의 발언을 통해 병은 학생이 된다. 병의 발언은 사실이므로 갑은 학생이다. 갑의 발언은 사실이므로 정도 학생이 되어 가정에 모순된다.

구분	갑	을	병	정
회사원				○
학생	○		○	○

• 정이 학생이고 사실을 말하는 경우 : 정의 발언을 통해 병은 회사원이 된다. 병의 발언은 거짓이므로 갑도 회사원이 된다. 갑의 발언은 갑 자신이 회사원이므로 거짓이 되고, 가정에 모순되지 않는다. 남은 을은 학생이고 사실을 말하고 있으므로 을의 발언에도 모순은 없다.

구분	갑	을	병	정
회사원	○		○	
학생		○		○

따라서 학생은 을, 정이다.

28 언어논리력 글의 흐름에 맞게 문장 배열하기

| 정답 | ③

| 해설 | 먼저 제정 러시아 표트르 1세의 네바 강 하구 탈환이라는 중심 소재를 제시하는 (라)가 온다. 이어 그 장소에 도시를 건설했다는 설명을 하고 있는 (나)와 그 도시에 대해 부연해 설명하는 (가)가 이어진다. 그다음 (마)에서 '이렇게 시작된 이 도시'로 앞의 내용을 이어가고 마지막으로

(다)에서 상트페테르부르크의 현재에 대해 설명한다. 따라서 (라)－(나)－(가)－(마)－(다) 순이 적절하다.

29 공간지각력 접은 모양 추론하기

| 정답 | ①

| 해설 | 종이를 순서대로 안으로 접어 보면 다음과 같다.

- 1에서 접었을 때

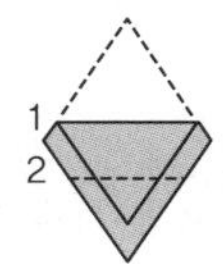

- 2에서 접었을 때

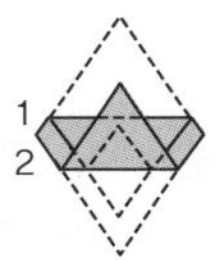

- 좌우대칭이 되는 선으로 접었을 때

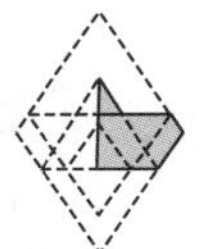

30 수리력 자료의 수치 분석하기

| 정답 | ②

| 해설 | 연령대별 저축자의 비율은 다음과 같다.

- 20대의 저축자 비율 : $\frac{178}{250}\times100=71.2(\%)$
- 30대의 저축자 비율 : $\frac{175}{200}\times100=87.5(\%)$
- 40대의 저축자 비율 : $\frac{201}{300}\times100=67(\%)$
- 50대의 저축자 비율 : $\frac{136}{200}\times100=68(\%)$
- 60대의 저축자 비율 : $\frac{21}{50}\times100=42(\%)$

따라서 저축자의 비율이 가장 높은 연령대는 30대이다.

31 수리력 자료의 수치 분석하기

| 정답 | ④

| 해설 | 40대의 저축자 비율인 67%보다 50대의 저축자 비율인 68%가 더 높다. 따라서 연령대가 높아질수록 저축자의 비율이 계속 낮아지는 것은 아니다.

| 오답풀이 |

① 60대의 비저축자 비율은 58%로 50% 이상이 저축을 하지 않는다.

② 전체 조사자 중 저축자의 수는 178＋175＋201＋136＋21＝711(명)으로 700명 이상이다.

③ 저축을 하지 않는 50대는 64명으로 저축을 하지 않는 30대 25명의 2배 이상이다.

32 문제해결력 조건을 바탕으로 추론하기

| 정답 | ④

| 해설 | 화요일에는 신입사원이 교육받아야 하므로 A 혹은 C가 교육을 받게 된다.

A가 화요일에 교육받을 경우, 3년 차 이상인 B와 D는 연속해서 교육받을 수 없으므로 수요일과 금요일에 교육을 받아야 한다. 그런데 목요일에 교육을 받아야 하는 C가 여성이므로 어떤 경우에도 여성 두 명이 연속되는 것을 피할 수 없다. 따라서 화요일에 교육받는 것은 A가 아니다.

C가 화요일에 교육받을 경우 같은 3년 차 이상인 B와 D는 수요일과 금요일에 교육을 받아야 한다. C가 여성이므로 수요일에는 남성인 D가 금요일에는 여성인 B가 교육을 받는다. 남은 목요일에는 A가 교육을 받게 되어 C(화)－D(수)－A(목)－B(금)의 순서가 된다.

33 언어논리력 조건에 알맞은 문구 작성하기

| 정답 | ③

| 해설 | 해당 교훈은 지적인 성장에만 초점을 맞추고 도덕성에 관한 메시지를 포함하지 않고 있다. 또한, 학생 개개인의 잠재력을 존중하는 메시지가 부족하다. 따라서 교훈 작성 원칙에 가장 적절하지 않다.

| 오답풀이 |

① 지적인 성장과 도덕성을 강조하고 있으며, 미래를 향한 긍정적인 비전 제시와 더불어 학생의 잠재력에 관한 메시지도 포함하고 있다.

② 지적인 성장과 도덕성을 강조하고 있다. 또한, '현실로 만들어가는 힘'으로 잠재력을 존중하고 있고 미래에 대한 긍정적인 메시지도 포함하고 있다.

④ '미래', '지혜', '도덕', '발현'을 통해 교훈 작성의 원칙을 모두 충족하고 있다.

34 언어논리력 세부 내용 이해하기

| 정답 | ②

| 해설 | 두 번째 문단에서 '혁명적인 정보통신 발전 → 낮은 가격으로 일반화 → 서비스 일자리 증가'를 위한 규제완화와 경쟁촉진의 필요성에 대해 언급하고 있다.

| 오답풀이 |

① 첫 번째 문단에 따르면 대부분의 선진국에서는 저숙련 서비스 일자리가 이미 1990년대부터 증가하였지만, 이후 증가에 대해서는 알 수 없다.

③ 세 번째 문단에 따르면 임금 상승은 최저임금 상승을 수반하였지만 최저임금이 임금 상승의 주요인이라고 볼 수 없다.

④ 마지막 문단에 따라 청년실업률 상승은 대졸의 실업률 상승에 기인하며 구체적으로 전문 · 준 전문직 일자리 감소에서 기인함을 알 수 있다.

35 공간지각력 도형의 규칙 찾기

| 정답 | ③

| 해설 | 별 안쪽에 색칠된 삼각형은 반시계 방향으로 두 칸씩 이동하고,

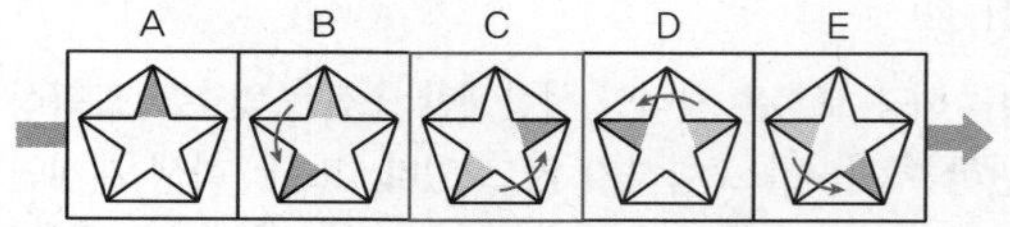

별 바깥쪽에 색칠된 삼각형은 시계 방향으로 한 칸씩 이동한다.

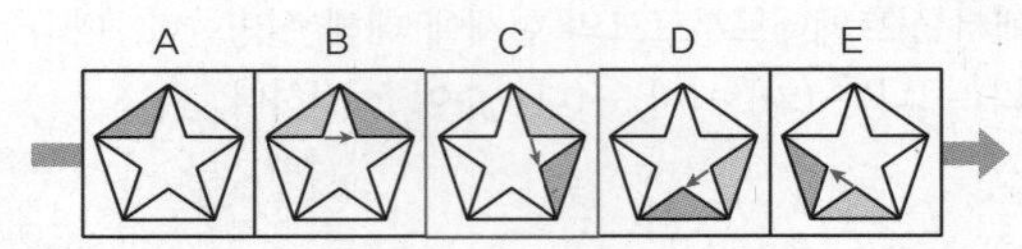

이를 종합하면 '?'에 들어갈 도형은 ③이 된다. → 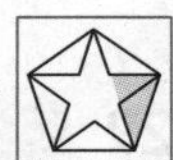

36 언어논리력 의사표현법 이해하기

| 정답 | ②

| 해설 | 거절의 의사결정은 빠를수록 좋다. 오래 지체될수록 상대방은 긍정의 대답을 기대하게 되고 의사결정자는 거절을 하기 더욱 어려워진다.

37 문제해결력 자료를 바탕으로 추론하기

| 정답 | ③

| 해설 | 먼저, 박 팀장의 요구를 고려할 때, 모든 후보지가 회사에서 300km 내에 위치하며, 정 차장의 요구에 따라 선호도가 낮은 '가'는 제외된다. 다음으로 백 과장의 요구에 따를 때, 워크숍을 60명만 사용하므로 최소 수용인원이 70명인 '라'도 제외된다. 또한, 윤 대리의 요구에 따라 경영상태가 B 등급인 '나'도 제외된다. 마지막으로 나머지 '다'가 서 주임의 요구에도 적합하므로 송 사원이 정할 워크숍 장소는 '다'이다.

38 문제해결력 문제 원인 파악하기

| 정답 | ②

| 해설 | L은 자신과의 식사가 즐겁게 느껴지기를 바랐던 O의 마음을 헤아리지 못하고 약속 장소와 식사 메뉴 선정에 대해 계속해서 부정적인 태도를 보이는 등 상대방의 의도를 파악하지 못하는 모습을 보이고 있다.

39 공간지각력 펼친 모양 찾기

| 정답 | ④

| 해설 | 접었던 선을 축으로 하여 역순으로 펼치면 다음과 같다.

40 문제해결력 조건을 바탕으로 추론하기

| 정답 | ③

| 해설 | 먼저 첫 번째 조건에 따라 학교혁신과 직원은 3등이다. 다음으로 세 번째 조건에 따라 초등교육과 직원은 1등 혹은 2등인데, 네 번째 조건에 따라 초등교육과 직원은 2등이고, 노사협력과 직원은 1등이다. 마지막으로 두 번째 조건에 따라 안전총괄과 직원은 4등, 진로교육과 직원은 5등이다.

따라서 순위는 노사협력과－초등교육과－학교혁신과－안전총괄과－진로교육과 순이고 안전총괄과는 4등이다.

41 수리력 자료의 수치 분석하기

| 정답 | ③

| 해설 | 2023년 자동차 생산량은 4,114천 대, 자동차 수출량은 2,530천 대이다. 따라서 2023년 자동차 생산량은 수출량의 $\frac{4,114}{2,530} \fallingdotseq 1.63$(배)로, 1.7배 미만이다.

| 오답풀이 |

② 매년 자동차 생산량은 4,000천 대보다 크므로 400만 대를 상회한다.

④ 자동차 수출량은 2018년부터 3,170→3,089→3,063→2,974→2,621→2,530천 대로 지속적으로 감소하고 있다.

42 수리력 자료의 수치 분석하기

| 정답 | ④

| 해설 | 이메일을 선택한 20대가 아이핀, 공인인증서를 모두 선택했다면 이 외에 아이핀을 선택할 수 있는 20대의 비율은 36.0－24.1＝11.9(%)이다. 따라서 신용카드를 선택한 20대 모두(16.9%)가 아이핀을 동시에 선택할 수는 없다.

| 오답풀이 |

① 30대와 40대의 선호도 순위는 1위 공인인증서, 2위 휴대폰 문자인증, 3위 아이핀이다.

② 전체 응답자 퍼센트를 더하면 252.9%이다. 따라서 전체 응답자 중 선호 인증수단 세 개를 선택한 응답자 수는 최소 52.9%이다.

③ 20대와 50대의 선호도 차이가 가장 큰 인증수단은 공인인증서이다.

(단위 : p, p%)

구분	연령대		선호도 차이
	20대	50대	
휴대폰 문자인증	73.7	71.9	73.7－71.9＝1.8
공인인증서	67.4	79.4	79.4－67.4＝12
아이핀(I-PIN)	36.0	25.7	36.0－25.7＝10.3
이메일	24.1	21.1	24.1－21.1＝3
전화인증	25.6	21.2	25.6－21.2＝4.4
신용카드	16.9	26.0	26.0－16.9＝9.1
바이오 인증	9.4	9.4	0

43 문제해결력 조건을 바탕으로 추론하기

| 정답 | ④

| 해설 | 각 조건에 따라 비타민, 철분제, 오메가3 개발에 적절한 성분을 찾으면 다음과 같다.

- 비타민 : 임산부 복용이 가능한 A, D 중 효과가 상인 D가 적절한 성분이다.
- 철분제 : 3,000원으로 더 저렴한 E가 적절한 성분이다.
- 오메가3 : 효과가 중인 H가 적절한 성분이다.

따라서 비타민－D, 철분제－E, 오메가3－H가 올바른 연결이다.

44 언어논리력 이어질 내용 유추하기

| 정답 | ①

| 해설 | 첫 번째 문단을 보면 나라를 위해 헌신한 이들에게 적절한 보상과 지원제도를 마련하기 위해서는 적지 않은 국가 재정이 소요되므로 한정된 재정을 활용하여 그 효과를 극대화하기 위한 고민을 해야 한다고 나와 있다. 두 번째 문단을 보면 지원을 위한 재정이 국민들의 세금에 의해 마련되므로 결코 허투루 사용되어서는 안 된다는 내용이 나온다. 따라서 국민들이 세금을 납부하는 것이 의무사항이기는 하지만 나라는 이러한 예산을 신중하게 사용해야 한다는 내용이 이어져야 자연스럽다.

45 문제해결력 명제 추론하기

| 정답 | ③

| 해설 | 주어진 명제를 정리하면 다음과 같다.

[전제 1] ~ 건강→~ 슬로우 푸드

[전제 3] 표정이 어두움→~ 건강

[결론] 표정이 어두움→열심히 운동함

[전제 1]과 [전제 3]을 연결하면 '표정이 어두움→~ 건강→~ 슬로우 푸드'가 성립한다. [결론]이 성립하기 위해서는 [전제 2]에서 '~ 슬로우 푸드→열심히 운동함'이 성립해야 한다. 따라서 대우 명제인 ③이 가장 적절하다.

2회 기출예상문제

▶ 문제 70쪽

01	④	02	④	03	②	04	③	05	④
06	①	07	③	08	③	09	②	10	④
11	①	12	②	13	①	14	④	15	④
16	④	17	③	18	②	19	②	20	③
21	④	22	④	23	①	24	③	25	④
26	①	27	③	28	③	29	④	30	②
31	④	32	①	33	③	34	③	35	①
36	③	37	③	38	①	39	④	40	④
41	③	42	④	43	④	44	②	45	①

01 언어논리력 유의어 파악하기

| 정답 | ④

| 해설 | 밑줄 친 '보다'는 '앞날을 헤아려 내다보다. 넓고 먼 곳을 멀리 바라보다'의 의미로 사용되었으므로 '전망하다'와 문맥적으로 가장 유사하다.

| 오답풀이 |

① 관찰하다 : 사물이나 현상을 주의하여 자세히 살펴보다.

② 소망하다 : 어떤 일을 바라다.

③ 간주하다 : 상태, 모양, 성질 따위가 그와 같다고 보거나 그렇다고 여기다.

02 공간지각력 도형 회전하기

| 정답 | ④

| 해설 | 시계 방향으로 90° 회전한 모양은 다음과 같다.

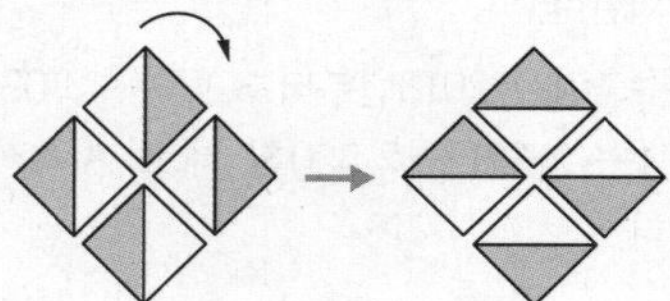

03 문제해결력 명제 판단하기

| 정답 | ②

| 해설 | 'p : 에어로빅 강좌를 신청한다', 'q : 요리 강좌를 신청한다', 's : 영화감상 강좌를 신청한다', 'r : 우쿨렐레 강좌를 신청한다'라고 할 때 〈조건〉을 정리하면 다음과 같다.

• $\sim p \rightarrow \sim q$ • $\sim s \rightarrow \sim p$ • 일부 $r \rightarrow q$

'$\sim p \rightarrow \sim q$'가 참이라면 이 명제의 대우인 '$q \rightarrow p$'도 참이 된다. 또한 '$\sim s \rightarrow \sim p$'가 참이라면 이 명제의 대우인 '$p \rightarrow s$'도 참이 된다. 따라서 '일부 $r \rightarrow q$', '$q \rightarrow p$', '$p \rightarrow s$'의 삼단논법을 통해 '일부 $r \rightarrow s$'도 참이 됨을 알 수 있다.

| 오답풀이 |

① 첫 번째 명제의 이에 해당하므로 반드시 참이라고 볼 수 없다.

③, ④ 제시된 명제로는 알 수 없다.

04 언어논리력 속담 파악하기

| 정답 | ③

| 해설 | '공짜라면 양잿물도 마신다'는 돈을 안 들이고 공으로 생기는 것이면 무엇이든 다 좋아함을 이르는 속담이다. 이에 따라 C의 반응은 황희 정승이 공짜라면 모두 좋아하다가 이로 인해 곯은 계란을 얻게 되었다는 의미가 된다. 그러나 제시된 글의 내용은 기회를 만나도 뜻대로 일이 풀리지 않았다는 일화이므로 옳지 않은 반응이다.

| 오답풀이 |

① '가는 날이 장날'은 어떤 사람이 친구에게 볼 일이 있어 큰맘을 먹고 찾아갔는데, 마침 그날 마을에 장이 서서 그곳에 친구가 가는 바람에 만나지 못하고 돌아왔다는 데서 유래한 속담으로, 어떤 일이 잘 풀리지 않을 때 쓴다. 따라서 제시된 글에서 운이 없었던 황희 정승의 일화를 바르게 이해하였다.

② '뒤로 넘어져도 코가 깨진다'는 일이 안 되려면 좋지 않은 일만 연거푸 생긴다는 의미의 속담이다. 제시된 글에서 일이 잘 풀리지 않은 황희 정승의 일화를 바르게 이해한 반응이다.

④ '언중유골'은 알 속에 뼈(뜻)가 들어 있다는 뜻에서 알 수 있듯 '뼈 골(骨)'을 쓴다. 그러나 계란유골의 '골'은 계란이 썩었음을 한문으로 표현하는 과정에서 '뼈 골'을 차용한 것이다. 따라서 두 한자성어의 '골'의 의미는 사실상 다르다.

05 언어논리력 문장 성분의 호응 이해하기

| 정답 | ④

| 해설 | 문장 성분의 호응에 어색함이 없는 문장이다.

| 오답풀이 |

① ~신제품의 기능과 판매를 할 → ~신제품의 기능을 홍보하고 제품을 판매할 : '판매하다'는 상품 따위를 팔 때 쓰는 단어이므로 '기능'에 호응하는 '홍보하다'와 같은 서술어가 필요하다.

② ~보이는 것이 → ~볼 수 있는 것이 : 문장 전체의 주어는 '깊은 슬픔에 빠진 사람'이므로 '보이다'라는 피동표현이 아닌 주동 표현 '보다'를 써야 한다.

③ ~공모했으나 → ~응모했으나 : '공모'는 일반인을 공개 모집한다는 의미이다. 주어 '내 친구'에 호응하기 위해서는 모집에 지원한다는 의미인 '응모'로 바꾸어야 한다.

06 언어논리력 의사표현법 이해하기

| 정답 | ①

| 해설 | ㄱ. 상대방의 잘못을 지적할 때는 칭찬-질책-격려의 순으로 샌드위치 화법을 사용하는 것이 좋다. 제시된 사례는 이에 적절하다.

ㄹ. 충고는 정말 필요한 경우에만 하는 것이 좋으며 예화와 같은 비유법으로 깨우치게 하면 보다 효과적이다. 제시된 사례에서는 비유법을 활용하여 상대에게 적절한 충고를 하고 있다.

ㅁ. 설득할 때는 일방적으로 강요하지 않고 먼저 양보하는 태도를 보여 이익을 공유하겠다는 의지를 보여야 효과적이다. 제시된 사례에서는 대안을 제시하며 서로의 이익을 고려하는 태도를 보이고 있어 적절하다.

| 오답풀이 |

ㄴ. 상대방에게 무언가를 요구할 때는 먼저 상대의 사정을 파악하여 상대를 우선시하는 태도를 보인 후 요구에 응하기 쉽게 구체적으로 부탁해야 한다. 제시된 예시에는 상대의 사정을 고려하는 태도가 나타나지 않는다.

ㄷ. 거절할 때는 먼저 사과를 한 후 응할 수 없는 이유를 설명하며 단호하게 거절해야 한다. 제시된 예시에는 거절의 이유가 나타나지 않는다.

07 공간지각력 도형 개수 세기

| 정답 | ③

| 해설 | 삼각형 1개로 만들 수 있는 삼각형은 10개이고, 삼각형 4개로 만들 수 있는 삼각형은 2개이다. 따라서 그림에서 찾을 수 있는 크고 작은 삼각형은 모두 12개이다.

08 문제해결력 조건을 바탕으로 추론하기

| 정답 | ③

| 해설 | 물결무늬 넥타이를 한 면접관이 맨 오른쪽에 앉아 있고, 마 면접관은 물방울무늬 넥타이를 하고 있으므로 마 면접관은 맨 오른쪽에 앉지 못한다. 구 면접관은 고 면접관 옆에 앉는데 좌, 우는 알 수 없으나 연이어 있다는 것은 알 수 있다. 따라서 마－구－고 또는 마－고－구 순으로 앉으므로 마 면접관이 맨 왼쪽에 앉아 있다는 것은 항상 참이다.

09 언어논리력 빈칸에 적절한 말 파악하기

| 정답 | ②

| 해설 | 제시된 글의 내용은 사회라는 실체가 인간과 떨어져 존재하는 것처럼 생각되는 경우가 있지만, 인간 이외에 사회의 실체를 구성할 수 있는 것은 없다는 점을 잊어서는 안 된다는 것이다. 빈칸은 역접을 의미하는 '하지만'의 다음으로 이어지는 문장이므로 앞 문단의 내용과 상반되는 어구가 들어가야 한다. 따라서 앞 문장의 '인간 개개인에 대해 생각하고 있지 않다'와 상반되는 내용인 ②가 들어가는 것이 적절하다.

| 오답풀이 |

① 빈칸 뒤에서 사회가 실체로 존재한다고 했을 때, 사회의 실체라고 믿어지는 조직이나 제도 등도 인간이 만든 것이라고 하였으므로, 사회가 인간의 생활에 영향을 끼치고 있다는 내용은 글의 주장과 반대된다.

④ 제시된 글은 사회의 변화 속도에 대해서는 언급하고 있지 않다.

10 문제해결력 진위 추론하기

| 정답 | ④

| 해설 | A～E의 진술을 살펴보면 A와 B가 상반된 진술을 하고 있으므로 A와 B 중 거짓을 말하는 사람이 반드시 있게 된다. A와 B의 각 진술을 참과 거짓으로 구분하면 다음과 같은 두 가지 결론을 얻을 수 있다.

• A가 거짓인 경우 : 1～5층 → C, D, B, E, A
• B가 거짓인 경우 : 1～5층 → B, D, C, E, A

따라서 누구의 진술이 거짓이냐에 관계없이 D는 항상 2층에서 내린다.

11 언어논리력 글을 읽고 추론하기

| 정답 | ①

| 해설 | 마지막 문단에서 "개인적 책임이나 약속이 있을 경우 위험을 감수하게 된다는 것을 보여준다."라고 하였으므로 개개인의 책임과 약속이 주어졌을 때 개인이 조직이나 회사에서 큰 힘을 발휘함을 알 수 있다. 따라서 사원들이 각자 주인의식을 갖도록 해야 한다는 내용이 결론으로 적절하다.

12 언어논리력 세부 내용 이해하기

| 정답 | ②

| 해설 | 두 번째 문단을 보면 로버트 치알디니 박사의 실험에서는 부탁을 받은 경우에 사람들이 더 적극적으로 도둑을 막으려 했음을 알 수 있다. 부탁을 받지 않은 경우에는 소수만이 도둑을 막으려 했다.

13 공간지각력 투상도로 입체도형 추론하기

| 정답 | ①

| 해설 | 정면도 → 평면도 → 우측면도 순으로 확인할 때 블록 개수와 위치가 모두 일치하는 입체도형은 ①이다.

| 오답풀이 |

② 평면도가 일치하지 않는다.

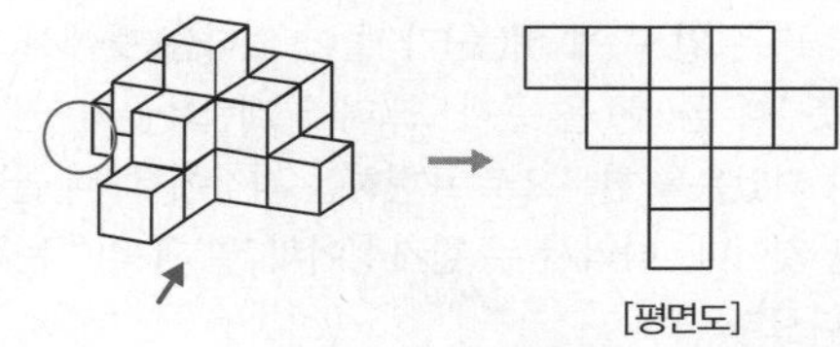
[평면도]

③ 정면도가 일치하지 않는다.

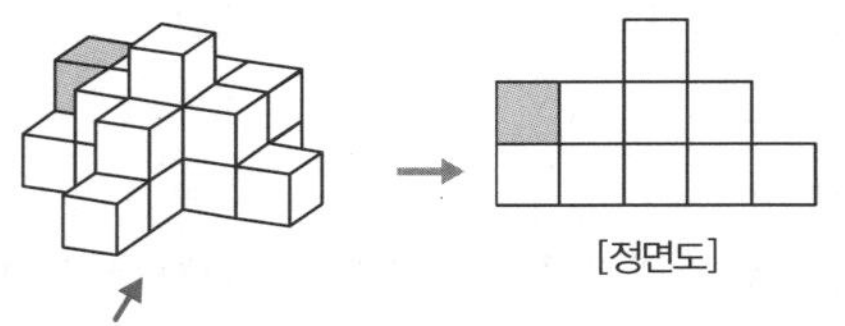

④ 우측면도가 일치하지 않는다.

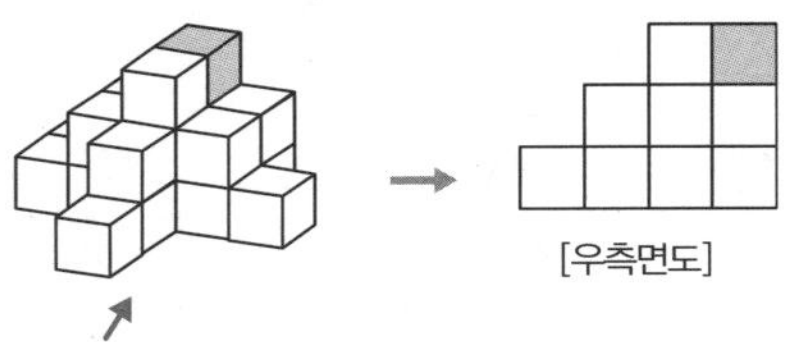

14 언어논리력 단어 형성 방법 파악하기

| 정답 | ④

| 해설 | '생지옥'은 '지독한, 혹독한'의 뜻을 지닌 접두사 '생–'과 '지옥'이 결합한 파생어이다. 파생어는 실질 형태소(어근)에 접사가 결합하여 한 단어가 된 말이다. 반면, ④는 '손'과 '수건'이 합쳐진 합성어이다. 합성어는 접사 없이 어근과 어근이 결합하여 한 단어가 된 말이다.

| 오답풀이 |

① '겉을 덮어 싼 것이나 딸린 것을 다 제거한'의 뜻을 지닌 접두사 '알–'과 어근인 '몸'이 결합한 파생어이다.

② '서구식의, 외국에서 들어온'의 뜻을 지닌 접두사 '양–'에 어근인 '송이'가 결합한 파생어이다.

③ 어근인 '마음'에 '태도, 모양'의 뜻을 지닌 접미사 '–씨'가 결합한 파생어이다.

15 문제해결력 명제 판단하기

| 정답 | ④

| 해설 | 'A : 상여금 선택', 'B : 진급 선택', 'C : 유급 휴가 선택', 'D : 연봉 인상 선택'이라고 할 때 제시된 세 번째 조건은 'B → ~A'가 되고 네 번째 조건은 '~C → A', 마지막 조건은 'C → ~D'가 된다.

세 번째 조건 'B → ~A'와 네 번째 조건의 대우 '~A → C'를 통해 'B → C'를 추론할 수 있고, 이를 마지막 조건 'C → ~D'에 대입하면 'B → ~D'임을 알 수 있다. 따라서 'B → ~D'의 대우인 'D → ~B'도 참이므로 ④는 적절한 내용이다.

| 오답풀이 |

①, ③ 제시된 명제로는 알 수 없다.

② 삼단논법에 의해 'B → ~D'가 참임을 알 수 있다. 따라서 진급을 선택한 사람은 연봉 인상을 선택하지 않는다.

16 공간지각력 제시된 블록 합치기

| 정답 | ④

| 해설 | 먼저 두 블록의 개수를 합하고, 이것과 비교하여 선택지의 블록 개수 중 그 수가 다른 것을 찾으면 좀 더 빨리 풀 수 있다. 이 방법으로 찾지 못할 경우에는 각 선택지에서 주어진 블록이 알맞게 들어간 형태를 찾아 소거하면 된다. ④는 동그라미 친 부분이 제거되어야 한다.

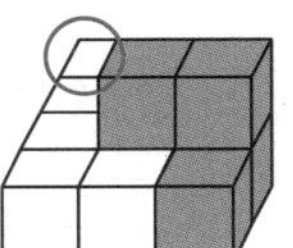

| 오답풀이 |

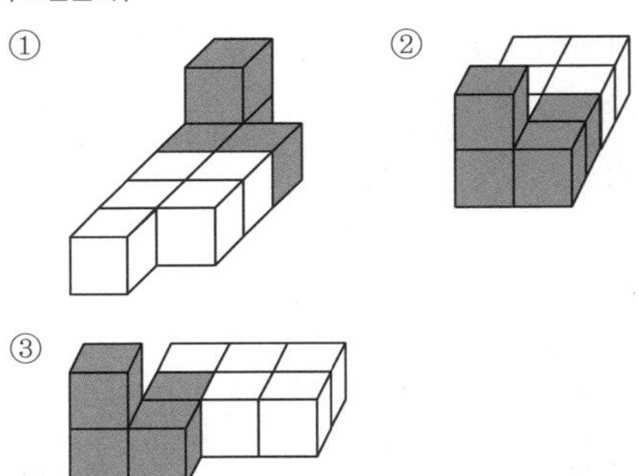

③

17 수리력 통계값 계산하기

| 정답 | ③

| 해설 | C 반 점수를 크기 순서대로 배열하면 4, 6, 6, 7, 10, 11, 15, 15, 17, 19이다. 따라서 중앙값은 $\frac{10+11}{2}$ = 10.5이다.

경북기출복원 1회 기출예상 2회 기출예상 3회 기출예상 4회 기출예상 5회 기출예상 6회 기출예상 7회 기출예상 8회 기출예상 9회 기출예상

| 오답풀이 |

①, ④ A ~ C 반의 수행 평가 점수 평균을 구하면 다음과 같다.

- A 반

$$\frac{12+8+5+9+9+11+3+20+18+15}{10}=11$$

- B 반

$$\frac{10+11+8+13+10+10+9+12+7+7}{10}=9.7$$

- C 반

$$\frac{4+6+6+11+19+7+10+15+17+15}{10}=11$$

따라서 B 반의 평균이 가장 낮고, A 반과 C 반의 평균은 같다.

② B 반 점수를 보면 7이 두 번, 10이 세 번, 나머지 점수들은 한 번씩 관찰되었으므로 최빈값은 10이다.

18 수리력 농도 계산하기

| 정답 | ②

| 해설 | '$\frac{\text{소금의 양}}{\text{소금물의 양}}\times100$=소금물의 농도'이므로 5%의 소금물 320g에 녹아 있는 소금의 양 xg을 구하면 다음과 같다.

$$\frac{x}{320}\times100=5$$

$$100x=320\times5$$

$$\therefore x=16(\text{g})$$

5%의 소금물 320g에 소금 80g을 더 넣으면,

$\frac{16+80}{320+80}\times100=\frac{96}{400}\times100=24(\%)$의 소금물이 된다.

19 수리력 방정식 활용하기

| 정답 | ②

| 해설 | 신발은 30% 할인된 가격인 30,000×0.7=21,000(원)에 구입하였으므로 옷은 125,000−21,000=104,000(원)에 구입한 것이다.

104,000원은 정가의 20%가 할인된 가격이므로 정가를 x원이라 두고 다음과 같은 식을 세울 수 있다.

$$0.8x=104,000$$

$$\therefore x=130,000(\text{원})$$

따라서 할인 전 신발과 옷의 총금액은 30,000+130,000=160,000(원)이다.

20 언어논리력 글의 제목 찾기

| 정답 | ③

| 해설 | 제시된 글은 도시공원의 역할과 중요성에 관해 설명하고 있으며 현재 도시공원의 문제점에 대해 언급하고 있다. 또한 도시공원의 문제점을 개선하여 모두가 동등하게 이용할 수 있게 해야 한다는 점을 강조하고 있다. 따라서 글의 제목으로 가장 적절한 것은 ③이다.

21 문제해결력 자료를 바탕으로 추론하기

| 정답 | ④

| 해설 | 워크숍 장소 선정에 있어서 회의공간과 편의시설 두 항목의 합계 점수가 가장 높은 A와 D 중에서 선택한다. 이때, 여러 장소의 조건이 같을 경우 이동거리가 가까운 곳을 선택한다고 나와 있으므로 이동거리 점수가 가장 높은 D를 선정한다.

22 문제해결력 명제 판단하기

| 정답 | ④

| 해설 | 세 번째 명제의 대우는 '단체줄넘기에 참가한 사람은 박 터트리기에 참가하지 않는다'가 된다. 따라서 소라가 단체줄넘기에 참가했다면 박 터트리기에 참가하지 않으며 2인 3각 참가 여부는 알 수 없다.

| 오답풀이 |

① 첫 번째 명제의 대우와 세 번째 명제를 통해 참인 것을 파악할 수 있다.

② 첫 번째 명제의 대우를 통해 참인 것을 파악할 수 있다.

③ 세 번째 명제의 대우를 통해 참인 것을 파악할 수 있다.

23 공간지각력 펼친 모양 찾기

| 정답 | ①

| 해설 | 접었던 선을 축으로 하여 역순으로 펼치면 다음과 같다.

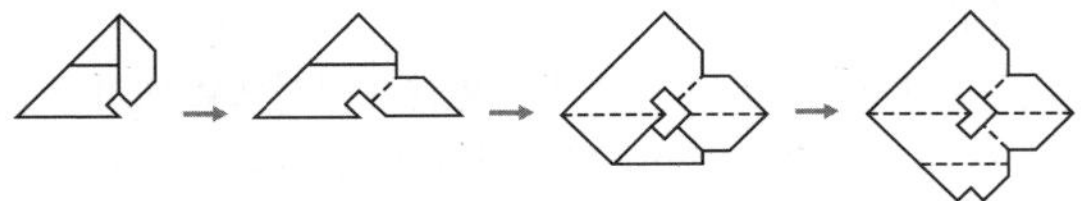

24 수리력 최소공배수 활용하기

| 정답 | ③

| 해설 | 만들고자 하는 정사각형의 한 변의 길이를 알아야 하는데 직사각형 타일의 개수를 최소로 사용한다고 했으므로, 15와 13의 최소공배수를 구하면 된다. 따라서 한 변이 195cm인 정사각형을 만들려면 직사각형 타일이 가로로 13개, 세로로 15개가 들어가야 하므로 총 195개가 필요하다.

25 수리력 방정식 활용하기

| 정답 | ④

| 해설 | 맞힌 문제를 x개, 틀린 문제를 $(20-x)$개라고 하면 다음과 같은 식을 세울 수 있다.

$5x-5(20-x)=60$

$10x-100=60$

$\therefore x=16$(개)

따라서 맞힌 문제는 16개이다.

26 수리력 확률 계산하기

| 정답 | ①

| 해설 | A 대리가 정각에 출근하거나 지각할 확률은 $\frac{1}{4}+\frac{2}{5}=\frac{13}{20}$이므로, 정해진 출근 시간보다 일찍 출근할 확률은 $1-\frac{13}{20}=\frac{7}{20}$이다. 따라서 이틀 연속 정해진 시간보다 일찍 출근할 확률은 $\frac{7}{20}\times\frac{7}{20}=\frac{49}{400}$가 된다.

27 언어논리력 글의 흐름에 맞게 문단 배열하기

| 정답 | ③

| 해설 | 먼저 (라)에서 '습관'의 사전적 의미에 대해 설명하며 제시된 글의 중심 소재를 소개하고 있다. 이어 개인의 습관이 하는 역할에 대해 부연 설명하는 (가)가 이어진다. 다음으로는 (마)가 이어져 사례를 들어 습관의 형식이 다양함을 설명한다. 이어서 (나)는 (마)에서 설명한 형식들 중 최상위 형식인 사고방식을 설명하고, 마지막으로 (다)는 이러한 습관을 좋게 기르는 것의 중요성에 대해 언급하며 글을 마무리한다. 따라서 (라)－(가)－(마)－(나)－(다) 순이 가장 적절하다.

28 수리력 자료의 수치 분석하기

| 정답 | ③

| 해설 | 경북의 전통시장 형태의 비율을 보면 상가건물형 > 상가주택 복합형 > 장옥형 > 노점형 순으로 많다.

| 오답풀이 |

① 전체 지역 중 전통시장 수가 가장 적은 곳은 21개의 전통시장이 있는 광주 지역이다.

② 충남의 전통시장 73개 가운데 노점형 시장의 비율은 6.8%이므로 $73\times\frac{6.8}{100}=4.964\fallingdotseq 5$(개)이다.

④ 인천과 전북의 전통시장 수의 합은 51+67=118(개)로, 경기 지역의 전통시장 수인 144개보다 적다.

29 수리력 자료에 맞는 그래프 파악하기

| 정답 | ④

| 해설 | 고등학교 여학생의 흡연율은 2010 ~ 2019년까지 지속적으로 감소하다가 2020년에 증가하였다. 그러나 ④의 그래프는 2014년과 2016년에 다소 증가하는 등 2019년까지 지속적으로 감소하고 있지 않으므로 고등학교 여학생의 흡연율과는 다른 모습을 보이고 있다.

30 수리력 자료를 바탕으로 수치 계산하기

| 정답 | ②

| 해설 | 2010년 대비 2020년의 흡연율 증감률을 구하면 다음과 같다.

• 중학교 남학생 : $\frac{4.1-11.3}{11.3}\times 100 ≒ -63.7(\%)$

• 중학교 여학생 : $\frac{1.8-6.6}{6.6}\times 100 ≒ -72.7(\%)$

31 공간지각력 조각 결합하기

| 정답 | ④

| 해설 | 선택지에 있는 도형으로 평행사변형을 만드는 방법은 다음과 같다.

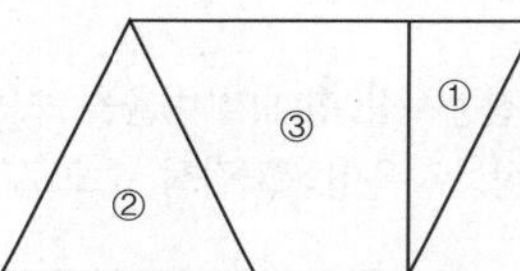

따라서 평행사변형을 만드는 데 필요 없는 조각은 ④이다.

32 문제해결력 조건을 바탕으로 추론하기

| 정답 | ①

| 해설 | C의 진술에 따라 C는 독일어, 일본어, 중국어를 구사할 수 있으며, A와 D의 진술에 따라 A, D는 스페인어를 구사할 수 있다. 다음으로 B의 진술에 따라 B는 일본어, 중국어를 구사할 수 있다. 마지막으로 E의 진술에 따라 E는 B와 C 중 C만 구사할 수 있는 언어를 구사할 수 있다고 하였으므로 독일어만 구사할 수 있음을 알 수 있다. 이를 정리하면 다음과 같다.

구분	A	B	C	D	E
구사 가능한 언어	스페인어	일본어, 중국어	독일어, 일본어, 중국어	스페인어	독일어

33 언어논리력 올바르게 띄어쓰기

| 정답 | ③

| 해설 | '거'는 '것'을 구어적으로 표현하는 의존 명사로 '좋을 거 같다'와 같이 띄어 써야 한다.

| 오답풀이 |

① '해보니까'는 본용언과 보조 용언의 구성으로 띄어 쓰는 것이 원칙이나 붙여 쓰는 것도 허용된다.

② 접사 '-들'은 명사의 뒤에 붙어 '복수'의 뜻을 나타내는 것으로 앞말과 붙여 쓰며, 의존 명사 '들'은 열거한 사물 모두를 가리키는 것으로 앞말과 띄어 쓴다.

④ '보란 듯이'의 '듯'은 의존 명사이므로 앞말과 띄어 써야 한다.

34 언어논리력 글의 사례 파악하기

| 정답 | ③

| 해설 | 지하철 역사 내부의 낙서(일상생활의 사소한 위반이나 침해행위)를 제때에 처리하고 지속적인 관리가 이루어지고 있다는 것을 보여 주어 범죄율을 낮춘 사례이므로 깨진 유리창 이론의 예시로 적절하다.

| 오답풀이 |

①, ②, ④ 일상의 사소한 위반이나 침해행위를 방치하지 않아야 더 큰 위법행위를 막는다는 의미의 사례와 무관하다.

35 공간지각력 전개도 파악하기

| 정답 | ①

| 해설 | 각 선택지의 전개도에 다음과 같은 기호를 붙이고 조합해 본다.

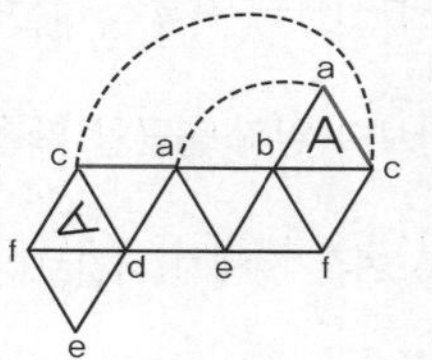

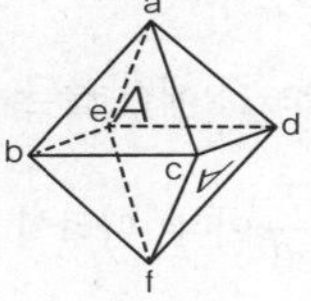

①은 A가 있는 두 면과 그 방향이 적절하다.

| 오답풀이 |

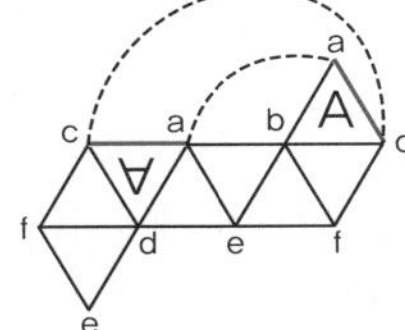

A가 있는 두 면이 한 변을 공유하기 때문에 적절하지 않다.

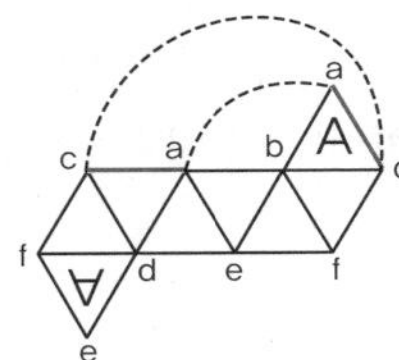

A가 있는 두 면이 마주 보기 때문에 적절하지 않다.

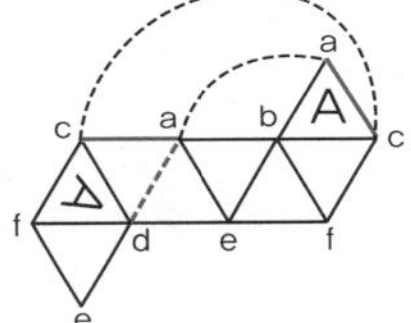

삼각형 cdf 안에 있는 A의 방향이 적절하지 않다.

36 문제해결력 논리적 오류 파악하기

| 정답 | ③

| 해설 | 제시된 글과 ③에는 역공격의 오류(피장파장의 오류)가 나타나고 있다. 역공격의 오류란 비판받는 내용이 상대방에게도 적용될 수 있음을 근거로 비판을 모면하고자 하는 오류를 말한다.

| 오답풀이 |

① 증명해야 할 논제를 전제로 삼거나 증명되지 않은 전제에서 결론을 도출함으로써 전제와 결론이 순환적으로 서로의 논거가 되는 순환 논증의 오류에 해당한다.

② 부분이 참인 것을 전체에 대해서도 참이라고 단정하여 발생하는 합성의 오류에 해당한다.

④ 권위(자)의 견해를 근거로 내세워 자기주장에 정당성을 부여하는 권위에 호소하는 오류에 해당한다.

37 문제해결력 우선순위 파악하기

| 정답 | ③

| 해설 | 안내에 따라 A ~ E의 순위를 파악하면 다음과 같다.

A : 임산부이자 학생회 임원이므로 1, 2순위를 모두 만족한다. 따라서 더 높은 순위인 1순위가 된다.

B : 학년이 높으므로 3순위에 해당한다.

C : 장애 학생이므로 1순위이다.

D : 학생회 임원이므로 2순위이다.

E : 학년도 높지 않고 장애 학생, 임산부, 임원 어느 하나에 해당하지 않으므로 우선순위 조건에 해당되지 않는다.

따라서 1순위인 A와 C는 첫 번째, 두 번째로 배정이 될 것이고, 2순위인 D가 세 번째로 자리를 배정받을 수 있다.

38 문제해결력 적절한 행동 선택하기

| 정답 | ①

| 해설 | 출장 중인 직원들의 담당 업무일 경우 고객 정보를 받아 두고 담당자가 출장에서 돌아와 민원을 처리하기로 했으나, 해당 상황이 발생했을 경우에는 처리할 수 있는 만큼 최대한 처리하고 메모해 두었다가 담당자에게 인계하여 마무리하는 것이 가장 바람직하다.

| 오답풀이 |

② 민원인은 사과나 인정보다는 민원을 빨리 처리해 줄 것을 요구하고 있다.

③ 이와 같이 대응했다가 처리가 불가한 민원일 경우 후에 오는 피해가 더 클 수 있다.

④ 민원인은 전화 연결까지 오래 걸린 데에도 불만을 가지고 있으므로 시간을 끄는 것은 적절하지 않은 대응이다.

39 언어논리력 경청 이해하기

| 정답 | ④

| 해설 | 상대의 말에 귀 기울이고 있음을 몸짓을 통해 표현하며 공감하고 있다.

| 오답풀이 |

① 상대방에 대한 선입견으로 상대의 말을 진지하게 들어주지 않고 있다.

② 상대의 눈을 쳐다보지 않고 팔짱을 끼고 대화를 듣는 행위는 올바른 경청의 자세가 아니다.

③ 상대의 인격을 존중해 주지 않고 진정으로 이해하려는 태도를 보이고 있지 않다.

40 공간지각력 블록 개수 세기

| 정답 | ④

| 해설 | 블록의 개수는 모두 14개이다.

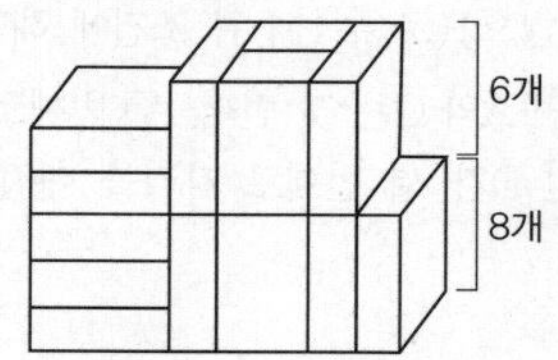

41 문제해결력 자료 분석하기

| 정답 | ③

| 해설 | B 사원은 '~상대방의 입장을 이해하고자 노력하는 편이다'에 '그렇다'라고 답했고, '동료가 나와 상반된 의견을 주장하면 한 귀로 듣고 한 귀로 흘린다'에 '매우 그렇지 않다'라고 답했으므로 ③은 옳지 않다.

| 오답풀이 |

①, ④ '~개인 업무를 파악하는 것이 조직 전반에 대해 파악하는 것보다 더 중요하다'에 '그렇다', '팀 성과를 내는 것이 나의 역량을 개발하는 것보다 중요하다'에 '매우 그렇지 않다'라고 답했으므로 조직보다 본인을 더 우선시하는 경향이 있고, 이는 조직 내 협력에 부정적인 영향을 미칠 수 있다.

② '동료에게 솔직하게 의견을 말하며 상대방의 입장을 이해하고자 노력하는 편이다'에 '그렇다'라고 답하였으므로 동료들과 솔직한 대화를 한다는 점에서 팀워크에 도움이 된다고 평가할 수 있다.

42 수리력 자료의 수치 분석하기

| 정답 | ④

| 해설 | 20X4년 대비 20X7년 연간 연금 가입인원 수의 증가량은 계약직은 193－145＝48(백 명), 사업자는 265－188＝77(백 명)으로 계약직보다 사업자의 연금 가입인원 수의 증가량이 더 크다.

| 오답풀이 |

① 20X4 ~ 20X7년 동안 연금 가입인원이 계약직은 145 → 148 → 190 → 193으로, 사업자는 188 → 225 → 249 → 265로 꾸준히 증가했다.

② 20X4 ~ 20X7년 동안 연금 가입률은 정규직이 98.3%, 99.3%, 95.6%, 90.4%로 매년 가장 높았다.

③ 20X4 ~ 20X7년 동안 직종별 연금 가입률 순위는 매년 정규직＞전문직＞사업자＞계약직＞노동자 순으로 높았다.

43 수리력 자료의 수치 분석하기

| 정답 | ④

| 해설 | 20X4 ~ 20X7년 동안의 정규직의 연금 가입률은 전년 대비 상승－하락－하락한 반면, 노동자는 같은 기간 하락－상승－상승하였으므로 정반대의 추이를 보인다고 할 수 있다.

44 언어논리력 글의 흐름에 관계없는 문장 찾기

| 정답 | ②

| 해설 | ㉡의 뒤 내용을 보면, 간접 발화는 맥락에 의존하여 파악된다고 하였으므로 직접 발화보다 의도를 더 잘 전달해 준다는 설명은 맥락상 적절하지 않다.

45 문제해결력 문제해결 사례 이해하기

| 정답 | ①

| 해설 | 자동차 운전자와 보행자를 보호하기 위해 교통법규를 통한 규제를 하는 것이 아닌 공유하는 공간이라는 생각으로 자율적으로 이용하게 하자 오히려 규제가 있을 때보다 사고가 확연하게 줄었다. 이와 같은 사고는 인식의 틀을 전환한 발상의 전환으로 볼 수 있다.

| 오답풀이 |

② 분석적 사고 : 전체를 각 요소로 나누어 의미를 도출한 후 우선순위를 부여하고 구체적인 해결 방법을 찾는 사고이다.

③ 전략적 사고 : 직면한 문제와 해결 방안에만 집착하지 않고 문제 및 방안이 상위 시스템 또는 타 문제와 어떻게 연결되어 있는지를 파악할 수 있는 사고이다.

④ 자원의 활용 : 문제해결 시 필요한 기술, 재료, 방법, 사람 등의 자원 확보 계획을 수립하고 내부 및 외부자원을 효과적으로 활용하는 방법이다.

3회 기출예상문제

▶ 문제 94쪽

01	②	02	③	03	②	04	④	05	④
06	①	07	③	08	④	09	③	10	②
11	④	12	①	13	③	14	②	15	③
16	②	17	②	18	④	19	③	20	③
21	②	22	④	23	①	24	②	25	③
26	②	27	①	28	①	29	②	30	②
31	③	32	④	33	③	34	④	35	②
36	④	37	②	38	④	39	④	40	③
41	①	42	①	43	③	44	④	45	③

01 언어논리력 품사 파악하기

| 정답 | ②

| 해설 | '무슨'은 '무엇인지 모르는 일이나 대상, 물건 따위를 물을 때 쓰는 말'로서 체언 앞에 와 체언을 꾸며 주는 관형사이다. 나머지는 모두 부사이다.

02 언어논리력 사자성어 파악하기

| 정답 | ③

| 해설 | '역지사지(易地思之)'는 상대방의 입장이 되어 생각해 본다는 의미의 사자성어이다. 제시된 글에서 △△도시공사 사장은 자신이 직접 △△동굴의 관리 직원이 되어 현장의 어려움을 체험해 봄으로써 역지사지를 몸소 실천하였다.

| 오답풀이 |

① 권토중래(捲土重來) : 어떤 일에 실패한 뒤 힘을 길러 다시 그 일을 시작함.

② 살신성인(殺身成仁) : 자기 몸을 희생하여 인(仁)을 이룸.

④ 고진감래(苦盡甘來) : 쓴 것이 다하면 단 것이 온다는 뜻으로, 고생 끝에 즐거움이 옴을 이르는 말

03 언어논리력 고유어 이해하기

| 정답 | ②

| 해설 | '인간(人間)'은 생각을 하고 언어를 사용하며, 도구를 만들어 쓰고 사회를 이루어 사는 동물을 뜻하는 말로, 고유어에 해당하지 않는다. 유사한 뜻의 고유어로 '사람'이 있다.

| 오답풀이 |

① 한울 : 우주를 뜻하는 고유어이다.

③ 기장 : 옷의 길이를 뜻하는 고유어이다.

④ 시나브로 : 모르는 사이에 조금씩, 조금씩을 뜻하는 고유어이다.

04 공간지각력 조각 결합하기

| 정답 | ④

| 해설 | 제시된 도형을 재배치하면 ④가 된다.

| 오답풀이 |

나머지 선택지에서 확실히 아닌 조각을 표시하면 다음과 같다.

① 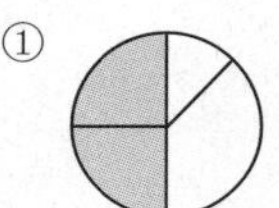 ② 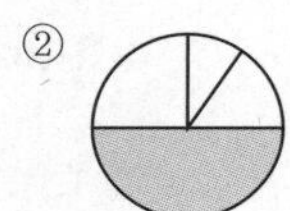 ③ 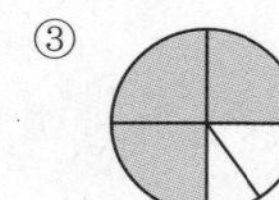

05 문제해결력 명제 판단하기

| 정답 | ④

| 해설 | 'p : 사과를 좋아한다', 'q : 귤을 좋아한다', 'r : 딸기를 좋아한다', 's : 바나나를 좋아한다'라고 할 때 〈보기〉를 정리하면 다음과 같다.

- p → q
- ~r → ~q
- s → r

'~r → ~q'가 참이므로 이 명제의 대우인 'q → r'도 참이다. 따라서 'p → q'와의 삼단논법에 의해 '사과를 좋아하는 사람은 딸기를 좋아한다'인 'p → r'도 참임을 알 수 있다.

| 오답풀이 |

① 'p → q'의 역에 해당하므로 참 · 거짓을 알 수 없다.

②, ③ 제시된 명제로는 알 수 없다.

06 언어논리력 경청 이해하기

| 정답 | ①

| 해설 | 정 대표는 의견을 내고 있는 최 부장의 말을 도중에 끊고 반대 의견을 강한 어조로 말하고 있다. 이는 최 부장의 말을 제대로 경청하지 않으면서 권위적이고 고압적인 자세로 자신의 생각을 강요하여 최 부장이 이에 동조하도록 하는 적절하지 않은 의사소통 방법이다.

07 공간지각력 전개도 파악하기

| 정답 | ③

| 해설 | 전개도 한 면의 방향이 다음과 같이 바뀌어야 한다.

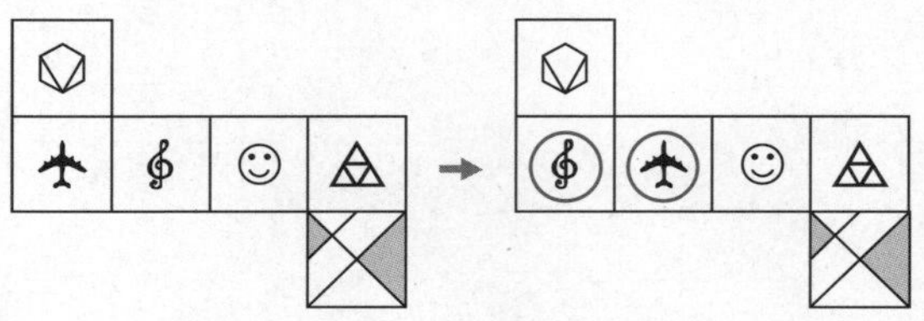

08 문제해결력 조건을 바탕으로 추론하기

| 정답 | ④

| 해설 | 제시된 조건에 따르면 F가 4등인 D보다 먼저 들어오고(F－D), G가 F보다 먼저 들어왔다(G－F－D). 또한 A가 F보다 먼저 들어왔으나 1등은 아니므로 G－A－F－D 순으로 들어왔음을 알 수 있다. 따라서 첫 번째로 결승점에 들어온 사람은 G이다.

09 언어논리력 글의 주제 파악하기

| 정답 | ③

| 해설 | 제시된 글은 과거의 미술과는 다른 현대미술의 특징적인 역할을 부각시켜 설명하는 내용으로, 현대미술을 창작하는 예술가와 현대미술 자체의 시대적인 역할을 서술하는 글이다. 따라서 '현대미술의 역할'이 글의 주제로 가장 적절하다.

| 오답풀이 |

① 과거 모더니즘 미술과 현대미술을 비교하는 내용이 있기는 하지만, 둘의 차이가 글에서 궁극적으로 전달하려는 내용은 아니다.

②, ④ 현대미술의 예술사적 의미와 탄생 배경에 대한 내용은 언급되어 있지 않다.

10 언어논리력 세부 내용 이해하기

| 정답 | ②

| 해설 | 현대미술은 실생활을 시각화하는 작업을 하며, 이러한 점은 타 예술 장르에 영향을 준다고 하였으므로 제시된 글의 내용과 일치하지 않는 설명이다.

| 오답풀이 |

① 과거 모더니즘 미술은 예술지상주의적 특성으로 인하여 시대의 담론을 반영하기보다는 미술사적, 미학적 테두리 안에서 전개되어 왔다고 하였다.

③ 오늘날의 현대미술과 미술가들은 현대문명의 다양한 흐름에 대한 인문학적인 지식과 철학적 사고를 바탕으로 일반 대중들이 인간의 보편적 감정인 희로애락애오욕을 시대적 감성과 시각으로 체험할 수 있도록 해주고 있다는 언급을 통해 알 수 있다.

④ 현대미술이 인간 정신의 가치를 끊임없이 확대 재생산해 가고 있다는 점은 필자가 말하는 현대미술의 핵심 역할이다.

11 언어논리력 빈칸에 적절한 말 파악하기

| 정답 | ④

| 해설 | 빈칸의 앞에서는 현대미술이 인간의 보편적인 감정을 시대적인 시각으로 체험할 수 있도록 해 준다는 점을 언급하고 있으며, 뒷부분에서는 인간 정신의 가치를 계속 확대 재생산해 가고 있음을 주장을 하고 있다. 이는 모두 현대미술의 역할에 관한 내용이므로 독립된 두 의미를 나열하는 '또한'이 빈칸에 적절하다.

| 오답풀이 |

③ '그래서'는 앞말의 주장에 대한 결과 또는 이어지는 사실 관계가 뒷말에 등장할 때 사용되는 접속사이므로 주어진 빈칸에는 적절하지 않다.

12 공간지각력 투상도로 입체도형 추론하기

| 정답 | ①

| 해설 | 제시된 모양을 위에서 바라보면 ①과 같은 모양이 나온다.

13 문제해결력 명제 판단하기

| 정답 | ③

| 해설 | 'p : 드라마 셜록 홈즈를 좋아한다', 'q : 영화 반지의 제왕을 좋아한다', 'r : 영화 스타트렉을 좋아한다', 's : 영화 해리포터 시리즈를 좋아한다'라고 할 때 명제를 정리하면 다음과 같다.

• p → ~q　　• ~q → ~s　　• q → r

(가) '~q → ~s'가 참이므로 이 명제의 대우인 's → q'도 참이다. 지연이는 영화 해리포터 시리즈를 좋아하므로 영화 반지의 제왕도 좋아하며 'q → r'에 의해 영화 스타트렉도 좋아함을 알 수 있다.

(나) 'p → ~q'가 참이므로 이 명제의 대우인 'q → ~p'도 참이다. 's → q'가 참이므로 삼단논법에 의해 's → ~p'도 참이 되며 지연이는 영화 해리포터 시리즈를 좋아하므로 드라마 셜록 홈즈를 좋아하지 않음을 알 수 있다.

(다) 'r → ~p'가 참이 되기 위해서는 'q → r'의 역인 'r → q'가 참이어야 한다. 하지만 역의 참·거짓 여부는 알 수 없으므로 옳은 설명이 아니다.

따라서 옳은 설명은 (가), (나)이다.

14 언어논리력 글의 구조 파악하기

| 정답 | ②

| 해설 | • 주지 : 이야기를 이해하고 기억하는 데에는 글의 구조가 큰 영향을 미친다.

• 부연 : 그러한 글의 구조에는 상위 구조와 하위 구조가 있는데, 상위 구조에 속한 요소들이 더 잘 기억된다.

• 예시 : 왜 상위 구조가 더 잘 기억되는지를 심청전을 예로 들어 설명하고 있다.

따라서 제시된 글은 주지－부연－예시의 순으로 구성되어 있다.

15 공간지각력 도형의 규칙 찾기

| 정답 | ③

| 해설 | 두 개의 별이 반시계 방향으로 세 칸씩 이동하고 있다.

16 문제해결력 문제해결 사례 이해하기

| 정답 | ②

| 해설 | 그림을 잘 그리는 네로가 자신의 재능을 발휘하기 위해서는 사회적 편견과 차별 없이 미술 교육을 받을 수 있게끔 하는 제도가 필요하다.

| 오답풀이 |

①, ③, ④ 제시된 글의 주인공이 자신의 창의적인 재능을 발휘하는 것과는 상관없는 제도들이다.

17 언어논리력 문서 작성법 이해하기

| 정답 | ②

| 해설 | S 씨는 A 씨의 기획안을 읽고 문서가 체계적으로 작성되어 있지 않음을 파악하고 노래의 가사를 뒤집어 부름으로써 구조와 체계의 중요성을 우회적으로 표현하였다. 따라서 A 씨에게는 '체계적인 문서의 작성' 능력이 부족하였음을 파악할 수 있다.

18 수리력 단위 변환하기

| 정답 | ④

| 해설 | 1t=1,000kg이므로 20,000,000kg은 20,000,000÷1,000=20,000(t)이다.

19 수리력 부등식 활용하기

| 정답 | ③

| 해설 | 구매하는 초콜릿의 개수를 x개라 하면 다음과 같은 식이 성립한다.

$1,700x > 1,300x + (1,250 \times 2)$

$1,700x > 1,300x + 2,500$

$400x > 2,500$

$\therefore x > 6.25$(개)

따라서 초콜릿을 최소 7개 이상 구매할 때 대형 마트에서 구매하는 것이 더 저렴하다.

20 수리력 확률 계산하기

| 정답 | ③

| 해설 | 먼저 A 상자에서 진짜 보석이 나올 확률은 $\frac{4}{9}$이다. 이때 A 상자에서 꺼낸 진짜 보석을 B 상자에 넣으면 B 상자에는 진짜 보석 4개와 가짜 보석 5개가 있게 되므로 B 상자에서 진짜 보석을 꺼낼 확률은 $\frac{4}{9}$가 된다.

따라서 두 번 다 진짜 보석을 꺼낼 확률은 $\frac{4}{9} \times \frac{4}{9} = \frac{16}{81}$이다.

21 수리력 평균 계산하기

| 정답 | ②

| 해설 | 나머지 한 명의 점수를 x점이라 하면 다음 식이 성립한다.

$x = \frac{630 + 84 \times 2 + x}{12} + 16$

$12(x - 16) = 798 + x$

$12x - 192 = 798 + x$

$11x = 990$

$\therefore x = 90$(점)

따라서 학생 12명의 평균 점수는 90−16=74(점)이다.

22 문제해결력 명제 판단하기

| 정답 | ④

| 해설 | 제시된 명제와 그 대우를 정리하면 다음과 같다.

- 트랙터 → 2인 가구(~2인 가구 → ~트랙터)
- 사과 → ~2인 가구(2인 가구 → ~사과)
- 복숭아 → 노인(~노인 → ~복숭아)
- ~노인 → ~트랙터(트랙터 → 노인)

따라서 복숭아를 재배하는 갑 마을 농민들이 모두 트랙터를 갖고 있는지는 파악할 수 없다.

| 오답풀이 |

① 갑 마을의 농민들은 모두 사과 또는 복숭아를 재배하므로 세 번째 명제의 대우를 통해 반드시 사과를 재배함을 알 수 있다.

② 두 번째 명제의 대우를 통해 2인 가구는 모두 복숭아를 재배함을 알 수 있고, 세 번째 명제를 통해 복숭아를 재배하는 갑 마을 농민들은 노인과 함께 산다는 것을 알 수 있다.

③ 두 번째 명제를 통해 사과를 재배하는 갑 마을 농민들은 2인 가구를 이루고 있지 않으며, 첫 번째 명제의 대우를 통해 2인 가구를 이루고 있지 않은 갑 마을 농민들은 트랙터를 가지고 있지 않음을 알 수 있다.

23 공간지각력 블록 개수 세기

| 정답 | ①

| 해설 | 주어진 그림에서 정육면체를 만들려면 최소 $5\times5\times5=125$(개)의 블록이 필요하다. 현재 그림의 블록 개수는 24개이므로 101개의 블록이 추가로 더 필요하다.

24 수리력 거리 · 속력 · 시간 활용하기

| 정답 | ②

| 해설 | 해바라기 호와 장미 호 각각의 평균 속력은 다음과 같다.

- 해바라기 호 : $\frac{30\times2}{2.5+1.5}=\frac{60}{4}=15$(km/h)
- 장미 호 : $\frac{30\times2}{3+2}=\frac{60}{5}=12$(km/h)

25 수리력 방정식 활용하기

| 정답 | ③

| 해설 | 상품의 원가를 x원이라 하면 다음과 같은 식이 성립한다.

$1.4x\times0.85-x=2,660$

$0.19x=2,660$

$\therefore x=14,000$(원)

따라서 상품을 정가로 팔 때의 이익은 $14,000\times0.4=5,600$(원)이다.

26 언어논리력 글을 읽고 추론하기

| 정답 | ②

| 해설 | 활의 사거리와 관통력을 결정하는 것은 복원력으로, 복원력은 물리학적 에너지 전환 과정, 즉 위치 에너지가 운동 에너지로 전환되는 힘이라 볼 수 있다.

| 오답풀이 |

① 고려 시대 때 한 가지 재료만으로 활을 제작했는지는 알 수 없다.

③ 활대가 많이 휘면 휠수록 복원력이 커지는 것은 맞지만 그로 인해 가격이 비싸지는지에 대해서는 제시된 글을 통해 추론할 수 없다.

④ 각궁은 다양한 재료의 조합으로 만들어진 합성궁으로 탄력이 좋아서 시위를 풀었을 때 활이 반대 방향으로 굽는 특징을 가진다.

27 문제해결력 조건을 바탕으로 추론하기

| 정답 | ①

| 해설 | 조건을 정리하면 다음과 같다.

구분	대리급	B 등급	3년차
갑		○	
을	○		○
병			○
정	○		

따라서 워크숍에 참석할 수 있는 사람은 을 1명뿐이다.

28 수리력 자료의 수치 분석하기

| 정답 | ①

| 해설 | 인천의 남자고용률은 71.6%로 69.1%인 서울보다 높으나 인천의 여자고용률은 47.4%로 49.2%인 서울보다 낮다.

| 오답풀이 |

② 6대 광역시 중 여성의 고용률이 가장 낮은 도시는 44.2%의 울산이다.

③ 그래프를 보면 6대 광역시 모두 여성의 고용률이 50% 미만인 것을 확인할 수 있다.

④ 남녀 간 경제활동참가율의 차이는 다음과 같다.

- 부산광역시 : 67.7－45.6＝22.1
- 대구광역시 : 70.2－49.3＝20.9
- 인천광역시 : 75.4－49.9＝25.5
- 광주광역시 : 68.9－49.8＝19.1
- 대전광역시 : 71.5－47.2＝24.3
- 울산광역시 : 75.0－45.7＝29.3

따라서 남녀 간의 경제활동참가율 차이가 가장 큰 도시는 울산이다.

29 수리력 자료의 수치 분석하기

| 정답 | ②

| 해설 | 여성 경제활동참가율이 전국보다 높고 서울보다 낮은 수치는 49.4～51.2의 값이고 여기에 해당하는 도시는 인천, 광주이다.

30 수리력 자료의 수치 분석하기

| 정답 | ②

| 해설 | 20X4년 막걸리 출하량은 20X1년 막걸리 출하량의 $\frac{443,778}{140,167} \fallingdotseq 3.2$(배)이다.

| 오답풀이 |

③ 20X1～20X4년 중 전년 대비 막걸리 출하량의 증감률이 가장 큰 해는 20X3년으로, 80.6%를 기록하였다.

④ 20X0～20X5년 중 막걸리 출하량이 가장 많았던 해는 443,778kℓ를 기록한 20X4년이고, 가장 적었던 해는 134,406kℓ를 기록한 20X0년이다.

31 공간지각력 도형 모양 비교하기

| 정답 | ③

| 해설 | 제시된 도형과 동일한 것은 ③이다.

| 오답풀이 |

나머지 도형은 동그라미 친 부분이 다르다.

①
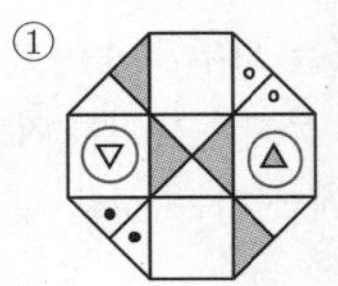
②
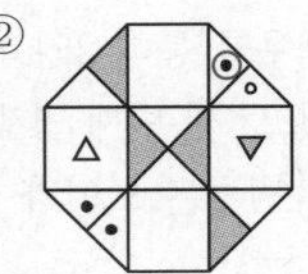
④
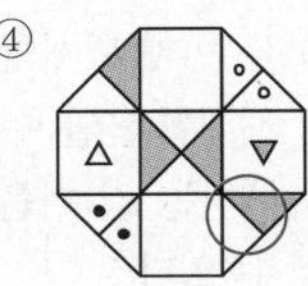

32 언어논리력 글의 흐름에 맞게 문장 배열하기

| 정답 | ④

| 해설 | 먼저 제시된 문장에서 중심 소재로 등장한 미세플라스틱의 유해한 점인 화학물질을 상세하게 설명하고 있는 (나)가 오고, 미세플라스틱에 노출된 것과 관련한 실험 결과로 (나)의 내용을 뒷받침하는 (마)가 이어져야 한다. 그리고 '더불어'로 미세플라스틱의 유해한 영향을 말하며 (마)의 내용과 이어지는 (가)가 오고, 이러한 상황이 필연적임을 말하는 (라)가 그다음에 위치한다. 마지막으로 '이처럼'으로 시작하여 내용을 정리하는 (다)가 위치하는 것이 적절하다. 따라서 (나)－(마)－(가)－(라)－(다) 순이 적절하다.

33 언어논리력 글을 읽고 추론하기

| 정답 | ③

| 해설 | 글쓴이의 원래 가정은 '화성의 궤도가 완전한 원이다'라는 것이었는데 티코의 자료와 오차가 발생하자 글쓴이 스스로 세운 '완전한 원'이라는 가정을 '타원'으로 수정하여 '화성의 궤도가 타원'이라는 결론을 얻었다. 이러한 추론 과정에서 글쓴이는 티코의 자료를 불신하기보다 자기 스스로 세운 가정을 수정하는 방향으로 문제를 해결했다. 즉, 이 과정에서 숨은 전제는 글쓴이의 가정보다 티코의 자료가 더 신뢰할 만하다는 것이다.

| 오답풀이 |

① 글쓴이의 최초 가정과 일치하지 않는다.

② 근거가 없을뿐더러 결론에 도달하기까지 직접적으로 필요한 전제는 아니다.

④ 백조자리 베타별이 화성의 위치를 가늠하는 하나의 기준인 것은 사실이나, 결론에 도달하기 위한 더욱 결정적인 전제는 티코의 자료 기준과의 오차에 대한 것이다.

34 공간지각력 도형 개수 세기

| 정답 | ④

| 해설 | 사각형 1개로 만들 수 있는 사각형은 9개, 사각형 2개로 만들 수 있는 사각형은 10개, 사각형 3개로 만들 수 있는 사각형은 4개, 사각형 4개로 만들 수 있는 사각형은 2개이다. 따라서 제시된 그림에서 찾을 수 있는 크고 작은 사각형은 모두 25개이다.

35 문제해결력 자료를 바탕으로 추론하기

| 정답 | ②

| 해설 | 가중치를 고려한 만족도 총점을 구하면 다음과 같다.

가중치	꼬리공탕	다쓰배이더	투데이JOBS
기획	0.3×4=1.2	0.3×8=2.4	0.3×10=3.0
구성 및 내용	0.4×10=4.0	0.4×5=2.0	0.4×4=1.6
진행	0.2×9=1.8	0.2×7=1.4	0.2×5=1.0
기술 및 무대	0.1×7=0.7	0.1×6=0.6	0.1×9=0.9
총점	7.7	6.4	6.5

따라서 점수가 가장 높은 꼬리공탕이 만족도 1위 프로그램으로 선정된다.

| 오답풀이 |

① 가중치가 가장 높은 '구성 및 내용' 항목을 가장 높게 평가하고 있다.

③ 다쓰배이더는 총점 6.4점으로 3위이다.

④ 투데이JOBS는 총점 6.5점으로 2위이다.

36 언어논리력 다의어 파악하기

| 정답 | ④

| 해설 | '눈 깜짝할 새'는 매우 짧은 순간을 의미하는 관용구인데, 여기서 '눈'은 신체의 일부를 의미하며 어떤 특정 시간이나 때를 비유하지는 않는다.

37 문제해결력 자료 분석하기

| 정답 | ②

| 해설 | 자기계발 분야의 경우 공무원 및 비공무원 계약직 근로자 본인의 능력발전을 위한 복지항목이라고 되어 있으므로 자녀의 대학 입학을 위한 문제집 구입은 해당되지 않는다.

| 오답풀이 |

① 건강관리 분야에서 운동시설 이용에 해당한다.

③ 여가활용 분야에서 연극 관람 등 본인과 가족의 건전한 여가활동을 위한 복지항목에 해당한다.

④ 전통시장에서의 구매는 분야 제한 없이 자율항목으로 구성할 수 있다.

38 공간지각력 펼친 모양 찾기

| 정답 | ④

| 해설 | 접었던 선을 축으로 하여 역순으로 펼치면 다음과 같다.

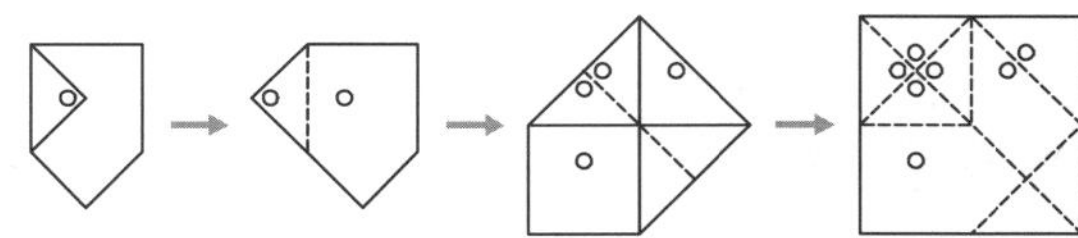

39 수리력 자료를 바탕으로 수치 계산하기

| 정답 | ④

| 해설 | c의 사교육비가 전체 사교육비에서 차지하는 비중은 1월에 $\frac{23.0}{73.2}\times100 \fallingdotseq 31.4(\%)$, 4월에 $\frac{28.4}{82.8}\times100 \fallingdotseq 34.3(\%)$로 1월 대비 4월에 약 2.9%p 증가하였다.

40 수리력 자료의 수치 분석하기

| 정답 | ③

| 해설 | 5개 도시의 월별 미세먼지(PM2.5) 대기오염도 평균을 구하면 다음과 같다.

- 1월 : $\frac{29+27+21+26+27}{5}=26(\mu g/m^3)$
- 2월 : $\frac{28+23+22+26+21}{5}=24(\mu g/m^3)$
- 3월 : $\frac{25+21+16+20+18}{5}=20(\mu g/m^3)$
- 4월 : $\frac{21+16+17+18+17}{5}=17.8(\mu g/m^3)$
- 5월 : $\frac{19+15+17+20+18}{5}=17.8(\mu g/m^3)$

따라서 미세먼지(PM2.5) 대기오염도는 평균적으로 1월에 가장 높았다.

| 오답풀이 |

① 1월, 3월은 부산이 가장 낮았고, 2월은 광주가 가장 낮았으며, 4월, 5월은 인천이 가장 낮았다.

② 1 ~ 4월은 서울이 가장 높았으나 5월은 대구가 가장 높았다.

④ 부산의 경우 2월, 4월에 증가, 5월에 동일하였고, 대구의 경우 2월에 동일, 5월에 증가하였으며, 광주의 경우 5월에 증가하였다.

41 문제해결력 조건을 바탕으로 추론하기

| 정답 | ①

| 해설 | C 팀과 D 팀은 각각 원하는 행사가 있기 때문에 C 팀에게는 등산, D 팀에게는 연극관람을 배정하면 된다. 그렇다면 남는 행사는 봉사활동과 캠핑인데 A 팀과 B 팀이 각각 원하지 않는 행사가 하나씩 있으므로 해당되지 않는 행사를 배정해 주면 된다.

따라서 A 팀은 캠핑, B 팀은 봉사활동, C 팀은 등산, D 팀은 연극관람을 가면 된다.

42 공간지각력 접은 모양 추론하기

| 정답 | ①

| 해설 | 제시된 점선에 따라 색종이를 접으면 다음과 같다.

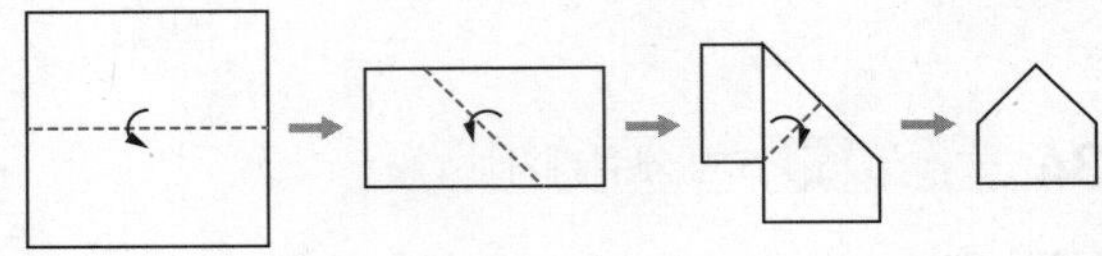

43 문제해결력 좌석 배치 방법 이해하기

| 정답 | ③

| 해설 | 일반적으로 실내에서는 출입구 쪽이 말석이며 출입구에서 먼 쪽이 상석이기 때문에 서열이 가장 낮은 E가 앉을 자리는 (라) 좌석이다.

44 언어논리력 글의 사례 파악하기

| 정답 | ④

| 해설 | 사회적 증거의 법칙은 불확실성이 존재하는 의사결정을 내릴 때, 사람들이 무의식적으로 다른 사람들의 행동을 증거 삼아서 그 행동을 따라하는 것을 말한다. 길을 가던 커플이 반대 방향을 쳐다보면 자신도 무의식적으로 그 방향을 쳐다보게 되거나, 주총장에서 큰 소리로 선동하는 주주의 말에 참석자들이 아무 말도 못하는 일 등은 모두 사회적 증거의 법칙에 해당하는 사례로 볼 수 있다.

따라서 제시된 ㉠ ~ ㉢ 모두 사회적 증거의 법칙이 적용된 사례이다.

45 공간지각력 블록 개수 세기

| 정답 | ③

| 해설 | 블록의 어느 한 면을 마주한 정면에서 바라볼 때에는 매 칸의 가장 높이 쌓인 수만큼의 블록만 보이게 된다. 따라서 주어진 그림의 '앞면'에서 블록을 보면 가장 높이 쌓인 4개, 5개, 6개의 블록만 보이게 되어 보이는 블록의 총 개수는 4+5+6=15(개)가 된다.

4회 기출예상문제

▶ 문제 116쪽

01	④	02	④	03	②	04	②	05	②
06	①	07	①	08	④	09	①	10	④
11	①	12	④	13	①	14	②	15	④
16	④	17	①	18	③	19	④	20	④
21	①	22	③	23	③	24	③	25	④
26	③	27	③	28	②	29	③	30	③
31	④	32	④	33	③	34	①	35	③
36	②	37	②	38	①	39	③	40	④
41	②	42	①	43	④	44	④	45	①

01 언어논리력 다의어 파악하기

| 정답 | ④

| 해설 | 밑줄 친 ㉠의 문맥적 의미는 '한때의 허상'이다. 따라서 ④의 '신화'가 가장 유사한 의미로 사용되었다.

| 오답풀이 |

① 신비스러운 이야기를 의미한다.

②, ③ 절대적이고 획기적인 업적을 의미한다.

02 문제해결력 명제 판단하기

| 정답 | ④

| 해설 | 각 조건에 기호를 붙여 정리하면 다음과 같다.

- a : 피자를 먹었다.
- b : 샐러드를 먹었다.
- c : 리소토를 먹었다.
- d : 스파게티를 먹었다.
- e : 김밥을 먹었다

기호에 따라 〈조건〉의 명제와 그 대우를 정리하면 다음과 같다.

- a → b(~b → ~a)
- c → ~d(d → ~c)
- a → ~e(e → ~a)
- c → ~a(a → ~c)

참인 명제의 대우는 참이므로 '~b → ~a'는 참이다. 따라서 샐러드를 먹지 않은 사람은 피자를 먹지 않은 사람이다.

| 오답풀이 |

① 두 번째 조건의 역이므로 항상 참이라고 할 수 없다.

② 세 번째 조건의 역이므로 항상 참이라고 할 수 없다.

③ 네 번째 조건의 역이므로 항상 참이라고 할 수 없다.

03 공간지각력 도형 모양 비교하기

| 정답 | ②

| 해설 | ③은 ①의 도형을 180° 회전한 모양이고, ④는 ①의 도형을 반시계 방향으로 90° 회전한 모양이다. 반면, ②는 아래 동그라미 표시한 부분이 나머지와 다르다.

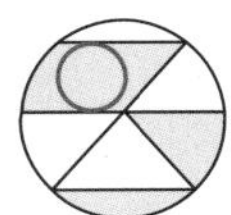

04 언어논리력 올바른 맞춤법 사용하기

| 정답 | ②

| 해설 | '-대'는 직접 경험한 사실이 아닌 남이 말한 내용을 간접적으로 전달할 때 쓰이고, '-데'는 직접 경험한 사실을 나중에 보고하듯이 말할 때 쓰인다. 김 사원이 지난주에 결혼했다는 소식을 남에게 듣고 오 팀장에게 전달하는 상황이므로 '했대요'라고 쓰는 것이 적절하다. 따라서 수정할 필요가 없다.

| 오답풀이 |

① '돼야'는 '되어야'의 준말이다.

③ '바라요'는 마음속으로 기대하다는 뜻의 '바라다'에 종결어미 '-아요'가 붙은 말이며, '바래요'는 볕이나 습기를 받아 색이 변하다는 뜻의 '바래다'에 종결어미 '-어요'가 붙은 말이다. 문맥상 '바라요'로 수정하는 것이 적절하다.

④ '금세'는 '지금 바로'라는 뜻으로 '금시에'의 준말이다.

05 언어논리력 경청 이해하기

| 정답 | ②

| 해설 | 자녀든 부하 직원이든 상사든 상대를 완전한 인격체로 인정해야 진정한 마음의 소리가 들린다. 상대방의 말과 행동에 잘 집중하여 상대방이 얼마나 소중한 존재인지를 인정하고 대화를 시작하는 것이 좋다.

| 오답풀이 |

① 이해를 받으려면 내가 먼저 상대에게 귀를 기울여야 한다. 말하기를 절제하고 먼저 상대에게 귀를 기울여 주도록 한다.

③ 대화를 시작할 때는 먼저 나의 마음속에 있는 판단과 선입견, 충고하고 싶은 생각들을 모두 다 비워내고, 그냥 들어주는 것이 좋다.

④ 사람들이 원하는 것은 자기 말을 진정으로 들어주고 자기를 존중해주며 이해해주는 것이다. 상대가 내 생각과 다른 말을 하더라도 항상 겸손한 자세로 상대를 이해하도록 한다.

06 문제해결력 자료를 바탕으로 추론하기

| 정답 | ①

| 해설 | 신입사원 3명의 채점 결과에 점수 반영 비율을 적용하여 최종 점수를 구하면 다음과 같다.

- 정철 : $(78\times0.2)+(88\times0.4)+(85\times0.6)=15.6+35.2+51=101.8$(점)
- 석규 : $(80\times0.2)+(83\times0.4)+(90\times0.6)=16+33.2+54=103.2$(점)
- 혜영 : $(80\times0.2)+(90\times0.4)+(79\times0.6)=16+36+47.4=99.4$(점)

따라서 최종 점수가 100점 이상인 정철, 석규가 최종 합격자가 될 수 있다.

07 공간지각력 전개도 파악하기

| 정답 | ①

| 해설 | ①, ②에서 ▲과 ♣의 붙는 모양이 서로 다르므로 ♣를 기준으로 하여 ▲의 모양이 다르게 붙는 전개도를 찾는다.

①

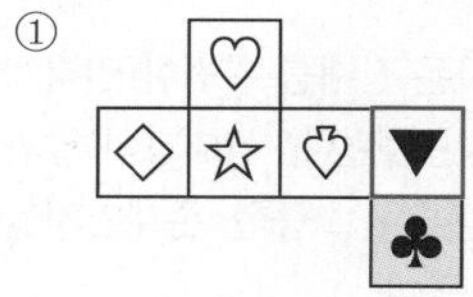

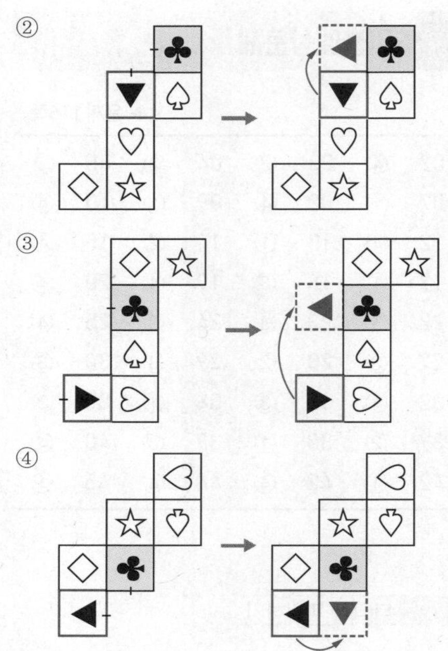

따라서 ①의 모양은 다음과 같이 수정해야 한다.

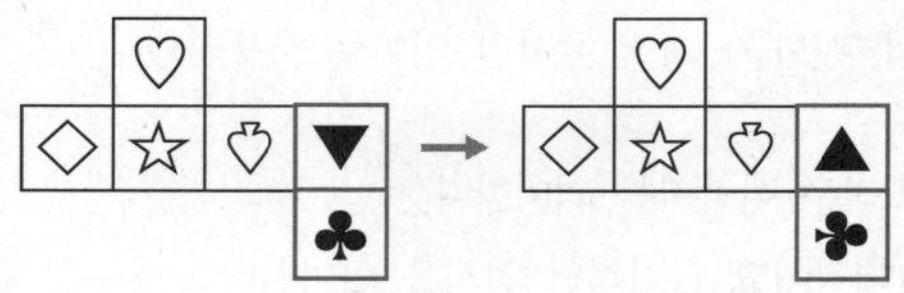

08 언어논리력 글의 서술 방식 파악하기

| 정답 | ④

| 해설 | 제시된 글에서는 '불균등한 분배 → 계층 간 격차 확대 → 다음 세대로 전승'으로 불평등 구조가 재생산되고 있다고 말한다. 또 이 재생산 구조는 한국 특유의 배타적 가족주의와 만나 자기 가족의 안락과 번영을 위해 다른 가족의 경제적 빈곤을 악화시키는 반공동체적 행위를 강화한다. 따라서 사회현상의 연속적인 흐름에 따라 설명하고 있다.

09 언어논리력 담화의 목적 파악하기

| 정답 | ①

| 해설 | 담화는 말하는 이의 의도에 따라 정보 제공 담화, 호소 담화, 약속 담화, 사교 담화, 선언 담화 등의 유형으로 나뉜다. 주어진 선서문은 발화에 담긴 내용을 수행하겠다

고 다짐하는 글이므로 약속 담화에 해당한다.

| 오답풀이 |

② 사교 담화는 잡담, 인사말, 문안 편지 등과 같이 인간관계 형성을 위한 사회적 상호 작용을 의도하는 담화이다.

③ 호소 담화는 광고, 설교, 연설, 논설문 등과 같이 상대를 설득하고자 하는 의도로 생산된 담화이다.

④ 선언 담화는 개회 선언, 선전 포고, 임명장 등과 같이 자신의 의견이나 주장을 외부에 정식으로 표명하여 새로운 상황을 불러일으키는 담화이다.

10 언어논리력 글의 중심 내용 파악하기

| 정답 | ④

| 해설 | (라)는 드라이클리닝 용제와 더불어 물빨래에서의 비누 역할을 하는 '드라이클리닝 세제'의 역할을 소개하는 문단이다. 드라이클리닝 세탁의 한계에 대한 내용은 언급되어 있지 않다.

11 언어논리력 세부 내용 이해하기

| 정답 | ①

| 해설 | 물과 친화력이 강한 수용성 오염을 효율적으로 없애기 위해 '드라이소프'라는 드라이클리닝 세제를 사용한다고 언급하고 있다. 즉, 이 드라이소프를 통해 드라이클리닝 시 수용성 오염을 제거할 수 있다.

| 오답풀이 |

② (다) 문단의 마지막 문장을 통해 알 수 있다.

③ (나)에서 '드라이클리닝 용제를 사용함으로 기름 성분의 오염 물질을 없앨 수 있고'를 통해 알 수 있다.

④ (나)에서 '물을 사용하지 않으므로 물로 세탁할 경우 쉽게 손상되는 모나 견섬유의 세탁에 유리하다'라고 하였다.

12 문제해결력 조건을 바탕으로 추론하기

| 정답 | ④

| 해설 | 먼저 세 번째, 네 번째 조건에 따라 은주와 지유는 커피를 받았으므로 예지와 지수가 받은 음료는 둘 다 홍차임을 알 수 있다. 두 번째 조건에 따라 지수는 자신이 주문한 음료를 받았으므로 홍차를 주문하였고, 첫 번째 조건에 따라 예지는 주문한 음료를 받지 못했으므로 커피를 주문하였다. 따라서 지유는 커피를 주문했음을 알 수 있다. 이를 정리하면 다음과 같다.

구분	예지	지수	은주	지유
주문한 음료	커피	홍차	홍차	커피
받은 음료	홍차	홍차	커피	커피

13 공간지각력 펼친 모양 찾기

| 정답 | ①

| 해설 | 접었던 선을 축으로 하여 역순으로 펼치면 다음과 같다.

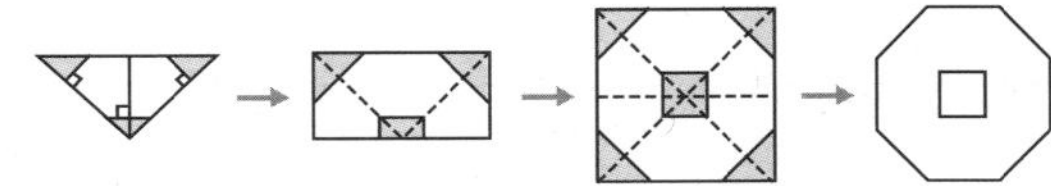

14 언어논리력 빈칸에 적절한 말 파악하기

| 정답 | ②

| 해설 | 제시된 글은 이웃이 전보다 인접해 있으나 가까이 사귀지 못하는 도시의 생활 모습에 대하여 설명하고 있다. 따라서 글의 중심 내용이 되는 ㉠에는 이로 인한 도시 생활의 문제점인 '가구의 고립화'가 들어가는 것이 적절하다.

15 문제해결력 명제 판단하기

| 정답 | ④

| 해설 | 제시된 명제를 정리하면 다음과 같다.

- 땅콩 → ~아몬드
- 밤 → 아몬드
- ~호두 → 잣

첫 번째 명제와 두 번째 명제의 대우의 삼단논법을 통해 '땅콩 → ~아몬드 → ~밤'이 성립하므로 땅콩을 먹으면 밤을 먹지 않음을 알 수 있다.

| 오답풀이 |

①, ③ 제시된 명제를 통해서는 알 수 없다.

② 두 번째 명제의 대우를 통해 '~아몬드 → ~밤'이 성립하므로 아몬드를 먹지 않으면 밤을 먹지 않는다.

16 공간지각력 도형 개수 세기

| 정답 | ④

| 해설 | 하나의 사각형을 이루는 도형 개수에 따라 크고 작은 사각형의 개수를 정리하면 다음과 같다.

한 사각형을 이루는 도형의 개수	크고 작은 사각형의 개수
1	16
2	12
3	12
4	1
5	4
6	3
7	2
9	2
16	1

따라서 도형에서 찾을 수 있는 크고 작은 사각형은 모두 16+12+12+1+4+3+2+2+1=53(개)이다.

17 수리력 거리 · 속력 · 시간 활용하기

| 정답 | ①

| 해설 | A보다 15분 늦게 출발한 B가 한 시간 만에 A를 따라잡았으므로 A가 75분 동안 이동한 거리와 B가 60분 동안 이동한 거리는 서로 같다. '거리=속력×시간'이므로 B의 속력을 x(km/h)라고 하면 다음의 식이 성립한다.

$$6\times\frac{75}{60}=x\times 1$$

$$\therefore x=7.5(\text{km/h})$$

따라서 B의 속력은 7.5km/h이다.

18 수리력 비중 계산하기

| 정답 | ③

| 해설 | 80명 중에서 70%의 인원이 1차를 통과했으므로 2차 시험에 응시한 사람은 80×0.7=56(명)이다. 이 중 $\frac{3}{4}$의 인원인 $56\times\frac{3}{4}$=42(명)이 3차 시험을 응시했으므로 최종 승진에 합격한 사람은 42명에서 18명을 제외한 24명이 된다.

따라서 승진한 사람은 응시자 중 $\frac{24}{80}\times100=30(\%)$가 된다.

19 언어논리력 세부 내용 이해하기

| 정답 | ④

| 해설 | 마지막 문단의 '전문가들은 비타민 제품을 고를 때 자신에게 필요한 성분인지, 함량이 충분한지, 활성형 비타민이 맞는지 등을 충분히 살펴본 다음 선택하라고 권고한다'를 통해 시중에 있는 다양한 비타민 제품은 사람마다 다른 효과를 낼 수 있음을 알 수 있다.

| 오답풀이 |

① 과로로 인한 피로가 6개월 이상 지속되면 만성피로로 진단될 수 있다고 했으므로 피로가 1년 이상 지속된 철수는 만성피로로 진단될 수 있다.

② 만성피로를 내버려두면 면역력이 떨어져 감염병에도 취약해질 수 있다고 했으므로 피로는 독감과 같은 전염병에 걸리기 쉽게 만든다는 것을 알 수 있다.

③ 비타민 B군으로 대표되는 활성비타민은 스트레스 완화, 면역력 강화, 뇌신경 기능 유지, 피부와 모발 건강 등에도 도움을 준다고 하였다.

20 문제해결력 조건을 바탕으로 추론하기

| 정답 | ④

| 해설 | 김 부장의 옆에는 이 과장이 앉아야 하므로 A 또는 B가 이 과장의 자리가 된다. 황 사원은 이 과장의 옆에 앉아야 하므로 황 사원이 앉을 수 있는 자리는 C 또는 D이다.

21 공간지각력 투상도로 입체도형 추론하기

| 정답 | ①

| 해설 | 정면도, 평면도, 우측면도를 고려하여 평면도에 블록의 개수를 적으면 [그림 1]과 같고, 입체도형으로 표현하면 [그림 2]와 같다(단, [그림 2]의 화살표는 정면을 의미한다).

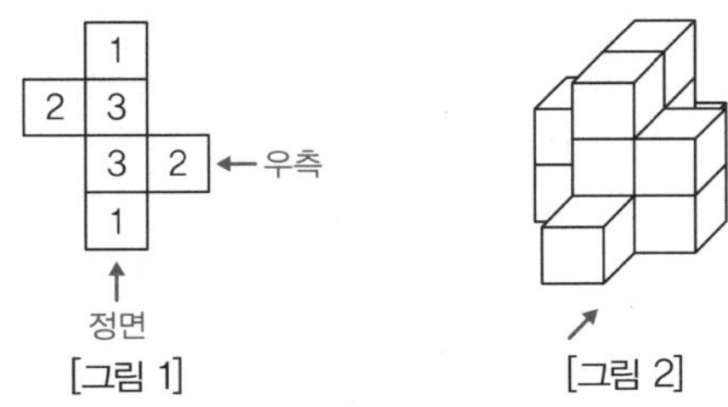

따라서 블록의 개수는 모두 12개이다.

22 수리력 월 적금액 구하기

| 정답 | ③

| 해설 | 연봉이 37,500,000원이므로 월 세전 수령액은 37,500,000÷12=3,125,000(원)이다. 세액 공제가 320,000원이므로 실수령액은 3,125,000−320,000=2,805,000(원)이다. 매달 실수령액의 10%가 적금액이므로 월 적금액은 2,805,000×0.1=280,500(원)이다.

23 수리력 방정식 활용하기

| 정답 | ③

| 해설 | E의 점수를 x점으로 놓고 식을 세우면 다음과 같다.

$$\frac{(65\times2)+(75\times2)+x}{5}=72$$

$130+150+x=360$

$\therefore x=80$(점)

따라서 E의 점수는 80점이다.

24 수리력 집합 활용하기

| 정답 | ③

| 해설 | 제시된 정보를 토대로 벤다이어그램을 그리면 다음과 같다.

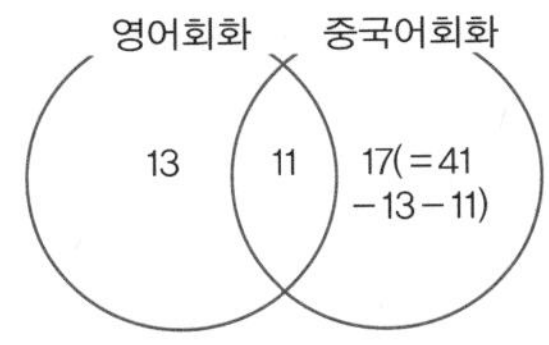

따라서 중국어회화 수업만 신청한 학생은 17명이다.

25 수리력 비례식 활용하기

| 정답 | ④

| 해설 | 총 10개의 사탕이 있으므로, 형이 가지게 되는 사탕의 개수를 x개, 남동생이 가지게 되는 사탕의 개수를 $(10-x)$개라고 정한 뒤 식을 세우면 다음과 같다.

$3:2=(10-x):x$

$5x=20$

$\therefore x=4$(개)

따라서 형이 가지게 되는 사탕은 4개이다.

26 언어논리력 자료의 내용 이해하기

| 정답 | ③

| 해설 | 제휴사인 S 클럽의 할인 혜택 종료일은 '20XX. 9. 30.'이라고 이미 명시되어 있다.

| 오답풀이 |

① 관람 시간이 1시간 길어진 사항만 제시되어 있고 관람 시작 시각과 종료 시각은 명시되어 있지 않다.

② 특별 전시 무료 관람 서비스에 대한 구체적인 내용이 제시되어 있지 않다.

④ 위약금이 발생한다는 내용은 안내되어 있으나, 그 구체적인 금액은 제시되어 있지 않다.

27 문제해결력 명제 추론하기

| 정답 | ③

| 해설 | 'p : 비행기 티켓을 예매한다', 'q : 여행가방을 경품으로 받는다', 'r : 태국으로 여행을 간다', 's : 연예인을 만난다'라고 할 때 각 명제와 그 대우를 정리하면 다음과 같다.

- $p \to q(\sim q \to \sim p)$
- $r \to s(\sim s \to \sim r)$
- $\sim s \to \sim p(p \to s)$

참인 명제의 대우는 항상 참이므로 제시된 명제에서 '$p \to s$'라는 결론을 도출하기 위해서는 '$p \to r$'이나 '$q \to r$' 또는 '$q \to s$'라는 명제가 필요하다.

따라서 밑줄 친 부분에 들어갈 문장은 '$q \to r$'의 대우인 '태국으로 여행을 가지 않는다면 여행가방을 경품으로 받지 않을 것이다'가 된다.

보충 플러스+

첫 번째 · 두 번째 문장의 대우를 활용하는 것도 가능하다.
연예인 만남 × → 태국 여행 × → 여행가방 경품 × → 비행기 티켓 예매 ×

28 수리력 자료를 바탕으로 수치 계산하기

| 정답 | ②

| 해설 | '인구밀도 = $\frac{\text{인구수}}{\text{국토면적}}$'이므로, 호주의 총 인구수를 x명으로 놓고 식을 세우면 다음과 같다.

$$\frac{x}{7,700,000}=3$$

$\therefore x = 23,100,000$(명)

따라서 20X9년 호주의 인구수는 총 23,100,000명이다.

29 수리력 자료의 수치 분석하기

| 정답 | ③

| 해설 | 일본의 국토면적은 377,000km^{2}이고 영국의 국토면적은 242,000km^{2}이므로, 377,000−242,000=135,000(km^2) 더 넓다.

30 수리력 자료의 수치 분석하기

| 정답 | ③

| 해설 | ㉠ 자료를 통하여 학년이 높아질수록 장학금을 받는 학생들의 1인당 평균 교내 특별활동 수가 증가한다는 사실은 알 수 있지만, 장학금을 받는 학생 수에 대한 정보는 알 수 없다.

㉡ 장학금을 받지 못하는 4학년생이 참가한 1인당 평균 교내 특별활동 수는 약 0.5개이고, 장학금을 받는 4학년생이 참가한 1인당 평균 교내 특별활동 수는 2.5개 이상이므로 5배를 넘는다.

㉣ 자료는 각각 장학금을 받는 학생과 받지 못하는 학생의 1인당 평균 교내 특별활동 수를 비교하고 있으므로 각 학년 전체의 1인당 평균 교내 특별활동 수는 파악할 수 없다.

| 오답풀이 |

㉢ 그래프의 막대길이 차이를 통해 확인할 수 있다.

31 공간지각력 도형 모양 비교하기

| 정답 | ④

| 해설 | ④는 제시된 도형을 시계 방향으로 90° 회전한 모양이다.

| 오답풀이 |

나머지 도형은 동그라미 친 부분이 다르다.

①
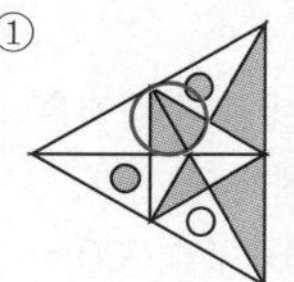

②
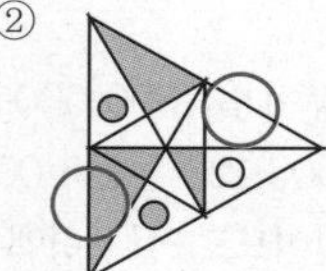

③
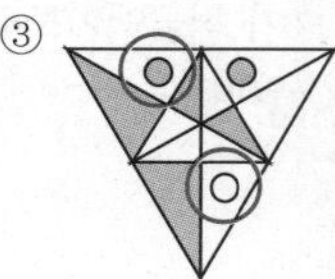

32 언어논리력 자료의 내용 이해하기

| 정답 | ④

| 해설 | 강의 회차별 선정 도서 목록은 제시되지 않았다.

| 오답풀이 |

① '교육 내용'을 통해 알 수 있다.

② '강사 소개'를 통해 알 수 있다.

③ '비고'에 모집 인원이 제시되어 있다.

33 언어논리력 글을 읽고 추론하기

| 정답 | ③

| 해설 | 제시된 글에서 인체에 유해하다고 한 공정은 금속으로 플라스틱을 도금하는 것이 아니라, 플라스틱으로 금속을 도금하는 것이다.

| 오답풀이 |

① 첫 번째 문단에 전기 도금은 내구성이 뛰어나다는 언급이 있다.

② 두 번째 문단에 도금할 물체를 음극에 연결한다는 내용이 있다. 두 번째 문단은 구리 도금에 대한 설명이지만, 구리 도금은 전기 도금의 한 종류이므로 다른 전기 도금의 진행 과정도 이와 유사할 것임을 추론할 수 있다.

④ 세 번째 문단에 다양한 색상과 질감 효과를 줄 수 있다는 언급이 있다.

34 문제해결력 논리적 오류 파악하기

| 정답 | ①

| 해설 | 분할의 오류는 전체 또는 집합이 어떤 성질을 가지고 있기 때문에 그 부분 또는 원소도 그와 같은 성질을 가지고 있다고 추론하는 오류로, 어떤 집합의 속성에서 원소 자체의 속성을 논증하는 것을 말한다. 제시된 글에서는 전체 또는 집합인 전주가 비빔밥의 본고장이므로 전주의 부분 또는 원소인 전주의 어떤 식당들에서도 전국 최고의 비빔밥을 맛볼 수 있다고 하여 분할의 오류를 범하고 있다.

| 오답풀이 |

② 동정에 호소하는 오류 : 논증에서 아무런 논거가 없는 상태에서 동정심 하나만으로 상대방을 설득하려고 논리를 펼치는 오류이다.

③ 무지에 호소하는 오류 : 단순히 어떤 명제가 거짓이라는 것이 증명되지 않았다는 것을 근거로 그 명제가 참이라고 주장하거나, 반대로 그 명제가 참이라는 것이 증명되지 않았기 때문에 그 명제는 거짓이라고 주장하는 오류이다.

④ 허수아비 공격의 오류 : 문맥의 일부만을 지적하거나 주장의 핵심을 무시하고 서론만 지적하는 등 상대방의 주장을 반박하기 쉬운 논점으로 만들어 반론하는 오류이다.

35 언어논리력 문서 작성법 이해하기

| 정답 | ③

| 해설 | 기획서는 보기 쉽고 이해하기 쉬우며 기획의도를 명확히 드러내도록 작성해야 한다. 한자를 많이 사용하는 것은 기획서를 이해하기 어렵게 만드는 불필요한 요인이 될 수 있다.

| 오답풀이 |

② 그래프나 표와 같은 시각 자료는 기획서의 내용을 구체적으로 드러내어 기획서를 보는 사람의 이해를 도울 수 있으므로 적절하게 활용하는 것이 바람직하다.

36 공간지각력 블록 개수 세기

| 정답 | ②

| 해설 | 색칠된 블록의 윗면에 1개, 밑면에 2개가 직접 접촉하고 있다. 따라서 총 3개이다.

37 문제해결력 문제해결절차 이해하기

| 정답 | ②

| 해설 | 문제해결절차의 5단계는 다음과 같다.

- 문제 인식 : 해결해야 할 전체 문제를 파악하여 우선순위를 정하고(①), 선정문제에 대한 목표를 명확히 한다(환경 분석, 주요 과제 도출, 과제 선정).
- 문제 도출 : 선정된 문제를 분석하여 해결해야 할 것이 무엇인지를 명확히 하는 단계로, 문제를 분해하여 인과관계 및 구조를 파악한다.
- 원인 분석 : 파악된 핵심문제에 대한 분석을 통해 근본원인을 도출한다(③).
- 해결안 개발 : 문제로부터 도출된 근본원인을 효과적으로 해결할 수 있는 최적의 해결방안을 수립한다(④).
- 실행 및 평가 : 해결안 개발을 통해 만들어진 실행계획을 실제 상황에 적용 · 평가한다.

따라서 ②의 '해결과제 도출'은 문제 인식 단계에서 수행되어야 하므로 옳지 않은 설명이다.

38 공간지각력 도형 회전하기

| 정답 | ①

| 해설 | 반시계 방향으로 90° 회전한 모양은 다음과 같다.

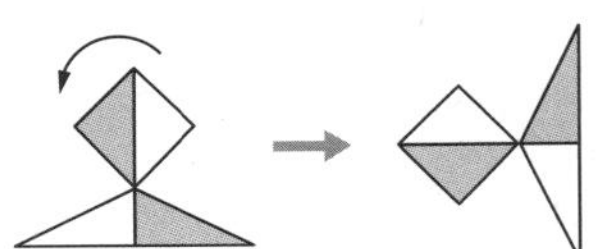

39 문제해결력 문제 원인 파악하기

| 정답 | ③

| 해설 | Y 차장은 운전 중에 스마트폰으로 메시지를 작성함으로써 교통 상황을 파악하지 못하였고, 결국 사고가 발생했다. 따라서 ③이 문제의 근본 원인이다.

| 오답풀이 |

① Y 차장이 운전 중 스마트폰으로 메시지를 작성하지 않았다면 교통 상황을 제대로 인지하여 사고가 나지 않았을 것이므로 문제의 원인이라고 볼 수 없다.

②, ④ 문제로 인해 발생한 결과이다.

40 수리력 자료에 맞는 그래프 파악하기

| 정답 | ④

| 해설 | 20X8년 소비자 피해 구제 접수의 총 건수(507건)에 대한 각 유형별 비율은 다음과 같다.

- 방문 · 전화 권유 판매 : $\frac{91}{507}\times 100 \fallingdotseq 17.9(\%)$
- 다단계 판매 : $\frac{51}{507}\times 100 \fallingdotseq 10.1(\%)$
- 사업 권유 거래 : $\frac{18}{507}\times 100 \fallingdotseq 3.6(\%)$
- 전자상거래 : $\frac{140}{507}\times 100 \fallingdotseq 27.6(\%)$
- 기타 : $\frac{207}{507}\times 100 \fallingdotseq 40.8(\%)$

따라서 그래프로 바르게 나타낸 것은 ④이다.

41 수리력 자료의 수치 분석하기

| 정답 | ②

| 해설 | ㉠ 대도시와 대도시 이외의 지역에서 사교육을 받지 않거나 30만 원 미만까지만 사교육비로 지출하는 비율을 비교하면 대도시는 61.9%, 대도시 이외의 지역은 69.2%로 대도시 이외 지역이 더 높다. 대도시 지역에서 30만 원 이상의 사교육비를 지출하는 비율은 19.7+18.4=38.1(%)로 $\frac{1}{3}$ 이상을 차지한다.

㉢ 학교 성적이 상위 10% 이내인 학생이 사교육비로 10만 원 이상을 지출하는 비율은 28.0+22.3+21.5=71.8(%)이고 성적 11 ~ 30%인 학생이 동일한 비용을 지출하는 비율은 28.5+23.4+18.2=70.1(%)이다. 따라서 상위 10% 이내인 학생들의 경우가 더 높다.

| 오답풀이 |

㉡ 초 · 중 · 고등학교로 올라갈수록, 부모님의 평균 연령대가 올라갈수록 사교육을 받지 않는 비율이 높아진다. 또한 사교육을 받지 않는 경우를 제외하면 초등학교와 부모님의 평균 연령대 모두 10 ~ 30만 원 미만의 지출이 가장 많으나 중학교는 30 ~ 50만 원 미만이, 고등학교는 50만 원 이상이 가장 많다.

㉣ 학교 성적이 하위권으로 내려갈수록 사교육을 받지 않는 비율이 높아지며, 사교육을 받지 않는 경우를 제외해야 모든 학교 성적 범위에서 지출 비용 10 ~ 30만 원 미만이 차지하는 비율이 가장 높아진다.

42 문제해결력 조건을 바탕으로 추론하기

| 정답 | ①

| 해설 | 〈조건〉에 따라 김아영－박주영－백지원－한지민－배주현 순으로 선물 지급 우선권을 갖는다.

- 김아영은 희망 1순위인 머그컵을 받는다.
- 박주영은 희망 1순위인 휴대용 가습기를 받는다.
- 백지원은 희망 1순위인 머그컵을 받는다.
- 한지민은 희망 1순위인 머그컵이 소진되었으므로 희망 2순위인 휴대용 가습기를 받는다.
- 배주현은 희망 1순위인 휴대용 가습기와 2순위인 머그컵 모두 소진되었으므로 남은 디퓨저를 받는다.

43 문제해결력 진위 추론하기

| 정답 | ④

| 해설 | A, B, E는 서로 상반된 진술을 하고 있으므로 셋 중 두 명은 거짓을 말하고 있다. 따라서 C와 D는 반드시 진실을 말하고 있는데, D의 힌트와 A의 힌트로 언급된 장소가 동일하므로 A는 진실을 말하고 있다. 따라서 거짓을 말하는 사람은 B와 E이다.

44 언어논리력 글의 교훈 파악하기

| 정답 | ④

| 해설 | 신입사원 H 씨는 자존심이 강해 업무에 대해 배우려고 하지 않다가 결국 실수를 저질렀다. 하지만 이에 대해 인정하지 않고 숨기려고 하다가 결국 실수의 크기를 더 키우게 되었다. 따라서 자신이 실수를 저질렀거나 잘못을 했으면 이에 대해 인정해야 한다는 교훈이 가장 적절하다.

45 공간지각력 조각 찾기

| 정답 | ①

| 해설 |

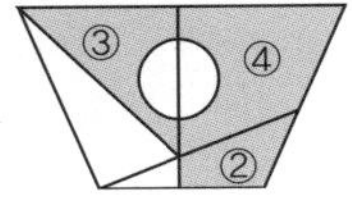

5회 기출예상문제

▶ 문제 140쪽

01	①	02	④	03	④	04	②	05	③
06	④	07	①	08	③	09	①	10	③
11	③	12	④	13	④	14	③	15	②
16	④	17	①	18	②	19	③	20	③
21	④	22	②	23	④	24	②	25	④
26	③	27	①	28	①	29	①	30	④
31	③	32	②	33	①	34	②	35	③
36	②	37	④	38	④	39	③	40	③
41	②	42	④	43	④	44	④	45	④

01 언어논리력 단어 형성 방법 파악하기

| 정답 | ①

| 해설 | '가위질'은 어근인 '가위'와 접미사인 '-질'이 결합한 파생어이다. 반면, '노래방'은 두 어근인 '노래'와 '방'이 결합한 합성어이다. 어근은 단어의 실질적 의미를 나타내는 중심이 되는 부분이고, 접사는 어근에 붙어 의미를 추가하거나 단어의 품사를 바꾸는 부분이다. 접사는 어근 앞에 붙는 접두사와 어근 뒤에 붙는 접미사로 나뉜다.

| 오답풀이 |

② 접두사 '맨-'과 어근 '주먹'이 결합한 파생어이다.

③ 접두사 '날-'과 어근 '계란'이 결합한 파생어이다.

④ 어근 '나무'와 접미사 '-꾼'이 결합한 파생어이다.

02 언어논리력 유의어 파악하기

| 정답 | ④

| 해설 | 제시된 문장의 '맡기다'는 '어떤 일에 대한 책임을 지고 담당하게 하다'라는 뜻이다. '주선하다'는 '일이 잘되도록 여러 가지 방법으로 힘쓰다'라는 뜻으로, '맡기다'의 의미와 문맥적으로 다소 차이가 있다.

| 오답풀이 |

① 일임하다 : 모두 다 맡기다.

② 내맡기다 : 아주 맡겨 버리다.

③ 기탁하다 : 어떤 일을 부탁하여 맡겨 두다.

03 언어논리력 글의 흐름에 맞게 문장 배열하기

| 정답 | ④

| 해설 | 먼저 세상에 존재하는 혐오스러운 소리가 많다며 소재를 제시하는 (다)가 오고, 그에 대한 구체적인 예시를 드는 (가)가 이어진다. 다음으로 이런 현상들에 대한 의문을 제시하는 (마)가 온 다음, 그 답으로 '고주파'를 제시하는 (라)가 온다. 마지막으로 그렇게 생각되는 이유를 (나)에서 언급한다. 따라서 (다)-(가)-(마)-(라)-(나) 순이 적절하다.

04 공간지각력 전개도 파악하기

| 정답 | ②

| 해설 | 전개도를 접었을 때 서로 만나게 되는 모서리를 표시하면 다음과 같다.

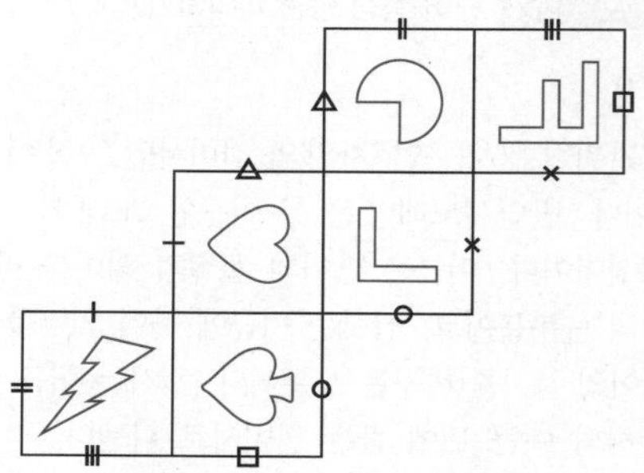

따라서 주사위 윗면의 모습은 [그림] 이다.

05 문제해결력 명제 판단하기

| 정답 | ③

| 해설 | 'a : 법학을 공부한다', 'b : 행정학 수업을 듣는다', 'c : 경제학 수업을 듣는다', 'd : 역사를 공부한다', 'e : 철학을 공부한다'라고 할 때 〈보기〉를 정리하면 다음과 같다.

- a → b
- c → ~d
- a → e
- ~c → ~b

'c → ~d'가 참이므로 이 명제의 대우인 'd → ~c'도 참이다. 또한 'a → b'가 참이므로 이 명제의 대우인 '~b → ~a'도 참이다. 따라서 이들 명제와 '~c → ~b'와의 삼단논법에 의해 'd → ~a'도 참임을 알 수 있다. 그러므로 '역사를 공부하는 사람은 법학을 공부하지 않는다'는 옳다.

| 오답풀이 |

①, ② 주어진 명제로는 알 수 없다.

④ '~c → ~b'가 참이므로 이 명제의 대우인 'b → c'도 참이다. 따라서 'a → b'와의 삼단논법에 의해 'a → c'가 참임을 알 수 있다.

06 언어논리력 올바른 맞춤법 사용하기

| 정답 | ④

| 해설 | 세 번째 문단에 따라 '버릇, 생각, 태도 따위가 깊이 배다'의 의미로 쓰일 때에는 '박이다'를 써야 하므로 ④는 옳은 문장이다.

| 오답풀이 |

①, ③ '박이다'를 써야 한다.

② '박히다'를 써야 한다.

07 언어논리력 자료의 내용 이해하기

| 정답 | ①

| 해설 | '세부사항'을 보면 지원자격을 '제한 없음'으로 하여 고졸자와 대졸자가 모두 응시할 수 있도록 했다는 지적사항이 제시되어 있다. 이를 시정하기 위해서는 고졸자만 지원이 가능하도록 해야 한다.

08 문제해결력 조건을 바탕으로 추론하기

| 정답 | ③

| 해설 | 제빵사는 노란 지붕 집, 교사는 파란 지붕 집에 산다. 연구원 집의 지붕 색은 빨간색도 초록색도 아니라고 하였으므로 연구원 집의 지붕색은 검은색이다. 또한 A가 초록 지붕 집에 사므로 교사, 연구원, 제빵사가 될 수 없어 직업이 운동선수이고, 빨간 지붕 집에는 운동선수인 C가 산다. D 집의 지붕 색은 파란색도 검은색도 아니라고 하였으므로 D는 노란 지붕 집에 살며 직업은 제빵사이다.

이를 정리하면 다음과 같다.

지붕 색	빨간색	노란색	초록색	파란색	검은색
인물	C	D	A		
직업	운동선수	제빵사	운동선수	교사	연구원

| 오답풀이 |

① A는 초록 지붕 집에 살고 직업은 운동선수이다.

② 검은 지붕 집에 살고 있는 사람의 직업은 운동선수가 아니라 연구원이다.

④ 교사가 사는 파란 지붕 집에 B 또는 E가 살고 있으므로 항상 옳은 것은 아니다.

09 언어논리력 단어 관계 파악하기

| 정답 | ①

| 해설 | '개성'은 다른 사람이나 사물과 구별되는 고유의 특성이라는 뜻으로, 다른 것에 비하여 특별히 눈에 뜨이는 점이라는 뜻의 '특징'과 유의어 관계이다.

| 오답풀이 |

②는 포함 관계, ③은 행위와 도구의 관계, ④는 반의어 관계이다.

10 언어논리력 세부 내용 이해하기

| 정답 | ③

| 해설 | 마지막 문단에서 히치콕은 '맥거핀' 기법을 하나의 극적 장치로 종종 활용하였다고 했는데, 이 '맥거핀' 기법에 대해 특정 소품을 활용하여 확실한 단서로 보이게 한 다음 일순간 허망한 것으로 만들어 관객을 당혹스럽게 하는 것으로 설명하고 있다.

| 오답풀이 |

① 작가주의 비평은 감독을 단순한 연출자가 아닌 '작가'로 간주하고 작품과 감독을 동일시하는 관점을 말한다.

② 작가주의적 비평으로 할리우드 영화를 재발견한 사례가 존재하므로 무시해 버렸다는 설명은 적절하지 않다.

④ 알프레드 히치콕은 할리우드 감독이지만 작가주의 비평가들에 의해 복권된 대표적인 감독이므로 작가주의 비평과 관련이 없다는 설명은 적절하지 않다.

11 공간지각력 블록 개수 세기

| 정답 | ③

| 해설 | 제시된 숫자에 따라 쌓인 블록의 모습은 다음과 같다.

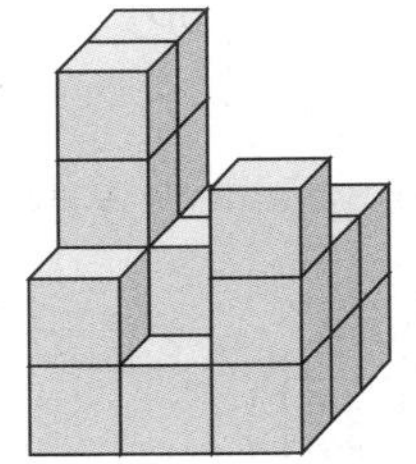

쌓인 블록의 우측면도는 다음과 같다.

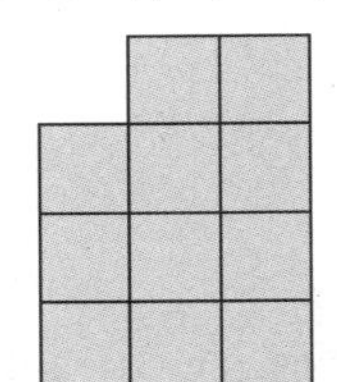

따라서 오른쪽 면에서 바라볼 때 보이는 블록 개수는 총 11개이다.

12 문제해결력 명제 판단하기

| 정답 | ④

| 해설 | 제시된 명제를 정리하면 다음과 같다.

• 책 읽기 → 영화 감상 • ~여행 가기 → ~책 읽기

• 산책 → ~게임하기 • 영화 감상 → 산책

'여행 가기를 좋아하는 사람은 책 읽기를 좋아한다'는 두 번째 명제의 이에 해당한다. 따라서 반드시 참이라고 할 수 없다.

| 오답풀이 |

① 첫 번째 명제와 네 번째 명제의 삼단논법에 따라 참이다.

② 첫 번째 명제와 네 번째 명제 그리고 세 번째 명제의 삼단논법에 따라 참이다.

③ 세 번째 명제의 대우와 네 번째 명제의 대우의 삼단논법에 따라 참이다.

13 언어논리력 글쓴이의 견해 파악하기

| 정답 | ④

| 해설 | 두 번째 문단에서 정치세계에서도 요구되는 리더십이 다 같지 않으며, 그 나라의 상황에 따라 필요한 리더십이 달라진다고 하였으므로 ④는 글쓴이의 견해와 일치하지 않는다.

14 공간지각력 전개도 파악하기

| 정답 | ③

| 해설 | 다음과 같이 동그라미 친 부분이 바뀌어야 한다.

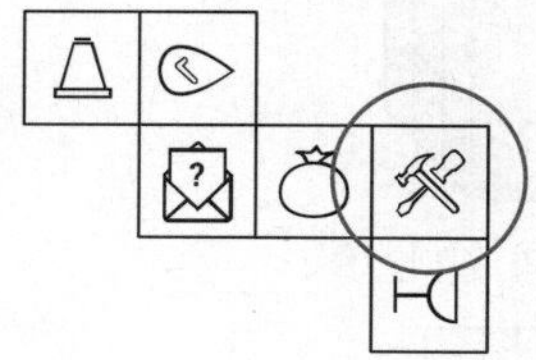

15 문제해결력 조건을 바탕으로 추론하기

| 정답 | ②

| 해설 | 첫 번째 조건에 따라 부장과 차장 중 한 명은 반드시 출장을 가야 하지만 둘이 함께 갈 수는 없다. 또한 두 번째 조건에 의해 대리와 사원 중 한 명은 반드시 가야 하는데 사원이 갈 수 없으므로 대리는 반드시 가야 한다.

세 번째 조건의 대우에 의해 대리가 가면 과장도 함께 가야 하고, 마지막 조건의 대우에 따라 인턴이 가면 차장도 함께 가야 하므로 모든 조건을 만족할 수 있는 팀 구성은 '차장, 과장, 대리, 인턴'이다.

16 문제해결력 논리적 오류 파악하기

| 정답 | ④

| 해설 | 제시된 글과 ④는 흑백논리의 오류를 범하고 있다. 흑백논리의 오류는 모든 문제를 양극단으로 구분하여 추론할 때 생기는 오류이다.

| 오답풀이 |

① 자신의 주장에 반론 가능성이 있는 요소를 나쁜 것으로 단전하여 상대방의 반론을 원천적으로 차단하는 원천봉쇄의 오류에 해당한다.

② 부적합한 사례나 제한된 정보를 근거로 주장을 일반화할 때 발생하는 성급한 일반화의 오류에 해당한다.

③ 연민이나 동정에 호소하여 자신의 주장을 받아들이게 하는 동정(연민)에 호소하는 오류에 해당한다.

17 공간지각력 펼친 모양 찾기

| 정답 | ①

| 해설 | 접었던 선을 축으로 하여 역순으로 펼치면 다음과 같다.

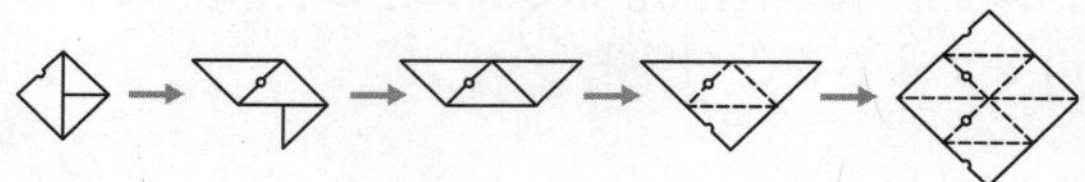

18 언어논리력 세부 내용 이해하기

| 정답 | ②

| 해설 | 첫 번째 문단에서 녹차는 커피에 비해 낮은 온도의 물에서 우려내므로 카페인 성분이 60 ~ 70%만 용출된다고 설명하고 있다.

| 오답풀이 |

①, ④ 첫 번째 문단에 제시되어 있다.

③ 두 번째 문단에 제시되어 있다.

19 수리력 확률 계산하기

| 정답 | ③

| 해설 | 적어도 한 명이 합격한다는 것은 두 명이 합격하는 것과 세 명 모두 합격하는 것까지 포함하므로, 전체 확률인 1에서 모두 불합격할 확률을 빼면 된다. 정수가 합격할 확률은 $\frac{1}{4}$이므로 불합격할 확률은 $\frac{3}{4}$이고, 같은 식으로 현민이 불합격할 확률은 $\frac{4}{5}$, 지혜가 불합격할 확률은 $\frac{1}{2}$이다. 따라서 적어도 한 명이 A 대학에 합격할 확률은

$1-\left(\frac{3}{4}\times\frac{4}{5}\times\frac{1}{2}\right)=\frac{7}{10}=0.7$이다.

20 수리력 방정식 활용하기

| 정답 | ③

| 해설 | 남성의 70%가 14명이므로 A 팀에 속한 전체 남성의 수를 x명이라 할 때 다음의 식이 성립한다.

$$x\times\frac{70}{100}=14$$

$\therefore x=20$(명)

따라서 남성이 20명이므로 A 팀의 총인원은 $12+20=32$(명)이다.

21 수리력 소금의 양 계산하기

| 정답 | ④

| 해설 | 넣어야 할 소금의 양을 xg으로 놓고 식을 세우면 다음과 같다.

$$\frac{x}{500+x}\times 100=20$$

$100x=20(500+x)$

$100x=10,000+20x$

$80x=10,000$

$\therefore x=125$(g)

따라서 125g의 소금을 넣어야 한다.

22 수리력 금액 계산하기

| 정답 | ②

| 해설 | • 정가 : 2,000+(2,000×0.5)=3,000(원)

• 할인 판매가 : 2,000+(2,000×0.3)=2,600(원)

따라서 할인한 금액은 400원이다.

23 수리력 연립방정식 활용하기

| 정답 | ④

| 해설 | 구매할 초콜릿의 개수를 x개, 사탕의 개수를 y개로 두면 다음 식이 성립한다.

$$\begin{cases} 1,300x+700y=15,000 & \cdots\cdots ㉠ \\ x+y=12 & \cdots\cdots ㉡ \end{cases}$$

㉠, ㉡을 연립하여 풀면 $x=11$, $y=1$이다.

따라서 구매할 수 있는 초콜릿의 개수는 11개이다.

24 공간지각력 도형 모양 비교하기

| 정답 | ②

| 해설 | 제시된 도형과 동일한 것은 ②이다.

| 오답풀이 |

나머지 도형은 동그라미 친 부분이 다르다.

①

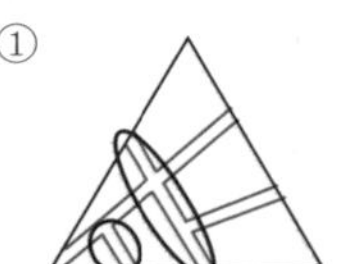

③

④

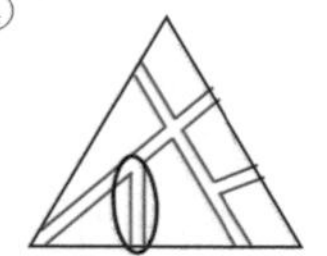

25 언어논리력 글의 사례 파악하기

| 정답 | ④

| 해설 | 제시된 글의 사례는 어떠한 결과에 근본적이지 않은 원인을 연결한 경우이어야 한다. 학령인구 감소의 근본적인 원인이 저출산 현상이므로 장 사원의 사례는 제시된 '잘못된 인과 관계'의 내용과 가장 거리가 멀다.

| 오답풀이 |

① 게임과 청소년 폭력 사이의 인과 관계를 단순화한 것으로, 청소년의 폭력의 원인이 단순히 게임에 있다고 보는 것은 '잘못된 인과 관계'의 전형적인 예이다.

② 시험 성적에는 여러 요소가 영향을 미치는데, 아침 식사를 주요 원인으로 보는 것은 아침 식사와 시험 성적 간의 인과 관계를 단순화한 사례이다.

③ 기름진 음식이 여드름을 악화시킬 수 있지만, 여드름의 원인은 호르몬, 유전적 요인 등 복합적이므로 '잘못된 인과 관계'의 예로 적절하다.

26 수리력 자료의 수치 분석하기

| 정답 | ③

| 해설 | 수도권이 지방보다 더 많은 재건축 인가 호수를 보인 해는 20X5년과 20X8년이며, 수도권이 지방보다 더 많은 재건축 준공 호수를 보인 해는 20X8년뿐이다.

|오답풀이|

① 수도권의 5년 평균 재건축 인가 호수는 $\frac{9.7+2.0+2.9+8.7+10.9}{5}=6.84$(천 호)로, $\frac{1.1+3.4+0.7+10.2+5.9}{5}=4.26$(천 호)인 평균 준공 호수보다 많다.

② 20X9년 지방의 재건축 인가 호수가 전년 대비 가장 큰 변동 폭을 나타내고 있다.

④ 지방의 재건축 준공 호수의 증감 추이는 증가, 감소, 증가, 증가로 이와 동일한 항목은 없다.

27 문제해결력 명제 추론하기

|정답| ①

|해설| 제시된 [전제]인 '맵고 짠 음식을 좋아하는 사람은 라면보다 칼국수를 더 좋아하지 않는다'의 대우는 '라면보다 칼국수를 더 좋아하는 사람은 맵고 짠 음식을 좋아하지 않는다'가 된다. [결론]에서 '형진이는 맵고 짠 음식을 좋아하지 않는다'라고 하였으므로 삼단논법에 의해 빈칸에 들어갈 전제는 '형진이는 라면보다 칼국수를 더 좋아한다'가 적절하다.

보충 플러스+

두 번째 전제에서 'q : 맵고 짠 음식을 좋아한다', '$\sim r$: 라면보다 칼국수를 더 좋아하지 않는다', 결론에서 'p : 형진이', '$\sim q$: 맵고 짠 음식을 좋아하지 않는다'가 된다.

삼단논법:
$$\begin{array}{c} p \rightarrow q \\ q \rightarrow r \\ \hline p \rightarrow r \end{array} \qquad \begin{array}{c} ? \rightarrow ? \\ q \rightarrow \sim r \\ \hline p \rightarrow \sim q \end{array} \xrightarrow{\text{대우}} \begin{array}{c} ? \rightarrow ? \\ r \rightarrow \sim q \\ \hline p \rightarrow \sim q \end{array}$$

두 번째 전제의 대우와 삼단논법에 따라 추론해 보면 첫 번째 전제는 '$p \rightarrow r$', 즉 '형진이는 라면보다 칼국수를 더 좋아한다'가 성립됨을 알 수 있다.

28 수리력 자료의 수치 분석하기

|정답| ①

|해설| ⓐ 한국의 1인당 알코올음료 소비량은 20X0 ~ 20X4년 내내 다른 여섯 국가보다 많았다.

ⓑ 중국의 1인당 알코올음료 소비량은 20X0 ~ 20X4년 내내 인도네시아와 이스라엘의 1인당 알코올음료 소비량의 합보다 더 많다.

ⓒ 일본의 알코올음료 소비량은 20X0 ~ 20X4년 내내 중국의 알코올음료 소비량보다 많다.

|오답풀이|

ⓓ 제시된 자료를 통해서는 증류주 소비량을 비교할 수 없다.

ⓔ 이스라엘의 1인당 알코올음료 소비량은 20X0 ~ 20X1년 튀르키예의 1인당 알코올음료 소비량의 2배보다 적다.

29 수리력 자료의 수치 분석하기

|정답| ①

|해설| 2020년에 가장 많은 농가 수를 나타내는 경영형태 유형은 식량작물, 특용작물, 과수, 기타작물로 4가지이다.

|오답풀이|

② 과수를 경영하는 농가의 수만 지속적으로 증가하였다.

③ 논벼가 −42.4%로 가장 큰 감소율을 나타내고 있다.

④ 전체 농가의 수는 1,383 → 1,273 → 1,177 → 1,088천 호로 지속적인 감소추이를 보인다.

30 수리력 자료의 수치 분석하기

|정답| ④

|해설| 연도별 채소 경영 농가 수의 비율은 다음과 같다.

- 2005년 : $\frac{238}{1,383}\times 100 ≒ 17.2(\%)$
- 2010년 : $\frac{230}{1,273}\times 100 ≒ 18.1(\%)$
- 2015년 : $\frac{224}{1,177}\times 100 ≒ 19.0(\%)$
- 2020년 : $\frac{198}{1,088}\times 100 ≒ 18.2(\%)$

따라서 2015년−2020년−2010년−2005년 순으로 비율이 높다.

31 공간지각력 도형의 규칙 찾기

| 정답 | ③

| 해설 | 도형 전체가 시계 방향으로 90°씩 회전하고 있으므로, '?'에는 첫 번째 도형에서 오른쪽으로 270° 회전한 도형이 와야 한다.

32 언어논리력 사자성어 파악하기

| 정답 | ②

| 해설 | 제시된 글과 관련 있는 사자성어는 '새옹지마(塞翁之馬)'로 인생은 변화가 많아서 길흉화복을 예측하기가 어려움을 의미한다.

| 오답풀이 |

① '유비무환(有備無患)'은 미리 준비가 되어 있으면 걱정할 것이 없음을 의미한다.

③ '전화위복(轉禍爲福)'은 재앙과 근심, 걱정이 오히려 복으로 바뀜을 의미한다.

④ '자업자득(自業自得)'은 자기가 저지른 일의 결과를 자기가 받음을 의미한다.

33 언어논리력 글의 내용 요약하기

| 정답 | ①

| 해설 | 제시된 글은 이동통신에 사용되는 주파수 대역의 전자파가 성인에 비해 어린이들에게 더 많이 흡수되며, 이러한 전자파가 어린이들에게 안 좋은 영향을 미칠 수 있다는 내용을 담고 있다. 따라서 '휴대폰 전자파는 성인보다 어린이들에게 더 해로울 수 있다'고 요약할 수 있다.

| 오답풀이 |

② 휴대폰의 전자파가 어린이에게 좋지 않은 영향을 미친다고 하였지만, 어린이에게 휴대폰을 사용하게 해서는 안 된다는 당위적인 표현이 나타나 있지는 않다.

34 문제해결력 자료 분석하기

| 정답 | ②

| 해설 | 노동생산성과 고용률은 비례하는 국가와 비례하지 않는 국가가 모두 있으므로 '비례하지 않는다'고 판단해야 한다.

| 오답풀이 |

①, ③, ④ 제시된 표에서는 세 가지 지표 간의 연관성이 모든 나라에 동일하게 적용되는 경우는 없음을 알 수 있다. 따라서 모두 항상 참이 되지는 않는다. 다만 참이 되게 하는 경우가 적어도 한 가지 이상은 존재한다.

35 공간지각력 도형 회전하기

| 정답 | ③

| 해설 | 거울 면을 기준으로 물체와 대칭인 모습의 상이 생긴다. 따라서 글자는 으로 보인다.

36 문제해결력 조건을 바탕으로 추론하기

| 정답 | ②

| 해설 | 주어진 조건을 표로 정리해보면 다음과 같다.

구분	갑	을	병	정
포항		×		×
원주				
전주	×		×	
세종		×		×

따라서 을 사원은 반드시 전주에 발령을 받으며 이에 따라 정 사원은 원주로 발령을 받는다.

37 언어논리력 빈칸에 적절한 말 파악하기

| 정답 | ④

| 해설 | 빈칸의 앞 문장과 뒤 문장을 살펴보면 앞 문장에서는 ○○ 제작사의 변호사 A의 주장을, 뒤 문장에서는 △○ 제작사의 변호사 B의 주장을 말하고 있다. 각 변호사의 주장은 서로 상반되는 내용을 담고 있으므로 빈칸에는 뒤의 내용이 앞의 내용과 상반됨을 나타내는 '반면'이 적절하다.

38 공간지각력 도형 개수 세기

|정답| ④

|해설| 평행사변형을 이루는 칸의 개수를 나누어 세면 다음과 같다.

- 한 칸으로 구성되는 평행사변형 : 15개
- 두 칸으로 구성되는 평행사변형 : 22개
- 세 칸으로 구성되는 평행사변형 : 14개
- 네 칸으로 구성되는 평행사변형 : 14개
- 다섯 칸으로 구성되는 평행사변형 : 3개
- 여섯 칸으로 구성되는 평행사변형 : 10개
- 여덟 칸으로 구성되는 평행사변형 : 4개
- 아홉 칸으로 구성되는 평행사변형 : 3개
- 열 칸으로 구성되는 평행사변형 : 2개
- 열두 칸으로 구성되는 평행사변형 : 2개
- 열다섯 칸으로 구성되는 평행사변형 : 1개

따라서 크고 작은 평행사변형은 모두 15+22+14+14+3+10+4+3+2+2+1=90(개)이다.

39 문제해결력 문제해결 태도 파악하기

|정답| ③

|해설| 제시된 글의 문제점은 '두 집단이 다른 상황에 처해 있고 완벽히 같은 대우를 받을 수 없다'는 것이다. 화자는 이에 대해 '모두 좋은 상황에 놓일 수 있도록 계속해서 고민하고 행동을 취하고, 또 행동을 수정할 뿐이다'라며 차별을 줄이기 위해 끊임없이 노력해야 한다는 태도를 드러내고 있다.

③은 남성과 여성이 모두 인정할 수 있는 정책은 드물지만 어느 성별도 차별하지 않도록 노력해야 한다고 하였으므로 제시된 글과 같이 차별을 줄이기 위해 노력한다는 태도를 드러내고 있다. 따라서 제시된 글과 ③이 같은 성격의 문제의식을 지닌다고 볼 수 있다.

|오답풀이|

① 집단 간의 차이와 대우의 문제와 관련된 내용이 아니므로 제시된 글과 같은 성격의 문제해결 태도라고 보기 어렵다.

② 제시된 글은 상황이 좋지 못한 집단에게 더 나은 대우를 해 주는 것이 절대적으로 옳지는 못하다고 하였으므로 같은 성격의 문제해결 태도라고 볼 수 없다.

④ 지역적으로 서로 다른 자원을 보유하고 있다는 문제점은 유사하지만, 서로 다른 점을 고려해야 한다는 수준에서 그칠 뿐 차별이나 노력에 대한 언급은 하지 않고 있다.

40 수리력 자료의 수치 분석하기

|정답| ③

|해설| 평일에 하루 평균 5～7시간의 여가시간을 보내는 사람의 비율은 12.4%, 휴일에 5～7시간의 여가시간을 보내는 사람의 비율은 31.9%이므로 그 차이는 19.5%p이다.

|오답풀이|

② 60대 3.6시간, 70대 이상 4.7시간으로 60대와 70대만 평일 하루 평균 여가시간이 3시간을 넘는다.

④ 평일 하루의 평균 여가시간은 3.1시간, 휴일의 평균 여가시간은 5.0시간이므로 옳은 설명이다.

41 수리력 자료의 수치 분석하기

|정답| ②

|해설| 평일 여가시간대와 휴일 여가시간대의 비중과 그 차이를 표로 정리하면 다음과 같다.

구분	3시간 미만	3～5 시간	5～7 시간	7～9 시간	9시간 이상
평일(%)	41.4	42.1	12.4	3.0	1.2
휴일(%)	9.7	38.2	31.9	12.4	7.8
평일과 휴일의 비중 차이(%p)	31.7	3.9	19.5	9.4	6.6

따라서 평일과 휴일의 비중 차이가 가장 큰 시간대는 '3시간 미만'이고, 평일에 하루 평균 3시간 미만의 여가시간을 가지는 남성의 비중은 45.6%이다.

42 문제해결력 자료를 바탕으로 추론하기

|정답| ④

|해설| 교통 편의성과 예정 건설 비용을 우선적으로 고려한다고 하였으므로 두 항목의 점수 합계가 9로 가장 높은 B와 D 지역이 가장 유력한 건설 예정지 후보가 된다. 전체 항목의 합은 B 지역은 16점, D 지역은 17점으로 D 지역이 1점 더 높다. 따라서 D 지역이 가장 적절하다.

43 문제해결력 조건을 바탕으로 추론하기

| 정답 | ④

| 해설 | 먼저 네 번째 조건을 보면 E는 C와 성별이 같고, 세 번째 조건에 따라 D는 여자인데, 여자는 둘뿐이므로 C와 E는 남자임을 알 수 있다. 또한 E는 영국인 또는 프랑스인이라고 하였는데, 마지막 조건에 따라 프랑스인은 여자이므로 E는 영국인이 된다. 다섯 번째 조건과 마지막 조건을 살펴보면 F는 이탈리아인이 아니고, 남자이므로 프랑스인도 아니다. 그리고 두 번째 조건에 따라 A는 미국인이므로 F는 중국인 또는 일본인이며, C도 중국인 또는 일본인이므로 D는 이탈리아인임을 알 수 있다. 이를 표로 정리해 보면 다음과 같다.

구분	국적	성별
A	미국	남
B	프랑스	여
C	중국 or 일본	남
D	이탈리아	여
E	영국	남
F	중국 or 일본	남

따라서 B는 프랑스인이다.

44 언어논리력 글의 흐름에 관계없는 문장 찾기

| 정답 | ④

| 해설 | 제시된 글은 선거 과정에서 신문의 특정 후보에 대한 지지 표명이 논쟁이 되는 것에 관한 글이다. ㉠, ㉡, ㉢은 논쟁이 되는 현상에 대한 설명이고, ㉢ 뒤의 문장과 ㉣은 비판의 근거를 제시하고 있다. 그러나 ㉣에서 신문의 특정 후보 지지가 유권자의 표심에 미치는 영향이 크지 않다는 학계의 시각은 신문의 특정 후보에 대한 지지 표명을 옹호하는 근거이지 비판의 근거가 아니므로 제시된 글의 흐름에 맞지 않는다.

45 언어논리력 글의 교훈 파악하기

| 정답 | ④

| 해설 | 제시된 글은 꿀벌의 사례를 들며 집단적 의사결정의 장점에 대해 제시하고 있다. 따라서 경험적 지식을 중시하는 내용인 ④는 적절하지 않다.

6회 기출예상문제

▶ 문제 164쪽

01	③	02	①	03	①	04	③	05	④
06	①	07	②	08	①	09	③	10	①
11	④	12	②	13	③	14	④	15	①
16	③	17	④	18	④	19	③	20	④
21	④	22	④	23	②	24	③	25	②
26	②	27	②	28	③	29	②	30	③
31	②	32	②	33	④	34	④	35	①
36	②	37	③	38	④	39	①	40	③
41	②	42	④	43	③	44	③	45	③

01 언어논리력 다의어 파악하기

| 정답 | ③

| 해설 | ①, ②, ④의 '싸다'는 「1」의 '물건을 안에 넣고 보이지 않게 씌워 가리거나 둘러 말다'라는 의미로 사용되었다. 반면 ③은 「2」의 '어떤 물체의 주위를 가리거나 막다'라는 의미로 사용되었다.

| 오답풀이 |

① '엄마가 아기를 포대기로 감싸서 덮었다'는 의미이다.

② '헝겊으로 머리가 보이지 않게 둘렀다'는 의미이다.

④ '선물을 포장지 안에 넣었다'는 의미이다.

02 언어논리력 품사 파악하기

| 정답 | ①

| 해설 | '먹다'는 '음식 따위를 입을 통하여 배 속에 들여보내다'라는 의미의 동사이다. 동사는 사물의 동작이나 작용을 나타내는 품사이다.

'다르다', '아프다', '예쁘다'는 모두 사물의 성질이나 상태를 나타내는 품사인 형용사이다.

03 문제해결력 명제 판단하기

| 정답 | ①

| 해설 | 제시된 명제를 정리하면 다음과 같다.

- 고양이 → 호랑이
- 개 → ~호랑이
- 치타 → 고양이

세 번째 명제와 첫 번째 명제의 삼단논법에 의해 '치타 → 고양이 → 호랑이'가 성립하므로 대우인 '~호랑이 → ~고양이 → ~치타'도 성립한다. 따라서 호랑이를 키우지 않는다면 치타를 좋아하지 않음을 알 수 있다.

| 오답풀이 |

② 두 번째 명제의 대우를 통해 호랑이를 키우는 사람은 개를 좋아하지 않음을 알 수 있다.

③ 제시된 명제를 통해서는 알 수 없다.

④ 두 번째 명제와 첫 번째 명제의 대우의 삼단논법에 의해 '개 → ~호랑이 → ~고양이'가 성립하므로 개를 좋아하는 사람은 고양이를 좋아하지 않음을 알 수 있다.

04 공간지각력 조각 결합하기

| 정답 | ③

| 해설 | ③은 동그라미 친 부분이 잘못되었으며, 다음과 같이 수정되어야 한다.

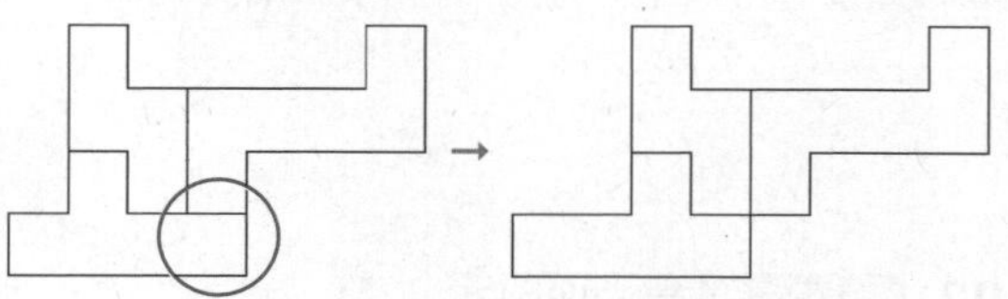

05 언어논리력 경청 이해하기

| 정답 | ④

| 해설 | 제시된 글에서 고객은 경청의 효과가 제품이나 서비스의 불만족까지도 극복하는 경우가 있음을 암시하고 있다. 경청이란 다른 사람의 말을 주의 깊게 들으며 공감하는 능력이다. 경청은 대화의 과정에서 신뢰를 쌓을 수 있는 최고의 방법이다. 우리가 경청하면 상대는 안도감을 느끼고 무의식적인 믿음을 갖게 된다.

06 언어논리력 빈칸에 적절한 말 파악하기

| 정답 | ①

| 해설 | 빈칸에 공통으로 들어갈 단어는 '참석'으로 '모임이나 회의 따위의 자리에 참여함'의 의미를 가진다.

| 오답풀이 |

② 개척 : 새로운 영역, 운명, 진로 따위를 처음으로 열어 나감.

③ 인도 : 이끌어 지도함.

④ 검토 : 어떤 사실이나 내용을 분석하여 따짐.

07 언어논리력 글의 서술 방식 파악하기

| 정답 | ②

| 해설 | 다양성이 사라진 양계장의 예를 통해 우리 사회집단에도 다양성 확보가 필요하다는 점을 서술하고 있다.

08 문제해결력 조건을 바탕으로 추론하기

| 정답 | ①

| 해설 | 첫 번째 ~ 네 번째 조건을 통해 햄버거는 3명, 피자는 2명, 짬뽕은 C로 1명, 떡볶이는 2명이 좋아함을 알 수 있다. 다섯 번째 조건을 통해 피자를 좋아하는 사람 2명 중 1명이 A이고, 햄버거를 좋아하는 사람은 A를 제외한 B, C, D임을 알 수 있다. 일곱 번째 조건을 통해 피자를 좋아하는 나머지 1명은 D임을 알 수 있다. A ~ D가 좋아하는 음식을 두 가지씩 말했으므로, 이를 고려해서 떡볶이를 좋아하는 사람을 추론하여 정리하면 다음과 같다.

햄버거(3)	피자(2)	짬뽕(1)	떡볶이(2)
B, C, D	A, D	C	A, B

따라서 떡볶이를 좋아하는 사람은 A, B이다.

09 공간지각력 전개도 파악하기

| 정답 | ③

| 해설 | 전개도를 접었을 때 서로 만나게 되는 모서리를 표시하면 다음과 같다.

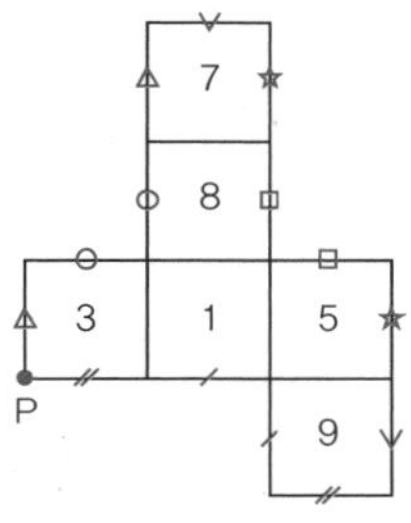

따라서 꼭짓점 P와 만나는 면에 적혀 있는 수는 3, 7, 9이며 그 합은 3+7+9=19이다.

10 언어논리력 글의 흐름에 맞게 문단 배열하기

| 정답 | ①

| 해설 | 먼저 글의 중심 내용과 관련된 '악어의 법칙'에 대해 설명하고 있는 (가)가 오고, 이를 일상생활에 대입해 포기할 줄 아는 것이 '악어의 법칙'의 요점임을 다시 설명한 (라)가 이어진다. 그러나 '악어의 법칙'과는 달리 포기는 곧 끝이라는 생각에 포기를 두려워하는 사람이 많이 있음을 언급한 (다)가 다음에 오고, 포기는 무조건 끝이 아닌 더 많은 것을 얻기 위한 길임을 얘기하고 있는 (나)가 마지막에 온다. 따라서 (가)－(라)－(다)－(나) 순이 적절하다.

11 언어논리력 세부 내용 이해하기

| 정답 | ④

| 해설 | 제시된 글은 무작정 포기를 많이 하는 사람이 현명한 것이 아니라 어쩔 수 없는 결정적인 순간에 과감하게 포기할 줄 아는 사람이 지혜롭다는 점을 설명하고 있다.

12 문제해결력 명제 판단하기

| 정답 | ②

| 해설 | 다섯 개의 명제들 중 첫 번째, 두 번째, 세 번째 명제는 단순 삼단논법으로 연결되어 1호선 → 2호선 → 5호선 → ~3호선의 관계가 성립됨을 알 수 있다. 따라서 그 대우인 '3호선 → ~1호선(3호선을 타 본 사람은 1호선을 타 보지 않았다)'도 옳은 명제가 된다.

| 오답풀이 |

① 두 번째 명제의 대우와 첫 번째 명제의 대우의 삼단논법에 따라 5호선을 타 보지 않은 사람은 1호선을 타 보지 않았음을 알 수 있다.

③, ④ 제시된 명제를 통해서는 알 수 없다.

13 공간지각력 도형의 규칙 찾기

| 정답 | ③

| 해설 | 그림 안에 있는 흰색 원은 시계 방향으로 한 칸씩 이동하고 있으며, 검정색 원은 반시계 방향으로 두 칸씩 이동하고 있다. 별은 두 번째 그림에서 한 칸, 세 번째 그림에서 두 칸 시계 방향으로 이동하며 n번째 도형에서 n－1칸씩 이동하고 있다. 이를 정리하면 다음과 같다.

- 흰색 원 : 시계 방향으로 한 칸 이동
- 검정색 원 : 반시계 방향으로 두 칸 이동
- 별 : n번째 그림에서 시계 방향으로 n－1칸씩 이동

따라서 '?'에는 ③이 적절하다.

14 언어논리력 의사표현법 이해하기

| 정답 | ④

| 해설 | D의 말은 상대방의 의견을 부정적으로 평가하면서 대안은 제시하지 않고 비판만 하는 부정적인 대화 방식이다. 비록 함께 다른 방식을 찾아보자는 제안이 있기는 하지만, 처음의 부정적인 평가를 전달한 방식이 팀워크에 부적합하다고 볼 수 있다.

| 오답풀이 |

① 상대방의 의견을 존중하고 이해하며, 협력적인 해결책을 찾으려는 태도로, 팀워크에 적합한 대화 방식이다.

② 상대방의 아이디어를 긍정적으로 평가하고 실제로 적용해 보겠다는 제안으로, 팀워크에 적합한 대화 방식이다.

③ 자신의 어려움을 솔직히 말하면서도 다른 방식으로 기여할 방법을 찾으려는 태도로, 협력적인 대화 방식이다.

15 문제해결력 조건을 바탕으로 추론하기

| 정답 | ①

| 해설 | 세 번째 조건으로 100m 달리기 1등은 C이고 멀리뛰기 꼴찌는 D임을 확정할 수 있다. 두 번째 조건과 B가 D보다 빨랐다는 네 번째 조건에 따라 D는 달리기에서 2, 4등이 될 수 없으므로 3등이 되며, B는 D보다 빨랐으므로 2등, 남은 A는 4등으로 확정된다. 또한 멀리뛰기의 등수를 유추해 보면, 두 번째와 네 번째 조건에 따라 B는 1등도 2등도 될 수 없으므로 3등이 되며, C는 B보다 멀리 뛰었으므로 2등, 남은 A는 1등으로 확정된다.

따라서 A의 100m 달리기와 멀리뛰기 등수는 각각 4등과 1등이다.

16 수리력 단위 변환하기

| 정답 | ③

| 해설 | 1mm=0.1cm, 1m=100cm이므로 250+325=575(cm)이다.

17 수리력 피타고라스의 정리 활용하기

| 정답 | ④

| 해설 |

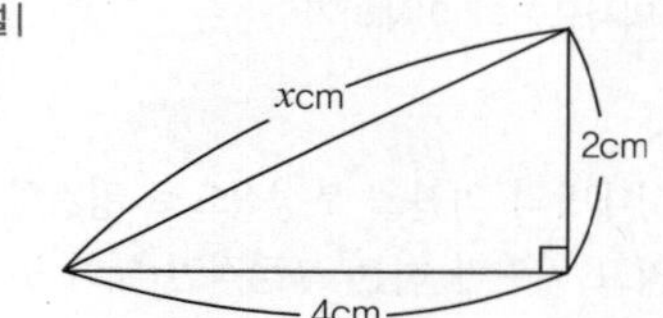

빗변의 길이를 $x$cm라 하면, 피타고라스의 정리에 의해 다음 식이 성립한다.

$x^2 = 2^2 + 4^2$

$x^2 = 20$

$\therefore x = \sqrt{20} = 2\sqrt{5}$ (cm)

18 수리력 부등식 활용하기

| 정답 | ④

| 해설 | 50,000원에서 7,000원짜리 계산기 두 대를 사면, 볼펜을 사는 데 쓸 수 있는 돈은 50,000−(7,000×2)=36,000(원)이다.

최 사원이 살 수 있는 볼펜의 개수를 x개라 하면 다음 식이 성립한다.

$500 \times 0.8 \times x \leq 36,000$

$\therefore x \leq 90$(개)

따라서 최 사원은 최대 90개의 볼펜을 살 수 있다.

19 공간지각력 조각 찾기

| 정답 | ③

| 해설 |

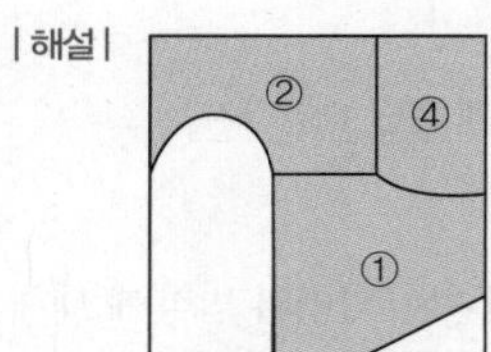

20 언어논리력 글의 흐름에 맞게 문장 삽입하기

| 정답 | ④

| 해설 | 제시된 글의 앞부분에는 언어가 사고 능력을 결정한다는 언어결정론자들의 주장과 그 근거가, 뒷부분에는 그에 대한 반박과 그 근거가 제시되고 있다. 〈보기〉의 문장은 언어가 사고 능력을 결정하지 않는다는 근거로, 글의 흐름상 언어결정론자들의 주장을 반박하고 있는 부분인 (나) 이후의 위치에 놓여야 한다. 즉, (다)나 (라)에 들어가야 하는데, (다) 뒤의 문장은 그 앞의 문장을 부연 설명하는 문장이므로 다른 내용을 담은 문장이 중간에 끼어들 수 없다. 따라서 우리말이 다른 언어에 비해 풍부한 색 표현을 가진 것이 아니라는 내용에 이어, 언어가 사고 능력을 결정하지 않는다는 두 번째 근거로 제시될 수 있도록 (라)에 들어가야 한다.

21 문제해결력 진위 추론하기

| 정답 | ④

| 해설 | A ~ E가 범인인 경우로 나누어 성립되는 경우를 찾는다. 먼저 A가 범인인 경우, A의 말은 거짓이므로 B도 범인이 되어 범인이 한 명이라는 조건에 상충한다. B가 범인인 경우, 범인이 아닌 A의 말이 거짓이 되어 성립하지 않는

다. C가 범인인 경우, 범인이 아닌 E의 말이 거짓이 되어 성립하지 않는다. D가 범인인 경우, A, B, C, E의 말이 모두 참이 되므로 성립한다. E가 범인인 경우, 범인이 아닌 B, C, D의 말이 거짓이 되어 성립하지 않는다. 따라서 거짓을 말한 범인은 D이다.

22 공간지각력 도형 개수 세기

| 정답 | ④

| 해설 | 하나의 사각형을 이루는 칸의 개수별로 나누어 세면 다음과 같다.

- 1개 : 14개
- 2개 : 18개
- 3개 : 11개
- 4개 : 2×2 5개, 1×4 5개
- 5개 : 1개
- 6개 : 5개
- 8개 : 1개
- 9개 : 1개

따라서 사각형의 개수는 총 14+18+11+5+5+1+5+1+1=61(개)이다.

23 수리력 일의 양 활용하기

| 정답 | ②

| 해설 | 전체 일의 양을 1로 생각하면, 선진이와 수연이의 하루 일의 양은 다음과 같다.

- 선진이가 하루에 하는 일의 양 : $\frac{1}{8}$
- 수연이가 하루에 하는 일의 양 : $\frac{1}{12}$

따라서 둘이 함께 한다면

$1 \div \left(\frac{1}{8}+\frac{1}{12}\right)=1 \div \left(\frac{3}{24}+\frac{2}{24}\right)=\frac{24}{5}=4.8$, 즉 5일이 걸린다.

24 수리력 방정식 활용하기

| 정답 | ③

| 해설 | 수아의 현재 나이를 x세라 하면,

- 3년 후 수아의 나이 : $x+3$세
- 3년 후 엄마의 나이 : $x+29+3=x+32$(세)
- 3년 후 아빠의 나이 : $x+29+7+3=x+39$(세)

3년 후에 엄마와 아빠의 나이를 합하면 수아 나이의 7배이므로 이를 식으로 정리하면 다음과 같다.

$(x+32)+(x+39)=7(x+3)$

$2x+71=7x+21$

$5x=50$

$\therefore x=10$(세)

따라서 수아는 현재 10세이다.

25 수리력 통계값 계산하기

| 정답 | ②

| 해설 | • 중앙값 : 점수를 크기순으로 나열하면 5, 5, 6, 6, 6, 8, 9, 10이므로 중앙값은 $\frac{6+6}{2}=6$점이다.

- 최빈값 : 가장 높은 빈도를 보인 6점이 최빈값이다.

26 언어논리력 글의 주제 파악하기

| 정답 | ②

| 해설 | 제시된 글은 자연재해의 종류 중에서 물과 관련한 재해의 높은 발생 비중과 이에 의한 피해를 줄이기 위한 노력에도 불구하고 물과 관련한 재해가 감소하지 않고 있다는 점을 우려하고 있다. 따라서 글의 주제로는 ②가 가장 적절하다.

27 문제해결력 명제 추론하기

| 정답 | ②

| 해설 | 'p : 하얀 옷을 입는다', 'q : 깔끔하다', 'r : 안경을 쓴다'라고 할 때 전제와 전제의 대우를 정리하면 다음과 같다.

- p → q(~q → ~p)
- q → r(~r → ~q)

'~r → ~q'와 '~q → ~p'의 삼단논법에 의해 '~r → ~q → ~p'가 성립한다. 따라서 결론을 이끌어내기 위해서는 수인이가 안경을 쓰지 않거나 깔끔하지 않아야 하므로 적절한 것은 ②이다.

28 수리력 자료의 수치 분석하기

|정답| ③

|해설| 북한은 2023년에 석탄 생산량이 감소하였으며, 남한은 증가한 해와 감소한 해가 모두 섞여 있다.

|오답풀이|

① 매년 남한과 북한의 석탄 생산량 차이가 10배가 넘는다.

② 2021년부터 남한의 철광석 생산량이 지속적으로 감소하고 있다.

④ 북한은 석탄 생산량이 철광석 생산량의 4 ~ 5배 정도이다.

29 수리력 자료의 수치 분석하기

|정답| ②

|해설| A 국이 20X5년부터 419, 441, 468, 460, 480천 건으로 특허출원 건수가 가장 많다.

|오답풀이|

① 연도별 막대그래프의 전체 높이를 살펴보면 20X8년에 특허출원 건수의 총합이 감소했음을 알 수 있다.

③ 20X9년을 보면 B 국은 344천 건, C 국은 391천 건으로 C 국이 더 많다.

④ 20X8년에 D 국의 특허출원 건수는 163천 건, 즉 163,000건으로 165,000건을 넘지 않는다.

30 수리력 자료의 수치 분석하기

|정답| ③

|해설| C 국이 특허출원을 가장 많이 했던 해는 391,000건을 출원했던 20X9년으로, 그 해에 D 국은 170,000건을 출원했다.

31 공간지각력 펼친 모양 찾기

|정답| ②

|해설| 접었던 선을 축으로 하여 역순으로 펼치면 다음과 같다.

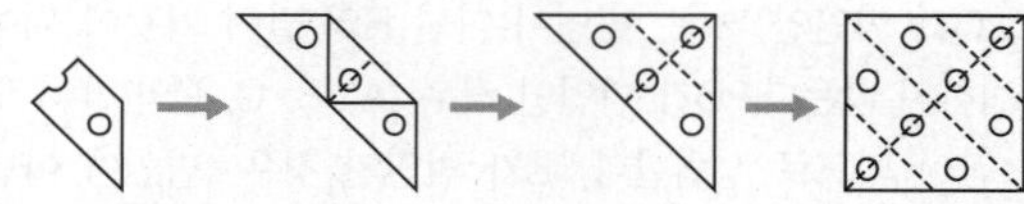

32 언어논리력 올바른 맞춤법 사용하기

|정답| ②

|해설| ㄱ. '서슴다'의 어간 '서슴-'에 어미 '-지'가 붙어 '서슴지'가 되어야 한다.

ㄹ. '불고염치(不顧廉恥)'는 염치가 없지만 그보다 더 중요한 일이 있어 염치를 뒤돌아보지 않는다는 의미로 '염치를 불고(不顧)하다'가 적절한 표현이다.

33 언어논리력 세부 내용 이해하기

|정답| ④

|해설| 공유지의 비극은 1968년 미국의 생물학자 하딘이 처음 주장한 개념이지만, 제시된 글에서는 이에 대한 정보를 찾아볼 수 없다.

|오답풀이|

① 글쓴이는 공유지의 비극 이론을 설명하면서 한정된 자원에 대한 자유로운 접근과 끝없는 욕망이 불러올 비극을 경고하고 이에 대한 예방을 주장하고 있다.

② 글쓴이는 공유지의 비극 이론을 환경, 정치, 경제, 인문학, 사회학 분야에 적용 가능하다고 하였다.

③ 공유지의 비극을 방지하려면 정부 차원의 해결책이 필요하다고 주장하고, 인센티브와 처벌 등의 제도적 장치를 제안하고 있다.

34 문제해결력 논리적 오류 파악하기

|정답| ④

|해설| 제시된 광고 문구에서 저지르고 있는 오류는 '군중에 호소하는 오류'이다. 이는 결론을 뒷받침할 전제와 근거 부분에 군중을 끌어들여, 많은 군중의 옳거나 좋다는 생각에 따라 결론 내리는 오류이다. 이와 같은 오류를 범하고 있는 것은 ④이다.

| 오답풀이 |

① 반증을 제시하지 못했다고 하여 그 논제가 참이라고 단정하는 무지에 호소하는 오류를 범하고 있다.

② 발화자의 말이 아닌 발화자 자체를 비난함으로써 발화자의 말에 대한 진위마저 단정하는 인신공격의 오류를 범하고 있다.

③ 주어진 전제에 의해 부적합한 결론을 도출하는 부적절한 결론의 오류를 범하고 있다.

35 언어논리력 자료의 내용 이해하기

| 정답 | ①

| 해설 | 한국 디자인의 발전과정을 알리고 한국 디자인의 가치에 대한 국민들의 인식을 고취시키기 위해 전시회를 진행하고자 한다는 기획목적이 이미 기획서에 제시되어 있다.

| 오답풀이 |

② 우리 디자인 산업 규모에 대한 정보의 출처를 밝히면 기획서에 객관성을 부여하여 신뢰도를 높일 수 있다.

③ '홍보행사'라는 제목으로는 구체적으로 어떤 홍보를 위한 행사인지 파악하기 어려우므로 행사 목적과 내용을 포괄할 수 있는 제목으로 바꾸어야 한다.

④ 기획서는 어떤 일이나 사업을 계획한 내용을 작성한 서류로, 이를 통해 상대를 설득하기 위해 행사의 기대효과를 밝히면 좋다.

36 공간지각력 블록 개수 세기

| 정답 | ②

| 해설 | 가장 뒷줄에 위치한 블록의 개수는 19개, 뒤에서 두 번째 줄에 위치한 블록의 개수는 9개, 가장 앞줄에 위치한 블록의 개수는 4개이므로 총 32개이다.

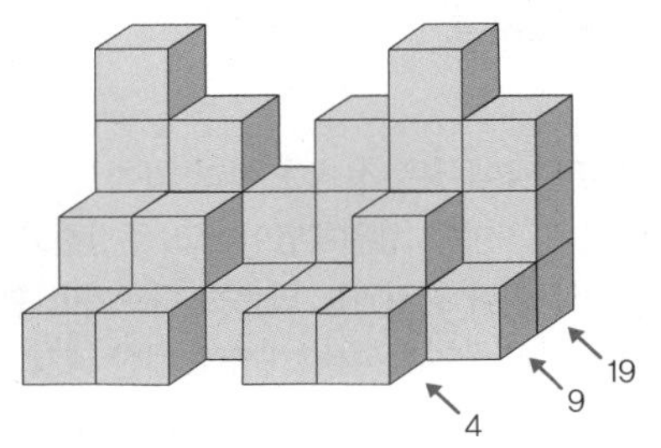

37 문제해결력 사고 능력 이해하기

| 정답 | ③

| 해설 | 프랑스 정부가 겨울 저녁 시간 활용의 어려움에 대한 문제를 해결하고자 양초값에만 초점을 맞출 때 벤자민 프랭클린은 낮 시간을 더 많이 활용할 수 있는 서머타임제도를 제안하였다. 이는 사물과 세상을 새로운 관점에서 바라보는 발상의 전환을 통해 문제를 해결한 사례이다.

| 오답풀이 |

① 전략적 사고 : 현재의 문제와 해결방안이 상위 시스템 또는 다른 문제와 어떻게 연결되어 있는지를 생각하는 것이다.

② 분석적 사고 : 전체를 각각의 요소로 나누어 그 요소의 의미를 도출한 후 우선순위를 부여하여 구체적인 문제 해결방법을 실행하는 것이다.

④ 내 · 외부자원을 효과적으로 활용 : 기술, 재료, 방법, 사람 등 필요한 내 · 외부 자원 확보 계획을 수립하여 효과적으로 활용하는 것이다.

38 문제해결력 자료를 바탕으로 추론하기

| 정답 | ④

| 해설 | 차선을 지키지 않으며 운전하는 것은 난폭운전에 해당한다. 난폭운전은 2회 이상의 행위를 연달아 하거나 하나의 행위를 지속, 반복할 때 성립된다고 하였으므로 한 번의 실수가 벌로 돌아온다는 캠페인 문구는 적절하지 않다.

| 오답풀이 |

① 보복운전은 형법의 적용을 받아 법적 처벌이 있으므로 범죄가 된다.

② 난폭운전은 불특정 다수인을 대상으로 하며, 행정처분의 경우 구속 시 면허가 취소된다고 하였다.

③ 난폭운전은 도로교통법의 적용을 받는다고 하였다.

39 공간지각력 투상도로 입체도형 추론하기

| 정답 | ①

| 해설 | 정면도 → 평면도 → 우측면도 순으로 확인해 보면 블록 개수와 위치가 모두 일치하는 입체도형은 ①이다.

| 오답풀이 |

② 정면도와 우측면도가 일치하지 않는다.

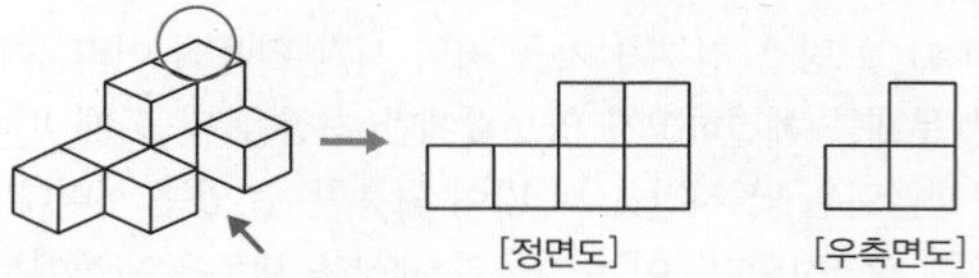

③ 정면도와 평면도가 일치하지 않는다.

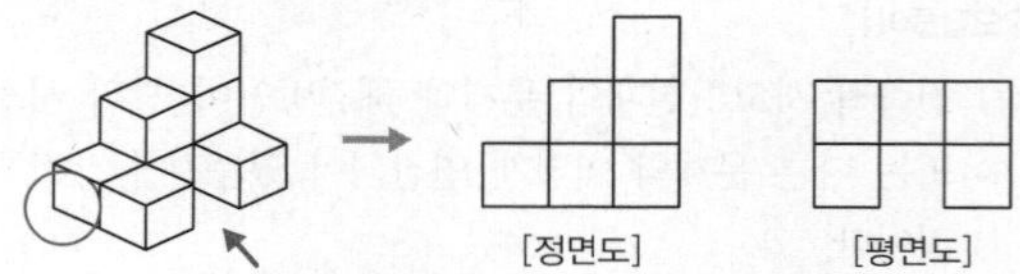

④ 평면도가 일치하지 않는다.

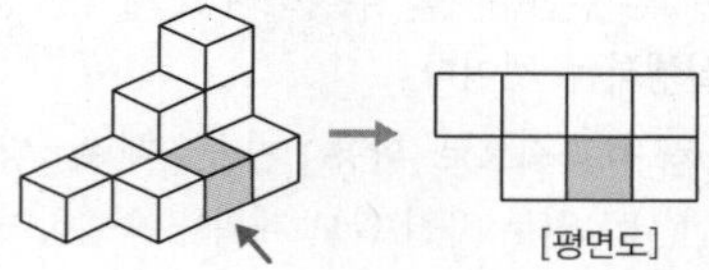

40 수리력 자료를 바탕으로 수치 계산하기

| 정답 | ③

| 해설 | A 유원지의 총매출액 중 소인 남자의 비율은 100−(19.2+23.5+17.8+21.4+12.3)=5.8(%)이다.

41 수리력 자료를 바탕으로 수치 계산하기

| 정답 | ②

| 해설 | D 유원지의 총매출액 중 여학생이 차지하는 비율은 34.4%이다. 이 중 37%가 고등학생이므로 D 유원지의 총매출액 중 여자 고등학생이 차지하는 비율은 $100\times\frac{34.4}{100}\times\frac{37}{100}\fallingdotseq 12.7(\%)$이다.

42 수리력 자료를 바탕으로 수치 계산하기

| 정답 | ④

| 해설 | C 유원지와 D 유원지의 소인 남자 매출액을 각각 구하면 다음과 같다.

- C 유원지 : 3,284×0.207=679.788(만 원)
- D 유원지 : 1,819×0.072=130.968(만 원)

따라서 C 유원지의 소인 남자 총매출액은 D 유원지의 소인 남자 총매출액의 $\frac{679.788}{130.968}\fallingdotseq 5.2$(배)이다.

43 문제해결력 우선순위 파악하기

| 정답 | ③

| 해설 | 조건에 따라 항목별 점수를 구하면 다음과 같다.

(단위 : 점)

구분	중요도	시급성	비용	난이도	합계
사옥 이전	3	5	4	2	14
인트라넷 개선	3	2	3	5	13
조직문화 개선	1	2	1	3	7
구매 업무 효율화	2	4	1	2	9
자원관리 전산화	5	2	3	1	11

따라서 1순위로 진행할 업무는 '사옥 이전'이며 5순위로 진행할 업무는 '조직문화 개선'이다.

44 언어논리력 맥락상의 의미 파악하기

| 정답 | ③

| 해설 | 정 부장은 하 대리에게 보고서를 제출하는 요령에 대해 말하고 있으며, 하 대리는 이에 대해 '아~'와 같은 맞장구로 응답하고 있다. 따라서 맞장구의 기능은 '이해'를 나타내는 것임을 알 수 있다.

45 언어논리력 글의 주장 파악하기

| 정답 | ③

| 해설 | 제시된 글에서는 정서가 여러 가지 감정들을 모두 포함하는 넓은 의미의 상위개념이라고 주장하고 있다. 또한 정서는 기분이나 감정과도 단순히 다르기만 한 것이 아니라 발생 원인이나 지속시간, 대상에 대한 생각 등의 측면에서 이들을 포함하는 개념이라고 언급하고 있다.

| 오답풀이 |

① 정서는 특정한 대상이 있고, 지속시간이 비교적 짧으며 원인이 덜 명확한 기분과는 구분될 수 있는 개념이다.

② 느낌은 상황이나 대상의 특정 측면 때문에 발생한다면, 정서는 상황이나 대상의 전체적인 것 때문에 발생하여 특정 행동을 유발한다고 주장하고 있다.

④ 정서조절의 역할로, 긍정적 정서와 부정적 정서 간의 조화를 통해 개인의 생각과 행동을 올바르게 안내해주고 목표를 성취하는 데 도움을 준다고 언급하고 있다.

7회 기출예상문제

▶ 문제 186쪽

번호	정답	번호	정답	번호	정답	번호	정답	번호	정답
01	①	02	②	03	②	04	①	05	④
06	②	07	①	08	②	09	②	10	④
11	③	12	③	13	③	14	④	15	③
16	④	17	④	18	②	19	④	20	①
21	③	22	③	23	③	24	④	25	③
26	①	27	③	28	④	29	①	30	③
31	②	32	②	33	③	34	③	35	④
36	④	37	③	38	④	39	①	40	②
41	④	42	④	43	③	44	②	45	③

01 언어논리력 다의어 파악하기

| 정답 | ①

| 해설 | 제시된 문장과 ①의 '어쩌다가'는 '뜻밖에 우연히'라는 뜻으로 사용되었다.

| 오답풀이 |

②, ④ '이따금 또는 가끔가다가'라는 뜻으로 사용되었다.

③ '어찌하다가'의 준말로 사용되었다.

02 언어논리력 의사표현법 이해하기

| 정답 | ②

| 해설 | 잘못한 점을 지적할 때는 잘못된 점을 사실에 근거하여 정확하고 확실하게 지적하는 것이 좋으며 서로의 관계를 고려해 말하는 것이 좋다. 또한 잘못한 점을 지적할 때에는 그 당시에 잘못한 것에 집중하여 지적해야 하며 다른 부분까지 한꺼번에 지적하는 것은 적절하지 못한 의사표현 방법이다.

03 공간지각력 제시된 블록 합치기

| 정답 | ②

| 해설 | ②는 다음과 같이 수정되어야 한다.

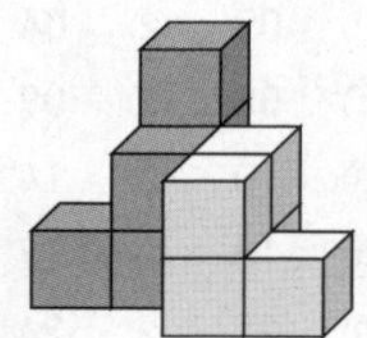

| 오답풀이 |

①

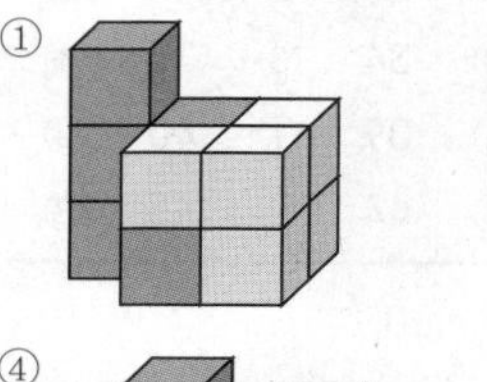

③

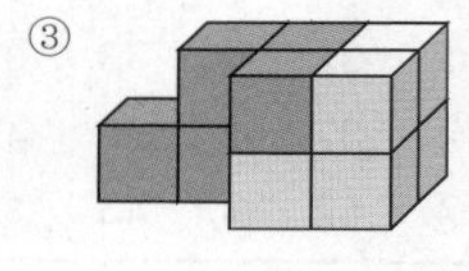

④

04 문제해결력 명제 추론하기

| 정답 | ①

| 해설 | 제시된 명제를 정리하면 다음과 같다.

- 2호선 → 5호선
- 9호선 → 7호선

'8호선을 이용하면 5호선을 이용한다'가 성립하기 위해서는 '2호선을 이용하면 5호선을 이용한다'와 삼단논법으로 이어질 수 있어야 한다. 따라서 '8호선을 이용하면 2호선을 이용한다'가 참이라면 '8호선 → 2호선 → 5호선'이 성립한다.

05 언어논리력 품사 파악하기

| 정답 | ④

| 해설 | '떠'는 기본형 '뜨다'에 어미가 결합하여 활용된 동사이다. 반면, 나머지 밑줄 친 단어들은 용언이나 다른 부사를 수식하는 부사이다.

06 공간지각력 펼친 모양 찾기

| 정답 | ②

| 해설 | 접었던 선을 축으로 하여 역순으로 펼치면 다음과 같다.

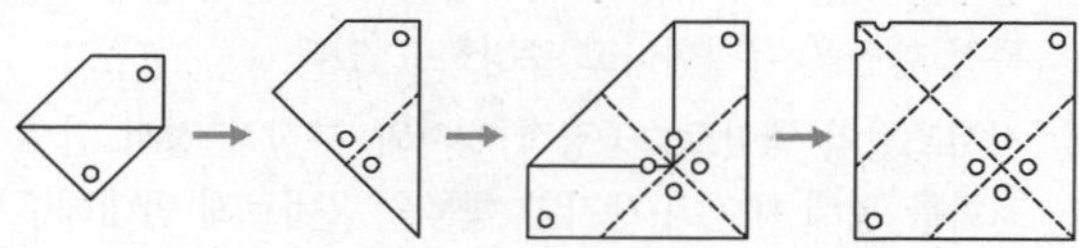

07 문제해결력 조건을 바탕으로 추론하기

| 정답 | ①

| 해설 | D의 활동 분야 중 하나는 개그맨인데, 개그맨인 사람은 가수 또는 MC가 아니라고 했으므로 D의 또 다른 활동 분야는 탤런트이다. 또한 가수는 총 3명이라 했으므로 D를 제외한 A, B, C는 모두 가수이다. MC인 사람은 한 명인데 B와 C는 활동 분야가 동일하므로 MC는 A가 된다. 그리고 탤런트 역시 총 3명이라 했으므로 B와 C의 또 다른 활동 분야는 탤런트가 된다. 이를 정리하면 다음과 같다.

A	B	C	D
가수, MC	가수, 탤런트	가수, 탤런트	개그맨, 탤런트

따라서 B의 활동 분야는 가수, 탤런트이다.

08 언어논리력 주제 파악하기

| 정답 | ②

| 해설 | A, C, D는 '모두 아이들이 읽기에 좋은 책은 어떤 책인가' 혹은 '아이들에게 좋은 책은 어떤 책인가'에 대해 이야기하고 있다. A는 재미가 있고 독자가 공감할 수 있는 책이 좋은 책이라고 생각하며, 아이들에게는 자신들과 관련이 있는 이야기가 그렇다고 말한다. C는 많은 사람들이 읽는 책, 즉 서점에서 많이 팔리는 책이 좋은 책이라고 말한다. D는 아이들의 수준에 맞는 책이 좋은 책이라고 말한다. 반면, B는 재미가 없더라도 좋은 책을 읽는 습관을 기르는 것이 중요하다며 주제와 다른 이야기를 하고 있다.

09 언어논리력 사자성어 파악하기

| 정답 | ②

| 해설 | '마부작침(磨斧作針)'은 도끼로 바늘을 만든다는 뜻의 사자성어로, 아무리 어려운 일이라도 끈기 있게 노력하면 이룰 수 있음을 이르는 말이다.

| 오답풀이 |

① 권토중래(捲土重來) : 흙먼지를 일으키며 다시 돌아온다는 뜻으로, 어떤 일에 실패한 뒤 다시 힘을 쌓아 그 일에 재차 착수하는 모습을 이르는 말

③ 면벽구년(面壁九年) : 벽을 향하고 아홉 해라는 뜻으로, 오랫동안 홀로 수행하는 것을 이르는 말

④ 득롱망촉(得隴望蜀) : 농(隴)나라를 얻고 나니 촉(蜀)나라를 갖고 싶다는 뜻으로, 인간의 욕심은 끝이 없음을 이르는 말

10 문제해결력 명제 판단하기

| 정답 | ④

| 해설 | 'p : 요리를 잘한다', 'q : 청소를 잘한다', 'r : 키가 크다'라고 할 때 〈보기〉를 정리하면 다음과 같다.

- p → q
- q → r
- 나 → p

'p → q'와 'q → r' 두 명제의 삼단논법에 의해 'p → r'도 참임을 알 수 있다. 따라서 ④는 항상 옳다.

| 오답풀이 |

① 두 번째 명제의 역이므로 항상 참이라고 할 수 없다.

② 제시된 명제로는 알 수 없다.

③ 'q → r'이 참이므로 이 명제의 대우인 '~r → ~q'도 참이 된다. 따라서 이는 거짓이다.

11 공간지각력 블록 개수 세기

| 정답 | ③

| 해설 | 색칠된 블록에 직접 접촉하고 있는 블록은 그림을 바라보는 정면을 기준으로 색칠된 블록의 오른쪽, 왼쪽, 뒤, 아래쪽의 하나씩으로 총 4개이다.

12 문제해결력 명제 추론하기

| 정답 | ③

| 해설 | ㄱ. 학생들의 인성교육이 학원폭력의 근절 방안이 될 수 있다는 전제를 제시하여 학원폭력에 대한 경찰청의 개입보다 인성교육이 우선되어야 한다는 주장을 제기할 수 있다.

ㄴ. 학원폭력의 원인이 학생들의 묵인과 학교 측의 미온적 대응에 있다는 전제에서 이를 개선하기 위해 각각 학생들의 인성교육과 학원폭력에 대한 선생님들의 대응방법 교육에 투자하여 대응해야 한다는 주장을 제기할 수 있다.

| 오답풀이 |

ㄷ. 경찰청의 개입은 학원폭력 방지의 최선의 방안이며 효과적이었다는 주장은 학원폭력 근절을 위해 경찰청의 개입을 옹호하는 입장에 해당한다.

ㄹ. 학원폭력을 행사하는 아이들이 경찰을 무서워한다는 내용은 경찰이 학원폭력 근절에 영향을 미칠 수 있다는 전제이므로 경찰청의 개입을 옹호하는 입장에 해당한다.

13 언어논리력 글의 서술 방식 파악하기

| 정답 | ③

| 해설 | 전반적으로 사실의 나열을 통하여 논지를 전개하고 있으며, 비판을 통해 독자의 동의를 얻으려는 서술은 찾아볼 수 없다.

| 오답풀이 |

① UN아동권리협약에 제시된 4가지 권리영역으로 생존권, 보호권, 발달권, 참여권을 열거하였다.

② 일부 학자들의 청소년 참여 수준에 대한 의견을 인용하였다.

④ 청소년연령이 18세 미만으로 정의되는 아동연령과 중복되는 점을 들어 청소년인권은 아동권리에 대한 국제조약인 UN아동권리협약에 규정된 내용과 관련이 깊다는 주관적 해석의 정당성을 확보하였다.

14 언어논리력 세부 내용 이해하기

| 정답 | ④

| 해설 | 청소년 참여권에 대한 명확한 정의는 아직까지 내려지지 않았다고 하였으며, ④의 내용은 일부 학자들의 의견이라고 하였다.

| 오답풀이 |

① '기본적으로 청소년인권은 아동권리에 대한 국제조약인 UN아동권리협약에 규정된 내용과 관련이 깊다'라고 하였다.

② '보호권은 모든 형태의 학대와 방임, 차별~ 등 아동에게 유해한 것으로부터 보호받을 권리'라고 하였으므로 옳은 설명이다.

③ '발달권은 잠재능력을 최대한 발휘하는 데 필요한 권리'라고 하였다.

15 공간지각력 조각 결합하기

| 정답 | ③

| 해설 | 제시된 도형을 올바르게 배치한 것은 ③이다

| 오답풀이 |

확실하게 아닌 모양을 찾으면 다음과 같다.

①
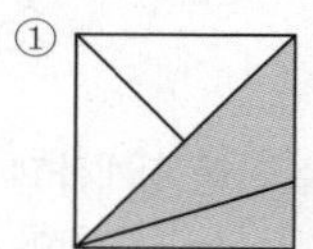
②
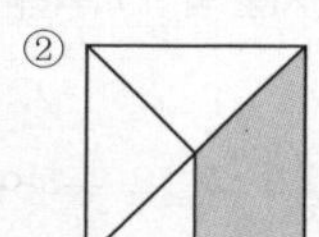
④
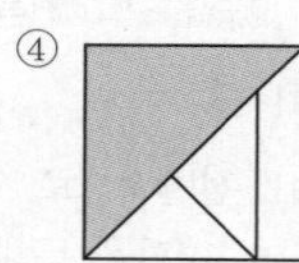

16 문제해결력 논리적 오류 파악하기

| 정답 | ④

| 해설 | 피장파장의 오류는 상대방의 잘못을 들추어 서로 낫고 못함이 없다고 주장하며 자신의 잘못을 정당화하는 오류이다. 제시된 대화에서 현수는 민규도 저번에 30분 늦어 놓고 사과한 적 없다는 사실을 들어 자신의 잘못을 정당화하고 있다.

| 오답풀이 |

① 성급한 일반화의 오류 : 특수하고 부족한 양의 사례를 근거로 일반화하여 섣불리 결론을 내리는 오류이다.

② 허수아비 공격의 오류 : 상대방이 제시한 주장의 일부만을 고르거나 그 일부를 과장, 왜곡시켜 공격하기 쉬운 유사한 주장으로 바꿔 그를 반박함으로써 상대방의 본래 주장 전부를 반박하는 것처럼 보이려 하는 오류이다.

③ 동정에 호소하는 오류 : 동정심에 호소해서 자신의 주장을 받아들이게 하려고 범하는 오류이다.

17 언어논리력 세부 내용 이해하기

| 정답 | ④

| 해설 | 제시된 글에 의하면 경험론자들은 정신에 타고난 관념 또는 선험적 지식이 있다는 것을 부정하고 모든 지식은 감각적 경험과 학습을 통해 형성된다고 보았으므로 생물학적 진화보다는 학습을 중요시하였음을 알 수 있다.

| 오답풀이 |

① 학습과 생물학적 진화 간의 우월성을 비교하는 내용은 나타나 있지 않다.

② 진화된 대부분의 동물들에게 학습 능력이 존재한다고 하였다.

③ 인간 사회의 변화는 생물학적 진화보다는 거의 전적으로 문화적 진화에 의한 것이라고 하였다.

18 언어논리력 빈칸에 적절한 말 파악하기

| 정답 | ②

| 해설 | ㉠ 뒤에서 '당시로서는 터무니없는 소리처럼 들리는 그 말'이라 했으므로, 인터뷰 당시 아놀드의 상황과 동떨어진 대답이 들어가야 한다. 따라서 ②가 적절하다.

19 수리력 최대공약수 활용하기

| 정답 | ④

| 해설 | 직사각형 벽에 남는 부분 없이 타일을 붙일 때 그 개수를 최소로 사용하기 위해서는 가능한 한 가장 큰 정사각형 모양의 타일을 사용해야 하므로 벽의 세로 · 가로 길이인 120cm, 90cm의 최대공약수가 사용할 타일의 한 변의 길이가 된다.

120과 90의 최대공약수는 2×3×5=30이므로 타일의 한 변의 길이는 30cm이다.

```
5 ) 120  90
×
3 )  24  18
×
2 )   8   6
=
30    4   3
```

20 수리력 방정식 활용하기

| 정답 | ①

| 해설 | 직사각형의 세로 길이를 xm라고 한다면 가로 길이는 $2x$m이므로 다음과 같은 식이 성립한다.

$(2\times x)+(2\times 2x)=3$

$2x+4x=3$

$\therefore x=0.5(\text{m})$

즉 세로 길이는 0.5m, 가로 길이는 1m이므로 이 직사각형의 넓이는 $0.5\times 1=0.5(\text{m}^2)$이다.

21 수리력 방정식 활용하기

| 정답 | ③

| 해설 | 정은이가 산 참외의 개수를 x개라 하면 오렌지의 개수는 $(10-x)$개이므로 다음과 같은 식이 성립한다.

$1,500x+2,500(10-x)=20,000$

$1,000x=5,000$

$\therefore x=5$(개)

따라서 정은이가 산 참외의 개수는 5개이다.

22 수리력 일의 양 활용하기

| 정답 | ③

| 해설 | 1시간 동안 둘이 함께 빚을 수 있는 만두는 20+15=35(개)이므로 210개를 빚으려면 총 $\frac{210}{35}=6$(시간)이 걸린다.

23 수리력 인원수 계산하기

| 정답 | ③

| 해설 | • 5% 증가한 1달 후의 관람객 수 :
$10,000+(10,000\times 0.05)=10,500$(명)

• 5% 증가한 2달 후의 관람객 수 :
$10,500+(10,500\times 0.05)=11,025$(명)

24 수리력 경우의 수 구하기

| 정답 | ④

| 해설 | 7명 중 C와 F가 이웃한다는 조건이 있으므로 C와 F를 한 명으로 보고 6명이 일렬로 서는 경우를 계산하면 $6!=6\times 5\times 4\times 3\times 2\times 1=720$(가지)이다. 여기에 이웃한 C와 F의 자리가 바뀌는 경우 2가지가 있으므로 경우의 수는 총 $720\times 2=1,440$(가지)이다.

25 공간지각력 투상도로 입체도형 추론하기

| 정답 | ③

| 해설 | 첫 번째 그림은 정면도, 두 번째 그림은 위에서 내려다본 평면도, 세 번째 그림은 우측면도라고 할 때 ③과 일치한다.

| 오답풀이 |

① 정면도와 우측면도의 모양이 일치하지 않는다.

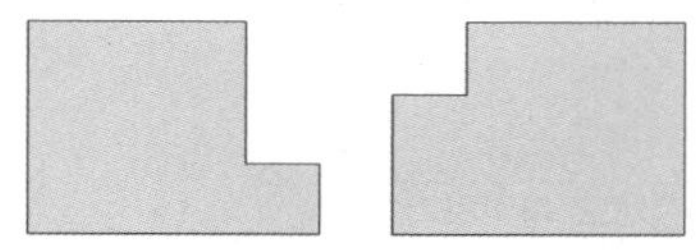

② 평면도와 우측면도의 모양이 일치하지 않는다.

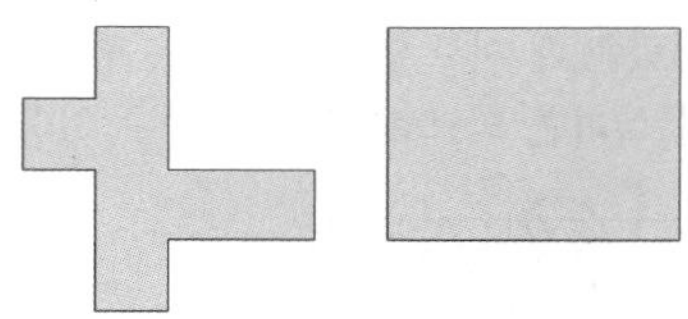

④ 정면도의 모양이 일치하지 않는다.

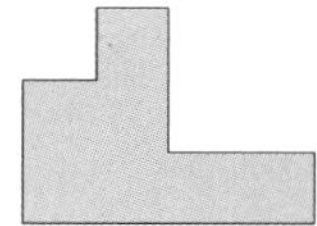

26 언어논리력 글의 의도 파악하기

| 정답 | ①

| 해설 | 제시된 글에서는 글을 쓸 때 좀 더 멋있게 표현하고 싶은 생각에 이것저것 다 아는 체할 경우 결국 글의 핵심에서 벗어나게 되고 형용사나 부사가 난무하여 글이 느끼해지며, 글의 성패는 여기서 갈린다고 하였다. 따라서 필자는 글을 잘 쓰려는 욕심을 버려야 함을 말하고 있다.

27 언어논리력 글 수정하기

| 정답 | ③

| 해설 | 앞부분의 내용과 뒤에 이어지는 내용을 같은 맥락에서 전개하는 적절한 접속어에 해당하므로 고칠 필요가 없다.

| 오답풀이 |

① 앞 문장의 물음에 대해 답변하는 형식이 와야 하므로 ㉠을 '훈련을 통해서 얻을 수 있다고 대답했다'로 고쳐야 한다.

② '습관'은 어떤 행위를 오랫동안 되풀이하는 과정에서 저절로 익혀진 행동 방식이며, '천성'은 선천적으로 타고난 성격이나 성품을 의미한다. '천성'은 후천적으로 얻어질 수는 없으나 제시된 글에 따르면 반복적인 연습에 의해 마치 '천성'이 되는 것처럼 이야기하고 있으므로 ㉡을 '천성'으로 바꾸어야 한다.

④ 제시된 글은 좋은 성품을 얻는 방법에 대해 이야기하고 있으므로 ㉣은 주제와는 무관한 문장이다. 따라서 글의 통일성이나 문맥의 흐름에 어긋나므로 삭제해야 한다.

28 공간지각력 전개도 파악하기

| 정답 | ④

| 해설 | 전개도를 접었을 때 서로 인접하게 되는 면을 생각해 본다. 2개 면만 살피면 되므로 쉽게 찾을 수 있다.

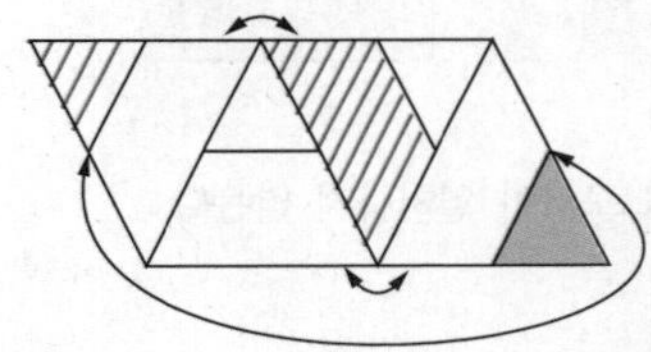

| 오답풀이 |

넓은 면을 기준으로 볼 때 ①의 경우 왼쪽에 이 와야 하고, ②는 , ③은 이 와야 한다.

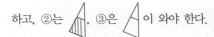

29 문제해결력 자료를 바탕으로 추론하기

| 정답 | ①

| 해설 | A ~ D 호텔의 지불비용은 모두 예산을 넘지 않는다. 다음으로 대회의실과 20인 수용시설 2실, 숙박시설과 차량이 필요한데, C 호텔 숙박시설은 정원이 30인이기 때문에 불가능하다. 또한 D 호텔은 소회의실이 1실밖에 없으므로 워크숍 장소로 적절하지 않다. 마지막으로 남은 A 호텔과 B 호텔 중에서 같은 조건일 경우 노래방 기기가 있는 곳을 더 선호한다고 하였으므로 A 호텔이 워크숍 장소로 적절하다.

30 수리력 자료의 수치 분석하기

| 정답 | ③

| 해설 | 1990년 이후로 14세 이하 인구가 각각 1,063천 명, 1,932천 명, 1,228천 명 감소하였으므로 옳은 설명이다.

| 오답풀이 |

① 2010년 인구는 7,979+36,209+5,366=49,554(천 명)이고, 30년 전인 1980년 인구는 12,951+23,717+1,456=38,124(천 명)이다. 따라서 2010년 인구는 30년 전에 비해 증가하였다.

② 〈자료 1〉과 비교해 보면 (A)가 0 ~ 14세, (B)가 65세 이상 인구 비율을 나타냄을 알 수 있다.

④ 2010년 65세 이상 인구수는 5,366천 명이고 이는 1990년 14세 이하 인구수 10,974천 명의 $\frac{1}{2}$ 이하이다.

31 수리력 자료를 바탕으로 수치 계산하기

| 정답 | ②

| 해설 | $\frac{7,016}{6,751+37,620+7,016} \times 100 \fallingdotseq 13.7(\%)$를 차지하고 있다.

32 수리력 자료의 수치 분석하기

| 정답 | ②

| 해설 | 불법체류 외국인의 수가 20X4년에 최고치를 기록한 것은 사실이지만, 처음으로 등록 외국인 수보다 많아진 시기는 20X3년이다.

| 오답풀이 |

• A : 등록 외국인 수는 꾸준히 증가하고 있지만 변수가 발생하면 감소할 수도 있다.

• C : 20X5년도에 불법체류 외국인의 수는 급격히 감소하고 등록 외국인의 수는 급격히 늘어났으므로 서로 관련이 있을 것이라 예상할 수 있다.
• D : 20X6년 이후 큰 증감 없이 유지되고 있으므로 적절하다.

33 언어논리력 글을 읽고 추론하기

| 정답 | ③

| 해설 | 제시된 글의 두 번째 문단에서 이순신 장군을 표상하거나 지시한다고 해서 반드시 이순신 장군의 모습과 유사하다고 할 수는 없다고 하였다. 즉, 나타내려는 대상의 모습과 유사하지 않더라도 그 대상을 표상할 수는 있다는 것이다. 따라서 유사성이 없다면 표상이 될 수 없다고 하는 ③은 적절하지 않다.

34 문제해결력 조건을 바탕으로 추론하기

| 정답 | ③

| 해설 | A는 D와 위원이 중복되지 않으므로 A와 D는 같은 시간대에 회의를 진행한다. C는 A, D, E, F와 위원이 중복되지만, B와는 중복되지 않으므로 B와 C는 같은 시간대에 회의를 진행한다. 마지막으로 남은 E와 F는 위원이 중복되므로 다른 시간대에 회의를 진행해야 한다.

1시간	A(지혜, 현우, 정현)	D(희경, 수정)
1시간	B(지혜, 희경)	C(현우, 수정)
1시간	E(수정, 정현)	
1시간	F(현우, 정현)	

따라서 회의에 필요한 최소 시간은 4시간이다.

35 공간지각력 도형의 규칙 찾기

| 정답 | ④

| 해설 | 색이 칠해진 사각형들은 반시계 방향으로 두 칸씩 이동하고 있으며, 오각형은 시계 방향으로 90°씩 회전하면서 시계 방향으로 한 칸씩 이동하고 있다. 따라서 '?'에는 ④가 적절하다.

36 언어논리력 자료의 내용 이해하기

| 정답 | ④

| 해설 | ㉠ '여름새와의 하천여행 2'의 참가비용은 1인당 1,000원이라고 명시되어 있다.

㉢ '여름새와의 하천여행 1'의 참고사항을 통해 점심 도시락이 제공됨을 알 수 있다.

㉤ 안내문 하단에 모든 프로그램은 선착순 모집임을 명시하고 있다.

| 오답풀이 |

㉡ 모집 정원은 제시되어 있지 않다.

㉣ 모집 기간은 제시되어 있지 않다.

37 문제해결력 사고 능력 이해하기

| 정답 | ③

| 해설 | 문제의식과 고정관념 타파는 비판적 사고를 개발하기 위한 태도이며, 생각하는 습관, 상대 논리의 구조화, 구체적인 생각, 타인에 대한 이해, 설득 등은 논리적 사고의 중요한 다섯 가지 구성요소이다.

38 수리력 자료의 수치 분석하기

| 정답 | ④

| 해설 | 부서별로 인원수가 다르므로, 전체 평균 계산 시 가중치를 고려하여야 한다.

• 전 부서원의 정신적 스트레스 지수 평균점수 :

$$\frac{1\times1.83+2\times1.79+1\times1.79}{4}=1.8(\text{점})$$

• 전 부서원의 신체적 스트레스 지수 평균점수 :

$$\frac{1\times1.95+2\times1.89+1\times2.05}{4}=1.945(\text{점})$$

따라서 두 평균점수의 차이는 0.145이므로 0.16 미만이다.

| 오답풀이 |

① 생산, 영업, 지원 부서 중 정신적 스트레스의 평균점수가 가장 높은 부서는 생산 부서이다.

② 생산, 영업, 지원 부서 모두 신체적 스트레스의 평균점수가 정신적 스트레스의 평균점수보다 높다.

③ 신체적 스트레스 평균점수는 지원(2.05점)>생산(1.95점)>영업(1.89점) 순으로 높다.

39 수리력 자료를 바탕으로 수치 계산하기

| 정답 | ①

| 해설 | • 자가용을 이용하는 남자 : 500(만 명)×0.42=210(만 명)

• 자가용을 이용하는 여자 : 400(만 명)×0.47=188(만 명)

따라서 210−188=22(만 명) 차이가 난다.

40 공간지각력 도형 개수 구하기

| 정답 | ②

| 해설 | 만들 수 있는 삼각형과 그 개수는 다음과 같다.

• 작은 삼각형(△) : 24개

• 작은 삼각형 4개로 만들어진 중간 삼각형 :  과

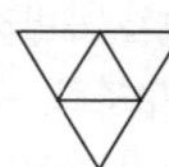 모양 각각 6개로 총 12개

• 작은 삼각형 9개로 만들어진 큰 삼각형 : 

과 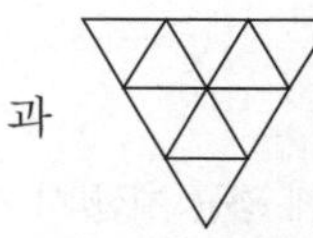 모양 각각 2개로 총 4개

따라서 만들 수 있는 삼각형은 모두 24+12+4=40(개)이다.

41 문제해결력 조건을 바탕으로 추론하기

| 정답 | ④

| 해설 | ④의 경우, A와 B 사이의 거리와 C와 D 사이의 거리가 같다. 또한, B의 방에서 D, A 방까지의 거리는 서로 같지만, C의 방까지의 거리는 홀로 다르다. 그리고 C의 방에서 가장 거리가 먼 방은 D가 아닌 B고, D의 방을 기준으로 가로와 세로 수직선 방향에는 방이 비어 있다.

| 오답풀이 |

① C의 방에서 가장 거리가 먼 방이 B와 D이므로 옳지 않다.

② A와 B 사이의 거리와 C와 D 사이의 거리가 다르고, B의 방에서 A, C, D 방까지의 거리는 서로 모두 다르며, D 방을 기준으로 세로 수직선 방향에 B의 방이 있으므로 옳지 않다.

③ B 방과 A, C, D 방까지의 거리는 서로 모두 다르고, D 방을 기준으로 가로, 세로 수직선 방향에 A와 B의 방이 있으므로 옳지 않다.

42 문제해결력 적절한 행동 선택하기

| 정답 | ④

| 해설 | 문제가 확인된 사안에 대하여 책임여부를 검토하는 업무는 외부감사 담당자가 할 일이 아니다.

43 문제해결력 조건을 바탕으로 추론하기

| 정답 | ③

| 해설 | 4층에는 회계팀만 있고 홍보팀이 3층의 복사기를 사용하면서 총무팀이 홍보팀의 바로 아래층에 있다면 홍보팀과 총무팀은 각각 3층과 2층에 있게 된다. 또한 마케팅팀과 기획관리팀은 같은 복사기를 사용하므로 5층에 위치하게 된다. 따라서 2층 총무팀, 3층 홍보팀, 4층 회계팀, 5층 마케팅팀과 기획관리팀이 된다.

회계팀만 타 층의 복사기를 사용하므로 총무팀은 2층 복사기를 사용한다.

44 언어논리력 글의 중심 내용 찾기

| 정답 | ②

| 해설 | 제시된 글은 현대의 물신주의에 따른 무한정한 속도 경쟁의 현실을 인간 중심의 사고로 돌이켜보고자 하는 내용이다. 제시된 글에서 궁극적으로 말하고자 하는 바는 느림의 즐거움, 즉 정신적 여유를 되찾아야 한다는 내용이므로 ②가 중심 내용으로 적절하다.

| 오답풀이 |

① 제시된 글은 속도와 느림의 가치에 대해 얘기하고 있으며 왜곡된 현대성은 부수적인 맥락일 뿐 주요 소재가 아니다. 따라서 왜곡된 현대성의 한 예로 무한정한 속도 경쟁을 든다는 내용은 중심 내용으로 적절하지 않다.

③ 제시된 글은 성취의 과정이나 질에 대해 얘기하고자 하는 글이 아니다.

④ 제시된 글에 몰개인성이 언급되고는 있다. 그러나 이는 속도에 대한 몰입의 결과 중 하나로 언급된 것일 뿐, 몰개인성 자체가 중심 내용은 아니다.

45 공간지각력 도형 회전하기

| 정답 | ③

| 해설 | 시계 방향으로 270°, 즉 반시계 방향으로 90° 회전한 모양은 ③이다.

8회 기출예상문제

▶ 문제 210쪽

01	②	02	④	03	④	04	②	05	③
06	①	07	③	08	④	09	③	10	④
11	③	12	②	13	④	14	②	15	①
16	②	17	①	18	③	19	③	20	②
21	④	22	③	23	①	24	④	25	④
26	④	27	③	28	③	29	④	30	②
31	①	32	③	33	②	34	③	35	④
36	③	37	②	38	①	39	③	40	④
41	②	42	③	43	④	44	④	45	②

01 언어논리력 빈칸에 적절한 말 파악하기

| 정답 | ②

| 해설 | 첫 번째 괄호에는 '재배', 두 번째 괄호에는 '저장', 세 번째 괄호에는 '방문'이 들어가야 한다. '소비'는 돈이나 물자, 시간, 노력 따위를 들이거나 써서 없앤다는 의미이므로 빈칸에 들어갈 수 없다.

02 언어논리력 올바른 맞춤법 사용하기

| 정답 | ④

| 해설 | '장쾌하다'는 가슴이 벅차도록 장하고 통쾌하다는 의미로 문맥상 적절한 표현이다.

| 오답풀이 |

① 문맥상 몸의 살이 빠져 파리하게 된다는 뜻의 '여위고'로 표기해야 한다.

② '넘어질 것같이'로 표기해야 한다.

③ 지위나 자격을 나타내는 격조사인 '-로서'를 사용하여 '준마로서'로 표기해야 한다.

03 문제해결력 명제 추론하기

| 정답 | ④

| 해설 | 'p : 축구를 잘한다', 'q : 감기에 걸린다', 'r : 휴지를 아껴 쓴다'라고 할 때 문장을 정리하면 다음과 같다.

• p → ~q　　　• ~q → r　　　• 나는 → p

따라서 삼단논법에 의해 '나는 → p → ~q → r'이 성립하므로 '나는 휴지를 아껴 쓴다'가 참임을 알 수 있다.

04 공간지각력 접은 모양 추론하기

| 정답 | ②

| 해설 | 제시된 점선에 따라 색종이를 접으면 다음과 같다.

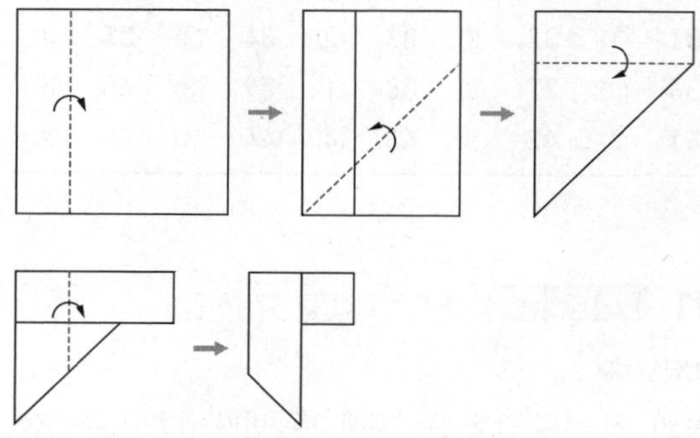

05 언어논리력 글의 주제 파악하기

| 정답 | ③

| 해설 | 첫 번째 문단에서는 『박씨전』과 『시장과 전장』을 예로 들며 실재했던 전쟁을 배경으로 한 소설들의 허구화에 관해 이야기하고 있다. 『박씨전』에서는 병자호란 당시의 슬픔을 위로하기 위해, 『시장과 전장』에서는 한국 전쟁에 좌절하지 않기 위해 각각 허구적 인물과 이야기를 다루었다고 설명하였고, 이후의 문단에서는 이러한 소설 작품에 나타난 전쟁을 새롭게 조명함으로써 폭력성 · 비극성과 같은 전쟁의 성격을 탐색하는 등 전쟁에 대한 새로운 인식을 제공한다는 내용이 제시되어 있다. 따라서 '허구화'와 '문학 속 전쟁의 의미'가 들어간 ③이 주제로 적절하다.

06 문제해결력 문제해결절차 이해하기

| 정답 | ①

| 해설 | 제시된 글은 세계적인 카페 프랜차이즈 S사가 국내 토종 프랜차이즈에 밀리며 매출이 급감하고 있다는 문제를 파악하고 있다. 이 외에도 S사 커피를 마시는 것이 조롱거리가 되어 대책이 시급하다고 하였으므로 문제해결절차 중 '문제 인식' 단계에 해당한다.

07 공간지각력 그림자 모양 파악하기

| 정답 | ③

| 해설 | 제시된 입체도형을 정면에서 봤을 때 생기는 그림자의 모양은 ③과 같다.

08 언어논리력 의사표현법 이해하기

| 정답 | ④

| 해설 | 정 과장은 강 대리의 말을 경청하지 않고 특별한 대안이 없이 '새로운 주제가 좋다'며 강 대리의 의견에 반대하고 있다. 또한 홍 대리의 의견에도 특별한 대안을 내놓지 않은 채 반대하여 회의의 원활한 진행을 방해하고 있다.

09 언어논리력 세부 내용 이해하기

| 정답 | ③

| 해설 | 마지막 문장에서 글쓴이가 다른 나라 사람들이 골뱅이를 보면 우리가 @를 골뱅이라고 부르는 이유를 받아들일 것이라고 했을 뿐, 현재 동의한다는 언급은 없다.

10 문제해결력 조건을 바탕으로 추론하기

| 정답 | ④

| 해설 | 네 번째 조건에 의해 C의 점수가 가장 낮음을 알 수 있다. 두 번째, 다섯 번째 조건에 의해 F는 세 번째, B는 첫 번째, E는 두 번째로 점수가 높음을 알 수 있다. 세 번째 조건에서 G는 A보다 점수가 낮지만 D보다는 점수가 높다고 했으므로 A는 네 번째, G는 다섯 번째, D는 여섯 번째로 점수가 높다. 따라서 점수가 높은 순서대로 나열하면 B−E−F−A−G−D−C이고 B가 상품을 받는다.

| 오답풀이 |

① A는 7명의 영업팀 직원 중 네 번째로 높은 점수를 받았다.

② 업무평가 점수가 같은 사람은 없고 점수가 가장 낮은 1명만 직무교육을 받으므로 C만 직무교육을 받는다.

③ E보다 업무평가에서 좋은 점수를 받은 사람은 B로 1명이다.

11 공간지각력 도형의 규칙 찾기

| 정답 | ③

| 해설 | 색칠된 정사각형은 테두리를 따라 시계 방향으로 두 칸씩 움직이고 있다. 화살표는 시계 방향으로 회전했을 때 가리키고 있는 칸이 테두리를 따라 동일한 방향으로 세 칸씩 이동한다.

이를 종합하면 '?'에 들어갈 도형은 ③이 된다.

12 언어논리력 글의 중심 내용 파악하기

| 정답 | ②

| 해설 | 제시된 글에서는 상품과 경제 법칙은 그것을 만든 인간의 손을 떠나는 순간 자립성을 띠게 되며, 인간이 오히려 이러한 상품과 경제 법칙에 지배받기 시작하면서 인간 소외 현상이 나타난다고 하였다.

13 언어논리력 단어 관계 파악하기

| 정답 | ④

| 해설 | 화폐를 얻기 위해 상품을 내놓고, 건강을 얻기 위해 운동을 한다.

14 언어논리력 자료의 내용 이해하기

| 정답 | ②

| 해설 | 김○○ 사원이 작성한 회의록에는 회의 장소 항목이 있기는 하지만 구체적인 내용이 빠져 있다.

| 오답풀이 |

① 참석자는 박△△ 과장, 김○○ 사원, 정□□ 대리라고 제시되어 있다.

③ '주요 내용' 항목을 통해 알 수 있다.

④ '회의 제목' 항목을 통해 알 수 있다.

15 공간지각력 블록 결합하기

| 정답 | ①

| 해설 | ①은 다음과 같이 수정되어야 한다.

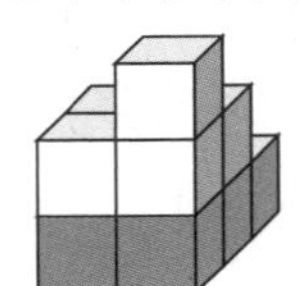

| 오답풀이 |

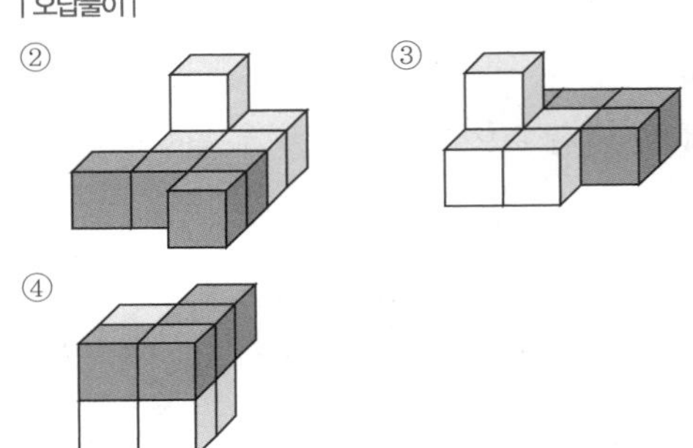

16 언어논리력 글의 결론 도출하기

| 정답 | ②

| 해설 | (가)는 저소득층 가정에 보급한 정보 통신기기가 아이들의 성적향상에 별다른 영향을 미치지 못하거나, 오히려 부정적인 영향을 미친다는 것을 설명하고 있다. (나)는 정보 통신기기의 활용에 대한 부모들의 관리와 통제가 학업성적에 영향을 준다는 것을 설명하고 있다. 따라서 아이들의 학업성적에는 정보 통신기기의 보급보다 기기 활용에 대한 관리와 통제가 더 중요하다는 것을 결론으로 도출할 수 있다.

17 문제해결력 명제 판단하기

| 정답 | ①

| 해설 | 'p : 유리가 당번이다', 'q : 찬호가 당번이다', 'r : 호재가 당번이다', 's : 수하가 당번이다'로 정리하면 다음과 같다.

• p → ~q • ~q → r • r → s

첫 번째 명제와 두 번째 명제의 삼단논법에 의해 'p → ~q → r'이 성립한다. 따라서 유리가 당번이라면 호재는 당번이다.

| 오답풀이 |

② 첫 번째 명제의 대우에 따라 찬호가 당번이라면 유리는 당번이 아니므로 거짓이다.

③ 세 번째 명제에 따라 거짓이다.

④ 첫 번째 명제의 이이므로 반드시 참이라 할 수 없다.

18 공간지각력 펼친 모양 찾기

| 정답 | ③

| 해설 | 접었던 선을 축으로 하여 역순으로 펼치면 다음과 같다.

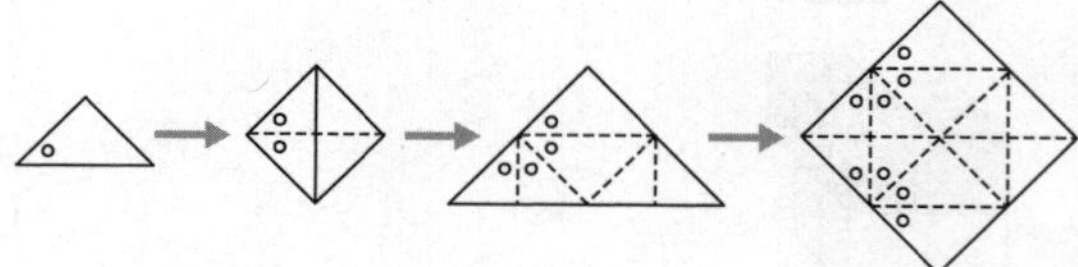

19 수리력 부등식 활용하기

| 정답 | ③

| 해설 | x개월 후에 A가 모은 금액은 $(200+20x)$만 원이 되고 B가 모은 금액은 $(100+50x)$만 원이 된다. B가 모은 돈이 A가 모은 돈의 두 배가 넘는 시기를 구해야 하므로 식은 다음과 같다.

$2(200+20x)<100+50x$

$10x>300$

$\therefore x>30$(개월)

따라서 지금부터 31개월 후부터 B가 모은 돈이 A가 모은 돈의 두 배가 넘는다.

20 수리력 소금물의 양 구하기

| 정답 | ②

| 해설 | 5% 소금물의 양을 xg이라고 하면 다음 식이 성립한다.

$$\frac{5}{100}\times x+\frac{11}{100}\times(400-x)=\frac{8}{100}\times 400$$

$5x+4,400-11x=3,200$

$6x=1,200$

$\therefore x=200$(g)

따라서 5%의 소금물은 200g이 필요하다.

21 수리력 방정식 활용하기

| 정답 | ④

| 해설 | 작년 바둑동호회 남성 회원 수를 x명이라 하면 작년 바둑동호회 여성 회원 수는 $(60-x)$명이다. 따라서 다음과 같은 식이 성립한다.

$1.05x+0.9(60-x)=60$

$0.15x=6$

$\therefore x=40$(명)

올해의 남성 회원 수는 작년에 비해 5% 증가했으므로 $40\times1.05=42$(명)이다.

22 수리력 금액 계산하기

| 정답 | ③

| 해설 | 필요한 물품의 개수는 핫팩 500개, 기념볼펜 125개, 배지 250개이다. 구매 가격을 계산하면 기념볼펜은 $125\times800=100,000$(원)이고 배지는 $250\times600=150,000$(원)이므로, 핫팩의 구매 가격은 $490,000-(100,000+150,000)=240,000$(원)이다. 이때 필요한 핫팩 상자 수는 $500\div16=31.25\leq32$(개)이므로 핫팩 한 상자당 가격은 $240,000\div32=7,500$(원)이다.

23 문제해결력 명제 판단하기

| 정답 | ①

| 해설 | 'a : 빨간색을 좋아한다', 'b : 사소한 일에 얽매인다', 'c : 분홍색을 좋아한다', 'd : 애정과 동정심이 많다', 'e : 파란색을 좋아한다', 'f : 내성적이다', 'g : 박애주의자이다'라고 할 때 주어진 명제를 정리하면 다음과 같다.

- a → ~b
- c → d
- ~f → ~e
- f → b
- d → g

(가) '~f → ~e'가 참이라면 이 명제의 대우인 'e → f'도 참이다. 또한 'a → ~b'가 참이라면 이 명제의 대우인 'b → ~a'도 참이다. 따라서 f → b와의 삼단논법에 의해 'e → f → b → ~a'가 성립하므로 'e → ~a'가 참임을 알 수 있다.

(나) 제시된 명제로는 '분홍색을 좋아하지 않는 사람'에 대한 정보를 알 수 없다.

따라서 (가)만 항상 옳은 설명이다.

24 언어논리력 의사표현법 이해하기

| 정답 | ④

| 해설 | D 사원과 Y 대리는 서로 직급이 다르지만 경어체를 사용하고 있고 예산 보고서에 대해서는 높이지 않고 있다. 따라서 갑 대표의 말에 가장 부합하는 대화이다.

| 오답풀이 |

① A 사원은 '자리'를 높이고 있으므로 사물에게는 경어체를 쓰지 않는 것에 부합하지 않는다.

② Z 부장은 B 사원에서 경어체를 사용하지 않고 있으므로 선후배 간에 경어체를 사용하는 것에 부합하지 않는다.

③ C 사원은 회사를 지칭할 때 '우리 회사'라고 말하고 있으므로 회사를 지칭할 때 '저희 회사'라고 통일하는 것에 부합하지 않는다.

25 문제해결력 적절한 행동 선택하기

| 정답 | ④

| 해설 | 한 씨는 신입사원이며 처음으로 안전사고 예방 교육을 받는다고 하였으므로 일반 안전사고 예방 교육을 받기 위해 1회의실로 이동해야 한다.

26 수리력 확률 계산하기

| 정답 | ④

| 해설 | 전체 수강자 266명이 2.5 : 1의 비율로 두 수업 수강자로 나뉜다. 따라서 266÷3.5=76이 되어 컴퓨터반 수강자와 영어반 수강자 수는 각각 76×2.5=190(명)과 76×1=76(명)인 것을 알 수 있다.

그러므로 두 수업 수강자 중 여자의 비율은 190×0.3=57(명)과 76×0.5=38(명)이 된다.

따라서 전체 수강자 중 선택된 한 명이 여자일 확률은 266명 중 95명, 즉 $\frac{95}{266}$가 된다.

27 수리력 수익 계산하기

| 정답 | ③

| 해설 | 월 임대료는 8×20=160(만 원)이고, 한 달 수익은 1×20×30=600(만 원)이므로 한 달 순수익은 600−160=440(만 원)이다.

28 수리력 자료의 수치 분석하기

| 정답 | ③

| 해설 | • 가족 간 불화로 이혼한 55 ~ 59세의 남성 비율 :

$\frac{568}{7,419}\times 100 ≒ 7.6(\%)$

• 경제적 문제로 이혼한 30 ~ 34세의 남성 비율 :

$\frac{989}{12,467}\times 100 ≒ 7.9(\%)$

따라서 7.6+7.9=15.5(%)이다.

29 공간지각력 조각 찾기

| 정답 | ④

| 해설 | ④와 같은 모양의 조각은 나타나 있지 않다.

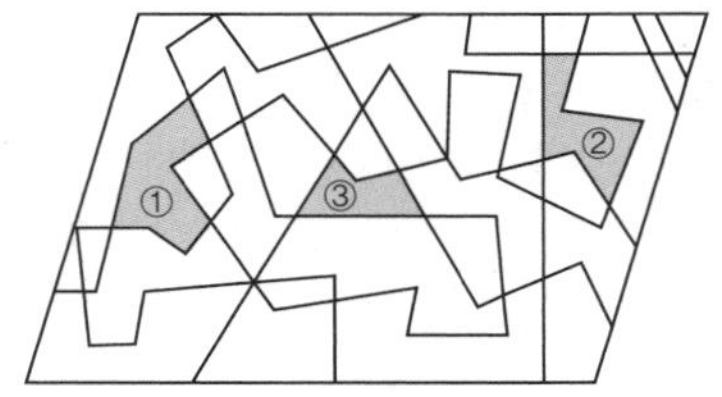

경북기출복원 1회 기출예상 2회 기출예상 3회 기출예상 4회 기출예상 5회 기출예상 6회 기출예상 7회 기출예상 8회 기출예상 9회 기출예상

30 언어논리력 글을 읽고 추론하기

| 정답 | ②

| 해설 | 첫 문장에서 정부는 이미 국내 출생률을 높이기 위해 다양한 지원 정책을 마련해 적극적으로 추진하고 있다고 언급하고 있다.

31 수리력 자료의 수치 분석하기

| 정답 | ①

| 해설 | 월 1 ~ 3회와 월 4 ~ 6회의 그래프는 동일하게 해당 기간 동안 지속적인 증가 추이를 보이고 있다.

32 수리력 자료의 수치 분석하기

| 정답 | ③

| 해설 | 월 1 ~ 3회, 월 7 ~ 9회, 월 10 ~ 12회의 3개 항목이 2023년에 전년보다 응답자 수가 증가하였다.

| 오답풀이 |

① 월 1 ~ 3회 1개 항목만 매년 증가하였다.

② 5개 빈도 항목 모두 응답자 수가 전년보다 감소한 시기는 없다.

④ 월 1 ~ 3회, 월 4 ~ 6회의 2개 항목에서 2018년보다 2023년에 응답자 수가 더 많았다.

33 언어논리력 글의 서술 방식 파악하기

| 정답 | ②

| 해설 | 제시된 글은 이분법적 사고와 부분만을 보고 전체를 판단하는 것의 위험성을 예시를 들어 설명하고 있다. 특히 세 번째 문단에서는 '으스댔다', '우겼다', '푸념했다', '넋두리했다', '뇌까렸다', '잡아뗐다', '말해서 빈축을 사고 있다' 등의 예시를 열거해 주관적 서술로 감정적 심리 반응을 유발하는 것이 극단적인 이분법적 사고를 심화시킨다고 강조하고 있다.

34 문제해결력 조건을 바탕으로 추론하기

| 정답 | ③

| 해설 | 두 번째 조건에서 파란색 코트를 입는 A가 B의 아래층에 살고, 세 번째 조건에서 C가 보라색 코트를 입는 사람의 아래층에 산다고 했으므로, A, C는 1층, B, D는 2층에 산다는 것을 알 수 있다. 또한 다섯 번째 조건에서 노란색 코트를 입는 일본인이 1층에 산다고 했으므로 이 사람은 C가 되고, 네 번째 조건의 초록색 코트를 입는 중국인이 B가 되며, 그 옆에 사는 D가 영국인이 된다. 그러므로 파란색 코트를 입는 A가 한국인이 되고, 이 내용을 표로 정리하면 다음과 같다.

2층	B – 초록, 중국	D – 보라, 영국
1층	A – 파랑, 한국	C – 노랑, 일본

따라서 한국인과 같은 층에 사는 사람은 C이다.

35 공간지각력 전개도 파악하기

| 정답 | ④

| 해설 | 주사위의 앞면에 해당하는 곳을 전개도에서 찾은 후 앞면을 중심으로 뒷면을 찾으면 쉽게 해결할 수 있다. 뒷면 방향에서 바라본 모습을 찾는 것임에 유의한다.

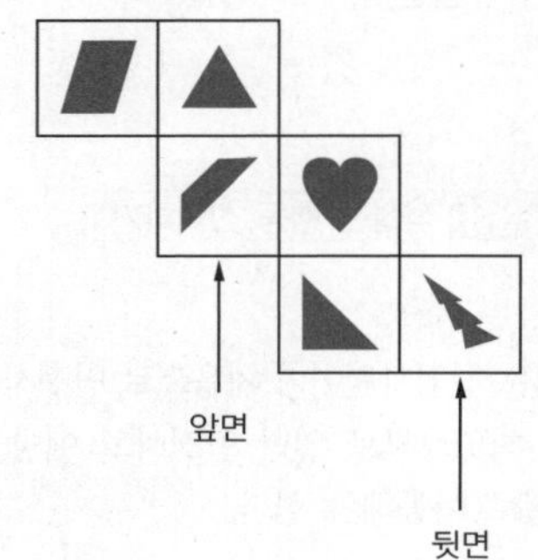

36 문제해결력 자료를 바탕으로 추론하기

| 정답 | ③

| 해설 | 먼저, 필기전형 세 과목 중 50점 미만이 있는 D를 제외한다. 다음으로 그 외의 지원자들의 평균점수를 구하면 다음과 같다.

• A : $\frac{67+72+83}{3}=74$(점)

• B : $\frac{72+70+64}{3}\fallingdotseq 68.7$(점)

• C : $\frac{75+78+65}{3}\fallingdotseq 72.7$(점)

• E : $\frac{76+74+56}{3}\fallingdotseq 68.7$(점)

따라서 B, E도 제외한다. 남은 A와 C의 면접 평가 점수가 동일하므로, 공인회계사 자격증이 있는 C가 채용된다.

37 문제해결력 조건을 바탕으로 추론하기

| 정답 | ②

| 해설 | 갑은 본인이 바라보는 방향의 오른쪽에 을이 앉게 하였으므로 을은 C 자리에 앉게 된다. 을과 병은 마주보고 앉지 않으므로 병은 B 자리에 앉고, 남은 A 자리에 정이 앉게 된다. 따라서 A ~ C 자리에는 정－병－을 순으로 앉는다.

38 공간지각력 도형 모양 비교하기

| 정답 | ①

| 해설 | 제시된 도형과 같은 것은 ①이다.

| 오답풀이 |

나머지 도형은 동그라미 친 부분이 다르다.

②
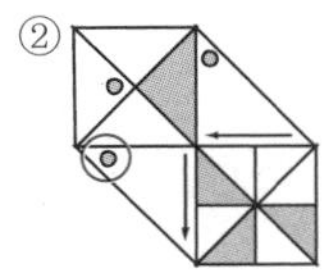
③
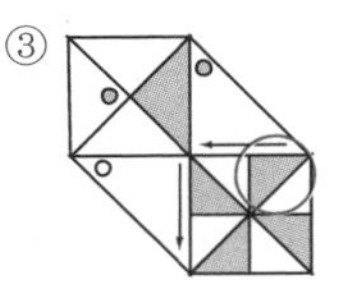
④
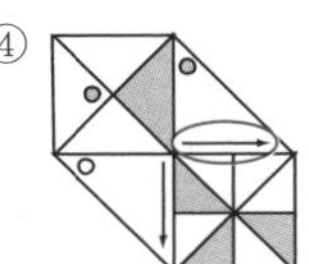

39 문제해결력 자료를 바탕으로 추론하기

| 정답 | ③

| 해설 | 주어진 정보를 통해서 각 호텔의 총점을 구하면 다음과 같다.

(단위 : 점)

구분	A 호텔	B 호텔	C 호텔	D 호텔	E 호텔
식당 메뉴	2	3	4	5	4
이동거리	4	3	5	1	2
가격	5	4	2	3	1
평점	1	2	3	4	5
수영장 유무	1	1	0	0	0
총점	13	13	14	13	12

따라서 총점이 가장 높은 호텔은 C 호텔이다.

40 수리력 자료의 수치 분석하기

| 정답 | ④

| 해설 | 제시된 표에서 전체 학급당 학생 수가 우리나라 평균 학급당 학생 수와 같다고 볼 수 있다. 이때 울산의 중학교에서 학급당 학생 수는 27.1명으로 우리나라 평균인 27.4명보다 적다.

41 수리력 자료를 바탕으로 수치 계산하기

| 정답 | ②

| 해설 | 시도별 학급 수는 동일하므로, 8개 지역의 각 학교급별 학급당 평균 학생 수는 다음과 같다.

• 초등학교 : $(23.4+22.0+22.6+23.0+22.4+21.7+22.8+21.6)\div 8\fallingdotseq 22.4$(명)

• 중학교 : $(26.6+26.9+26.4+28.7+27.8+28.6+27.1+22.5)\div 8\fallingdotseq 26.8$(명)

• 고등학교 : $(29.7+27.4+30.2+28.4+33.0+30.8+30.6+23.3)\div 8\fallingdotseq 29.2$(명)

42 언어논리력 글을 읽고 추론하기

| 정답 | ③

| 해설 | 언택트 기술은 개인주의 성향이 확산되어 불편한 소통 대신 편한 단절을 원하는 사람들이 많아지면서 나타난 현상이다.

제시된 글을 통해서 언택트 기술 기반의 무인주문시스템

키오스크를 도입하여 매장 방문 고객이 점원과 대면하지 않고도 메뉴 주문과 같은 서비스를 받을 수 있음을 알 수 있다. 따라서 언택트 기술을 이용한 마케팅으로 개인주의 성향이 줄어들어 보다 원활한 소통의 사회로 바뀐다는 설명은 적절하지 않다.

| 오답풀이 |

① 최저임금 상승으로 프랜차이즈 업계가 인건비 부담을 느끼는 중에 무인 주문기 도입이 확산된다고 하였으므로, 언택트 기술의 도입으로 일자리가 감소하고 그에 따라 실업 인구가 증가할 수 있다는 우려는 적절하다.

② 글의 마지막 문장을 통해 평소 점원을 구하기 어려운 곳에서는 언택트 기술로 구인난을 해소할 수 있음을 알 수 있다.

④ 인건비 부담으로 언택트 기술 도입이 매장에 확산되고 있다고 하였으므로 언택트 기술은 인건비 절감 효과가 있으며, 일정 기간이 지나면 인건비 절감 효과가 기술 도입 비용을 넘을 것이라는 추론은 적절하다.

43 언어논리력 글의 사례 파악하기

| 정답 | ④

| 해설 | '왓슨'은 인공지능을 이용한 암 치료 솔루션으로 자신이 저장하고 있는 빅데이터를 이용해 암 환자의 상태를 분석하고 그에 맞는 가장 적합한 치료법을 찾아내는 역할을 수행한다. '왓슨'은 인공지능 기술을 활용할 뿐, 대면 접촉을 피하려는 현상이 만들어 낸 언택트의 근본 특성과는 거리가 먼 기술이다.

44 문제해결력 진위 추론하기

| 정답 | ④

| 해설 | A, B, C가 각각 회계팀에서 일하는 경우로 나누어 생각하면 다음과 같다.

- A가 회계팀에서 일하는 경우 : A의 말은 항상 진실이어야 하는데, 이 경우 A와 C 모두 회계팀에서 일하는 것이 되므로 서로 다른 부서에서 일하고 있다는 조건에 상충한다.
- B가 회계팀에서 일하는 경우 : B의 말은 항상 진실이어야 하므로 C는 영업팀에서 일하는 것이 된다. 이때 총무팀에서 일하게 되는 A의 말도 거짓이므로 조건에 부합한다.
- C가 회계팀에서 일하는 경우 : C의 말은 항상 진실이어야 하는데, 이 경우 C의 발언은 거짓이 되므로 상충한다.

따라서 A는 총무팀, B는 회계팀, C는 영업팀에서 일한다.

45 공간지각력 블록 개수 세기

| 정답 | ②

| 해설 | 가장 뒷줄에 위치한 블록의 개수는 12개, 뒤에서 두 번째 줄에 위치한 블록의 개수는 9개, 가장 앞줄에 위치한 블록의 개수는 8개이므로, 블록은 총 29개이다. 이 전체의 블록 개수에서 한 면이라도 보이는 블록의 개수를 빼면 되는데, 이를 표시하면 다음과 같다.

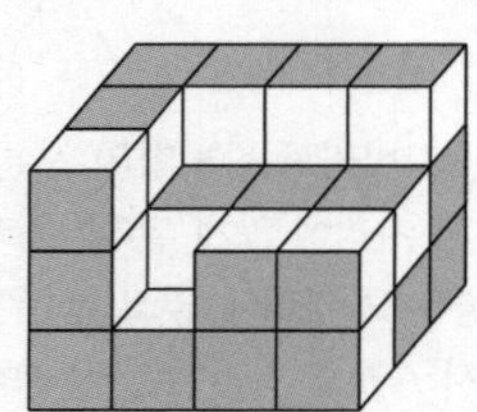

따라서 한 면도 보이지 않는 블록은 29－19＝10(개)이다.

9회 기출예상문제

▶ 문제 234쪽

01	②	02	②	03	②	04	②	05	③
06	①	07	③	08	④	09	④	10	②
11	④	12	①	13	④	14	②	15	②
16	③	17	①	18	③	19	②	20	③
21	③	22	③	23	③	24	④	25	③
26	③	27	④	28	③	29	②	30	①
31	③	32	④	33	④	34	③	35	③
36	④	37	②	38	④	39	③	40	③
41	②	42	②	43	④	44	③	45	④

01 언어논리력 올바르게 단어 사용하기

| 정답 | ②

| 해설 | 문맥상 '재물이나 기술, 힘 따위가 모자라다'는 의미이므로 '달린다'가 들어가는 것이 적절하다.

| 오답풀이 |

① • 닫히다 : '닫다'의 피동사
  • 닫치다 : 열린 문짝, 뚜껑, 서랍 따위를 세게 닫다.

③ • 늘이다 : 본디보다 더 길게 하다.
  • 늘리다 : 물체의 넓이, 부피 따위를 본디보다 커지게 하다.

④ • 데우다 : 식었거나 찬 것을 덥게 하다.
  • 덥히다 : '덥다'의 사동사. 또는 마음이나 감정 따위를 푸근하고 흐뭇하게 하다.

02 언어논리력 품사 파악하기

| 정답 | ②

| 해설 | ②의 '만세'는 '바람이나 경축, 환호의 느낌으로 외치는 말'의 의미를 지닌 감탄사로 쓰였다. 나머지 선택지는 모두 명사이다.

03 문제해결력 명제 판단하기

| 정답 | ②

| 해설 | 'p : 달리기를 잘한다', 'q : 수영을 잘한다', 'r : 항상 운동화를 신는다'라고 할 때 〈보기〉를 정리하면 다음과 같다.

• ~p → ~q
• p → r
• 윤재 → ~r

'p → r'이 참이므로 이 명제의 대우인 '~r → ~p'도 참이 되며 '~p → ~q'와 삼단논법에 의해 '~r → ~q'도 참임을 알 수 있다. 따라서 ②는 항상 옳다.

| 오답풀이 |

① 'p → r'이 참이므로 이 명제의 대우인 '~r → ~p'도 참이 되어 옳지 않은 설명이다.

③ '~p → ~q'가 참이므로 이 명제의 대우인 'q → p'도 참이 된다. 이 명제와 'p → r'의 삼단논법에 의해 'q → r'이 되어 옳지 않은 설명이다.

④ 제시된 명제로는 알 수 없다.

04 언어논리력 경청 이해하기

| 정답 | ②

| 해설 | 종호는 상대방이 한 말 중 '주말'이라는 주요 어휘를 반복하여 말하며 자신이 집중해서 경청하고 있음을 보이고 있다.

| 오답풀이 |

① 대화 도중에 상대방에게 관심을 기울이지 않고 다른 생각을 하고 있다.

③ 지은이는 상대방이 언급한 적 없는 '4차 산업혁명'을 이야기하며 상대의 자기개발 이유를 짐작하고 있다.

④ 영어까지 배워야 한다며 상대에게 지나치게 조언을 하고 있다.

05 공간지각력 도형 회전하기

| 정답 | ③

| 해설 | ①은 거울에 비친 형태이고, 이를 180° 회전시키면 ③이 된다.

06 문제해결력 논리적 오류 파악하기

| 정답 | ①

| 해설 | 다해가 무단 횡단을 하여 교통 법규를 지키지 않은 것은 길을 빨리 건너려는 것이지 다른 사람을 죽이려 한 것은 아니다. 따라서 제시된 문장은 다해가 의도하지 않은 행동에 대한 결과를 의도한 행동의 결과로 잘못 파악한 의도 확대의 오류이다.

| 오답풀이 |

② 논점 일탈의 오류 : 어떤 논점에 대하여 주장하는 사람이 그 논점에서 빗나가 다른 방향으로 주장하는 경우에 범하는 오류

③ 애매문의 오류 : 구나 문장의 구조가 애매하여 발생하는 오류

④ 순환 논증의 오류 : 논증을 해야 하는 명제에서 결론을 도출하는 오류

07 언어논리력 글의 교훈 파악하기

| 정답 | ③

| 해설 | 한 명의 배심원은 다수가 유죄라고 판결을 내릴 때 자신의 신념을 믿고 이 의견에 반대하였다. 이후 의심스러운 증거를 반박하고 증인의 잘못을 꼬집으며 다른 배심원들의 판결까지 바꾸게 된다. 이를 통해 다수의 의견에 동요하지 말고 자신의 신념을 따르라는 교훈을 얻을 수 있다.

08 공간지각력 블록 결합하기

| 정답 | ④

| 해설 | ④는 다음과 같이 수정되어야 한다.

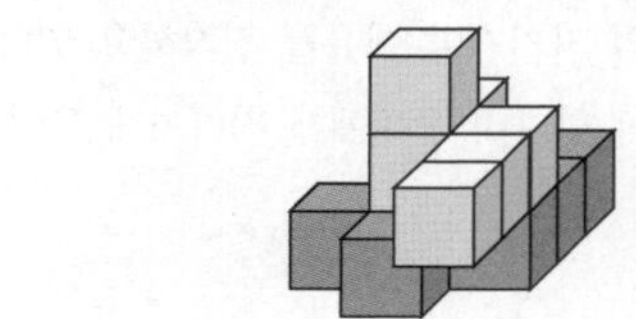

| 오답풀이 |

①

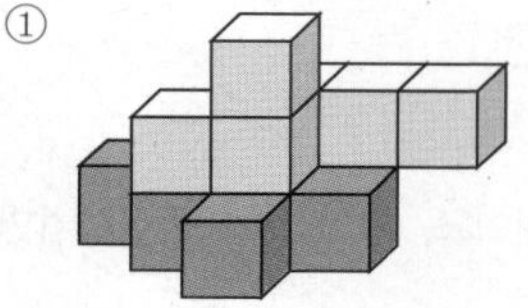

② ③

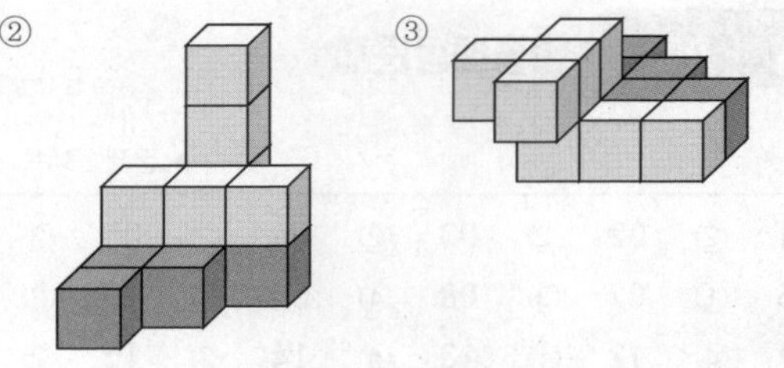

09 문제해결력 명제 추론하기

| 정답 | ④

| 해설 | 각 명제와 그 대우를 정리하면 다음과 같다.

명제		대우	대우 명제
의류 ×	→ 핸드백 ○	⇔	핸드백 × → 의류 ○
핸드백 ○	→ 구두 ×		구두 ○ → 핸드백 ×
?	→ 의류 ○		의류 × → ?

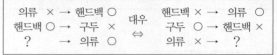

삼단논법에 따라 '의류 × → 핸드백 ○ → 구두 ×'가 성립하므로 '의류 × → 구두 ×'는 참이 된다. 또한 그 대우인 '구두 ○ → 의류 ○'도 참이 된다. 따라서 빈칸에는 '구두를 판매하기로 했다'가 들어가야 한다.

10 언어논리력 글의 주제 파악하기

| 정답 | ②

| 해설 | 제시된 글은 언어 현실과 어문 규범과의 괴리를 줄이기 위한 방법으로 어문 규범을 없애고 언중의 자율에 맡기자는 주장과 어문 규범의 큰 틀만 유지하고 세부적인 것은 사전에 맡기자는 주장이 사회에 등장하고 있음을 설명하고 있다. 이를 통해 언어 현실과 어문 규범의 괴리를 해소하기 위한 방법을 모색하는 노력이 나타나고 있다는 글의 주제를 도출해 낼 수 있다.

11 언어논리력 글의 흐름에 맞게 문단 배열하기

| 정답 | ④

| 해설 | 먼저 예전의 과학자들이 태양 에너지를 무엇이라 생각했는지에 대해 소개한 뒤, 시간이 흐르며 밝혀진 정설에 대해 설명하는 (다)가 온다. 그리고 어떤 현상을 거치며 태양의 에너지가 생성되는지에 대해 정설대로 설명하는 (나)가 온다. 마지막으로 화두에 제시했던 태양이 공급하는 에

너지가 어떻게 끊임없이 생산될 수 있는지에 대한 결론인 (가)가 온다.

각각의 글이 담고 있는 내용의 맥락 외에도 각 문단의 처음과 끝을 통해 순서를 유추해 볼 수 있다. (나)는 '시간이 더 지난 후'로 시작되기 때문에 시간이 더 지나기 전에 관한 내용 뒤에 이어지는 것이 자연스럽다. (가)의 '이러한 방식으로 태양은 항상 적절한 온도를 유지해 왔고, 앞으로도 오랫동안 지구에 적절한 에너지를 제공할 것이다'라는 마지막 문장은 글의 주제에 대한 답을 제시하고 있기 때문에 가장 마지막에 놓이는 것이 자연스럽다.

따라서 (다)-(나)-(가) 순이 적절하다.

12 언어논리력 글을 읽고 추론하기

| 정답 | ①

| 해설 | (다)에서 태양의 스펙트럼에서는 방사능 물질이 아닌 수소와 헬륨이 발견되었다고 하였으므로 핵융합 과정에서는 방사능 물질이 나오지 않음을 추론할 수 있다.

| 오답풀이 |

② (다)의 '하지만 태양의 스펙트럼을 분석해 본 결과 방사능은 태양의 에너지원이 아니라는 사실을 발견하였다'라는 문장을 통해 광선의 스펙트럼을 분석하면 광선을 발산하는 물체의 구성 성분을 어느 정도 알 수 있음을 추론할 수 있다.

③ (나)의 '즉, 원자들이 자체적으로 가지는 반발력보다 운동에너지가 더 높아져 비교적 낮은 온도일 때보다 더 가까워짐으로 인해 핵융합이 가능해진다'라는 문장을 통해 원자들이 자체적으로 반발력을 가지고는 있지만 높은 운동에너지가 반발력을 무력화시킬 수 있음을 추론할 수 있다.

④ (나)의 '이때 수소와 헬륨의 핵융합으로 줄어드는 질량은 질량에너지보존법칙에 따라 에너지로 바뀐다'라는 문장을 통해 핵융합이 일어나면서 수소와 헬륨의 질량이 줄어든다는 것을 추론할 수 있다.

13 공간지각력 펼친 모양 찾기

| 정답 | ④

| 해설 | 접었던 선을 축으로 하여 역순으로 펼치면 다음과 같다.

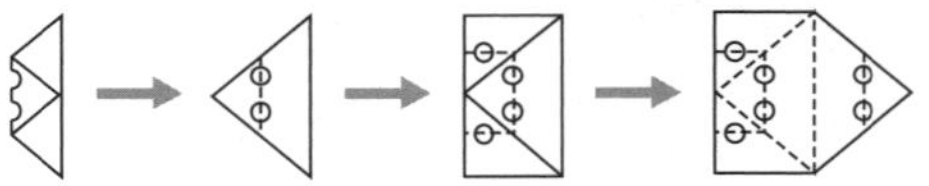

14 언어논리력 올바르게 단어 사용하기

| 정답 | ②

| 해설 | '손가락 따위로 어떠한 방향이나 대상을 집어서 보이거나 말하거나 알리다'라는 의미인 '가리키다'를 사용하여 '가리키면서'로 써야 한다.

| 오답풀이 |

① '어떤 대상을 특별히 집어서 두드러지게 나타내다'라는 의미로 '가리키다'를 사용해야 한다.

③ '지식이나 기능, 이치 따위를 깨닫게 하거나 익히게 하다'라는 의미로 '가르치다'를 사용해야 한다.

④ '그릇된 버릇 따위를 고치어 바로잡다'라는 의미로 '가르치다'를 사용해야 한다.

15 문제해결력 조건을 바탕으로 추론하기

| 정답 | ②

| 해설 | 4명이 타는 차는 B가 운전을 하고 3명이 타는 차는 B와 같은 차를 타지 않는 C와 D 중 한 명이 운전을 한다. A와 G는 같은 차를 타고 가야 하는데, C와 D가 있는 차에는 이미 2명이 있으므로 탈 수가 없다. 그러므로 B가 운전하는 차를 타고 가는 사람은 A, E(혹은 F), G이다.

16 언어논리력 자료의 내용 이해하기

| 정답 | ③

| 해설 | '문의처'에 문의 전화번호와 팩스 번호만 제시되어 있고 문의 메일 주소는 안내되어 있지 않다.

| 오답풀이 |

① '발제 · 토론자'에서 괄호 안에 소속이 기재되어 있다.

② '일시, 장소'의 '14:00 ~ 16:30'을 통해 세미나 소요 시간이 2시간 30분임을 알 수 있다.

④ '제7회 비만예방의 날 기념 정책세미나'를 통해 관련 정책세미나 개최 회차가 7회임을 알 수 있다.

17 공간지각력 투상도로 입체도형 추론하기

| 정답 | ①

| 해설 | 정면도 → 평면도 → 우측면도 순으로 확인해 보면 블록 개수와 위치가 모두 일치하는 입체도형은 ①이다.

| 오답풀이 |

② 평면도가 일치하지 않는다.

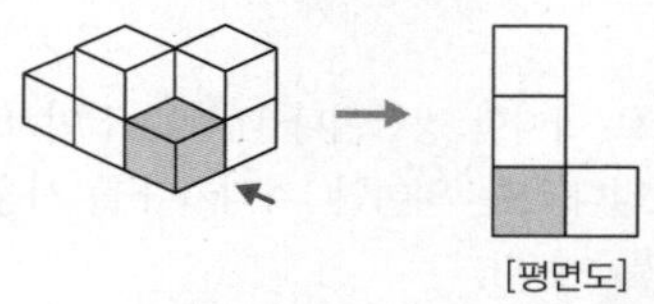

③ 정면도와 우측면도가 일치하지 않는다.

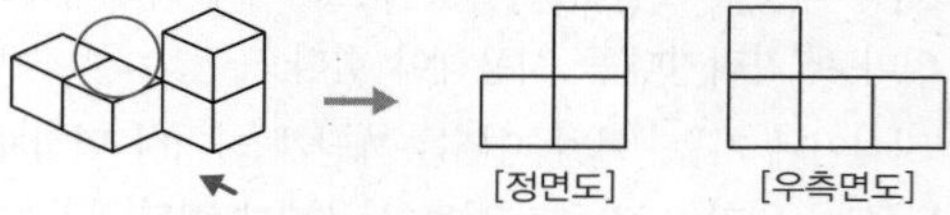

④ 정면도와 평면도가 일치하지 않는다.

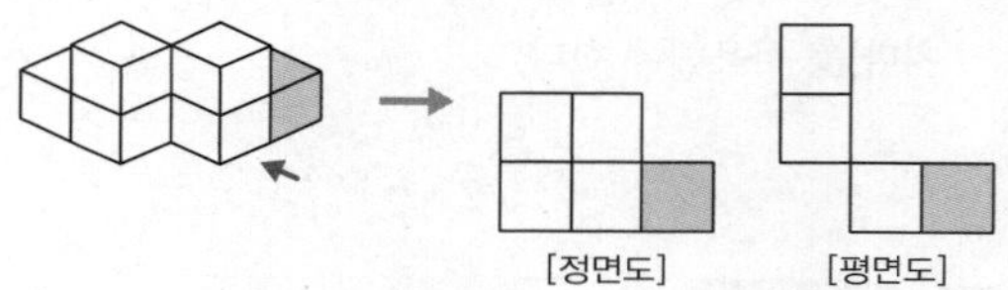

18 문제해결력 명제 판단하기

| 정답 | ③

| 해설 | 'p : A 회사에 다닌다', 'q : 일본어에 능통하다', 's : B 대학교를 졸업했다', 'r : C 학원에 다닌다'라고 할 때 〈보기〉를 정리하면 다음과 같다.

- p → ~q　　• s → q　　• ~r → s

이때 'B 대학교를 졸업한 사람은 C 학원에 다니지 않았다'는 세 번째 명제의 역에 해당하므로 이에 대한 참 · 거짓의 여부는 확실히 알 수 없다.

| 오답풀이 |

① 세 번째 명제의 대우(~s → r)에 해당하므로 참이다.

② 두 번째 명제의 대우(~q → ~s)와 세 번째 명제의 대우(~s → r)의 삼단논법을 통해 '~q → r'이 참임을 알 수 있다.

④ 첫 번째 명제와 두 번째 명제의 대우(~q → ~s)의 삼단논법을 통해 'p → ~s'도 참임을 알 수 있다.

19 수리력 평균 계산하기

| 정답 | ②

| 해설 | 100명 중 20%가 합격하였으므로 합격자는 20명, 불합격자는 80명이다. 합격자 20명의 평균이 80점이므로 합격자의 총점은 80×20=1,600(점)이고, 총 응시자 100명의 평균이 70점이므로 전체 총점은 70×100=7,000(점)이다.

따라서 불합격자 80명의 총점은 7,000−1,600=5,400(점)이므로 불합격자의 평균은 $\frac{5,400}{80}=67.5$(점)이다.

20 수리력 거리 · 속력 · 시간 활용하기

| 정답 | ③

| 해설 | 두 사람 사이의 간격은 1시간에 100−85=15(km) 벌어진다. 20분은 $\frac{20}{60}=\frac{1}{3}$(시간)이므로 20분 후 두 사람은 $15\times\frac{1}{3}=5$(km) 벌어진다.

21 수리력 금액 계산하기

| 정답 | ③

| 해설 | 흰색 A4 용지 한 박스의 단가를 x원이라 하면, 컬러 A4 용지 한 박스의 단가는 $2x$원이므로 다음 식이 성립한다.

$(50\times x)+(10\times 2x)-5,000=1,675,000$

$70x=1,680,000$

$\therefore x=24,000$(원)

따라서 흰색 A4 용지 한 박스의 단가는 24,000원이다.

22 수리력 자료의 수치 분석하기

| 정답 | ③

| 해설 | A ~ D 기관의 노동투입량지수는 다음과 같다.

- A 기관 : 25×18=450　• B 기관 : 30×16=480
- C 기관 : 20×19=380　• D 기관 : 10×35=350

따라서 노동투입량지수가 높은 순서대로 나열하면 B>A>C>D이다.

23 수리력 최소공배수 활용하기

| 정답 | ③

| 해설 | 12와 21의 최소공배수를 구하면 3×4×7=84이므로 A 버스와 B 버스는 84분 간격으로 동시에 출발한다.

3) 12 21
× 4 × 7=84

두 버스는 오전 5시부터 출발하므로 동시에 출발하는 시간은 05:00, 06:24, 07:48, 09:12, 10:36, 12:00, …가 된다.

이 중 오전 10시와 11시 사이에 출발하는 시간은 10시 36분이다.

24 수리력 확률 계산하기

| 정답 | ④

| 해설 | 25칸 중 빈칸은 20칸이므로 처음 선택 시 빈칸을 고를 확률은 $\frac{20}{25}=\frac{4}{5}$이다. 그리고 두 번째 선택에서 쿠폰이 있는 칸을 고를 확률은 처음 선택한 빈칸을 제외한 $\frac{5}{24}$이다. 따라서 두 번째에 쿠폰이 있는 칸을 고를 확률은 $\frac{4}{5}\times\frac{5}{24}=\frac{1}{6}$, 즉 약 17%이다.

25 공간지각력 조각 결합하기

| 정답 | ③

| 해설 | ③의 그림은 세 조각을 회전하지 않으면 조합해 만들 수 없다.

| 오답풀이 |

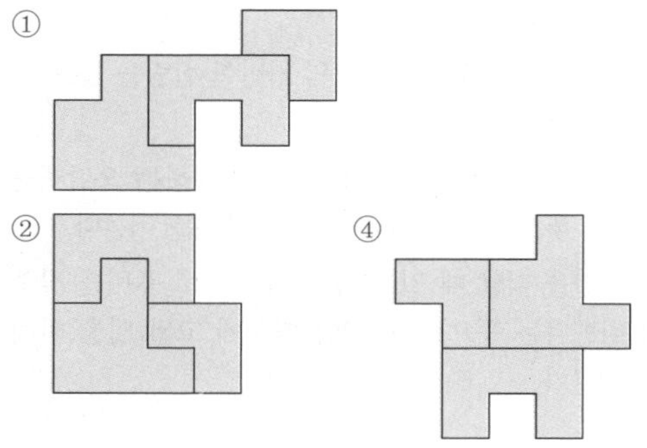

26 언어논리력 빈칸에 적절한 말 파악하기

| 정답 | ③

| 해설 | 제시된 글은 일과 삶의 균형에 대한 내용이다. 유연근무제, 정시 퇴근, PC오프제 등은 단순히 업무시간을 줄이려는 목적을 위한 수단으로 볼 수는 없으며, 이는 업무시간 이후 개인의 시간 사용을 질적·양적으로 향상시켜 일과 삶의 균형을 유도해내기 위한 조치들이다.

27 문제해결력 조건을 바탕으로 추론하기

| 정답 | ④

| 해설 | 영화 B가 2관에서 상영되고 영화 A와 C가 상영되는 관이 이웃해야 하므로 영화 D의 상영관은 1관이 된다. 남은 3관과 4관 중 4관에서는 영화 C를 상영하지 않으므로 영화 C는 3관에서, 남은 영화 A는 4관에서 상영된다.

1관	2관	3관	4관
영화 D	영화 B	영화 C	영화 A

28 수리력 자료의 수치 분석하기

| 정답 | ③

| 해설 | 문화·체육·관광 분야 예산의 세 배는 9.1×3=27.3(조 원)으로 22.8조 원인 교통 및 물류 분야 예산이 미치지 못한다.

| 오답풀이 |

① 외교·통일 분야 예산의 세 배인 6×3=18(조 원) 이상이다.

② 국방 분야의 절반인 53÷2=26.5(조 원)에 미치지 못한다.

④ 보건·복지·고용, 일반·지방행정, 교육, 국방, 산업·중소기업·에너지, 농업·수산·식품 다음으로 높게 예산이 배정되었다.

29 수리력 자료의 수치 분석하기

| 정답 | ②

| 해설 | 전년 대비 2022년 교육 분야 예산 증가율은 $\frac{84.2-71.2}{71.2}\times100 ≒ 18.26(\%)$로 $\frac{195-185}{185}\times100 ≒ 5.40(\%)$인 보건·복지·고용 분야의 증가율이 더 낮다.

| 오답풀이 |

① 2020년부터 보건 · 복지 · 고용 분야는 가장 많은 예산을 배정 받았다.

③ 2020년 대비 2022년 국방 분야의 예산 증가율은 $\frac{53-48.7}{48.7}\times 100 \fallingdotseq 8.83(\%)$로 $\frac{195-167}{167}\times 100 \fallingdotseq 16.77(\%)$인 보건 · 복지 · 고용 분야의 증가율이 더 높다.

④ 전년 대비 각 연도별 보건 · 복지 · 고용 분야 예산 증가율을 구하면 다음과 같다.

- 2021년 : $\frac{185-167}{167}\times 100 \fallingdotseq 10.78(\%)$
- 2022년 : $\frac{195-185}{185}\times 100 \fallingdotseq 5.40(\%)$

따라서 전년 대비 2022년 보건 · 복지 · 고용 분야 예산 증가율은 8.9%인 2021년 대비 2022년 총지출 예상 증가율보다 낮다.

30 수리력 자료의 수치 분석하기

| 정답 | ①

| 해설 | ㄱ. 중형 자동차를 보유하고 있는 직원은 350×0.34=119(명)이므로 100명 이상이다.

| 오답풀이 |

ㄴ. 소형 자동차 보유 직원은 350×0.5=175(명)이므로 총 교통비용은 175×30=5,250(만 원)으로 5천만 원을 넘는다.

ㄷ. 집단별로 총 교통비용을 구하면 다음과 같다.

- 소형 : 350×0.5×30=5,250(만 원)
- 중형 : 350×0.34×45=5,355(만 원)
- 대형 : 350×0.16×55=3,080(만 원)

따라서 보유하고 있는 차량의 크기가 큰 집단일수록 총 교통비용 또한 많아지는 것은 아니다.

31 공간지각력 전개도 파악하기

| 정답 | ③

| 해설 | 전개도를 접었을 때 서로 만나는 변을 표시하면 다음과 같다.

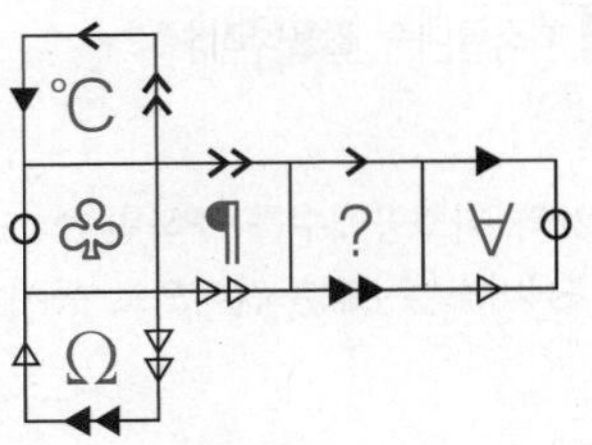

따라서 ③은 다음과 같이 바뀌어야 한다.

32 문제해결력 조건을 바탕으로 추론하기

| 정답 | ④

| 해설 | 첫 번째 조건에서 시나리오 작가의 위층에는 아무도 살지 않는다고 했으므로 시나리오 작가는 5층에 거주한다. 또 시나리오 작가가 두 개의 층을 내려가서 영화감독을 만나므로 영화감독은 3층에 거주한다. 두 번째 조건에 따라 경찰은 1층, 마지막 조건에 따라 큐레이터는 2층에 거주하므로 4층에 거주하는 사람은 교사이다.

33 언어논리력 속담 파악하기

| 정답 | ④

| 해설 | 단보는 백성을 해치지 않기 위해 오랑캐에게 땅을 내주었으므로, 돈이나 물질보다 사람의 생명이 가장 소중함을 뜻하는 속담인 ④가 가장 적절하다.

| 오답풀이 |

① 개인뿐 아니라 나라조차도 남의 가난한 살림을 돕는 데는 끝이 없다는 뜻이다.

② 말 못 하는 사람이 가뜩이나 말이 안 통하는 오랑캐와 만났다는 뜻으로, 말을 하지 않는 경우를 이른다.

③ 사또가 길을 떠날 때 일을 돕는 비장은 그 준비를 갖추느라 바쁘다는 뜻으로, 윗사람 때문에 고된 일을 하게 됨을 이른다.

34 문제해결력 좌석 배치 방법 이해하기

| 정답 | ③

| 해설 | 회의나 행사에서 좌석을 배치할 때는 서열을 고려해야 하는데, 일반적으로 최상석은 출입문에서의 원거리, 전망 좋은 곳으로 한다. 따라서 그림에서 색으로 칠해진 의자는 신입사원인 A 씨가 아닌 부서에서 가장 직급이 높은 사람이 앉아야 한다.

35 언어논리력 세부 내용 이해하기

| 정답 | ③

| 해설 | 제시된 글의 마지막 문장을 통해 사료 고증에만 의존하는 것에 대한 드로이젠의 부정적 견해를 알 수 있다.

| 오답풀이 |

① 랑케와 드로이젠의 상반된 주장에 대해 소개하고 있으므로 필자의 개인적인 주관 또는 어떤 의견에 대한 절대적인 입장에 대해서는 알 수 없다.

36 공간지각력 미로에서 길 찾기

| 정답 | ④

| 해설 | 각 지점별 방향 전환 횟수를 파악한다. A까지는 6회의 방향 전환으로 도착할 수 있다. B까지는 7회의 방향 전환으로 도착할 수 있다. C까지는 9회의 방향 전환으로 도착할 수 있다. 그러나 D까지는 11회의 방향 전환을 해야 도착할 수 있다.

37 언어논리력 의사표현법 이해하기

| 정답 | ②

| 해설 | 인상적인 의사소통이란 상대방에게 같은 내용을 전달하더라도 이야기를 새롭게 부각시켜 인상을 주는 것을 말한다. 인상적인 의사소통을 위한 노력의 방법에는 다음과 같은 것들이 있다.

• 언제나 주위의 언어 정보에 민감하게 반응하고, 자신이 활용할 수 있도록 노력한다.

• 자신이 자주 사용하는 표현을 찾아내 상대방을 끌어당길 수 있는 다른 표현으로 바꿔 본다.

• 언제나 '다른 표현은 없을까?'에 대해 생각해 보고, 새로운 표현을 검토해 본다.

따라서 일상적으로 사용되지 않는 언어들을 사용해 자신의 지적 능력을 보여 주고자 하는 의사소통 방법은 인상적인 의사소통을 위한 노력으로 적절하지 않다.

38 공간지각력 블록 개수 세기

| 정답 | ④

| 해설 | 두 면만 보이는 블록을 색칠하면 다음과 같다.

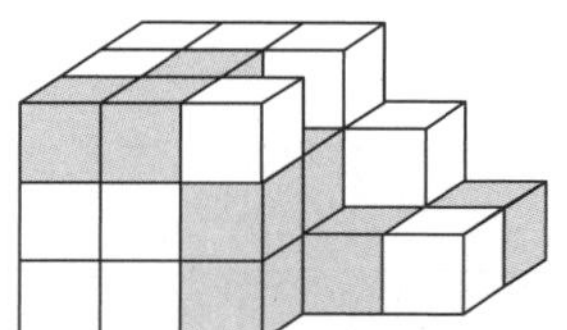

따라서 총 8개이다.

39 수리력 자료의 수치 분석하기

| 정답 | ③

| 해설 | 2014년 이후 지속적인 감축을 목표로 하는 에너지원은 수력과 폐기물 두 가지이다. 2025년에 증가했다 다시 감소하는 바이오에너지와 해양에너지는 지속적인 감축을 목표로 한다고 볼 수 없다.

| 오답풀이 |

① 2012년에 태양열은 0.3%, 지열은 0.7%의 비중으로 가장 적은 비중을 차지하는 두 가지 에너지원이다.

② 2025년의 비중이 2014년보다 2배가 넘는 에너지원은 태양열, 태양광, 풍력, 지열 네 가지이다.

④ 풍력, 바이오, 폐기물에너지는 2025년과 2035년에 모두 가장 많은 비중을 차지하는 상위 세 가지 에너지원이다.

40 수리력 자료의 수치 분석하기

| 정답 | ③

| 해설 | 바이오에너지와 해양에너지는 모두 2014 → 2025년에 증가하였다가 2025 → 2035년에 감소하는 변동 추이를 보이고 있다.

| 오답풀이 |

① 풍력은 지속 증가, 해양은 증가 후 감소 추이를 보이고 있다.

② 태양열은 지속 증가, 수력은 지속 감소 추이를 보이고 있다.

④ 바이오는 증가 후 감소, 지열은 지속 증가 추이를 보이고 있다.

41 문제해결력 자료를 바탕으로 추론하기

| 정답 | ②

| 해설 | 각 구분에 따른 점수를 산출하면 다음과 같다.

(단위 : 점)

구분	이동 거리	수용 가능인원	대관료	평점	빔 프로젝터 사용가능 여부	총점
A	3	2	3	2	1	11
B	2	3	4	3	1	13
C	4	1	1	4	1	11
D	1	4	2	3	0	10

따라서 13점으로 점수가 가장 높은 B를 대여하게 된다.

42 문제해결력 사고 능력 이해하기

| 정답 | ②

| 해설 | 제시된 대화는 제안자에 따라 제안의 수용 여부가 달라질 수 있기 때문에 어떤 것을 제안하기 전에 먼저 자신의 기본 업무를 잘 수행하고 새로운 관점에서 제안을 제시할 수 있도록 자신의 기존 인식을 바꿀 수 있는 계획을 평상시에 생각해야 함을 제시하고 있다. 이는 언제 어디서나 계속적으로 의문을 가지고 생각하는 '생각하는 습관'과 관련된 논리적 사고의 요소이다.

보충 플러스+

논리적 사고의 구성요소

1. 생각하는 습관 : 논리적 사고에 있어서 가장 기본이 되는 요소
2. 상대 논리의 구조화 : 자신의 논리에 빠지지 말고 상대의 논리를 구조화하는 것
3. 구체적인 생각 : 상대가 말하는 것에 대해 잘 알 수 없을 때 업무 결과에 대한 구체적인 이미지를 떠올리거나 숫자를 적용하여 표현함으로써 구조화하는 것
4. 타인에 대한 이해 : 상대의 주장에 반문을 제시할 때, 상대 주장의 전체를 부정하거나 상대의 인격을 부정하지 않는 것
5. 설득 : 머리로는 이해를 하고 머리와 가슴으로 공감을 할 수 있게끔 하여 상대방이 내가 원하는 행동을 하도록 만드는 것

43 문제해결력 문제해결 사례 이해하기

| 정답 | ④

| 해설 | 다문화 사회가 도래함에 따라 다양한 문화의 다양성을 존중하고 다문화 아동을 향한 차별이 사라질 수 있도록 정책 방안을 마련해야 한다. 또한 다문화 가정이 보다 유연하게 한국 사회에 적응해 이질감을 느끼지 않도록 적응을 돕는 방안 역시 필요하다.

44 언어논리력 글의 흐름에 맞게 문장 삽입하기

| 정답 | ③

| 해설 | 제시된 글은 공업에 의한 대량 생산과 소비가 사람들로 하여금 물질적 부를 즐기게 하고 또 사회의 가치 평가 기준을 생산과 부에 두게 하였으며, 그 결과 문화 경시의 현실, 인간 소외의 사회가 나타나게 되었다고 기술하고 있다. 제시된 문장을 보면 바로 앞에 물질 만능주의에 대한 이야기가 나왔을 것임을 알 수 있다. 또한 (다) 직후에서는 물질 만능주의로 인한 결과를 서술하고 있으므로 주어진 문장은 (다)에 위치하는 것이 적절하다.

45 공간지각력 도형 개수 세기

| 정답 | ④

| 해설 | 사각형 1개로 만들 수 있는 사각형은 8개, 사각형 2개로 만들 수 있는 사각형은 5개, 사각형 3개로 만들 수 있는 사각형은 6개, 사각형 4개로 만들 수 있는 사각형은 3개, 사각형 6개로 만들 수 있는 사각형은 2개, 사각형 8개로 만들 수 있는 사각형은 1개이다. 따라서 그림에서 찾을 수 있는 크고 작은 사각형은 모두 25개이다.

2025
고시넷

경북교육청
교육공무직원
최신 기출유형 모의고사

교육공무직원 직무능력검사

www.gosinet.co.kr gosinet

공기업_NCS

고시넷 공기업
초록이① NCS 통합기본서
초록이② NCS 통합문제집
NCS 피듈형 통합 오픈봉투모의고사 6회
LH 한국토지주택공사 5·6급 NCS 기출예상모의고사 6회
LH 한국토지주택공사 업무직 NCS 기출예상모의고사 5회

한국철도공사 코레일 NCS+철도법 기출예상모의고사 6회
코레일 한국철도공사 경영학 직무수행능력평가 기출문제집 17회
서울교통공사 NCS 기출예상모의고사 8회
부산교통공사 +부산시 공공기관 통합채용 NCS 기출예상모의고사 6회
경기도 공공기관 통합채용 NCS 기출예상모의고사 6회

2023 고시넷 공기업 한국지역난방공사 NCS 기출예상모의고사
한국산업인력공단 6급 NCS+한국사+영어 기출예상모의고사 5회
한국가스공사 NCS 기출예상모의고사 6회
2025 고시넷 공기업 한국도로공사서비스 NCS 기출예상모의고사
한국전력공사 NCS 기출예상모의고사 5회

사람인 NCS 출제유형모의고사
인크루트 NCS 출제유형모의고사
휴노 NCS 출제유형모의고사
매일경제 NCS 출제유형모의고사
휴스테이션 한국사회능력개발원 NCS 출제유형모의고사

한국도로공사 NCS 기출예상모의고사 5회
공기업 통합전공 사무직 핵심이론+문제풀이 (경영학/경제학/행정학/법학)
한국수자원공사 NCS 기출예상모의고사 6회
코레일 한국철도공사 경영학 기본서
한국수력원자력 NCS 기출예상모의고사 4회